資治通鑑綱目

第五册

公元三九九年至公元五零四年

（宋）朱熹　赵师渊　编撰　　　李孝国　等　注解

中国书店

图书在版编目（CIP）数据

资治通鉴纲目 /（宋）朱熹，（宋）赵师渊编著．—
北京：中国书店，2021.3
ISBN 978-7-5149-2689-7

Ⅰ．①资… Ⅱ．①朱… ②赵… Ⅲ．①中国历史—古
代史—编年体 Ⅳ．① K204.3

中国版本图书馆 CIP 数据核字（2020）第 232986 号

责任编辑：辛　迪
策划编辑：董立平
封面设计：肖晋兴

资治通鉴纲目

〔宋〕朱熹　赵师渊 等 / 编撰　李孝国 等 / 注解

出　　版：中国书店
地　　址：北京市西城区琉璃厂东街 115 号
邮　　编：100050
发　　行：全国新华书店经销
印　　刷：运河（唐山）印务有限公司
开　　本：700 mm × 1000 mm　1/16
版　　次：2021 年 3 月第 1 版第 1 次印刷
印　　张：252.75
字　　数：3999 千字
书　　号：ISBN 978-7-5149-2689-7

定　价：598.00 元（全十册）

第五册　目录

卷 二十三

起己亥晋安帝隆安三年，尽庚戌[1]晋安帝义熙六年**凡十二年**。

己亥三年（公元399年）

燕长乐元年。秦弘始元年。魏天兴二年。凉王吕纂咸宁元年。北凉天玺元年。

春，正月，南凉徙治乐都[2]南凉王秃发乌孤谓群臣曰："陇右、河西，本数郡之地，遭乱，分裂至十余国，吕氏、乞伏氏、段氏最强，今欲取之，三者何先？"杨统曰："乞伏本吾部落，终当服从。段氏书生，无能为患，且结好于我，攻之不义。吕光衰耄[3]，嗣子微弱，纂、弘虽有才而内相猜忌，若使浩亹、廉川乘虚迭出，彼必疲于奔命，不过二年，兵劳民困，则姑臧可图也。姑臧举，则二寇不待攻而服矣。"乌孤曰："善。"

二月，魏主珪袭高车，大破之魏主珪北巡，分命诸将三道袭高车，大破高车三十余部，获七万余口，马三十余万匹。卫王仪别将三万骑绝漠[4]千余里，破其七部，诸部大震。

段业自称凉王业以沮渠蒙逊为尚书左丞，梁中庸为右丞。

三月，魏分尚书诸曹，置五经博士魏主珪分尚书三十六曹及外署[5]，凡置三百六十曹，令八部大人主之。吏部尚书崔宏通署三十六曹，如令、仆[6]统事。置五经博士，增国子太学生员合三千人。珪问博士李先曰："天下何物可以益人神智？"对曰："莫若书籍。"珪曰："书籍有几，如何可集？"对曰："自书契[7]以来，世有滋益[8]，至今不可胜计。苟人主所好，何忧不集？"珪遂命

---

1 庚戌：即公元410年。
2 乐都：古地名，即今青海省海东市乐都区。
3 衰耄：衰老，年老糊涂。
4 绝漠：深入沙漠。
5 外署：都城以外的官署。
6 令、仆：尚书令、尚书仆射。
7 书契：文字。此指有文字。
8 滋益：滋生，增衍。

郡县大索书籍，悉送平城。

南燕苻广叛，南燕王德击斩之。滑台降魏，德遂东寇青、兖初，秦主登之弟广率众依南燕王德，德处之乞活堡[1]。至是自称秦王。时滑台孤弱，土无十城，众不过万，附德者多去附广。德乃留鲁王和守滑台，自率众讨广，斩之。和长史李辩杀和，以滑台降魏。魏行台尚书和跋率轻骑自邺赴之，悉收德宫人、府库。陈、颍[2]之人多附于魏。将军慕容云斩辩，率将士家属出赴德。德欲还攻滑台，韩范曰："向也魏为客，吾为主。今也吾为客，魏为主。人心危惧，不可复战，不如先据一方，自立基本，乃图进取。"张华欲取彭城，潘聪曰："彭城土旷人稀，平夷[3]无险，且晋之旧镇，未易可取。又密迩江淮，夏秋多水。乘舟而战者，吴之所长，我之所短也。青州沃野二千里，精兵十余万，左有负海之饶，右有山河之固，广固城曹嶷所筑，地形阻峻[4]，三齐[5]英杰，思得明主以立功于世久矣。晋刺史辟闾浑昔为燕臣，今宜遣辩士驰说，而以大兵继其后，若其不服，取之如拾芥[6]耳。既得其地，然后闭关养锐，伺隙而动，此乃陛下之关中、河内也。"德乃引师而南，兖州北鄙[7]诸郡县皆降。德置守宰以抚之，禁军士虏掠，百姓大悦。

追尊所生母陈氏为德皇太后。

夏，四月，以会稽世子元显为扬州刺史会稽王道子有疾，且无日不醉。元显知朝望[8]去之，讽朝廷解道子扬州以授元显。道子醒而知之，大怒，

1　乞活堡：古地名，位于今河北省沧州市辖河间市北。
2　陈、颍：陈郡、颍川郡。
3　平夷：平坦，平安。
4　阻峻：险要高峻。
5　三齐：秦亡，项羽以齐国故地分立齐、胶东、济北三国，皆在今山东东部，后泛称"三齐"。
6　拾芥：比喻取之极易。芥，小草。
7　北鄙：北方边境地区。鄙，边远的地方。
8　朝望：朝廷的人望，在朝廷的威望。

无如之何[1]。元显以庐江太守张法顺为谋主，多引树[2]亲党，朝贵[3]皆畏，事之。

燕除公侯金帛赎罪法燕主盛十日一决狱，不加拷掠[4]，多得其情。下诏曰："法例律，公侯有罪，得以金帛赎，此不足以惩恶而利于王府，甚无谓也。自今皆令立功以自赎。"

秋，七月，秦寇洛阳。八月，魏人来救后秦齐公崇寇洛阳，河南太守辛恭靖婴城固守。雍州刺史杨佺期遣使求救于魏。魏遣太尉穆崇将六万骑救之。

魏杀其御史中丞崔逞初，魏将军张衮以才谋[5]为魏主珪腹心。衮荐中州士人卢溥及崔逞，珪皆用之。及围中山，久未下，军食乏，问计于群臣，逞对曰："桑椹可以佐粮，飞鸮食而改音者也[6]。"珪虽用其言，然心衔之。秦人寇襄阳，雍州刺史郗恢以书求救于魏常山王遵，谓珪为贤兄。珪以恢无礼，命衮及逞为复书[7]必贬其主，而衮、逞谓帝为贵主[8]，珪遂大怒。逞之降魏也，以天下方乱，恐无复遗种，使妻子留冀州。至是珪并以是责逞，赐死。而溥亦受燕爵命，侵掠魏境。珪谓衮所举皆非其人，黜为尚书令史。衮阖门不通人事[9]，手校经籍，岁余而终。

南凉王乌孤卒，弟利鹿孤立，徙治西平。

南燕王德陷广固，杀幽州刺史辟闾浑，遂都之南燕王德使说幽州刺史辟闾浑，不从。遂遣北地王钟率步、骑击之。德进据琅邪，徐、兖之民归附者十余万。勃海太守封孚，燕旧臣也，闻德至，出降。德大喜曰："孤得青州不为喜，喜得卿耳！"遂委以机密。浑守广固，其下多出降。浑惧，奔魏，德追

---

1 无如之何：拿他没有任何办法。
2 引树：招致树立。
3 朝贵：朝廷中的权贵。
4 拷掠：鞭打，多指刑讯。
5 才谋：才能和谋略。
6 飞鸮食而改音者也：飞来飞去的猫头鹰吃了桑椹会改变叫声。
7 复书：答复来信，亦指回复的信。
8 贵主：敬称他国国君。
9 阖门不通人事：紧闭大门，不与外边来往。

斩之。浑子道秀自诣德，请与父俱死。德曰："父虽不忠而子能孝。"特赦之。浑参军张瑛为浑作檄，辞多不逊，德执而让之。瑛神色自若，徐曰："浑之有臣，犹韩信之有蒯通。通遇汉祖而生，臣遭陛下而死，比之古人，窃为不幸耳！"德杀之。遂定都广固。

九月，燕辽西太守李朗谋叛其主，盛讨诛之燕辽西太守李朗在郡十年，威行境内。燕主盛疑之，累征不赴。朗亦以家在龙城，未敢显叛，阴召魏兵，许以郡降。事觉，盛灭朗族，遣将军李旱讨之。旱既行，急召而复遣之。朗闻其家被诛，拥二千余户以自固。及闻旱还，谓有内变，不复设备，留其子守令支，自迎魏师于北平[1]。旱袭克令支，追朗斩之。

秦主兴降号称王兴以灾异屡见，降号称王，诏群公、卿士、将、牧、守宰各降一等，存问孤贫，举拔贤俊，简省法令，清察狱讼[2]，守令有政迹[3]者赏之，贪残[4]者诛之，远近肃然。

冬，十月，秦陷洛阳秦寇洛阳，辛恭靖固守百余日，魏救未至，秦兵拔洛阳，获之。恭靖见秦王兴，不拜，曰："吾不为羌贼臣。"兴囚之，恭靖逃归。淮、汉[5]以北多降于秦。

孙恩寇陷会稽，杀内史王凝之。诏徐州刺史谢琰及刘牢之讨破之。以琰为会稽太守会稽世子元显性苛刻，生杀任意，发东土诸郡免奴为客者[6]，置京师以充兵役，东土嚣然。孙恩因民心骚动，自海岛攻会稽。内史王凝之世奉天师道，不出兵，亦不设备。官属请讨之，凝之曰："我已请大道，借鬼兵守诸津要[7]，不足忧也。"恩遂陷会稽，杀凝之。于是八郡之人一时起兵，杀长吏以应恩，旬日中，众数十万。时三吴承平日久，民不习战，郡县兵皆望风奔

1　北平：古县名，治所位于今河北省保定市满城县北。
2　狱讼：诉讼。
3　政迹：政绩。
4　贪残：贪婪凶残。
5　淮、汉：淮河、汉水。
6　发东土诸郡免奴为客者：征召东方各郡中解除奴隶身分而变成无地佃户的人。客，无地佃户。
7　津要：水陆冲要的地方。

溃。恩据会稽，自称征东将军，号其党曰"长生人"，醢诸县令以食其妻子，不食，则支解[1]之。所过焚掠，刊木堙井[2]。表会稽王道子及元显之罪，请诛之。自帝即位以来，内外乖异，石头以南，皆为荆、江所据，以西皆豫州所专，京口及江北皆刘牢之及广陵相高雅之所制，朝政所行，三吴而已。及恩作乱，八郡皆为恩有，畿内盗贼蜂起，恩党亦有潜伏在建康者，人情危惧。于是内外戒严，加道子黄钺，元显领中军将军，命徐州刺史谢琰讨之。牢之亦发兵讨恩，拜表辄行。琰击斩义兴、吴郡群盗，与刘牢之转斗而前，所向辄克。琰留屯乌程，遣司马高素助牢之，进临浙江。诏以牢之都督吴郡诸军事。初，彭城刘裕，生而母死，父翘侨居京口，家贫，将弃之。同郡刘怀敬之母，裕从母也，往救而乳之。及长，勇健有大志。仅识文字，以卖履[3]为业，好樗蒲[4]，为乡闾所贱。至是牢之引参军事，使将数十人觇贼。遇贼数千人，即迎击之，从者皆死，裕坠岸下。贼临岸欲下，裕奋长刀仰斫，杀数人，乃得登岸，仍大呼逐之，杀伤甚众。刘敬宣怪裕久不返，引兵寻之，见裕独驱数千人，咸共叹息。因进击贼，大破之。恩驱男女二十余万口东走，多弃宝物、子女于道，官军竞取之，恩由是得脱，复逃入海岛。牢之纵军暴掠，士民失望。朝廷忧恩复至，以琰为会稽太守，都督五郡军事，戍海浦[5]。

以会稽世子元显录尚书事时谓道子为"东录"，元显为"西录"。西府车骑填凑[6]，东第门可张罗[7]。元显所亲信，率皆佞谀[8]，讽礼官立议，公卿以下，见者皆拜。时国用虚竭，公卿日廪七升，而元显众敛不已，富逾帝室。

桓玄举兵攻江陵，杀殷仲堪、杨佺期殷仲堪恐桓玄跋扈，乃与佺期结

---

1 支解：通"肢解"。
2 刊木堙井：砍伐树木，堵塞水井。
3 卖履：卖鞋。
4 樗蒲：一种棋类游戏，博戏中用于掷采的投子最初是用樗木制成，故称樗蒲。
5 海浦：海湾，海滨。
6 填凑：聚集。
7 门可张罗：门前冷落得可以张开罗网捕雀。
8 佞谀：以美言奉承讨好。

婚[1]为援。佺期屡欲攻玄，仲堪每止之。玄恐终为殷、杨所灭，乃求广其所统，执政亦欲交构，使乖离，乃加玄都督荆州四郡军事，又以玄兄伟代佺期兄广为南蛮校尉。佺期忿惧，欲与仲堪共袭玄。仲堪多疑少决，苦禁止之。参军罗企生谓其弟遵生曰："殷侯仁而无断，必及于难。吾蒙知遇[2]，义不可去，必将死之。"是岁，荆州大水，仲堪竭仓廪以赈饥民。玄欲乘其虚而伐之，乃发兵西上，声言救洛，先遣兵袭取巴陵积谷食之。仲堪遣杨广等拒之，皆为所败。江陵乏食，以胡麻廪军[3]。急召佺期自救。佺期曰："江陵无食，可来相就，共守襄阳。"仲堪绐之曰："比来收集，已有储矣。"佺期率步、骑八千至江陵，仲堪唯以饭饷之。佺期大怒曰："今兹败矣！"不见仲堪，与其兄广共击玄，大败，单骑奔还。仲堪亦奔酂城[4]。玄遣将军冯该追获，皆杀之。仲堪奉天师道，祷请鬼神，不吝财贿[5]，而啬于周急。好为小惠以悦人，病者自为诊脉分药，用计倚伏烦密，而短于鉴略[6]，故至于败。仲堪之走也，文武无送者，惟罗企生从之。路经家门，遵生曰："作如此分离，何可不一执手[7]？"企生旋马[8]授手，遵生牵下之，曰："家有老母，去将何之？"企生挥泪曰："今日之事，我必死之。汝等奉养，不失子道。一门之中有忠与孝，亦复何恨？"遵生抱之愈急，遂不得去。及玄至，荆州人士无不诣玄者，企生独不往，而营理[9]仲堪家事。玄遣人谓曰："若谢我，当释汝。"企生曰："吾为殷荆州吏，荆州败，不能救，尚何谢为？"玄乃收之，复问欲何言。企生曰："从公乞一弟以养老母。"玄乃杀企生而舍其弟。

1　结婚：缔结婚姻关系。
2　知遇：得到赏识或重用。
3　以胡麻廪军：把胡麻发给士兵充饥。胡麻，芝麻，相传汉张骞得其种于西域，故名。
4　酂城：古地名，位于今湖北省襄阳市辖老河口市一带。
5　财贿：财货，财物。
6　用计倚伏烦密，而短于鉴略：工于心计，使用计谋时过于烦琐缜密，但是却缺乏远见卓识和雄才大略。
7　何可不一执手：怎么能不握一下手。
8　旋马：掉转马身。
9　营理：管理，料理。

凉王光卒，太子绍立，庶兄纂杀而代之光疾甚，立绍为天王，自号太上皇。以太原公纂为太尉，常山公弘为司徒。谓绍曰："今三邻伺隙[1]，吾没之后，使纂统六军，弘管朝政，汝恭己[2]无为，委重二兄，庶几可济。若内相猜忌，则萧墙之变[3]至矣。"又谓纂、弘曰："永业[4]才非拨乱，直以立嫡有常，猥居元首。汝兄弟缉睦[5]，则祚流万世。若内自相图，则祸不旋踵。"纂、弘泣曰："不敢。"及光卒，绍秘不发丧，纂排闼入哭，尽哀而出。绍惧，以位让之，纂不许。光弟子超谓绍曰："纂为将积年，威震内外，临丧不哀，步高视远，必有异志，宜早除之。"绍曰："先帝言犹在耳，奈何弃之？纵其图我，我视死如归，终不忍有此意也。"弘谓纂曰："主上暗弱，未堪多难。兄宜为社稷计，不可徇[6]小节也。"纂、弘于是夜率壮士攻广夏门，左卫将军齐从抽剑直前，斫纂中额，左右擒之。纂曰："义士也，勿杀。"吕超率卒二千赴难，众素惮纂，不战而溃。纂入升殿，绍自杀，超奔广武。纂惮弘兵强，以位让之，弘不受。纂乃即天王位，以弘为大都督、录尚书事。纂叔父方镇广武，纂遣使谓曰："超实忠臣，义勇可嘉，但不识权变之宜。方赖其用，可以此意谕之。"超上疏陈谢，复其爵位。

庚子四年（公元 400 年）

燕长乐二年。秦弘始二年。魏天兴三年。南燕建平元年。南凉王秃发利鹿孤建和元年。〇西凉公李暠庚子元年。〇是岁，西秦降秦。旧大国三，凉、南凉、北凉、南燕小国四，新小国一，凡八僭国。

春，正月，燕主盛自贬号为庶人天王。

---

1 伺隙：观察等待可以利用的机会。
2 恭己：君主不问政事，或大权旁落。
3 萧墙之变：产生于家中的祸乱，比喻由内部原因所致的灾祸、变乱。萧墙，古代宫室内当门的小墙。
4 永业：即吕绍，吕绍字永业。
5 缉睦：和睦，使和睦。
6 徇：依从，曲从。

西秦迁都苑川[1]。

二月，**燕主盛袭高句丽，拔二城**高句丽王安事燕礼慢，燕主盛自将兵三万袭之，拔新城、南苏[2]，开境[3]七百余里。

三月，**魏立慕容氏为后**初，魏主珪纳刘头眷之女，宠冠后庭，生子嗣。及克中山，获燕主宝之幼女。将立皇后，用其国故事，铸金人以卜之，慕容氏所铸成，遂立为后。

诏桓玄都督荆、江八州军事，荆、江州刺史玄既克荆、雍，表求领荆、江。诏以玄都督荆、司等七州军事，领荆州刺史。玄固求江州，乃加督八州，领二州刺史。玄辄以兄伟为雍州刺史，朝廷不能违。

凉吕弘作乱，凉王纂杀之凉王纂忌大司马弘功高地逼[4]，弘亦自疑，遂以东苑之兵作乱。纂遣兵击之，弘众溃，出走。纂兵大掠，悉以东苑妇女赏军，弘妻子亦在其中。侍中房晷曰："天祸凉室，忧患仍臻。虽弘自取夷灭，亦由陛下无常棣[5]之恩，当省己责躬[6]以谢百姓。乃更纵掠[7]士女，百姓何罪？且弘妻，陛下之弟妇；弘女，陛下之侄也。奈何使无赖小人辱为婢、妾乎？"遂歔欷流涕。纂改容谢之。召弘妻子置东宫，厚抚之。弘将奔南凉，道过广武，吕方见之，大哭曰："天下甚宽，汝何为至此？"乃执弘送狱，纂遣人杀之。

北凉以李暠为敦煌太守初，陇西李暠好文学，有令名。孟敏为沙州[8]刺史，以暠为效谷[9]令。敏卒，治中索仙等以暠温毅有惠政[10]，推为敦煌太守，请于段业，业因授之。将军索嗣言于业曰："暠不可使处敦煌。"业以嗣代暠，

1　苑川：古水名，又称勇士川，即今甘肃省兰州市榆中县苑川河。
2　新城、南苏：新城，古地名，即今辽宁省抚顺市区北高尔山城，一说在抚顺市。南苏，古地名，即今辽宁省铁岭市铁岭县东南催阵堡山城。
3　开境：开拓疆界。
4　地逼：地位逼人。
5　常棣：语出《诗·小雅·常棣》。本诗是一首申述兄弟应该互相友爱的诗，因此常用以指兄弟。
6　省己责躬：省己，自我反省。责躬，反躬自责。
7　纵掠：肆意掠夺。
8　沙州：古州名，因鸣沙山为名，辖今甘肃省玉门市及新疆维吾尔自治区吐鲁番市之间地。
9　效谷：古县名，治所位于今甘肃省敦煌市东北。
10　温毅有惠政：温毅，温文而有毅力。惠政，仁政，德政。

使率五百骑之官。嵩遣同母弟宋縣逆击之，嗣败走，还。嵩表业请诛嗣，业乃杀之。

夏，五月，孙恩复寇会稽，太守谢琰败死。恩转寇临海，遣兵讨之，不克谢琰镇会稽，不能绥怀，又不为武备。诸将咸谏曰："贼近在海浦，伺人形便，宜开其自新之路。"琰不听。既而恩寇浃口[1]，入余姚，破上虞[2]，乘胜径至会稽。琰出战，兵败，为帐下所杀。恩转寇临海，朝廷大震，遣将军桓不才、高雅之等拒之，为恩所败。

六月朔，日食。

秋，七月，太皇太后李氏崩。

秦击西秦，西秦王乾归战败，奔南凉，遂奔秦后秦遣姚硕德伐西秦，西秦王乾归使将军慕兀等屯守，秦军樵采路绝[3]，秦王兴潜引兵救之。乾归闻之，自将轻骑数千前候秦军。会大风昏雾[4]，与中军相失，入于外军。战败，走归，其众皆降。兴进军枹罕。乾归奔金城，将复西走，谓诸豪帅[5]曰："今举国而去，必不得免。卿等宜留此降秦，以全宗族。"皆曰："死生愿从陛下。"乾归曰："吾今将寄食于人，若天未亡我，庶几[6]异日克复旧业，复与卿等相见。今相随而死，无益也。"乃大哭而别。遂奔允吾，乞降于南凉。南凉王利鹿孤待以上宾。秦兵既退，南羌梁戈等密招乾归，乾归将应之。或以白利鹿孤，乾归惧为所杀，乃送太子炽磐等于西平，南奔枹罕，遂降于秦。久之，炽磐亦逃归。

九月，地震。

冬，十一月，诏刘牢之讨孙恩，走之刘牢之讨孙恩，恩走入海。牢之

1　浃口：古地名，即浃江口，位于今浙江省宁波市甬江河口处。
2　上虞：古县名，治所即今浙江省绍兴市上虞区。
3　樵采路绝：砍柴的路被切断。
4　昏雾：雾气弥漫，遮天蔽日。
5　豪帅：首领，多称武装反抗者的首领或部落酋长。
6　庶几：或许，也许。

东屯上虞，使刘裕戍句章。吴国内史袁崧筑沪渎垒[1]以备之。

以会稽世子元显都督扬、豫等十六州军事。

李暠自称凉公北凉晋昌太守唐瑶叛，移檄六郡，推暠为沙州刺史、凉公。暠遣宋繇东伐凉兴[2]，并击玉门以西诸城，皆下之。是为西凉。

十二月，有星孛于天津[3]。会稽世子元显解[4]录尚书事元显以星变解录尚书事，复加尚书令。吏部尚书车胤以元显骄恣，白会稽王道子，请禁抑[5]之。元显问道子曰："车武子屏人言及何事？"道子怒曰："尔欲幽我，不令与朝士语耶？"元显出，谓其徒曰："胤间我父子。"胤惧，自杀。魏太史屡奏天文乖乱。魏主珪自览占书[6]，云当改王易政。乃下诏风厉[7]群下，以帝王继统，皆有天命，不可妄干。又数变易官名，欲以厌塞灾异。

魏置仙人博士仪曹郎董谧献《服饵[8]仙经》，珪置仙人博士，立仙坊，煮炼百药。成，令死罪者试服之，不验，而访求不已。

魏杀其左将军李粟魏主珪常以燕主垂诸子分据势要[9]，使权柄下移，遂至败亡，深非之。博士公孙表希旨，上《韩非书》，劝珪以法制御下。李粟性简慢，对珪舒放不肃，咳唾任情[10]。珪积其宿过[11]，诛之，群下皆震栗。

南燕王德称帝，更名备德备德尝问群臣："朕可方古何主？"鞠仲曰："陛下中兴圣主，少康、光武之俦也。"备德顾[12]左右赐仲帛千匹，仲以多辞。

---

1 沪渎垒：古地名，又名沪渎城、袁山松城，东晋时的海防要垒，位于今上海市青浦区东北旧青浦西。
2 凉兴：古县名，治所位于今甘肃省酒泉市安西县西南。
3 天津：古星名，位于北方七宿中的女宿之北，凡九星。在银河分支处，故称。
4 解：解除。
5 禁抑：抑制。
6 占书：关于占卜的书。
7 风厉：鼓励，劝勉。
8 服饵：服食丹药，道家养生延年术。
9 势要：有权势，居要职。
10 舒放不肃，咳唾任情：随意放纵，十分不敬，咳痰吐唾沫无所顾忌。舒放，放纵。
11 宿过：过往的过失。
12 顾：回头示意。

备德曰："卿知调[1]朕，朕不知调卿耶？"韩范进曰："天子无戏言，今日之论，君臣俱失。"备德大悦，赐范绢五十匹。

辛丑**五年**（公元401年）

燕昭文帝慕容熙光始元年。秦弘始三年。魏天兴四年。凉王吕隆神鼎元年。北凉王沮渠蒙逊永安元年。

春，正月，南凉置都督中外、录尚书官南凉王利鹿孤欲称帝，将军锍勿仑曰："吾国被发左衽，无冠、带之饰，逐水草迁徙，无城郭室庐[2]，故能雄视沙漠，抗衡中夏。今举大号，诚顺民心。然建都立邑，难以避患；储畜仓库，启敌人心。不如处晋民于城郭，劝课农桑，以供资储。率国人以习战射，邻国弱则乘之，强则避之，此久长之策也。且虚名无实，徒为世之质[3]的，将安用之？"利鹿孤乃更称河西王，以其弟傉檀都督中外、录尚书事。

二月，孙恩寇句章，刘牢之击走之。

秦使乞伏乾归还镇苑川。

凉吕超弑其君纂而立其兄隆，纂后杨氏自杀纂嗜酒好猎，太常杨颖谏之，不悛。番禾[4]太守吕超擅击鲜卑思盘，纂命超及思盘入朝。超惧，至姑臧，深自结于殿中监[5]杜尚。纂见超，责之曰："卿恃兄弟桓桓[6]，乃敢欺吾，要当斩卿，天下乃定！"然实无意杀之也。因引超、思盘及群臣宴于内殿。超兄中领军隆数劝纂酒，纂醉，超取剑击杀之。纂后杨氏命禁兵讨超，杜尚止之，皆舍仗[7]不战。超让位于隆，隆遂即天王位，以超都督中外、录尚书事。杨后将出宫，超恐其挟珍宝，命索之。后曰："尔兄弟不义，手刃相屠，我旦夕死

1　调：调侃，开玩笑。
2　室庐：居室，房舍。
3　世之质：成为世人攻击的目标。质，箭靶。
4　番禾：古郡名，辖今甘肃省金昌市永昌县一带。
5　殿中监：古官名，掌皇帝服御之事，总领宫内衣、食、住、行各主管机构。
6　桓桓：勇武，威武貌。
7　舍仗：放下兵器。

人，安用宝为？"超又问玉玺所在。后曰："已毁之矣。"后有美色，超将纳之，谓其父桓曰："后若自杀，祸及卿宗[1]。"桓以告后，后曰："大人责女与氏以图富贵，一之谓甚，其可再乎？"遂自杀。桓奔河西。

三月，**孙恩攻海盐[2]，刘牢之参军刘裕击破之**恩北趋海盐，刘裕随而拒之。城中兵少，裕夜偃旗匿众[3]，明晨开门，使赢疾[4]数人登城。贼遥问裕所在，曰："夜已走矣。"贼争入城，裕奋击，大破之。恩乃进向沪渎，裕复追之，不利，引归。

南凉击凉，徙其民二千户以归其后南凉王利鹿孤命群臣极言得失。从事史嵩曰："陛下命将出征，往无不捷。然不以绥宁[5]为先，唯以徙民为务。民安土重迁，故多离叛，此所以斩将搴旗[6]而地不加广也。"利鹿孤善之。

夏，五月，北凉沮渠蒙逊弑其君业北凉王业惮沮渠蒙逊勇略，蒙逊亦深自晦匿[7]。张掖太守马权素豪俊[8]，为业所亲重，意轻蒙逊。蒙逊谮而杀之，乃谓其兄男成曰："段公非拨乱之主，向所惮者马权，今权已死，欲除之以奉兄，何如？"男成曰："人亲信我，图之，不祥。"蒙逊乃求为西安[9]太守。因与男成约同祭兰门山[10]，而阴使人先告男成欲为乱，以求祭兰门山为验。至期，果然。业收男成赐死。男成曰："蒙逊先与臣谋反，臣以兄弟之故，隐而不言。今以臣在，恐部众不从，故约臣祭山而反诬臣，其意欲王之杀臣也。乞诈言臣死，暴臣罪恶，蒙逊必反。然后使臣讨之，无不克矣。"业不听，杀之。蒙逊泣告众曰："男成忠于段王，而无故枉杀之，诸君能为报仇乎？"男成素得众

1　宗：宗族。
2　海盐：古县名，治所位于今浙江省嘉兴市海盐县城东南。
3　偃旗匿众：把战旗全部放倒，把精锐部队隐藏起来。偃，放倒。匿，隐藏。
4　赢疾：衰弱生病。
5　绥宁：安定。
6　斩将搴旗：斩杀敌将，拔取敌旗。搴，拔取。
7　晦匿：隐蔽不露。
8　豪俊：气魄大，行为特出。
9　西安：古郡名，治今甘肃省张掖市东南，辖今甘肃省张掖市东部地区。
10　兰门山：古山名，亦作合黎山、要涂山、羌谷山，即今内蒙古阿拉善右旗西北与甘肃高台县北界合黎山及其支脉。

心，众皆愤怒争奋，比至氏池[1]，羌、胡多起兵应之。业先疑将军田昂，囚之。至是召之，使讨蒙逊。昂以众降，业军遂溃。蒙逊入张掖，业谓曰："孤子然一己，为君家所推，愿丐[2]余命，东还与妻子相见。"蒙逊斩之。业儒素长者，无他权略，威禁不行，群下擅命，尤信卜筮巫觋[3]，故至于败。

孙恩陷沪渎，杀吴国内史袁崧。六月，孙恩寇丹徒，刘裕击破之。恩北走，陷广陵孙恩浮海奄至丹徒，战士十余万，楼船千余艘，建康震骇，内外戒严。刘牢之使刘裕自海盐入援。裕兵不满千人，倍道兼行，与恩俱至丹徒。守军莫有斗志，恩率众鼓噪，登蒜山[4]，居民皆荷担[5]而立。裕率所领奔击，大破之，恩狼狈，仅得还船。然恩犹恃众，复整兵向京师。谯王尚之率精锐驰至。恩楼船高大，溯风[6]不得疾行，数日乃至白石，闻尚之在建康，牢之至新洲[7]，乃浮海北走郁洲[8]，攻陷广陵。桓玄厉兵训卒，常伺朝廷之隙。闻恩逼京师，建牙[9]聚众，请讨之。后将军元显大惧，会恩退，以诏书止之，玄乃解严。

沮渠蒙逊自称张掖公亦号北凉。

秋，七月，魏徇许昌，东至彭城。

秦伐凉，大破之。西凉、南凉、北凉皆遣使入贡于秦凉王隆多杀豪望，人不自保。魏安人焦朗使人说后秦姚硕德曰："吕氏兄弟相贼，政乱民饥，乘其篡夺之际，取之易于反掌，不可失也。"硕德以告其主兴而从之。自金城济河，直趋姑臧。隆遣吕超等逆战，硕德大破之。隆婴城固守。于是西凉公暠、河西王利鹿孤、张掖公蒙逊各遣使奉表入贡于秦。秦主兴闻杨桓之贤而征之，

1　氏池：古县名，治所即今甘肃省张掖市民乐县。
2　丐：乞求施舍。
3　巫觋：古代称女巫为巫，男巫为觋，合称"巫觋"。后亦泛指以装神弄鬼替人祈祷为职业的巫师。
4　蒜山：古山名，又曰算山，位于今江苏省镇江市西，山多泽蒜，因以为名。
5　荷担：用肩负物，挑担。
6　溯风：逆风。
7　新洲：古地名，一名薛家洲，位于今江苏省南京市北大江中。
8　郁洲：古地名，位于今江苏省连云港市灌云县东北。
9　建牙：出师前树立军旗。

利鹿孤不敢留。

八月，以刘裕为下邳太守，讨孙恩于郁洲，大破之恩由是衰弱，复缘海南走，裕随而击之。

燕段玑弑其君盛。太后丁氏立盛叔父熙，讨玑，杀之燕王盛惩其父宝以懦弱失国，自矜聪察[1]，多所猜忌，群臣有纤介之嫌，皆先事诛之，人不自保。初，段太后兄之子玑，为反者段登辞所连及，逃奔辽西。复还归罪，盛赦之，使尚公主，入直殿内，至是作乱。盛率左右出战，被伤而卒。中垒将军慕容拔白太后丁氏，以国家多难，宜立长君。时众望在盛弟平原公元，而河间公熙素得幸于丁氏，乃废太子定，迎熙入宫，即天王位。捕玑等，夷三族。元、定皆赐死。

九月，凉王隆遣使降秦秦陇西公硕德围姑臧累月，抚纳夷夏，分置守宰，节食聚粟，为持久计。吕超言于凉王隆曰："今资储内竭，上下嗷嗷，当卑辞以退敌。敌去之后，修政息民，若卜世未穷，何忧旧业之不复？若天命去矣，亦可保全宗族。"隆乃遣使请降于秦。硕德表隆为凉州刺史。硕德军令严整，秋毫不犯，祭先贤，礼名士，西土悦之。

冬，十一月，刘裕追击孙恩，破之。

凉攻魏安，南凉救之凉吕超攻焦朗于魏安，朗请迎于南凉。利鹿孤遣将军傉檀赴之。比至，超已退，朗闭门拒之。傉檀怒，将攻之。将军俱延曰："朗孤城无食，今年不降，后年自服，何必多杀士卒以攻之？若其不捷，彼必去从他国。弃州境士民以资邻敌，非计也，不如以善言谕之。"傉檀乃与朗连和，寻伐取之。

桓玄表桓伟镇夏口，刁畅镇襄阳桓玄表其兄伟为江州刺史，镇夏口；司马刁畅督八郡，镇襄阳。遣其将冯该戍溢口。自谓有晋国三分之二，数使人上己符瑞[2]，欲以惑众。又致笺于会稽王道子曰："贼造近郊，以风不得进，食

1　聪察：明察。
2　使人上己符瑞：让人呈上自己可以做君主的天命吉兆。

尽故去，非力屈也。昔国宝死后，王恭不乘此威入统朝政，足见其心非侮于明公也，而谓之不忠。今之腹心，谁有时望，岂无佳胜[1]，直是不能信之耳！"元显见之，大惧。张法顺谓曰："玄承藉世资[2]，素有豪气。既并殷、杨[3]，专有荆楚，第下[4]所控引[5]止三吴耳。今东土涂地[6]，公私困竭，玄必乘此纵其奸凶。"元显曰："为之奈何？"法顺曰："玄始得荆州，人情未附。若使刘牢之为前锋，而以大军继进，玄可取也。"元显以为然。会武昌太守庾楷密使人自结于元显，请为内应。元显大喜，遣法顺至京口，谋于牢之。牢之以为难。法顺还，曰："观牢之言色，必贰于我，不如召入杀之。不尔，败人大事。"元显不从。于是大治水军，谋讨玄。

壬寅**元兴元年**（公元 402 年）

燕光始二年。秦弘始四年。魏天兴五年。南凉王秃发傉檀弘昌元年。

春，正月，以尚书令元显为征讨大都督，加黄钺，讨桓玄下诏罪状

桓玄，以元显为骠骑大将军、征讨大都督、加黄钺，刘牢之为前锋，谯王尚之为后部。张法顺言于元显曰："桓谦兄弟每为上流[7]耳目，而牢之反复，万一有变，则祸败立至。可令牢之杀谦兄弟以示无贰，若不受命，当逆为其所[8]。"元显曰："今非牢之，无以敌玄。且始事而诛大将，人情不安。"又以桓冲有遗惠[9]于荆土，而谦，其子也，乃除[10]谦荆州刺史，以结西人之心。

---

1 佳胜：有名望地位的人。
2 承藉世资：承藉，凭借。世资，世代的资望，先代的功业。
3 殷、杨：殷仲堪、杨佺期。
4 第下：门下，阁下。
5 控引：控制，掌握。
6 涂地：彻底败坏而不可收拾。
7 上流：长江上游，此处代指居于上游的桓玄。
8 逆为其所：在祸患到来之前，先打算好怎么办。
9 遗惠：留予后世的恩惠。
10 除：拜，授。

　　柔然据漠北[1]，**自称可汗**初，魏主珪遣贺狄干献马求昏[2]于秦。秦王兴闻魏已立慕容后，止狄干而绝其昏。由是魏与秦有隙，攻其属国没弈干、黜弗、素古延。柔然社仑方睦于秦，遣将救之，大败，远遁漠北，夺高车之地而居之。遂吞并诸部，士马繁盛，雄于北方。其地西至焉耆，东接朝鲜，南临大漠，旁侧小国皆羁属焉。自号豆代可汗。始立约束，以千人为军，军有将；百人为幢，幢有帅。攻战先登者赐以虏获，畏懦者以石击其首，杀之。

　　南凉攻凉显美[3]，**克之**南凉王秃发傉檀克显美，执太守孟祎而责其不早降。祎曰："祎受吕氏厚恩，分符守土。若明公大军甫[4]至，望旗归附，恐获罪于执事[5]矣。"傉檀释而礼之，以为左司马。祎辞曰："祎为人守城不能全，复忝[6]显任，于心窃所未安。若蒙明公之惠，使得就戮姑臧，死且不朽。"傉檀义而遣之。

　　桓玄举兵反东土遭孙恩之乱，因以饥馑，漕运不继。桓玄禁断江路，商旅俱绝，公私匮乏，以麸橡[7]给士卒。玄谓朝廷多虞，必未暇讨己，可以蓄力观衅。及闻大军将发，乃大惊，欲完聚[8]保江陵。长史卞范之曰："明公威振远近，元显口尚乳臭，刘牢之大失物情，若兵临近畿，示以祸福，土崩之势可翘足而待，何有延敌入境，自取穷蹙者乎？"玄从之，留桓伟守江陵，抗表传檄，罪状元显，举兵东下。檄至，元显大惧，下船而不发。

　　二月，魏袭没弈干，没弈干奔秦魏常山王遵等率兵袭没弈干，至高平。没弈干弃其部众，率数千骑与刘勃勃奔秦州。魏军尽获其府库蓄积，马四万余匹，徙其民于代都。复遣兵侵河东，长安大震。

1　漠北：蒙古高原大沙漠以北地区。
2　昏：缔结婚姻关系。
3　显美：古县名，治所位于今甘肃省金昌市永昌县东南。
4　甫：刚，才。
5　执事：有职守之人，官员。
6　忝：荣幸。
7　麸橡：粮食的麸皮和橡树的果实。
8　完聚：修茸城郭，聚集粮食。

秦立子泓为太子　泓孝友宽和，喜文学，善谈咏[1]，而懦弱多病。秦主兴欲以为嗣，而狐疑不决，久乃立之。

北凉攻凉姑臧，不克　姑臧大饥，饿死者十余万口。城门昼闭，樵采路绝。沮渠蒙逊引兵攻之，凉王隆击破其军。蒙逊请盟，留谷万余斛遗之。

玄兵至姑孰。三月，刘牢之叛，附于玄，元显军溃。玄入建康，自以太尉总百揆，杀元显等，以牢之为会稽内史。牢之自杀　桓玄发江陵，虑事不捷，常为西还计。及过寻阳，甚喜。诏遣齐王柔之以驺虞幡止之，为玄所杀。玄至历阳，襄城太守司马休之败走。谯王尚之众溃，玄捕获之。刘牢之素恶元显，又虑功高，不为所容。自恃材武，拥强兵，欲假玄以除执政，复伺玄隙而自取之。参军刘裕请击玄，牢之不许。玄使牢之族舅何穆说之曰："自古戴震主之威、挟不赏之功而能自全者，谁耶？今战胜则倾宗，战败则覆族，不若翻然改图，则可以长保富贵矣。"牢之遂与玄通。东海何无忌，牢之之甥也，与刘裕极谏，不听。其子敬宣又谏，牢之怒曰："吾岂不知？今日取玄如反复手。但平玄之后，令我奈骠骑[2]何？"遂遣敬宣诣玄请降。玄阴欲诛牢之，乃与敬宣宴饮，陈名书画共观之，以安悦[3]其意，敬宣不觉也。元显将发，闻玄已至新亭，弃船退军。二日，复出陈[4]于宣阳门外。军中相惊，言玄已至南桁，元显遂引兵欲还宫。玄遣人拔刀随后大呼曰："放仗[5]！"军人皆崩溃，元显走入东府，玄遣从事收缚，数之[6]。元显曰："为张法顺所误耳。"玄入京师，称诏解严，自为丞相，总百揆，都督中外，录尚书事，扬州牧。复让丞相，而为太尉。以桓伟为荆州刺史，桓修为徐、兖刺史，桓石生为江州刺史，卞范之为丹杨尹，王谧为中书令。徙会稽王道子于安成郡[7]，斩元显、尚之、庾楷、张

1　谈咏：谈论吟咏。
2　骠骑：指骠骑大将军司马元显。
3　安悦：安抚取悦。
4　出陈：出兵列阵应战。陈，通"阵"。
5　放仗：放下兵器。
6　数之：列举他的罪状。
7　安成郡：古郡名，辖今江西省新余市以西的袁水流域和泸水、禾水流域。

法顺。以刘牢之为会稽内史。牢之曰："始尔便夺我兵[1]，祸其至矣。"敬宣劝牢之袭玄，牢之犹豫，告刘裕曰："今当北就高雅之于广陵，举兵以匡社稷，卿能从我乎？"裕曰："将军以劲卒数万，望风降服，彼新得志，威震天下，朝野人情皆已去矣，广陵可得至耶？裕当反服[2]还京口耳。"退谓何无忌曰："吾观镇北[3]必不免，卿可随我还京口。玄若守臣节，当与卿事之，不然，当与卿图之。"于是牢之大集僚佐，议据江北以讨玄。参军刘袭曰："事之不可者莫大于反。将军往年反王兖州，近日反司马郎君，今复反桓公，一人三反，何以自立？"语毕，趋出，佐吏多散走。牢之惧，率部曲北走，至新洲，缢而死。

孙恩寇临海，郡兵击破之。恩赴海死。玄以恩党卢循为永嘉[4]太守孙恩寇临海，太守辛景击破之。恩所虏三吴男女死亡殆尽，恐为官军所获，乃赴海死，其党从死者以百数，谓之"水仙"。余众数千人复推恩妹夫卢循为主。循，谌之曾孙也。神采清秀，雅[5]有才艺。少时，沙门惠远尝谓之曰："君虽体涉风素[6]，而志存不轨，如何？"桓玄欲抚安东土，乃以循为永嘉守。循虽受命，而寇暴不已。

南凉王利鹿孤卒，弟傉檀立始称凉王，徙乐都。

夏，四月，玄出屯姑孰玄辞录尚书事，出屯姑孰，大政皆就咨[7]焉，小事则决于尚书令桓谦及卞范之。自隆安[8]以来，人厌祸乱。玄初至，黜奸佞，擢俊贤，京师欣然，冀得少安。既而奢豪纵逸[9]，陵侮朝廷，裁损乘舆供奉，帝几不免饥寒，众由是失望。

三吴大饥三吴大饥，户口减半，临海、永嘉殆尽，富室皆衣罗纨，怀金

1　始尔便夺我兵：刚开始就剥夺我的兵权。
2　反服：脱戎装而穿常服。
3　镇北：即刘牢之，刘牢之封镇北将军。
4　永嘉：古郡名，辖今浙江省温州市，永嘉、乐清二县，飞云江流域及其以南地区。
5　雅：素。
6　体涉风素：体态状貌比较有素雅的儒风。
7　就咨：去他那里请示。
8　隆安：晋安帝司马德宗的年号，存续时间为公元397至401年。
9　奢豪纵逸：骄奢横暴，放纵享乐。

玉，闭门饿死。

　　五月，卢循寇东阳，刘裕击走之。

　　秦主兴攻魏，败绩，其将姚平死之秦主兴大发诸军，遣义阳公平等将以伐魏，兴自将大军继之。平攻魏乾壁[1]，拔之。魏主珪遣长孙肥为前锋，自将大军继后以御之。平遣骁将[2]率精骑二百觇魏军，肥逆击，尽擒之。平退走，珪追及于柴壁[3]，平婴城固守，魏军围之。兴将兵四万救之，将据天渡[4]运粮以馈平。魏博士李先曰："兵法，高者为敌所栖，深者为敌所囚[5]。今秦皆犯之，宜遣奇兵先据天渡，柴壁可不战而取也。"珪命增筑重围，内防平出，外拒兴入。将军安同曰："汾东有蒙坑[6]，东西三百余里，蹊径[7]不通。兴来，必从汾西直临柴壁，如此，虏声势相接，重围虽固，不能制也。不如为浮梁，渡汾西，筑围以拒之。虏至，无所施其智力矣。"珪从之，率步、骑三万逆击兴于蒙坑之南，兴退走四十余里，平亦不敢出。兴屯汾西，束柏材[8]从汾上流纵之，欲以毁浮梁，魏人皆钩取为薪。平粮竭矢尽，夜，悉众突围。不得出，乃率麾下赴水死，余众二万余人皆敛手[9]就擒。兴力不能救，举军恸哭[10]。数遣使求和于魏，珪不许，乘胜进攻蒲坂。会柔然谋伐魏，乃引兵还。

　　将军司马休之、刘敬宣、高雅之奔南燕玄杀吴兴守高素、将军竺谦之及刘袭等，皆刘牢之北府旧将也。袭兄轨邀司马休之、刘敬宣、高雅之等共据山阳[11]，欲起兵攻玄，不克而走。将军袁虔之、刘寿等皆往从之，将奔魏。至陈留南，分为二辈：轨、休之、敬宣奔南燕，虔之、寿等奔秦。魏主初闻休之等

1　乾壁：古地名，位于今山西省临汾市襄汾县西北襄陵镇东南。
2　骁将：勇猛的将领。
3　柴壁：古地名，即今山西省临汾市襄汾县西南，汾河东岸柴庄。
4　天渡：古地名，位于今山西省临汾市襄汾县西南，汾河西岸。
5　高者为敌所栖，深者为敌所囚：驻军在高的地方会被敌人围困，驻军在低洼的地方会被敌人囚禁。
6　蒙坑：古地名，位于今山西省临汾市襄汾县南。
7　蹊径：供人行走的小路。
8　柏材：柏树木材。
9　敛手：缩手，表示不敢妄为。
10　恸哭：放声痛哭。
11　山阳：古地名，位于今江苏省淮安市淮安区境内。

当来，大喜。后怪其不至，令兖州求访，获其从者，问之，皆曰："闻崔逞被杀，故奔二国。"魏主深悔之，自是士人有过，颇见优容。

燕王熙杀其太后丁氏燕王熙纳符谟二女，有宠。丁太后怨恚[1]，与兄子尚书信谋废熙，立章武公渊。事觉，熙逼丁太后，令自杀，并杀渊及信。

玄杀会稽王道子玄使御史杜林防卫道子至安成，林承玄旨，鸩杀之。

北凉梁中庸奔西凉北凉西郡太守梁中庸叛，奔西凉。西凉公暠问曰："我何如索嗣[2]？"中庸曰："未可量也。"暠曰："嗣才度[3]若敌我者，我何能于千里之外以长绳绞其颈邪？"中庸曰："智有短长，命有成败。若以身死为负，计行[4]为胜，则公孙瓒岂贤于刘虞邪？"暠默然。

秦遣使授南凉、北凉、西凉官爵。

癸卯二年（公元 403 年）

燕光始三年。秦弘始五年。魏天兴六年。○是岁凉亡。大三，小四，凡七僭国。

春，卢循使其党徐道覆寇东阳，建武将军刘裕击破之道覆，循之姊夫也。

桓玄自为大将军玄上表请率诸军平关洛[5]，而讽朝廷不许，乃云："奉诏故止。"玄初欲饬装[6]，先命作轻舸[7]，载服玩[8]、书画。或问其故。对曰："兵凶战危，脱有意外，当使轻而易运。"众皆笑之。

夏，四月朔，日食。

1　怨恚：怨恨。
2　我何如索嗣：我和索嗣将军谁更强。
3　才度：才能和气度。
4　计行：计策顺利实施。
5　关洛：关中和洛阳一带，也泛指北方地区。
6　饬装：整理行装。
7　轻舸：快船，小船。舸，大船。
8　服玩：服饰、器用等玩好之物。

南燕遣使隐核荫户南燕主备德优迁徙之民，使之长复不役。民缘此迭相隐冒[1]，或百室合户，或千丁共籍，以避课役[2]。尚书韩𧨎请加隐核，备德从之，使𧨎巡行郡县，得荫户五万八千。

五月，燕作龙腾苑[3]燕王熙作龙腾苑，方十余里，役徒[4]二万人。筑景云山于苑内，基广五百步，峰高十七丈。

秋，七月，魏杀其平原太守和跋跋奢豪喜名，魏主珪恶而杀之，使其弟毗等就与诀。跋曰："滦[5]北土瘠，可迁水南，勉为生计。"毗等谕其意，逃入秦。魏主怒，灭其家。将军邓渊从弟晖与跋善，或谮之曰："毗之出亡，晖实送之。"魏主疑渊知其谋，赐渊死。

秦征吕隆为散骑常侍，以王尚为凉州刺史南、北凉互出兵攻吕隆，秦之谋臣言于秦主兴曰："隆今饥窘，尚能自支，若将来丰赡[6]，终不为吾有。不如因其危而取之。"兴乃征吕超入侍，遣齐难率兵迎之。隆素车白马迎于道旁。难以司马王尚行凉州刺史，镇姑臧，徙隆宗属[7]及民万户于长安。兴以隆为散骑常侍，超为安定守。郭黁奔晋，秦人追杀之。

刘裕追卢循至晋安[8]，破之何无忌潜诣裕，劝于山阴[9]起兵讨桓玄。裕谋于土豪孔靖，孔靖曰："山阴去都道远，举事难成。不如待玄篡位，于京口图之。"裕从之。

九月，玄自为相国，封楚王，加九锡殷仲文、卞范之劝玄早受禅。朝廷册命玄为相国，总百揆，封楚王，加九锡，楚国置丞相以下官。桓谦私问彭城内史刘裕曰："楚王勋德隆重，朝廷之情，咸谓宜有揖让，卿以为何如？"

1　隐冒：隐匿冒充。
2　课役：赋税及徭役。
3　龙腾苑：古地名，位于今辽宁省朝阳市故龙城外。
4　役徒：服劳役者。
5　滦：河北省遵化市沙河的古称。
6　丰赡：丰富，充足。
7　宗属：宗室成员。
8　晋安：古县名，治所位于今福建省泉州市辖南安市东。
9　山阴：古县名，治所即今浙江省绍兴市，以在会稽山之北而得名。

裕曰："楚王勋德盖世，晋室民望久移，乘运禅代¹，有何不可？"谦即喜曰："卿谓之可即可耳。"

　　南燕讲武城西高雅之表南燕主备德，请伐玄，曰："纵未能廓清²吴会，亦可收江北之地。"韩范亦上疏曰："晋室衰乱，戎马单弱。重以桓玄悖逆，上下离心，拓地定功，正在今日。失时不取，彼之豪杰诛灭桓玄，更修德政，则无望矣。"备德因讲武城西，步卒三十七万人，骑五万三千匹，车万七千乘。公卿皆以玄新得志，未可图，乃止。

　　冬，十一月，楚王玄称皇帝，废帝为平固王，迁于寻阳玄表请归藩，使帝作手诏固留之。诈言钱塘³临平湖开，江州甘露⁴降，使百僚集贺，为己受命之符。又以前世皆有隐士，耻独无之，求得皇甫希之，给其资用，使居山林。征为著作郎，又使固辞，然后下诏旌礼⁵，号曰高士。时人谓之"充隐"。又欲废钱用谷帛，及复肉刑，制作⁶无定，卒无所施。性复贪鄙，人士有法书⁷、好画及佳园宅，必假蒲博⁸而取之。尤爱珠玉，未尝离手。至是卞范之为禅诏，逼帝书之，遣司徒王谧禅位于楚，出居永安宫。百官诣姑孰劝进。玄筑坛于九井山⁹北，即帝位。改元永始，封帝为平固王，迁于寻阳。玄入建康宫，登御坐而床忽陷，群下失色。殷仲文曰："将由圣德深厚，地不能载。"玄大悦。玄临听讼观阅囚徒，罪无轻重，多得原放¹⁰。有干舆乞¹¹者，时或恤之。以其祖彝以上名位不显，不复追尊，独纳桓温神主于太庙。卞承之曰："宗庙之祭上不及祖，有以知楚德之不长矣。"玄性苛细¹²，好自矜伐。主者奏事，或一字片

1　乘运禅代：乘运，趁着好的时运。禅代，帝位的禅让和接替。
2　廓清：肃清。
3　钱塘：古县名，治所即今浙江省杭州市。
4　甘露：甘美的露水。
5　旌礼：表彰并礼遇。
6　制作：样式。
7　法书：艺术性较高的可供学习、欣赏的书法作品。
8　蒲博：古代的一种博戏，亦泛指赌博。
9　九井山：古山名，位于今安徽省马鞍山市当涂县东南，山有九井，相传桓温所凿。
10　原放：免罪释放。
11　干舆乞：拦车请求。干舆，拦车。
12　苛细：苛刻烦琐。

辞之谬，必加纠摘[1]，以示聪明。或手注直官[2]，或自用令史，诏令纷纭，有司奉
答不暇。而纪纲不治，奏案停积，不能知也。又性好游畋，更缮宫室，朝野骚
然，思乱者众。

益州刺史毛璩起兵讨玄玄遣使加璩左将军。璩不受命，传檄列玄罪状，
进屯白帝。

魏初制冠服魏始命有司制冠服，以品秩[3]为差。然法度草创，多不稽古。

甲辰三年（公元404年）

燕光始四年。秦弘始六年。魏天赐元年。

春，二月，刘裕起兵京口讨玄，玄使弟谦拒之刘裕从徐、兖刺史桓修
入朝，玄谓王谧曰："裕风骨不常[4]，盖人杰也。"每游集[5]，必引接殷勤，赠、赐
甚厚。玄妻刘氏亦谓玄曰："裕龙行虎步，视瞻[6]不凡，恐终不为人下，不如早
除之。"玄曰："我方平荡中原，非裕莫可用者。俟关河[7]平定，别议之耳。"玄
以桓弘镇广陵，刁逵镇历阳。裕与何无忌同舟还京口，密谋兴复。刘迈弟毅
家于京口，亦与无忌谋之。无忌曰："桓氏强盛，其可固乎？"毅曰："天下
自有强弱，苟为失道，虽强易弱，正患事主[8]难得耳。"无忌曰："草泽之中非
无英雄也。"毅曰："所见唯有刘下邳[9]。"无忌笑而不答，还以告裕，遂与定
谋。平昌[10]孟昶为桓弘主簿，至建康还，裕谓之曰："草间当有英雄起，卿颇闻
乎？"昶曰："今日英雄有谁？正当是卿耳！"于是裕、毅、无忌、昶及裕弟
道规、诸葛长民等相与合谋起兵。道规为桓弘参军，裕使毅就道规、昶共杀

1　纠摘：督察揭发。
2　直官：当值的官员。
3　品秩：官的品级与俸禄的等级。
4　风骨不常：风骨，品格，性格。不常，不平凡，卓越。
5　游集：游玩聚会。
6　视瞻：形容顾盼的神态。
7　关河：关塞，也泛指山河。
8　事主：事情的主要决策者，谋划者。
9　刘下邳：即刘裕。
10　平昌：古郡名，辖今山东省潍坊市辖安丘市及临朐、昌乐等县部分地。

弘，据广陵。长民为刁逵参军，使杀逵，据历阳。无忌夜草檄文，其母密窥之，泣曰："吾不及东海吕母[1]明矣。汝能如此，吾复何恨！"裕托以游猎，与无忌收合徒众，得百余人。诘旦[2]，京口门开，无忌着传诏服，称"敕使"，居前，徒众随之入，斩桓修以徇。裕问无忌曰："急须一府主簿，何由得之？"无忌曰："无过[3]刘道民。"道民者，东莞刘穆之子也。裕曰："吾亦识之。"即驰信召焉[4]。时穆之闻京口欢噪[5]声，晨起，出陌头[6]，属与信会[7]。直视不言者久之，退室，坏布裳[8]为裤，往见裕。裕曰："始举大义，须一军吏甚急，卿谓谁堪其选？"穆之曰："仓猝之际，略当无见逾者[9]。"裕笑曰："卿能自屈，吾事济矣。"即于坐署[10]主簿。孟昶劝桓弘其日出猎，天未明，开门出猎人。昶与刘毅、刘道规率壮士数十人直入，斩之，因收众济江。众推裕为盟主，总督徐州事。以昶为长史，守京口。裕率二州之众千七百人，军于竹里，移檄远近。玄加桓谦征讨都督。谦等请亟遣兵击裕，玄曰："彼兵锐甚，计出万死[11]，若有蹉跌，则彼气成而吾事去矣。不如屯大众于覆舟山[12]以拒之，彼空行二百里无所得，锐气已挫，忽见大军，必惊愕。我按甲[13]坚阵，勿与交锋，彼求战不得，自然散走，此策之上也。"谦等固请，乃遣吴甫之、皇甫敷相继北上。玄忧惧特甚。或曰："裕等乌合微弱，势必无成，何虑之深？"玄曰："刘裕足为一

1　东海吕母：西汉末年反抗王莽统治的农民起义领袖之一，琅邪海曲（今山东省日照市西南）人。
2　诘旦：平明，清晨。
3　无过：没有超过。
4　驰信召焉：派使者快马去召请。信，持有信物的外交使臣，或传送函件或口头消息的人。
5　欢噪：喧闹。
6　陌头：路上，路旁。
7　属与信会：正好与送信的使者相遇。属，正好。
8　布裳：布裙。裳，古人遮蔽下体的衣裙，男女都穿，是裙的一种，不是裤子。
9　略当无见逾者：恐怕没有比我更能胜任的了。
10　署：暂任，代理。
11　计出万死：谋划来自必死的决心。
12　覆舟山：古山名，又名玄武山、龙舟山、小九华山，位于今江苏省南京市城区东北，太平门内西侧。
13　按甲：按兵，屯兵。

世之雄，刘毅家无儋石[1]之储，樗蒲一掷百万，何无忌酷似其舅，共举大事，何谓无成？"甫之，玄骁将也。

南凉去年号，罢尚书官　傉檀畏秦之强，乃去年号，罢尚书丞、郎官，遣参军关尚使于秦。秦主兴曰："车骑[2]献款[3]称藩，而擅造大城，岂为臣之道乎？"尚曰："车骑僻在遐藩[4]，密迩勍敌，盖为国家重门[5]之防耳。"兴善之。傉檀求领凉州，兴不许。

三月，刘裕及桓谦战于覆舟山，大破之。玄出走，裕立留台于石头　三月朔，裕军与吴甫之遇于江乘，斩之。至罗落桥[6]，皇甫敷率数千人逆战，又斩之。玄使桓谦屯东陵[7]，卞范之屯覆舟山西，合众二万。明日，裕军食毕，悉弃余粮，数道并前。裕与刘毅身先士卒，进突其阵，将士皆殊死战，因风纵火，谦等大溃。玄先已潜使殷仲文具舟，至是遂将其子升鞭马趋石头，浮江南走，经日不食，悲不自胜。裕入建康，明日徙屯石头城，立留台百官，焚桓温神主，造晋新主，纳于太庙。遣诸将追玄，尚书王嘏率百官奉迎乘舆，诛玄宗族在建康者。使臧熹入宫收图籍、器物，封闭府库。玄司徒王谧与众议推裕领扬州，裕固辞。乃以谧为侍中、领扬州刺史、录尚书事。谧推裕为都督八州、徐州刺史，刘毅为青州刺史，何无忌为琅邪内史，孟昶为丹杨尹，刘道规为义昌[8]太守。诸大处分皆委于刘穆之，仓猝立定，无不允惬。裕遂托以腹心。时晋政宽弛[9]，纲纪不立，豪族陵纵[10]，小民穷蹙。穆之斟酌时宜，随方[11]矫正。裕以

1　儋石：一担粮食，言粮少。
2　车骑：车骑将军的省称。此处代指秃发傉檀。
3　献款：归顺，投诚。
4　遐藩：远方的藩国。
5　重门：重关，喻指边防要塞。
6　罗落桥：古桥名，今名石埠桥，位于今江苏省南京市东北长江南岸，旧时当京口至建康大路。
7　东陵：古地名，位于今江苏省南京市东北，覆舟山东麓。
8　义昌：古郡名，辖今安徽省寿县一带。
9　宽弛：松弛。
10　陵纵：放纵无忌，任意欺辱百姓。
11　随方：依据情势。

身范物[1]，先以威禁，内外肃然。初，谧为玄佐命元臣[2]，手解帝玺绶以授玄。及玄败，众谓宜诛，裕特保全之。刘毅尝因朝会，问谧玺绶所在。谧内不自安，逃奔曲阿。裕追还复位。诸葛长民至豫州，失期，不得发。刁逵执之，槛车送桓玄。未至而玄败，送人共破槛出长民，还趋历阳。逵弃城走，其下执以送裕，斩于石头，子侄皆死。裕初名微位薄，轻狡无行[3]，盛流[4]皆不与相知，惟王谧独奇贵之，谓曰："卿当为一代英雄。"裕尝与刁逵樗蒲，不时输直[5]，逵缚之马柳[6]。谧责逵而代偿。由是裕憾[7]逵而德谧。

萧方等[8]曰：夫蛟龙潜伏，鱼虾亵[9]之。是以汉高赦雍齿，魏武免梁鹄，安可以布衣之嫌而成万乘之隙也[10]？今王谧为公，刁逵亡族，酬恩报怨，何其狭哉？

初，袁真杀梁国内史朱宪，宪弟绰奔桓温。温克寿阳，绰辄发真棺，戮其尸。温怒，将杀之，桓冲请而免之。绰事冲如父，冲卒，绰呕血而卒。至是，绰子龄石为刘裕参军，从至江乘，将战，龄石请曰："世受桓氏厚恩，不欲以兵刃相向，请在军后。"裕义而许之。

魏诏县户不满百者罢之。

玄至寻阳，逼帝西上。刺史刘毅等率兵追之桓玄于道自作起居注[11]，叙

1　范物：示范于人。
2　元臣：重臣，老臣。
3　轻狡无行：轻狡，轻佻而狡诈。无行，没有善行，品行不好。
4　盛流：有名望地位的人士。
5　输直：输钱。
6　马柳：拴马的柱子。
7　憾：怨恨。
8　萧方等：南朝梁宗室，梁元帝萧绎长子，字实相，传世作品包括《三十国春秋》《静住子》等。
9　亵：轻慢。
10　安可以布衣之嫌而成万乘之隙也：怎么可以因为布衣之时的嫌隙，成了万乘之尊之后还来报复。
11　起居注：皇帝的言行录。

讨刘裕经略[1]，举无遗策[2]，诸军违节度，以致奔败。专覃思[3]著述，不暇与群下议事。

刘裕推武陵王遵承制行事裕称受密诏，以遵承制，入居东宫，内外毕敬。迁除称"制"，教称"令"。

刘敬宣、司马休之自南燕来归刘敬宣、高雅之结青州大姓及鲜卑豪帅谋杀南燕王备德，推司马休之为主。谋泄南走，南燕人追杀雅之。敬宣、休之至淮泗间，闻桓玄败，遂来归。刘裕以敬宣为晋陵太守，休之为荆州刺史。

夏，四月，玄挟帝入江陵桓玄挟帝至江陵，恐威令不行，更峻刑罚，众益离怨。

琅邪内史何无忌等及玄兵战于桑落洲[4]，大破之，得太庙神主送建康桓玄遣庾稚祖、何澹之等守溢口。何无忌、刘道规至桑落洲，澹之等逆战。澹之常所乘舫[5]，旗帜甚盛。无忌曰："贼帅必不居此，欲诈我耳。今众寡不敌，战无全胜。此舫战士必弱，我以劲兵攻之，必得之。得之，则彼势沮而我气倍，因而薄[6]之，破贼必矣。"遂攻，得之，因传呼曰："已得何澹之矣。"贼军惊扰，官军亦以为然，乘胜大破之，遂克溢口，进据寻阳，遣使奉送宗庙主祏[7]还京师。

玄挟帝东下桓玄收集荆州兵，曾未三旬，有众二万。复率诸军挟帝东下，使徐放说刘裕等散甲[8]，裕等不听。

以刘敬宣为江州刺史。

燕起逍遥宫燕王熙于龙腾苑起逍遥宫，连房数百，凿曲光海。盛夏，士

1　经略：策划，处理。
2　举无遗策：提出的计谋没有失算的。
3　覃思：深思。
4　桑落洲：古地名，位于今江西省九江市东北、安徽省宿松县西南长江中，相传江水泛涨，有一桑流至此得名。
5　舫：船。
6　薄：迫近，接近。
7　主祏：古代宗庙中所藏的神主。祏，宗庙中藏神主的石室。
8　散甲：解散部队。

卒不得休息，暍¹死太半。

五月，刘毅等及玄战于峥嵘洲²，大破之。玄复挟帝入江陵。宁州督护冯迁击玄，诛之。帝复位刘毅、何无忌、刘道规率众自寻阳西上，与桓玄遇于峥嵘洲。毅等兵不满万人，而玄战士数万。众惮之，欲退，道规曰："不可！彼众我寡，强弱异势，今若不进，必为所乘。虽至寻阳，岂能自固？夫决机两阵，将雄者克，不在众也。"因麾众先进，毅等从之。玄常漾舸³于舫侧以备败走，由是众莫有斗心。毅等乘风纵火，尽锐争先，玄众大溃。玄挟帝单舸西走，留永安何皇后及王皇后于巴陵。殷仲文因叛玄，奉二后还建康。玄与帝入江陵，欲奔汉中，而人情乖沮⁴，乃与腹心百余人夜出，更相杀害，仅得至船，左右分散。荆州别驾王康产奉帝入南郡府舍。毛璩之弟子修之为校尉，诱玄入蜀，玄从之。会璩弟宁州刺史璠卒官⁵，璩使兄孙祐之及参军费恬率数百人送其丧，遇玄于枚回洲⁶，迎击之。督护冯迁抽刀而前，玄曰："汝何人，敢杀天子？"迁曰："我杀天子之贼耳！"遂斩之。乘舆反正⁷于江陵，以修之为骁骑将军。大赦，诸以畏逼从逆者一无所问。奉神主于太庙。毅等传送玄首，枭于大桁。

闰月，桓振袭江陵，陷之。刘毅等进兵讨之，不克毅等既战胜，以为大事已定，不急追蹑。玄死几一旬，诸军犹未至。桓谦及振窜匿⁸复出，聚众袭江陵，陷之，杀王康产。振见帝于宫，欲行弑逆，谦苦禁之，乃拜而出。为玄举哀追谥。谦率群臣奉玺绶于帝，侍御左右，皆振腹心。何无忌、刘道规进攻谦于马头⁹，破之。无忌欲直趋江陵，道规曰："兵法，屈申有时，诸桓世

1　暍：中暑。
2　峥嵘洲：古地名，位于今湖北省黄冈市黄州区西北长江中。
3　漾舸：泛舟。
4　乖沮：违背，背离。
5　卒官：做官的时候死了。
6　枚回洲：古地名，位于今湖北省荆州市荆州区故江陵县城西长江中。
7　反正：帝王复位。
8　窜匿：逃窜隐藏。
9　马头：古地名，位于今湖北省荆州市公安县北。

居西楚，群小皆为竭力。振勇冠三军，难与争锋。且可息兵养锐，徐以计縻[1]之，不忧不克。"无忌不从。振逆战于灵溪[2]，无忌等大败，退还寻阳。

六月，毛璩遣兵攻梁州，诛玄所署[3]刺史桓希。

秋，七月，永安皇后何氏崩。

九月，**魏改官制**魏主置六谒官，准古六卿[4]。临昭阳殿亲加铨择[5]，列爵四等，王封大郡，公封小郡，侯封大县，伯封小县，其品第一至第四。旧臣有功无爵者追封之，宗室疏远及异姓袭封者降爵有差。又置散官[6]五等，其品第五至第九。文官才能秀异[7]、武官堪为将帅者，其品亦比第五至第九。百官有缺，则取于其中以补之。其官名多仿上古龙官、鸟官，谓诸曹之使为凫鸭[8]，取其飞之迅疾也；谓候官[9]伺察者为白鹭，取其延颈远望也。余皆类此。

冬，十月，卢循陷番禺，徐道覆陷始兴。

刘毅等复攻桓振诸城垒，皆克之刘敬宣在寻阳聚粮缮船，未尝无备，故何无忌等虽败退，赖以复振。进至夏口，桓振遣冯该守东岸，孟山图据鲁山城[10]，桓仙客守偃月垒[11]，众合万人，水陆相援。毅等悉攻拔之，生擒山图、仙客，该走石城。

十一月，**魏命宗室、州郡各置师**魏主命宗室置宗师，八国置大师、小师，州郡亦各置师，以辨宗党，举才行，如魏、晋中正之职。

燕王熙与其后苻氏游白鹿山[12]后，苻谟幼女也。是行也，士卒为虎狼所

1　縻：消耗，通"靡"。
2　灵溪：古水名，又称零水，位于今湖北省荆州市江陵县西。
3　署：布置，安排。
4　准古六卿：效仿古时候的六卿。准，效仿，效法。六卿，《周礼》把执政大臣分为六官，即六卿。
5　铨择：评量选择。
6　散官：有官名而无固定职事之官，与职事官相对而言。
7　秀异：优异特出。
8　凫鸭：水鸭。
9　候官：古官名，掌侦察报警敌情。
10　鲁山城：古地名，一名鲁城，位于今湖北省武汉市汉阳城区。
11　偃月垒：古地名，即却月城，位于今湖北省武汉市汉口城区西南。
12　白鹿山：古山名，又称白狼山，即今辽宁省朝阳市喀喇沁左翼蒙古族自治县南大阳山。

害及冻死者五千余人。

十二月，刘毅等进克巴陵毅号令严整，所过百姓安悦。

乙巳**义熙元年**（公元 405 年）

燕光始五年。秦弘始七年。魏天赐二年。南燕主慕容超太上元年。西凉建初元年。

春，正月，入江陵，桓振亡走，谦奔秦南阳太守鲁宗之起兵袭襄阳，桓蔚走江陵。刘毅等军至马头。桓振挟帝出屯江津[1]，遣使求割江、荆二州，奉送天子。毅等不许。宗之进屯纪南[2]，振留桓谦、冯该守江陵，引兵与宗之战，大破之。而毅等亦击破该于豫章口[3]，谦弃城走。毅等入江陵，执卞范之等斩之。振还，知城已陷，其众皆溃，乃逃于溳川[4]。诏大处分悉委冠军将军刘毅。大赦，改元，惟桓氏不原。以桓冲尽忠王室，特宥其孙胤，徙新安。以宗之为雍州刺史，毛璩为征西将军、督梁、益等五州，弟瑾为梁、秦刺史，瑗为宁州刺史。桓谦、何澹之等皆奔秦。

燕伐高句丽，不克而还燕王熙伐高句丽。攻辽东，城且陷，熙命将士："毋得先登，俟划平[5]其城，朕与皇后乘辇而入。"由是城中得严备，卒不克而还。

秦以鸠摩罗什为国师秦主兴以鸠摩罗什为国师，奉之如神，率群臣及沙门听讲。又命罗什翻译西域经、论。大营塔、寺，沙门坐禅者常以千数。由是州郡化之，事佛者十室而九。

西凉公暠遣使来上表西凉公暠自称大将军，领秦、凉二州牧。遣黄始、

1　江津：古地名，又名奉城、江津戌，位于今湖北省荆州市南长江中。
2　纪南：古地名，位于今湖北省荆州市荆州区西北，因在纪山之南，故习称之。
3　豫章口：古地名，位于今湖北省荆州市江陵县东南，为古夏水通长江之口。
4　溳川：溳水流域。溳水位于今湖北中部偏东，源出随州市西南大洪山，至武汉市西新沟入汉江。
5　划平：削平，铲平。

梁兴间行奉表诣建康。

二月，帝东还留台备法驾迎帝于江陵，刘毅、刘道规留屯夏口，何无忌奉帝东还。

益州参军谯纵杀其刺史毛璩，自称成都王初，毛璩闻桓振陷江陵，率众三万顺流东下，将讨之。使其弟瑗出外水，参军谯纵出涪水。蜀人不乐远征，逼纵为主。璩闻变，奔还成都，遣兵讨之，不克。营户[1]开城纳纵，杀璩及瑗，灭其家。纵自称成都王。于是蜀大乱，汉中空虚，氐王杨盛遣其兄子抚据之。

三月，桓振复袭江陵，将军刘怀肃与战，诛之。

帝至建康，除拜琅邪王德文、武陵王遵、刘裕以下有差帝至建康，百官诣阙待罪，诏令复职。尚书殷仲文以朝廷音乐未备，言于刘裕，请治之。裕曰："今日不暇给，且性所不解。"仲文曰："好之自解。"裕曰："正以解则好之，故不习耳。"以琅邪王德文为大司马，武陵王遵为太保，刘裕为侍中、车骑将军、都督中外诸军事，加录尚书事。裕皆不受，而请归藩。

以刘敬宣为宣城[2]内史初，刘毅尝为刘敬宣参军，时人或以雄杰许之。敬宣曰："非常之才自有调度，此君外宽而内忌，自伐而尚人[3]，若一旦遭遇，亦当以陵上[4]取祸耳！"毅闻而恨之。及敬宣为江州，毅使人言于裕曰："敬宣不豫建义[5]，授郡已为过优，闻为江州，尤用骇愧[6]。"敬宣不自安，请解职。乃召还，为宣城内史。

夏，四月，以刘裕都督十六州军事，出镇京口。

以卢循为广州刺史时朝廷新定，未暇征讨。以循为广州，徐道覆为始兴

1　营户：十六国、东晋、南北朝时，各族统治者将所虏之民户配置各地，归军队管辖，称营户。
2　宣城：古郡名，辖今安徽省长江以东的宣城、广德、宁国、太平、石台等市县地。
3　外宽而内忌，自伐而尚人：外表宽厚，但心胸狭窄，自视很高，总想在别人之上。
4　陵上：犯上。
5　不豫建义：没有参与勤王讨逆的义举。豫，参与。建义，兴义军，举义旗。
6　骇愧：惊叹，惊异。

相。循遣使贡献[1]，因遗刘裕益智粽，裕报以续命汤[2]。循之陷番禺也，执刺史吴隐之。至是裕与循书，令遣隐之还，循不从。长史王诞曰："孙伯符[3]岂不欲留华子鱼邪？但以一境不容二君耳。"循乃遣之。

　　南燕主备德封其兄子超为北海王初，南燕主备德仕秦为张掖太守，从秦王坚寇淮南，留金刀与其母公孙氏别。备德与燕主垂举兵，张掖守收备德兄纳及诸子杀之。公孙氏以老获免，纳妻段氏方娠，未决。狱掾[4]呼延平，备德之故吏也，窃以逃羌中。段氏生超，十岁而公孙氏卒，以金刀授超。平又以超母子奔凉。及吕隆降秦，徙长安，而平卒，段氏为超娶其女。超恐为秦所录，乃佯狂行乞。备德遣人往视之，超不敢告其母、妻，潜变姓名逃归。备德闻超至，大喜，遣骑迎之。超以金刀献备德，备德悲恸不自胜。封超为北海王。备德无子，欲以为嗣。

　　五月，刘毅、何无忌讨灭桓玄余党，荆、湘、江、豫皆平桓玄余党符宏等拥众寇郡县者以十数，刘毅等分兵讨灭之，荆、湘、江、豫皆平。诏以毅为都督淮南五郡、豫州刺史，何无忌都督江东五郡、会稽内史。

　　秋，七月，刘裕遣使求和于秦，得南乡[5]等十二郡刘裕遣使求和于秦，因求南乡诸郡。秦主兴许之，群臣以为不可，兴曰："天下之善一也。刘裕拔起细微[6]，能讨桓玄，复晋室，内厘[7]庶政，外修封疆，吾何惜数郡，不以成其美乎？"遂以十二郡归晋。

　　九月，南燕主备德卒，太子超立汝水竭，南燕主备德恶之，俄而寝疾。北海王超请祷之，备德曰，"人命在天，非汝水所能制也。"病笃，召群臣议，

1　贡献：进奉，进贡。
2　遗刘裕益智粽，裕报以续命汤：益智粽，益智拌米做成的粽子。益智，顾微《交州记》："益智叶如蘘荷，茎如竹箭。子从心出，一枝有十子。子肉白滑，四破去之，蜜煮为粽，味辛。"续命汤，能延续寿命的汤药。卢循以此讥刘裕智穷，刘裕则以续命汤讥卢循命不长久。
3　孙伯符：即孙策。下文"华子鱼"即华歆。
4　狱掾：古官名，掌佐县令主刑法罪犯事，位在狱史上。
5　南乡：古郡名，辖今河南省南阳市西峡县至湖北省襄阳市谷城县间淅川、丹江流域。
6　细微：低贱。
7　厘：整理，治理。

立超为太子。俄而地震，君臣震恐，是夕卒。为十余棺，夜分出四门，潜瘗山谷。超即位，虚葬备德于东阳陵[1]。超引所亲公孙五楼为腹心。备德故旧大臣北地王钟、段宏等皆不自安，求补外职。封孚谏曰："臣闻亲不处外，羁[2]不处内。钟、宏出藩，五楼内辅，臣窃未安。"超不从。钟、宏相谓曰："黄犬之皮，恐终补狐裘也。"五楼闻而恨之。

西凉徙都酒泉西凉公暠与长史张邈谋徙都酒泉以逼沮渠蒙逊。暠手令戒诸子曰："从政者当审慎赏罚，勿任爱憎，近忠正，远佞谀，勿使左右窃弄威福。毁誉之来，当研核[3]真伪。听讼折狱[4]，必和颜任理，慎勿逆诈忆必[5]，轻加声色。务广咨询，勿自专用[6]。吾莅事五年，虽未能息民，然含垢匿瑕[7]，朝为寇仇，夕委心膂，粗[8]无负于新旧，事任公平，坦然无颣[9]，初不容怀，有所损益[10]。计近则如不足，经远乃为有余，庶亦无愧于前人也。"

丙午二年（公元406年）

燕光始六年。秦弘始八年。魏天赐三年。

春，正月，魏增置刺史、守、令魏诸州置三刺史，郡置三太守，县置三令、长。功臣为州者皆征还京师，以爵归第。

燕王熙袭高句丽，不克燕王熙袭契丹[11]，至陉北，畏其众，欲还，符后不听。遂弃辎重，轻兵袭高句丽，士马疲冻，死者属路。夕阳公云伤于矢，且畏

1　东阳陵：古地名，位于今山东省潍坊市辖青州市北关大街和三合街相交的十字路口处，一说位于今山东省淄博市临淄区牛山。
2　羁：寄居他乡。
3　研核：审察，考查。
4　听讼折狱：听讼，审案。折狱，判决诉讼案件。
5　逆诈忆必：逆诈，事先即猜疑别人存心欺诈。忆必，主观臆断。
6　专用：独自行事。
7　含垢匿瑕：包容污垢，隐匿缺失。形容宽宏大度。
8　粗：略微。
9　无颣：没有毛病。
10　初不容怀，有所损益：一点儿也不许因私意有所变更。
11　契丹：古民族名，源于东胡，居今辽河上游西拉木伦河一带，以游牧为生。

熙之虐，遂以疾去官。

夏，六月，秦姚硕德自上邽还长安秦陇西公硕德自上邽入朝，秦王兴为之大赦。及归，送至雍。兴事晋公绪及硕德皆如家人礼，车马、服玩，先奉二叔而自服其次，国家大政，皆咨而后行。

秦以秃发傉檀为凉州刺史，守姑臧南凉傉檀伐北凉还，献马三千四、羊三万口于秦。秦王兴以为忠，以为凉州刺史，镇姑臧，征王尚还。凉州人遣主簿胡威请留尚，弗许。威见兴，流涕言曰："臣州僻远，仗良牧[1]仁政，保全至今。陛下奈何以臣等贸[2]马羊乎？若军国须马，直烦尚书一符，臣州三千余户，朝下而夕可办也。昔汉武帝倾天下资力，开拓河西，以断匈奴右臂。今无故弃五郡之地忠良华族，以资暴虏[3]，岂惟臣州士民坠于涂炭，恐方为圣朝旰食之忧。"兴悔之，使人驰止尚，会傉檀已军五涧[4]，逼遣尚行矣。别驾宗敞送尚还长安，傉檀谓曰："吾得凉州三千余家，情之所寄，唯卿一人，奈何舍我去乎？"敞曰："今送旧君，所以忠于殿下也。"傉檀因问新政所宜，敞曰："惠抚[5]其民，收用贤俊。"因荐本州名士十余人，傉檀嘉纳之。傉檀宴于宣德堂，仰视叹曰："古人有言：'作者不居，居者不作[6]。'信矣。"孟祎曰："昔张文王[7]始为此堂，于今百年，十有二主矣，惟履信思顺[8]者可以久处。"傉檀善之。傉檀虽受秦爵命，然其车服、礼仪皆如王者。

魏筑灅南宫[9]魏主规度[10]平城，发八部男丁筑灅南宫，阙门高十余丈，穿

1　良牧：贤能的州郡长官。
2　贸：交易，买卖。
3　暴虏：暴虐的敌人。
4　五涧：古地名，位于今甘肃省武威市东。
5　惠抚：加恩体恤。
6　作者不居，居者不作：建造殿堂的人住不上，住在里面的都不是建造的人。
7　张文王：即前凉第四任君主张骏。
8　履信思顺：笃守信用，思念和顺。
9　灅南宫：古宫殿名，亦称南宫，在灅水（今桑干河）之南，位于今山西省朔州市山阴县东南。
10　规度：规划测度。

沟池，广苑囿，规立[1]外城，方二十里。

秋，八月，刘裕遣将军毛修之讨谯纵_{裕遣龙骧将军毛修之将兵与益州}刺史司马荣期等共讨谯纵。荣期为其参军杨承祖所杀，修之还白帝。

南燕段宏奔魏，慕容钟奔秦_{南燕主超猜虐}[2]_{日甚，政出权幸，盘于游}败[3]，封孚、韩诨屡谏不听。公孙五楼欲擅朝权，谮北地王钟于超，请诛之。钟惧，遂与段宏谋反，不克，乃出奔。超好变更旧制，又欲复肉刑，增置烹辗[4]之法，众议不合而止。

冬，十月，论建义功，封赏刘裕等有差_{刘裕豫章郡公，刘毅南平郡}公，何无忌安城郡公，自余封赏有差。

西秦乞伏乾归如秦。

丁未三年（公元407年）

秦弘始九年。魏天赐四年。〇燕王高云正始元年。夏主赫连勃勃龙升元年。〇是岁，燕慕容熙亡。旧大国二，南凉、北凉、南燕、西凉小国四，新小国二，凡八僭国。

春，正月，秦以乞伏乾归为主客尚书[5]_{秦王兴以乾归浸强难制，留为主}客尚书，以其世子炽磐行西夷校尉，监其部众。

闰二月，刘裕杀东阳太守殷仲文及桓冲孙胤，夷其族_{仲文素有才}望，自谓宜当朝政，出为东阳太守，悒悒不乐[6]。何无忌素慕其名，仲文许便道修谒[7]，无忌喜，钦迟[8]之。而仲文失志恍惚，遂不过府。无忌以为薄己，大怒。

---

1 规立：按规划建立。
2 猜虐：猜忌暴虐。
3 政出权幸，盘于游败：政令完全由受他宠幸的人发布，自己则沉迷于游牧打猎。盘，娱乐。
4 烹辗：古代的两种酷刑。烹，用鼎镬煮。辗，用车分裂人体。
5 主客尚书：古官名，掌主客曹政务。主客曹，官署名，掌少数民族藩国朝聘接待的政令及护法驾。
6 悒悒不乐：心里郁闷，感到不快。悒悒，忧愁不安的样子。
7 便道修谒：顺路去进见。便道，顺路。修谒，进见（地位或辈分高的人）。
8 钦迟：恭敬地等待。

会南燕入寇，无忌言于刘裕曰："桓胤、殷仲文乃腹心之疾，北虏不足忧也。"会裕府将骆球谋作乱，伏诛。裕因言球与仲文、桓胤有谋，皆族诛之。

夏，四月，燕后苻氏卒燕主熙为其后苻氏起承华殿，负土北门，与谷同价[1]。典军[2]杜静载棺诣阙极谏，熙斩之。苻氏尝季夏思冻鱼，熙下有司，切责不得，斩之。至是苻氏卒，熙哭之绝而复苏，斩衰食粥，命百官哭，无泪者罪之。又以其嫂张氏为殉[3]。

燕主熙废其太后段氏。

六月，赫连勃勃自称大夏天王勃勃魁岸，美风仪，性辩慧，秦王兴见而奇之。与论大事，宠遇逾于勋旧。兴弟邕曰："勃勃不可近也。"兴曰："勃勃有济世才，吾方与之平天下，奈何逆忌[4]之？"乃以为将军，使助没弈干镇高平，伺魏间隙。邕固争曰："勃勃贪猾不仁，轻为去就，恐终为边患。"兴乃止。久之，竟配以杂虏[5]二万余落，使镇朔方。会魏主珪归所虏秦将于秦，兴归贺狄干以报之。勃勃怒，遂谋叛秦。柔然献马于秦，勃勃掠取[6]之，袭杀没弈干而并其众。自谓夏后氏之苗裔，称大夏天王，置百官。贺狄干久在长安，常幽闭[7]，因习读经史，举止如儒者。及还，魏主见其言语衣服皆类秦人，以为慕而效之，怒，并其弟归杀之。

秋，七月朔，日食。

燕高云弑其主熙，自立为天王燕主熙葬其后苻氏，被发徒跣，步从二十余里。初，将军冯跋得罪于熙，亡命山泽，因民之怨，欲举大事。潜入龙城，匿于孙护家。及熙出送葬，跋等与将军张兴等作乱，推熙养子夕阳公云为主，率众入宫授甲，闭门拒守。熙驰还，攻北门，不克。云遂即天王位，大赦

1　负土北门，与谷同价：从北门外把土运来，使土的价格上涨到与粮食的价格一样。
2　典军：古官名，掌管营兵。
3　殉：殉葬。
4　逆忌：反而猜忌。
5　杂虏：对边疆少数民族的蔑称。
6　掠取：夺取，抢夺。
7　幽闭：软禁，囚禁。

改元，执熙杀之，复姓高氏。以跋为都督中外诸军、录尚书事。

南燕遣使称藩，献太乐伎[1]于秦。冬，秦遣其母、妻，还之南燕主超母、妻犹在秦，遣封恺使于秦以请之。秦王兴曰："昔苻氏太乐诸伎，悉入于燕。燕今称藩，送伎或送吴口[2]千人，乃可得也。"超与群臣议之，段晖曰："陛下嗣守[3]社稷，不宜以私亲之故遂降尊号。且太乐先代遗音，不可与也。不如掠吴口与之。"张华曰："侵掠邻国，兵连祸结，非国家之福也。陛下慈亲在人掌握，岂可靳惜[4]虚名，不为之屈乎？"乃使韩范聘于秦，称藩奉表[5]。秦使韦宗报聘。张华请北面受诏，封逞曰："大燕七圣重光，奈何一旦为竖子屈节[6]？"超曰："吾为太后屈，愿诸君勿复言！"遂北面受诏。使华献太乐伎一百二十人于秦，秦王兴乃还超母、妻，厚其资礼[7]而遣之。

夏王勃勃破薛干等部，降之。遂进攻秦及南凉，大破之夏王勃勃破鲜卑薛干等三部，降其众以万数，进攻秦三城[8]以北诸戍，斩秦将杨丕、姚石生等。诸将皆曰："陛下欲经营关中，宜先固根本，使人心有所凭系[9]。高平险固饶沃[10]，可以定都。"勃勃曰："吾大业草创，姚兴亦一时之雄，未可图也。今专固一城，彼必并力于我，亡可立待。不如以骁骑风驰[11]，出其不意，救前则击后，救后则击前，使彼疲于奔命，我则游食自若。不及十年，岭北、河东尽为我有。待兴既死，嗣子暗弱，徐取长安，在吾计中矣。"于是侵掠岭北诸城。秦王兴乃叹曰："吾不用黄儿之言，以至于此！"勃勃求婚于南凉，傉檀不许。

1　太乐伎：演奏太乐的乐人。太乐，用于帝王祭祀、朝贺、燕享等典礼的音乐。
2　吴口：吴地的美女。古称男曰丁，女曰口。
3　嗣守：继承并遵守和保持。
4　靳惜：吝惜，珍惜。
5　奉表：上表。
6　大燕七圣重光，奈何一旦为竖子屈节：我大燕七代圣主光芒闪耀，怎么能为一个小孩子丧失气节。重光，比喻累世盛德，辉光相承。
7　资礼：资望礼仪。
8　三城：古地名，位于今陕西省延安市东南。
9　凭系：依托维系。
10　险固饶沃：险固，险要坚固。饶沃，肥沃，富足。
11　骁骑风驰：骁骑，勇猛的骑兵。风驰，像风一样急驰，多形容迅疾。

勃勃率骑二万击破之，名臣勇将死者什六七。勃勃积尸而封之，号曰髑髅台。

　　凉公暠复遣使来上表。

戊申**四年**（公元 408 年）

　　秦弘始十年。魏天赐五年。南凉嘉平元年。

　　春，正月，刘裕自为扬州刺史、录尚书事王谧既卒，刘毅等不欲刘裕入辅政，议以谢混为扬州刺史。或欲令裕于丹徒领扬州，以内事付孟昶。遣皮沈以二议咨裕。沈先见刘穆之，具道朝议¹。穆之密白裕曰："晋命已移，公勋高位重，岂得遂为守藩之将耶？刘、孟与公俱起布衣，立大义以取富贵，一时相推，非委体心服²，宿定臣主之分也。力敌势均，终相吞噬。扬州根本所系，不可假人。前者以授王谧，事出权道³。今若复以他授，便应受制于人。一失权柄，何由可得？今但答以'此事既大，非可悬论⁴。便暂入朝，共尽同异'。公至京邑，彼必不敢越公更授人矣。"裕从之。朝廷乃征裕为侍中、扬州刺史、录尚书事。裕解兖州，以诸葛长民镇丹徒，刘道怜戍石头。

　　南燕祀南郊南燕主超祀南郊，有兽如鼠而赤，大如马，来至坛侧。须臾，大风昼晦，羽仪、帷幄皆毁裂。超惧，以问太史令成公绥，对曰："陛下信用奸佞，诛戮贤良，赋敛繁多，事役殷重⁵之所致也。"超乃黜公孙五楼等，俄复用之。

　　夏，五月，谯纵称藩于秦谯纵请桓谦于秦，欲与共击刘裕。秦王兴以问谦，谦因请行。兴曰："小水不容巨鱼。若纵才力自足办事，亦不假君为羽翼矣。"遂遣之。谦至成都，虚怀引士⁶。纵疑之，置于龙格⁷，使人守之。

1　朝议：朝廷的评议、决议。
2　委体心服：心服口服，不惜献身。
3　权道：变通之道，临时措施。
4　悬论：空谈。
5　殷重：繁重。
6　虚怀引士：虚怀，胸襟宽大，虚心谦退。引士，招纳名士。
7　龙格：古地名，位于今四川省成都市双流区东南。

秦遣兵袭南凉，讨夏，皆败绩秦主兴以傉檀内外多难，欲因而取之，使韦宗往觇之。傉檀与宗论当世大略，纵横无穷。宗退，叹曰："奇才英器，不必华夏。明智敏识，不必读书。吾今乃知九州之外，五经之表[1]，复自有人也。"归言于兴曰："凉州虽弊，傉檀权谲[2]过人，未可图也。"兴曰："刘勃勃以乌合之众犹能破之，况我举天下之兵以加之乎？"宗曰："不然。形移势变，返覆[3]万端，陵人者易败，戒惧[4]者难攻。傉檀之所以败于勃勃者，轻之也。今我以大军临之，彼必惧而求全。窃观群臣才略，无傉檀比者。虽以天威临之，亦未敢保其必胜也。"兴不听。使其子广平公弼、将军敛成率步、骑三万袭傉檀，仆射齐难率骑三万讨勃勃。弼长驱至姑臧，傉檀婴城固守，出奇兵击破之。命郡县悉散牛羊于野，敛成纵兵抄掠，又击败之。勃勃闻秦兵且至，退保河曲。齐难遂纵兵野掠[5]，勃勃潜师袭破，擒之，及其将士万三千人。于是岭北夷夏附于勃勃者以万数，勃勃皆置守宰以抚之。

遣将军刘敬宣督毛修之讨谯纵，不克，引还毛修之击斩杨承祖，请讨谯纵。刘裕表刘敬宣率众五千伐之。敬宣入峡[6]，转战而前，军至黄虎[7]，去成都五百里。秦遣兵救之，纵亦悉众拒险，相持六十余日，军中饥疫，死者太半，乃引军还。敬宣坐免官，裕降号中军将军。

冬，十一月，南凉复称王。

南燕汝水竭南燕汝水竭，河冻皆合，而渑水[8]不冰。南燕主超恶之，问于李宣，宣对曰："渑水无冰，良由逼带[9]京城，近日月也。"超大悦。

1　五经之表：五经之外。五经，《诗》《书》《易》《礼》《春秋》等五部儒家著作。
2　权谲：权谋，诡诈。
3　返覆：变化无常。
4　戒惧：警惕畏惧。
5　野掠：在郊外掠夺。
6　峡：两山夹水处。此处指长江三峡地区。
7　黄虎：古地名，位于今四川省遂宁市射洪县南。
8　渑水：古水名，即今山东省淄博市北裙带河，源出今淄博东北，西北流至博兴县东南入时水。
9　逼带：靠近，逼近。

己酉**五年**（公元 409 年）

秦弘始十一年。魏太宗拓跋嗣永兴元年。燕王冯跋太平元年。〇西秦更始元年。〇旧大国二，南凉、北凉、南燕、西凉、燕、夏小国六，新小国一，凡九僭国。

春，正月，秦封谯纵为蜀王。

二月，南燕寇掠宿豫[1]南燕主超正旦[2]朝会群臣，叹太乐不备，议掠晋人以补伎。韩诨曰："先帝以旧京倾覆[3]，戢翼[4]三齐。陛下不养士息民，伺衅恢复，而更侵掠南邻以广仇敌，可乎？"超曰："我计已定，不与卿言。"遂遣公孙五楼兄归将兵寇宿豫，拔之，大掠而去，简男女二千五百付太乐教之。时五楼专总朝政，宗亲并居显要，内外无不惮之。尚书都令史[5]王俨谄事五楼，比岁屡迁，官至左丞。国人为之语曰："欲得侯，事五楼。"超又遣归等侵淮南，俘男女千余人而去。诏刘道怜镇淮阴以备之。

乞伏乾归自秦逃归乞伏炽磐入见秦太原公懿于上邽，彭奚念乘虚伐之。炽磐闻之，怒，不告而归，击奚念，破之，遂克枹罕。乾归逃还苑川，留炽磐镇枹罕，收其众，得二万人。

三月，恒山[6]**崩。**

夏，四月，雷震魏天安殿雷震魏天安殿东序[7]，魏主恶之，命以冲车[8]攻东、西序，皆毁之。初，魏主服寒食散[9]，药发，躁怒无常，至是浸剧。又灾异数见，占者[10]言有急变生肘腋。魏主忧懑废寝食，追记平生成败得失，独语不

1　宿豫：古郡名，辖今江苏省宿迁市部分地。
2　正旦：农历正月初一。
3　倾覆：颠覆，覆灭。
4　戢翼：敛翅止飞。亦比喻退隐。
5　尚书都令史：古官名，负责协助尚书左、右丞掌尚书省事务。
6　恒山：古山名，又名常山、大茂山，五岳的北岳，位于今河北省保定市曲阳县西北。
7　东序：古代宫室的东厢房，为藏图书、秘籍之所。
8　冲车：古兵车名，以冲撞的力量破坏城墙或城门的兵器，用于攻城。
9　寒食散：古药名，服后宜吃冷食，故名。配剂中有紫石英、白石英、赤石脂、钟乳石、硫磺等五种矿石，因又称五石散。
10　占者：以占卜为业的人。

止。每百官奏事至前，记其旧恶，辄杀之。其余或颜色变动，或鼻息不调，或步趋[1]失节，或言辞差谬[2]，皆以为怀恶在心，发形于外，往往手击杀之，死者皆陈天安殿前。群臣多不敢求亲近，唯著作郎崔浩恭勤不懈。其父吏部尚书宏未尝诐谀，亦不忤旨，故父子独不被谴。

夏，四月，刘裕伐南燕。六月，及燕师战于临朐[3]，大破之，遂围广固 刘裕抗表伐南燕，朝议皆以为不可，惟孟昶、谢裕、臧熹劝行。裕以昶监留府事。初，苻氏之败，王猛孙镇恶来奔。骑射不能及人，而有谋略，善果断，喜论军国大事。至是或荐于裕，与语，悦之，因留宿。明旦，谓参佐曰："吾闻将门有将，信然。"即以为中军参军。四月，裕率舟师自淮入泗。五月，至下邳，留辎重。步进至琅邪，所过皆筑城，留兵守之。或谓裕曰："燕人若塞大岘[4]之险，或坚壁清野，大军深入，不唯无功，将不能自归，奈何？"裕曰："吾虑之熟矣。鲜卑贪婪，不知远计，进利虏获，退惜禾苗。谓我孤军远入，不能持久，不过进据临朐，退守广固，必不能守险清野，敢为诸君保之。"南燕主超召群臣会议。公孙五楼曰："吴兵轻果[5]，利在速战。宜据大岘，使不得入，旷日延时，沮其锐气。然后徐简精骑，循海而南，绝其粮道。敕段晖率兖州之众，缘山东下，腹背击之，此上策也。各命守宰依险自固，校[6]其资储，徐悉焚艾[7]，使敌无所得，旬月之间，可以坐制，此中策也。纵贼入岘，出城逆战，此下策也。"超曰："今岁星居齐，以天道推之，不战自克。客主势殊，以人事言之，彼远来疲弊，势不能久。奈何芟苗徙民，先自蹙弱[8]乎？不如纵使入岘，以精骑蹂之，何忧不克？"桂林王镇曰："陛下必以骑兵利平地者，

---

1 步趋：行走。趋，快走。
2 差谬：错误，差错。
3 临朐：古县名，治所即今山东省潍坊市临朐县，因东有朐山而得名。
4 大岘：古山名，位于今山东省潍坊市临朐县东南，即穆陵关，旧称齐地天险。岘，小而险峻的山。
5 轻果：轻捷果敢。
6 校：考核，考察。
7 徐悉焚艾：慢慢地全部烧毁，再把田野中的庄稼全部割光。艾，割。
8 蹙弱：削弱。

宜出岘逆战，战而不胜，犹可退守。不宜纵敌入岘，自弃险固也。"超不从。镇出叹曰："既不能逆战，又不肯清野，延敌入腹，坐待攻围，酷似刘璋矣。"超闻之，怒，收镇下狱。裕过大岘，燕兵不出。裕举手指天，喜形于色。左右曰："公未见敌而先喜，何也？"裕曰："兵已过险，士有必死之志。余粮栖亩[1]，人无匮乏之忧。虏已入吾掌中矣。"六月，裕至东莞，超先遣五楼及段晖等将步、骑五万屯临朐，闻晋兵入岘，自将步、骑四万往就之。裕以车四千乘为左右翼，方轨徐进，与燕兵战于临朐南，日向昃，胜负未决。参军胡藩言于裕曰："燕悉兵出战，临朐城中留守必寡。愿以奇兵从间道取其城，此韩信所以破赵也。"裕遣藩等潜师出燕兵后，攻临朐，声言轻兵自海道至，遂克之。超大惊，单骑就晖于城南。裕因纵兵奋击，大败之，斩晖等大将十余人，乘胜逐北至广固，克其大城。超入保小城，裕筑长围守之，抚纳降附，采拔贤俊，因齐地粮储，停江、淮漕运。超遣张纲乞师于秦，赦桂林王镇以为都督，且问计焉。镇曰："百姓之心，系于一人。今陛下亲董[2]六师，奔败而还，士民丧气。闻秦自有内患，恐不暇救人。今散卒尚有数万，宜悉出金帛以饵之，更决一战。若天命助我，必能破敌。如其不然，死亦为美。"乐浪王惠曰："晋军气势百倍，我以败卒当之，不亦难乎？秦与我如唇齿也，安得不来相救？"超从惠计，复遣韩范如秦。裕围城益急，超请割地称藩，不许。秦王兴遣使谓裕曰："今遣铁骑十万屯洛阳，晋军不还，当长驱而进矣。"裕谓其使者曰："语汝姚兴，我克燕之后，息兵三年，当取关洛。今能自送，便可速来。"刘穆之闻裕言，尤[3]之曰："此语不足威敌，适足以怒之。若广固未拔，羌寇奄至，不审[4]何以待之？"裕笑曰："此正是兵机[5]，非卿所解。夫兵贵神速，彼若审能赴

1　余粮栖亩：将余粮积存于田亩之中。
2　董：统率。
3　尤：责备，怪罪。
4　不审：不知。
5　兵机：用兵的机谋。

救，必畏我知，宁容先遣信命，逆设此言[1]？是自张大之辞耳。晋师不出，为日久矣。羌见伐齐，殆将内惧[2]，自保不暇，何能救人邪？"

秋，七月，西秦复称王。

九月，秦王兴伐夏。夏王勃勃袭而败之秦王兴自将击夏，至贰城[3]，遣将军姚详等分督租运[4]。夏王勃勃乘虚奄至，秦兵大败。初，兴遣将军姚强率步、骑随韩范往救南燕，至是追强兵还。范叹曰："天灭燕矣。"遂降于裕。张纲亦为晋军所获。裕将范循城[5]，升纲楼车[6]，使周城呼曰："秦为刘勃勃所败，无兵相救。"城中莫不失色。纲复为裕造攻具，尽诸奇巧。南燕王超怒，悬其母于城上，支解之。

冬，十月，西秦以焦遗为太子太师[7]西秦王乾归以焦遗为太子太师，与参军国大谋。谓炽磐曰："焦生非特名儒，乃王佐才[8]也。汝事之当如事吾。"炽磐拜遗于床下。遗子华至孝，乾归欲以女妻之，辞曰："娶妻者，欲与之共事二亲也。今以王姬[9]下嫁蓬茅[10]之士，臣惧其阙于中馈[11]也。"乾归曰："卿之所行，古人之事，孤女不足以强卿[12]。"乃以为尚书郎。

燕弑其君云，冯跋自立为天王北燕王云自以无功德而居位，内怀危惧，常畜养壮士以为腹心、爪牙。宠臣离班、桃仁专典禁卫，赏赐巨万，衣食起居皆与之同。而班、仁志愿无厌，犹有怨憾[13]。至是杀云。冯跋升门观变[14]，帐下共

1　宁容先遣信命，逆设此言：哪里还会事先派人通知我，说下这番话呢。信命，使者传送的命令或书信。
2　内惧：内心恐惧。
3　贰城：古地名，位于今陕西省延安市黄陵县西北。
4　租运：租赋运输。
5　循城：绕城。
6　楼车：古代战车，上设望楼，用以瞭望敌人。
7　太子太师：古官名，东宫三师之首，为辅导太子，给太子传授知识，负责太子智育的官。
8　王佐才：辅佐帝王创业治国的人才。
9　王姬：帝王或诸侯之女。
10　蓬茅：蓬草和茅草。比喻低微、贫贱，常用作自谦之词。
11　中馈：家中供膳诸事。
12　孤女不足以强卿：我的这个女儿，是不配勉强你来娶她的。
13　怨憾：怨恨。
14　升门观变：登上宫城的洪光门观察事态的变化。

斩班、仁。跋遂即天王位，以其弟范阳公素弗录尚书事。素弗少豪侠放荡，尝请婚于尚书左丞韩业，业拒之。及为宰辅，待业尤厚。好申拔旧门[1]，谦恭俭约，以身率下，百僚惮之，论者美其有宰相之度。

魏清河王绍弑其君珪，齐王嗣讨绍，杀之而自立魏主珪将立齐王嗣为太子。魏故事，凡立嗣子，辄先杀其母，乃赐嗣母刘贵人死。召嗣谕之。嗣性孝，哀泣不自胜。珪怒。嗣还舍，日夜号泣，珪复召之。左右曰："上怒甚，入将不测，不如且避之。"嗣乃逃匿于外，唯帐下车路头、王洛儿随之。初，珪见贺太后之妹美，请纳之。太后曰："不可。是过美，必有不善。且已有夫，不可夺也。"珪密令人杀其夫而纳之，生清河王绍。绍凶狠无赖，好轻游里巷，劫剥[2]行人以为乐。珪尝倒悬井中，垂死，乃出之。至是谴责贺夫人，将杀之，未决。夫人密使告绍曰："何以救我？"绍年十六，夜与宦者、宫人通谋，逾垣入宫弑珪。大出布帛赐王公以下，崔浩独不受。嗣闻变，遣洛儿夜入平城，告将军安同等。众翕然响应，争出奉迎。卫士执绍送嗣，嗣并贺氏及为内应者皆菹食[3]之。乃即位，谥珪曰宣武，庙号烈祖，公卿先罢归第者悉召用之。诏长孙嵩与安同、奚斤、崔宏等八人坐止车门右，共听时政，时人谓之"八公"。又以尚书燕凤逮事[4]什翼犍，使与都坐[5]大官封懿等入侍讲论，出议政事。以洛儿、路头为散骑常侍。尝问旧臣，为先帝所亲信者为谁？洛儿言李先。因召问先："卿以何才、何功为先帝所知？"对曰："臣不材无功，但以忠直为先帝所知耳。"乃令常宿于内，以备顾问。

十二月，太白犯虚危[6]南燕灵台[7]令张光劝南燕主超出降，超手杀之。

1　申拔旧门：申拔，提拔。旧门，旧的豪门士族。
2　劫剥：掠夺。
3　菹食：剁成肉酱吃。菹，小块肉。
4　逮事：赶上侍奉。
5　都坐：政事堂，魏晋时大臣商议政事的地方。
6　虚危：虚宿和危宿。虚宿，古星宿名，二十八宿之一，北方玄武七宿的第四宿，也称玄枵。危宿，古星宿名，二十八宿之一，为北方玄武七宿第五宿，居龟蛇尾部之处，故此而得名"危"。
7　灵台：古县名，治所位于今甘肃省平凉市灵台县东南。

庚戌六年（公元410年）

秦弘始十二年。魏永兴二年。○是岁南燕亡。大二，小六，凡八僭国。

春，正月，魏伐柔然。

二月，魏寇盗群起，魏主嗣赦其罪，遣兵讨余寇，平之魏主嗣以郡县豪右多为民患，优诏征之。民恋土不乐内徙，长吏逼遣之，于是寇盗群起。嗣引八公议之，曰："朕欲为民除蠹，而守宰不能绥抚，使之纷乱。今犯者既众，不可尽诛，吾欲大赦以安之，何如？"元城侯屈曰："民逃亡为盗，不罪而赦之，是为上者反求于下也。不如诛其首恶，赦其余党。"崔浩曰："圣王御民，务在安之而已，不与较胜负也。夫赦虽非正，可以行权。屈欲先诛后赦，要为两不能去[1]，曷若一赦而遂定乎？赦而不从，诛未晚也。"嗣从之。既而遣于栗磾讨不从命者，所向皆平。

刘裕拔广固，执南燕主超，送建康斩之南燕城久闭，男女病脚弱者太半，出降者相继。尚书悦寿曰："今战士雕瘁，绝望外援，岂可不思变通之计？"超叹曰："废兴，命也。吾宁奋剑而死，不能衔璧而生。"刘裕悉众攻城。或曰："今日往亡，不利行师。"裕曰："我往彼亡，何为不利？"四面急攻之。寿开门纳晋师，超突围出走，追获之。裕数以不降之罪，超神色自若，一无所言，惟以母托刘敬宣而已。裕忿广固久不下，欲尽坑之，以妻女赏将士。韩范谏曰："晋室南迁，中原鼎沸[2]，士民无援，强则附之，既为君臣，必须为之尽力。彼皆衣冠旧族[3]，先帝遗民。今王师吊伐[4]而尽坑之，窃恐西北之人无复来苏[5]之望矣。"裕改容谢之，然犹斩王公以下三千人，没入家口万余，夷其城隍，送超诣建康，斩之。

1　要为两不能去：关键在于两个步骤缺一不可。
2　鼎沸：水涌流翻腾的样子。比喻形势纷扰动乱。
3　衣冠旧族：过去的世家大族。
4　吊伐：同"吊民伐罪"，抚慰受害的百姓，讨伐有罪的统治者。
5　来苏：语本《书·仲虺之诰》："攸徂之民，室室相庆曰：'徯予后，后来其苏！'"谓因其来而于困苦中获得休息。

司马公曰：晋自济江以来，威灵不竞，戎狄横骛，虎噬中原[1]。刘裕始以王师翦平东夏[2]，不于此际旌礼贤俊，慰抚疲民，使群士向风[3]，遗黎企踵[4]，而更恣行屠戮以快忿心。迹其施设，曾苻、姚之不如[5]，宜其不能荡一[6]四海，成美大[7]之业也，岂非有智勇而无仁义使之然哉？

卢循寇长沙、南康[8]、庐陵、豫章，陷之。刘裕引军还初，徐道覆闻裕北伐，劝卢循袭建康，不从。自至番禺说之曰："本住岭外，岂将以此传之子孙邪？正以刘裕难与为敌也。今裕顿兵坚城之下，未有还期。我以此思归死士掩击何、刘之徒，如反掌耳。不乘此机而苟求一日之安，裕平齐后，以玺书征君，自将屯豫章，遣诸将率锐师过岭，恐将军不能当也。若先克建康，倾其根蒂，裕虽南还，无能为矣。"循乃从之。初，道覆使人伐船材[9]于南康山，至始兴贱卖之，居人争市之[10]。至是悉取以装舰[11]，旬日而办。循自始兴寇长沙，道覆寇南康、庐陵、豫章，皆陷之。道覆顺流而下，舟械[12]甚盛。朝廷急征裕。裕方议留镇下邳，经营司、雍，会得诏，乃以韩范为都督八郡军事，封融为勃海太守，引兵还。久之，刘穆之称范、融谋反，皆杀之。

三月，江、荆都督何无忌讨徐道覆，战败，死之无忌自寻阳引兵拒卢循。长史邓潜之谏曰："循兵舰盛，势居上流，宜决南塘[13]，守二城以待之，

1 威灵不竞，戎狄横骛，虎噬中原：威势不得展示，致使异族横行无忌，如猛虎般吞噬中原。
2 翦平东夏：翦平，削平，扫平。东夏，泛指中国东部。
3 向风：归依。
4 企踵：踮起脚跟。多形容急切仰望之状。
5 迹其施设，曾苻、姚之不如：考察他的所作所为，竟连苻氏、姚氏都比不上。施设，施展。
6 荡一：扫荡统一。
7 美大：美好弘大。
8 南康：古郡名，辖今江西省赣州市南康区、赣县、兴国、宁都以南地。
9 船材：造船用的木材。
10 居人争市之：居民们都争相购买，这样造船木材虽然堆积许多却不会引起怀疑。
11 装舰：制造大型的战船。
12 舟械：船只军械。
13 决南塘：挖开南塘的堤坝。南塘，古地名，位于今江西省南昌市南，北通东湖。

彼必不敢舍我远下。蓄力养锐，俟其疲老[1]，然后击之，此万全之策也。今决成败于一战，万一失利，悔将无及。"参军殷阐曰："循所将皆三吴旧贼，百战余勇；始兴溪子[2]，拳捷善斗。宜留屯豫章，征兵属城，兵至合战，未为晚也。"无忌不听，与徐道覆遇于豫章。贼令强弩数百登山邀射[3]，乘风暴急，以大舰逼之，众遂奔溃。无忌厉声曰："取我苏武节[4]来！"节至，执以督战。贼众云集，遂握节而死。中外震骇，谥曰忠肃。

南凉击北凉，败绩，遂迁于乐都傉檀自将五万骑伐蒙逊，战于穷泉，傉檀大败。蒙逊乘胜进围姑臧，夷夏万余户降于蒙逊。傉檀惧，纳质请和。蒙逊徙其众八千余户而去。傉檀畏逼，迁于乐都，姑臧人推焦朗为主，降于蒙逊。

夏，四月，刘裕至建康刘裕至下邳，以船载辎重，自率精锐步归。闻何无忌败死，卷甲兼行。将济江，风急，众咸难之。裕曰："若天命助国，风当自息。不然，覆溺[5]何害？"即命登舟，舟移而风止。四月，至建康。青州刺史诸葛长民、兖州刺史刘藩、并州刺史刘道怜各将兵入卫。藩，毅之从弟也。

五月，豫州都督刘毅及卢循战于桑落洲，败绩。循进逼建康毅将自拒卢循，裕与书曰："贼新获利，其锋不可轻。今修船垂毕[6]，当与弟同举。"又遣刘藩谕止之。毅怒谓藩曰："往以一时之功相推耳，汝谓我真不及刘裕邪？"投书于地，率舟师二万发姑孰。五月，与循战于桑落洲，毅兵大败，弃船步走，其众皆为循所虏。循闻裕已还，与其党相视失色。欲退还寻阳，取江陵，据二州以抗朝廷。徐道覆谓宜乘胜径进，固争累日，循乃从之。裕募人为兵，赏之同京口赴义之科[7]。发民治石头城。议者谓宜分兵守津要，裕曰："贼众我

1　疲老：困倦劳顿。
2　溪子：居住于始兴郡的五溪蛮人。
3　邀射：拦截射击。
4　苏武节：苏武出使匈奴时所持的符节。
5　覆溺：沉没。
6　垂毕：即将完工。
7　京口赴义之科：那些从京口发兵讨伐桓玄时就参加军队的人。

寨，若分兵屯守，则测人虚实。且一处失利，则沮三军之心。今聚众石头，随宜应赴[1]，既令彼无以测，又于众力不分。若徒旅转集，徐更论耳[2]。"朝廷闻刘毅败，人情恟惧。时北师始还，将士多创病[3]，建康战士不盈数千。循既克二镇，战士十余万，舟车百里，楼船高十二丈。孟昶、诸葛长民欲奉乘舆过江，裕不听。参军王仲德言于裕曰："明公新建大功，威震六合。妖贼既闻凯还[4]，自当奔溃。若先自遁逃，则势同匹夫。匹夫号令，何以威物[5]？"裕甚悦。昶固请不已，裕曰："今重镇外倾，强寇内逼，人情危骇，莫有固志[6]。若一旦迁动，便自土崩瓦解，江北亦岂可得至？设令得至，不过延日月耳。今兵士虽少，自足一战。若其克济[7]，则臣主同休[8]。苟厄运必至，我当横尸庙门，遂其由来以身许国之志，不能草间求活也。"昶患甚，请死。裕怒曰："卿且一战，死复何晚？"昶乃抗表曰："臣赞北伐之计，使狂贼乘间至此，谨引咎以谢天下。"乃仰药而死。循至淮口[9]，中外戒严。琅邪王德文都督宫城[10]，裕屯石头，谓将佐曰："贼于新亭直进，其锋不可当，宜且避之。若回泊西岸，此成擒[11]耳。"道覆请于新亭至白石焚舟而上[12]，数道进攻。循曰："大军未至，孟昶望风自裁[13]。以大势言之，当计日[14]溃乱。今决胜负于一朝，既非必克之道，且多杀伤士卒，不如按兵待之。"道覆叹曰："我终为卢公所误，事必无成。使我得为英雄驱驰，天下不足定也。"裕登城见循军引向新亭，顾左右失色。既而回泊蔡洲，

1　应赴：接应趋援。
2　若徒旅转集，徐更论耳：如果各地的军队都能够及时地辗转集结，那就以后再说吧。
3　创病：伤病。
4　凯还：凯旋，胜利归来。
5　威物：使人畏服。
6　重镇外倾，强寇内逼，人情危骇，莫有固志：我们的重要藩镇在外失陷，强大的敌人又步步紧逼，人心恐惧不安，没有一个坚定的信心。
7　克济：能成就。
8　同休：同享福禄。
9　淮口：古地名，秦淮河入长江之处。秦淮河古称淮水。
10　宫城：围绕帝王或侯国宫室院落的城垣。
11　成擒：被擒，就擒。
12　焚舟而上：烧掉战船登陆。
13　自裁：自杀。
14　计日：形容短暂，为时不远。

乃悦。遂栅[1]石头、淮口，修治越城，筑查浦、药园、廷尉[2]三垒，皆以兵守之。明日，循伏兵南岸，使老弱乘舟向白石，声言悉众自白石步上。裕留沈林子、徐赤特戍南岸，断查浦，戒令坚守勿动。裕北出拒之。林子曰："妖贼此言未必有实，宜深为之防。"裕曰："石头城险，淮栅甚固，留卿在后，足以守之矣。"又明日，循焚查浦，赤特将击之，林子曰："众寡不敌，不如守险以待大军。"赤特不从，出战，大败。林子据栅力战，贼乃退。复引兵大上，至丹阳郡。裕率诸军驰还石头，斩赤特，出陈于南塘。

柔然围魏师于牛川，魏主嗣救之。可汗社仑走死，弟斛律立。

六月，刘裕自为太尉、中书监，加黄钺。复辞官而受黄钺。

宗室司马国璠自弋阳奔秦桓玄之乱，河间王昙之子国璠、叔璠奔南燕，还，寇陷弋阳。至是奔秦。秦王兴曰："刘裕方诛桓玄，辅晋室，卿何为来？"对曰："裕削弱王室，臣宗族有自修立者，裕辄除之。方为国患，甚于桓玄耳。"

秋，七月，卢循退还寻阳，刘裕遣兵追之卢循寇掠诸县无所得，谓徐道覆曰："师老矣，不如还寻阳，并力取荆州，据天下三分之二，徐更与建康争衡耳。"遂还。裕使将军王仲德等率众追之。

刘裕遣将军孙处等率兵袭番禺刘裕还东府，大治水军，遣将军孙处、沈田子自海道袭番禺。众以为海道艰远，必至为难，且分撤见力[3]，非目前之急。裕不从，敕处曰："大军十二月之交必破妖虏[4]，卿至时先倾其巢窟[5]，使彼走无所归也。"

谯纵使桓谦会秦将苟林入寇荆州，刺史刘道规大破斩之谯纵遣使请

1　栅：立栅栏阻挡。
2　查浦、药园、廷尉：查浦，古地名，亦名柤浦，故址位于今江苏省南京市区西清凉山南。药园，古地名，位于今江苏省南京市小九华山南。廷尉，古地名，位于今江苏省南京市西，秦淮河入江口附近。
3　见力：现有兵力。
4　妖虏：妖人。
5　巢窟：敌人或盗贼盘踞之地。

兵于秦。以桓谦为荆州刺史，使率众二万寇荆州，秦主兴遣将军苟林率骑兵会
之。谦于道召募义旧[1]，民投之者二万人。谦屯枝江[2]，林屯江津，江陵士民多怀
贰心。道规乃会将士告之曰：“闻诸长者颇有去就之计，吾东来文武足以济事，
若欲去者，不相禁也。”因夜开城门，达晓[3]不闭。众咸惮服[4]，莫有去者。鲁宗
之率众数千自襄阳赴救[5]。或谓宗之情未可测，道规单马迎之，宗之感悦。道规
使之居守，委以腹心。自率诸军攻谦，水陆齐进，战于枝江。天门[6]太守檀道
济先进陷陈[7]，大破之，谦、林皆走，并追斩之。初，谦至枝江，江陵士民皆与
书言城中虚实，许为内应。至是检得之，道规悉焚不视，众乃大安。桓石绥亦
起兵于洛口[8]，梁州刺史傅韶讨斩之，桓氏遂灭。

西秦攻秦略阳、陇西诸郡，克之。

冬，十月，刘裕南击卢循刘毅还至建康，降为后将军，固求追讨卢循。
长史王诞密言于刘裕曰：“毅既丧败，不宜复使立功。”裕乃率刘藩、檀韶等
南击循，以毅监留府。

徐道覆寇江陵，刘道规大破之徐道覆率众三万趋江陵，奄至破冢[9]。江
汉士民感刘道规焚书之恩，无复贰志。道规使刘遵别为游军，自拒道覆于豫章
口。前驱失利，遵自外横击，大破之，斩首万余级，余悉赴水死。道覆单舸
走还湓口。初，道规使遵为游军，众咸以为强敌在前，唯患众少，不应分割见
力，置无用之地。至是乃服。

十一月，孙处攻番禺，拔之卢循兵守广州者不以海道为虞。孙处乘海
奄至，会大雾，四面攻之，即日拔其城。处抚其旧民，戮循亲党，勒兵谨守[10]，

1　义旧：故旧。
2　枝江：古县名，治所位于今湖北省枝江市北。
3　达晓：直到早上。
4　惮服：畏服。
5　赴救：前往救援。
6　天门：古郡名，辖今湖南省常德市澧县以西的澧水流域。
7　先进陷陈：抢先冲锋陷阵。先进，先行。
8　洛口：古地名，即今安徽省淮南市东，淮河南岸洛河镇，古为洛河入淮之口。
9　破冢：古地名，位于今湖北省荆州市江陵县东南长江东岸。
10　谨守：谨慎守护。

分遣沈田子等击岭表[1]诸郡。

　　十二月，刘裕及卢循战于大雷[2]，又战于左里[3]，大破之。循及道覆南走，裕遣将军刘藩等追之刘裕军雷池，卢循扬声不攻雷池，当乘流径下。裕知其欲战，进军大雷。循及徐道覆率众数万塞江而下，裕悉出轻骑，及水军击之。又分步、骑屯于西岸，先备火具。裕以劲弩射循军，因风水之势以麾之。循舰悉泊西岸，岸上军投火焚之，循兵大败，将趋豫章，乃悉力栅断[4]左里。裕至攻之，麾兵将战，麾折幡沉[5]，众皆惧。裕笑曰："往年覆舟之战如是，今乃复然，必破贼矣。"即破栅而进，杀、溺死者万余人。循收散卒，径还番禺，道覆走保始兴。裕遣刘藩、孟怀玉等追之，遂还建康。刘毅恶刘穆之，每言其权太重，裕益亲任之。

1　岭表：秦岭以南。
2　大雷：古地名，即今安徽省安庆市望江县，因戌东雷水得名，江防要地。
3　左里：古地名，因在彭蠡湖（今鄱阳湖）之左得名，位于今江西省九江市都昌县西北左蠡山下。
4　栅断：设立营寨截断。
5　麾折幡沉：旗杆折断，指挥旗落水。

卷

二
十
四

起辛亥晋安帝义熙七年，尽丁卯[1]宋文帝元嘉四年、魏太武帝始光四年凡十七年。

辛亥**七年**（公元411年）

秦弘始十三年。魏永兴三年。

春，正月，秦王兴以其子弼为尚书令秦广平公弼有宠于秦王兴，为雍州刺史，镇安定。姜纪谄而附之，劝弼结兴左右以求入朝。兴召以为尚书令，弼遂倾身结纳朝士，收采名势，以倾东宫[2]。国人恶之。

西秦复降于秦秦使太尉索棱镇陇西，招抚西秦。乞伏乾归遣使谢罪请降。秦拜乾归河南王，太子炽磐平昌公。

秦王兴命群臣举贤才秦王兴命群臣搜举[3]贤才，右仆射梁喜曰："臣累受诏而未得其人，世可谓乏才矣。"兴曰："自古帝王之兴，未尝取相于昔人，待将于将来，随时任才，皆能致治[4]。卿自识拔不明，安得远诬四海乎？"群臣咸悦。

夏攻秦杏城，斩其守将姚详。遂攻安定、东乡[5]，皆克之秦姚详屯杏城，为夏王勃勃所逼，南奔大苏[6]，勃勃追斩之。遂攻安定，破杨佛嵩，降其众数万。进攻东乡，下之。秦镇北参军王买德奔夏，勃勃问以灭秦之策，买德曰："秦德虽衰，藩镇犹固，愿且蓄力以待之。"勃勃以为军师中郎将[7]。

刘藩等克始兴，斩徐道覆。

北凉拔姑臧，遂攻南凉，不克北凉王蒙逊拔姑臧，执焦朗，以弟挈镇

1　丁卯：即公元427年。
2　收采名势，以倾东宫：树立名望，培植势力，以此颠覆太子姚泓。
3　搜举：寻找并举荐。
4　致治：使国家在政治上安定清平。
5　东乡：古县名，治所位于今甘肃省敦煌市境内。
6　大苏：古地名，位于今陕西省延安市黄陵县南。
7　军师中郎将：古官名，掌参谋军事等，总管军政。

之。遂攻南凉，围乐都，不克，取质[1]而还。

南凉攻北凉，大败而还南凉王傉檀欲伐北凉，护军孟恺谏曰："蒙逊新
并姑臧，凶势方盛，不可攻也。"不听。发兵五道俱进，至番禾苕藋[2]，掠五千
余户而还。将军屈右曰："今既获利，宜倍道旋师，早渡险厄。蒙逊若轻军猝
至，大敌外迫，徙户[3]内叛，此危道也。"又不听。俄而昏雾风雨，蒙逊兵大至，
傉檀败走。蒙逊进围乐都，复取其子染干为质而还。

三月，刘裕始受太尉、中书监之命裕以刘穆之为司马。穆之举孟昶故
吏谢晦，裕以为参军。晦博赡多通[4]，裕深加赏爱[5]。

夏，四月，卢循寇番禺，不克，走交州，刺史杜慧度击斩之卢循行
收兵至番禺，遂围之。孙处拒守二十余日。沈田子言于刘藩曰："番禺本贼巢
穴，恐有内变。且孙季高兵力寡弱，不能持久。"乃引兵击之，循兵屡败，遂
奔交州，至龙编南津[6]。刺史杜慧度悉散家财以赏军士，与循合战。掷雉尾炬[7]
焚其舰，以步兵夹岸射之。循舰燃，众溃，自投于水。慧度取尸斩首，函送[8]
建康。

诏刘毅兼督江州军事初，刘毅在京口，贫困，与知识[9]射于东堂。司徒
长史庾悦后至，夺其处，众皆避之，毅独不去。悦厨馔[10]甚盛，不以及毅[11]。毅从
悦求子鹅炙[12]，悦又不与。至是，悦为江州刺史，毅因求兼督江州，诏许之。毅

1　取质：取得人质。
2　苕藋：古地名，位于今甘肃省张掖市东，一说位于今永昌县西。
3　徙户：迁徙过来的百姓。
4　博赡多通：见多识广。博赡，渊博，丰富。
5　赏爱：赏识喜爱。
6　龙编南津：龙编，古县名，治所位于今越南北宁省仙游县境，相传有蛟龙盘编津之间，
　　故名。南津，红河下游支流，位于今越南河北省西南。
7　雉尾炬：古代守城战具，以芦苇等物缚成下部分岔的草把，灌以油蜡，点燃后投掷。形
　　似禽尾，故称。
8　函送：放在匣子里送往。
9　知识：相识的人，朋友。
10　厨馔：饭食，饭菜。
11　不以及毅：不给刘毅吃。
12　子鹅炙：烧幼鹅。子鹅，幼鹅，嫩鹅。

即奏："江州内地，以治民为职，不当置军府耗民力，宜罢军府，移镇豫章。惟寻阳接蛮[1]，可即州府千兵以助郡戍。"于是解悦都督，徙镇豫章，而以亲将赵恢守寻阳。悦府文武三千悉入毅府，符摄严峻[2]。悦怨惧而卒。

秋，七月，柔然献马、求婚于燕柔然可汗斛律遣使献马、求婚于燕，燕王跋命群臣议之。素弗曰："前世皆以宗女妻六夷[3]，公主不宜下降非类[4]。"跋曰："朕方崇信殊俗[5]，奈何欺之？"乃以其女妻斛律。跋勤于政事，劝课农桑，省徭役，薄赋敛，每遣守宰，必亲引见，问为政之要，以观其能。燕人悦之。

西秦攻南凉，败其兵。

北凉袭西凉，不克北凉王蒙逊率轻骑袭西凉。西凉公暠曰："兵有不战而败敌者，挫其锐也。蒙逊新与吾盟，而遽来袭我，我闭门不战，待其锐气竭而击之，蔑不克矣。"顷之，蒙逊粮尽而归，暠遣兵邀击，大败之。

西秦攻秦柏阳堡、水洛城[6]，皆克之。

壬子八年（公元412年）

秦弘始十四年。魏永兴四年。西秦王炽磐永康元年。北凉玄始元年。

夏，四月，以刘毅都督荆、宁、秦、雍军事荆州刺史刘道规以疾求归，诏以刘毅代之。道规在州累年，秋毫无犯[7]。及归，府库帷幕，俨然若旧。

1　接蛮：靠近蛮族。
2　符摄严峻：下达严苛的命令又催逼甚紧。
3　以宗女妻六夷：把宗室女子嫁给夷人为妻。
4　非类：不同种族，异族。
5　崇信殊俗：在蛮荒地区树立威信。
6　柏阳堡、水洛城：柏阳堡，古地名，亦作伯阳堡、伯阳谷，位于今甘肃省天水市东伯阳乡。水洛城，古地名，即今甘肃省平凉市庄浪县。
7　秋毫无犯：丝毫不侵犯百姓的利益。秋毫，鸟兽秋天新换的绒毛，比喻极微细的东西。犯，侵犯。

随身甲士¹二人迁席于舟中，道规刑之于市。毅刚愎，自谓功与裕埒²。虽权事³推裕，而心不服。及居方岳，常怏怏不得志。裕每柔而顺之，毅骄纵滋甚。及败于桑落，知物情去己，弥复愤激。裕素不学⁴，而毅颇涉文雅，故朝士有清望⁵者多归之，与仆射谢混、丹杨尹郗僧施深相凭结。既据上流，阴有图裕之志。求兼督交、广，以僧施为南蛮校尉，毛修之为南郡太守，裕皆许之。复表求至京口辞墓⁶，裕往会之。将军胡藩言于裕曰："公谓刘卫军终能为公下乎？"裕默然，久之，曰："卿谓何如？"藩曰："连百万之众，攻必取，战必克，毅固以此服公。至于涉猎传记⁷，一谈一咏，自许以为雄豪，是以搢绅、白面之士⁸辐凑趋之。恐终不为公下，不如因会取之。"裕曰："吾与毅俱有克复⁹之功，其过未彰，不可自相图也。"道规寻卒。

六月，西秦乞伏公府弑其君乾归。秋，世子炽磐讨，杀之而自立乞伏公府弑西秦王乾归及其子十余人，走保大夏¹⁰。炽磐遣其弟智达讨之。秦人多劝秦王兴乘乱取炽磐，兴曰："伐人丧，非礼也。"夏王勃勃欲攻之，王买德曰："炽磐，吾之与国，今遭丧乱，吾不能恤，而又伐之，匹夫且犹耻为，况万乘乎？"勃勃乃止。七月，智达击破公府，获而辕之于谭郊¹¹。八月，炽磐自立为河南王，迁都枹罕。

皇后王氏崩。

葬僖皇后。

1　甲士：披甲的战士。也泛指士兵。
2　埒：等同，并立。
3　权事：临时措施。
4　不学：没有学问。
5　清望：美好的名望。
6　辞墓：向祖先的坟墓辞行。
7　传记：泛指记载的文字。
8　白面之士：白面书生。
9　克复：攻克收复。
10　走保大夏：逃到大夏据守。
11　辕之于谭郊：辕，古代车裂人的一种刑罚，用车子向四方奔驰而将所系人体撕裂。谭郊，古地名，位于今甘肃省临夏回族自治州临夏县西北，一说位于今青海省海东市循化撒拉族自治县东。

冬，太尉裕率师袭荆州，杀都督刘毅毅至江陵，多变易守宰，辄割豫、江文武兵力万余人以自随。会疾笃，都僧施劝毅请从弟、兖州刺史藩以自副，刘裕伪许之。藩自广陵入朝，裕以诏书罪状毅与藩及谢混共谋不轨，赐藩、混死。遂率诸军发建康，王镇恶请给百舸为前驱。昼夜兼行，扬声言刘兖州[1]上。十月，至豫章口，去江陵城二十里。舍船步上，舸留一二人，对舸岸上立六七旗，旗下置鼓，语所留人："计我将至城，便鼓严，令若后有大军状[2]。"又分遣人烧江津船舰。镇恶径前袭城，未至五六里，毅乃觉之，行令[3]闭诸城门。未及下关[4]，镇恶已驰入，与城内兵斗，穴其金城[5]而入。城中兵散，毅率左右突出，夜投佛寺，寺僧拒之。乃缢而死。初，谢混与毅款昵[6]，混从兄澹常以为忧，渐与之疏，且谓弟璞曰："益寿此性，终当破家。"至是果验。毅季父镇之闲居京口，不应辟召，常谓毅及藩曰："汝辈才器，足以得志，但恐不久耳。我不就尔求财位[7]，亦不同尔受罪累。"每见毅、藩导从[8]到门，辄诟之。毅甚敬畏，未至宅数百步，悉屏仪卫。至是裕奏征为散骑常侍，固辞不至。十一月，裕至江陵，杀都僧施。毛修之素自结于裕，故特宥之。裕问毅故吏申永曰："今日何施而可？"对曰："除宿衅，倍惠泽，叙门次，擢才能[9]，如此而已。"裕用其言，荆人悦之。

秦雍州刺史杨佛嵩攻夏，夏王勃勃与战，破之。

北凉迁于姑臧蒙逊始称河西王，置官僚。

十二月，遣益州刺史朱龄石率师伐蜀刘裕谋伐蜀，以龄石有武干，练

1　刘兖州：指兖州刺史刘藩。
2　便鼓严，令若后有大军状：你们便不停地擂起战鼓，做出好像后面还有大部队的样子。
3　行令：发布命令。
4　下关：下闩，闭门。
5　穴其金城：在牙城挖了一个洞。穴，挖凿，洞穿。金城，城内牙城，城中之城。
6　款昵：友好亲昵。
7　财位：钱财与官位。
8　导从：古时帝王、贵族、官僚出行时，前驱者称导，后随者称从，因谓之导从。
9　除宿衅，倍惠泽，叙门次，擢才能：消除以往的隔阂，加倍向百姓施加恩惠，按照门第加封官职，擢升有才能的人。

吏职[1]，欲以为元帅。众皆以龄石资名[2]尚轻，难当重任，裕不从。以龄石为益州刺史，率将军臧熹、蒯恩、刘钟等伐蜀。熹，裕之妻弟，位居龄石之右，亦使隶[3]焉。裕与龄石密谋曰："往年刘敬宣出黄虎，无功而还。贼谓我今应从外水往，而料[4]我当出其不意犹从内水来也。如此，必以重兵守涪城以备内道。若向黄虎，正堕其计。今以大众自外水取成都，疑兵出内水，此制敌之奇也。"而虑此声先驰，贼审虚实，别有函书[5]封付龄石，署函边曰："至白帝乃开。"诸军虽进，而未知处分所由。

太尉裕自加太傅、扬州牧，复辞不受。

癸丑**九年**（公元 413 年）

秦弘始十五年。魏永兴五年。夏凤翔元年。

春，太尉裕还建康，杀豫州刺史诸葛长民初，裕之西征也，留长民监留府事，而疑其难独任，乃加刘穆之建武将军，置吏给兵以防之。既而长民骄纵贪侈[6]，为百姓患，惧裕归按[7]之。闻刘毅被诛，谓所亲曰："'往年醢彭越，今年杀韩信。'祸其至矣。"问穆之曰："人言太尉与我不平，何以至此？"穆之曰："公溯流远征，以老母稚子委节下。若一豪不尽[8]，岂容如此？"长民意乃小安。弟黎民说长民因裕未还图之，长民犹豫未发，既而叹曰："贫贱常思富贵，富贵必履[9]危机。今日欲为丹徒布衣，岂可得耶？"因遗冀州刺史刘敬宣书曰："盘龙[10]专恣，自取夷灭。异端将尽，世路方夷[11]，富贵之事，相与共

---

1 有武干，练吏职：有军事才干，又熟悉官吏的职责。武干，军事才干。
2 资名：资历和名望。
3 隶：跟从。
4 料：揣摩，估量。
5 函书：书信。
6 贪侈：贪婪奢侈。
7 按：查处。
8 一豪不尽：有一点点的不信任。
9 履：经历。
10 盘龙：即刘毅，刘毅小字盘龙。
11 世路方夷：天下正太平。

之。"敬宣报曰："下官常惧福过灾生，方思避盈居损。富贵之旨，非所敢当。"且使以书呈裕，裕曰："阿寿[1]故为不负我也。"穆之忧长民为变，问参军何承天，承天曰："公昔年自左里还，入石头，甚脱尔[2]。今还，宜加重慎。"穆之曰："非君，不闻此言。"至是裕自江陵东还，前刻至日，而每淹留不进[3]。长民与公卿频日奉候[4]于新亭。二月晦，裕乃轻舟径进，潜入东府。三月朔，长民闻之，惊趋至门。裕伏壮士丁旿等于幔[5]中，引长民却人闲语[6]，平生所不尽者皆及之。长民甚悦。旿自幔后出，拉杀[7]之。舆尸[8]付廷尉，并杀其三弟。

诏申土断法，并省[9]流寓郡县太尉裕上表曰："大司马温以'民无定本[10]，伤治为深'，庚戌土断以一其业。于时财阜[11]国丰，实由于此。今渐颓弛[12]，请申前制。"于是依界土断，诸流寓郡县多所并省。

秦太尉索棱以陇西降西秦。

夏筑统万城[13]夏王勃勃以叱干阿利领将作大匠，发夷夏十万人，筑都城于朔方黑水之南，曰："朕方统一天下，君临万邦，新城宜名统万。"阿利性巧而残忍，蒸土筑城，锥入一寸，即杀作者而并筑之。勃勃以为忠，委任之。凡造兵器成，呈之，工人必有死者。射甲不入则斩弓人，入则斩甲匠。由是器物皆精利。勃勃自谓其祖从母姓刘，非礼，乃改姓赫连氏，言其徽赫[14]与天连也。其非正统者[15]为铁伐氏，言刚锐如铁，堪伐人也。

---

1 阿寿：刘敬宣的昵称，刘敬宣字万寿。
2 脱尔：简慢，轻率。
3 前刻至日，而每淹留不进：在预定的日期以前，常常滞留，不能按期进发。
4 奉候：恭候。
5 幔：为遮挡而悬挂起来的布、绸子、丝绒等。
6 却人闲语：把别人屏退，单独闲聊。
7 拉杀：用杖击杀。
8 舆尸：以车运尸。
9 并省：合并与裁撤。
10 定本：固定不变的原则。
11 阜：丰富。
12 颓弛：废弛。
13 统万城：古地名，位于今陕西省榆林市靖边县北白城子。
14 徽赫：美好而显赫。
15 非正统者：不是直系亲属的旁支后裔。

秋，七月，朱龄石入成都，谯纵走死。诏龄石监六郡军事龄石等至白帝发函书，曰："众军悉从外水取成都，臧熹从中水[1]取广汉，老弱乘高舰[2]，从内水向黄虎。"于是诸军倍道兼行。谯纵果使谯道福以重兵守涪城，备内水。龄石至平模[3]，去成都二百里。纵遣侯晖夹岸筑城以拒之。龄石谓刘钟曰："今贼严兵固险，攻之未必可拔。且欲养锐以伺其隙，何如？"钟曰："不然。前声言大众向内水，道福不敢舍涪城。今重军猝至，侯晖之徒已破胆矣。所以阻兵守险，是其惧，不敢战也。因而攻之，其势必克。若缓兵相守，彼将知人虚实。涪军忽来，并力拒我，求战不获，军食无资，二万余人悉为蜀子[4]虏矣。"龄石从之。七月，攻其北城，克之，斩侯晖，南城亦溃。于是舍船步进，贼营望风相次奔溃。谯纵弃城出走，尚书令马耽封府库以待晋师。龄石遂入成都，诛纵宗亲，余皆按堵[5]，使复其业。纵出辞墓，其女曰："走必不免，只取辱焉。死于先人之墓，可也。"不从。去投道福，不纳，乃缢而死。龄石徙马耽于越巂。耽曰："朱侯不送我京师，欲灭口也，我必不免。"乃盥洗[6]而卧，引绳而死。诏以龄石进监梁、秦州六郡诸军事。

冬，魏遣使请婚于秦。

以索邈为梁州刺史初，邈寓居汉川，与别驾姜显有隙，凡十五年。而邈镇汉川，显乃肉袒迎候，邈无愠色，待之弥厚。退而谓人曰："我昔寓此，失志多年，若仇姜显，惧者不少。但服之自佳，何必逞志？"于是阖境皆悦。

甲寅**十年**（公元414年）

秦弘始十六年。魏神瑞元年。○是岁，南凉亡。大二，小五，凡七僭国。

---

1 中水：古水名，亦作中江，即今四川省中部沱江。
2 高舰：高大的战舰。
3 平模：古地名，即彭模，亦名彭亡、平无，位于今四川省眉山市彭山区东。
4 蜀子：蜀地的小儿。轻蔑之词。
5 按堵：安居，安定。
6 盥洗：洗手洗面。

　　春，三月，太尉裕废谯王文思为庶人荆、雍都督司马休之颇得江汉民心。子谯王文思在建康，性凶暴，好通轻侠，刘裕恶之。有司奏文思擅杀国吏[1]，诏诛其党而宥文思。休之上疏谢罪，请解所任。裕不许，而执文思送之，令自训厉，欲使杀之。休之但表废文思，以书陈谢。裕不悦，使江州刺史孟怀玉兼督豫州六郡以备之。

　　夏，五月，秦尚书令姚弼有罪，免秦广平公弼有宠于秦王兴，言无不从。兴左右掌机要者，皆其党也。仆射梁喜等言于兴曰："父子之际，人所难言。然君臣之义，不薄于父子，故臣等不得默然。广平公弼，潜有夺嫡之志，陛下宠之太过，无赖之徒，辐凑附之。道路[2]皆言陛下将有废立之计，信有之乎？"兴曰："岂有此邪？"喜曰："苟无之，则陛下爱弼，适所以祸之。愿去其左右，损其威权，非特安弼，乃所以安宗社也。"兴不应。会兴有疾，弼潜聚众，欲作乱。将军刘羌泣以告兴。梁喜等复请诛弼，兴不得已，乃免弼尚书令，还第。姚宣入朝，流涕极言。姜虬亦上疏，请斥散[3]凶徒，以绝祸端。皆不听。

　　西秦袭灭南凉，以傉檀归，杀之唾契汗、乙弗等部叛南凉，南凉王傉檀欲讨之。孟恺谏曰："今连年饥馑，南逼炽磐，北逼蒙逊，百姓不安。远征虽克，必有后患。不如与炽磐结盟通籴[4]，慰抚杂部，足食缮兵[5]，俟时而动。"傉檀不从，谓太子虎台曰："蒙逊不能猝来，炽磐兵少易御，汝谨守乐都，吾不过一月必还矣。"乃率骑七千袭乙弗，大破之。西秦王炽磐闻之，率步、骑二万袭乐都。虎台凭城[6]拒守，炽磐四面攻之。一夕，城溃，炽磐入乐都，徙虎台及其文武百姓万余户于枹罕。傉檀兄子樊尼驰告傉檀，将士闻乱皆逃散，唯樊尼不去。傉檀曰："四海之广，无所容身。与其聚而同死，不若分而或全。

1　国吏：封国的官吏。
2　道路：路上的人，亦指众人。
3　斥散：呵斥使离散。
4　通籴：进行粮食贸易。
5　足食缮兵：储备粮食，修整武器装备。
6　凭城：据城以守。

汝，吾长兄之子，宗部所寄[1]。蒙逊方招怀士民，存亡继绝，汝其从之。吾老矣，所适不容，宁见妻子而死。"遂归于炽磐，唯阴利鹿随之。傉檀谓曰："吾亲属皆散，卿何独留？"对曰："臣老母在家，非不思归。然委质为臣，忠孝之道，难以两全。臣不才，不能为陛下泣血求救于邻国，敢离左右乎？"傉檀诸城皆降于炽磐，独尉贤政屯浩亹，固守不下。炽磐使人谓之曰："乐都已溃，卿妻子皆在吾所，独守一城，将何为也？"对曰："受凉王厚恩，为国藩屏。虽知乐都已陷，妻子为擒，不知主上存亡，未敢归命。妻子小事，何足动心？若贪一时之利，忘委付[2]之重者，大王亦安用之？"炽磐乃遣虎台以手书谕之，贤政曰："汝为储副，不能尽节，面缚于人，弃父忘君，堕万世之业，贤政义士，岂效汝乎？"闻傉檀至左南[3]，乃降。炽磐闻傉檀至，遣使郊迎，待以上宾之礼。岁余，使人鸩之，并杀虎台，复称秦王，置百官。

柔然步鹿真逐其可汗斛律而自立，大檀杀而代之柔然可汗斛律将嫁女于燕，兄子步鹿真谓诸大臣曰："斛律欲以汝女为媵。"大臣恐，遂执斛律，与女皆送于燕，而立步鹿真为可汗。大檀者，社仑季父之子，领别部[4]，得众心。或告步鹿真国人欲立大檀，步鹿真发兵袭之，兵败见杀，而大檀遂自立。斛律至和龙，燕王跋待以客礼。斛律请还，跋遣万陵率骑送之。陵惮远役，杀之而还。

秋，八月，魏遣于什门如燕魏主嗣遣谒者于什门使于燕。至和龙，不肯入见，曰："大魏皇帝有诏，须冯王出受，然后敢入。"燕王跋使人牵逼令入[5]，什门不拜，跋使人按其项[6]，什门曰："冯王若拜受诏，则吾自以宾主礼见，何苦见逼耶？"跋怒，幽执[7]什门，欲降之，什门终不屈。久之，衣冠弊坏略

1　宗部所寄：宗族部落的希望所在。宗部，宗族部落。
2　委付：托付。
3　左南：古县名，治所位于今青海省海东市民和回族土族自治县东南黄河北岸。
4　别部：氏族的分支。
5　牵逼令入：牵着他迫使他进来。
6　项：脖子。
7　幽执：囚禁。

尽，蚍虱[1]流溢。跂遗之衣冠，什门不受。

九月朔，日食。

冬，十一月，**魏遣使者巡行诸州**校阅守宰资财，非家所赍者，悉簿为赃[2]。

十二月，**柔然侵魏**柔然可汗大檀侵魏，魏主嗣击之。大檀走，魏兵追之，遇大雪，士卒冻死堕指[3]者什二三。

乙卯十一年（公元415年）

秦弘始十七年。魏神瑞二年。

春，太尉裕率师击荆州，都督司马休之拒战，众溃正月，刘裕收司马休之次子文宝、兄子文祖，赐死。自领荆州刺史，将兵击之。以将军刘道怜监留府事，刘穆之兼右仆射，事皆决焉。雍州刺史鲁宗之自疑不为裕所容，与其子竟陵太守轨起兵助休之。二月，休之上表罪状裕，勒兵拒之。裕密书招休之录事[4]韩延之，延之复书曰："辱疏[5]，知以谯王前事亲率戎马，远履西畿[6]，良[7]增叹息。司马平西体国[8]忠贞，款怀[9]待物。以公有匡复之勋，家国蒙赖，推德委诚，每事询仰[10]。谯王见劾[11]，自表逊位。又奏废之，所不尽者，命耳[12]。而公以此遽兴兵甲，所谓'欲加之罪，其无辞乎'。刘裕足下，海内之人，谁不见足下此心，而欲欺诳国士，自谓'处怀期物，自有由来[13]'乎？夫刘藩死于闾阎，

1　蚍虱：虱子及其卵。
2　悉簿为赃：全部当作赃物记录下来。
3　堕指：冻掉手指。
4　录事：古官名，掌总录文簿，举弹善恶。
5　辱疏：意为您屈尊给我来信。
6　西畿：西部疆域。
7　良：确实，果然。
8　体国：体念国家。
9　款怀：诚意。
10　询仰：咨询和仰赖。
11　见劾：被弹劾。
12　所不尽者，命耳：唯一没有做绝的，不过是留下了司马文思的一条命罢了。
13　处怀期物，自有由来：不管是自处还是对待别人，自然有我的原因。由来，原因，来由。

诸葛毙于左右。甘言诧方伯[1]，袭之以轻兵。今又伐人之君，啖人以利，真可谓'处怀期物，自有由来'矣。吾诚鄙劣[2]，尝闻道于君子，以平西之至德，宁可无授命之臣[3]乎？假令天长丧乱，九流浑浊[4]，当与臧洪[5]游于地下耳。"裕视书叹息，以示将佐曰："事人当如此矣。"延之以裕父名翘，字显宗，乃更其字曰显宗，名其子曰翘，以示不臣刘氏。裕遂使参军檀道济、朱超石将步、骑出襄阳。江夏太守刘处之聚粮以待，鲁轨袭击杀之。裕又使婿徐达之统蒯恩、沈渊子出江夏口[6]，与轨战，败，皆死。裕怒甚。三月，率诸将济江。休之兵临峭岸[7]，裕军士无能登者。裕自被甲欲登，诸将谏，不从，怒愈甚。主簿谢晦前抱持裕，裕抽剑指晦曰："我斩卿！"晦曰："天下可无晦，不可无公。"将军胡藩以刀头穿岸，劣容足指[8]，腾之而上。随者稍众，直前力战。休之兵稍却，裕兵乘之，休之兵遂大溃。裕克江陵，休之、宗之皆走，轨留石城。

秦遣姚弼将兵守秦州秦广平公弼谮姚宣于秦王兴，兴遣使就杏城收宣下狱，命弼将三万人守秦州。尹昭曰："广平公与太子不平[9]，今握强兵于外，陛下一日不讳，社稷必危。"兴不从。

夏攻秦杏城，拔之。

北凉攻西秦，拔广武。

青、冀参军司马道赐杀其刺史刘敬宣道赐，宗室疏属也。杀敬宣以应司马休之，为敬宣府吏所杀。

司马休之出奔秦，秦以为扬州刺史刘裕遣兵攻破石城，休之与鲁宗之、

1　甘言诧方伯：用甜言蜜语夸耀一方诸侯。诧，夸耀。
2　鄙劣：浅陋低劣。
3　授命之臣：以性命相托的臣子。
4　天长丧乱，九流浑浊：上天要助长丧乱的局面，江河继续污浊不堪。九流，江河的许多支流。
5　臧洪：东汉末年群雄之一，因誓为汉臣，不愿投靠袁绍而被杀。
6　江夏口：古地名，又称子夏口，位于今湖北省荆州市监利县西，古夏水入长江之口。
7　峭岸：陡峭的江岸。
8　劣容足指：仅能容下脚趾。劣，仅，只。
9　不平：不和，不睦。

轨等俱奔秦。宗之素得士民心，争为之卫送[1]出境，追兵尽境而还[2]。休之至长安，秦王兴以为扬州刺史，使侵扰襄阳。寻复使宗之将兵寇襄阳，未至而卒。

太尉裕剑履上殿，入朝不趋，赞拜不名。

北凉遣使上表内附益州刺史朱龄石遣使诣北凉，谕以朝廷威德[3]。北凉王蒙逊遣使诣龄石，且上表言："伏闻车骑将军裕欲清中原，愿为右翼，驱除戎虏[4]。"

秋，七月晦，日食。

八月，太尉裕还建康。

以刘穆之为左仆射。

魏荐饥魏比岁霜、旱，云、代[5]民多饥死。太史令王亮言于魏主嗣曰："按谶书，魏当都邺，可得富乐。"嗣以问群臣，博士祭酒[6]崔浩、特进周澹曰："迁都于邺，可救今年之饥，非长久计也。山东[7]人以国家居广漠[8]之地，人畜无涯[9]，号曰'牛毛之众'。今留兵守旧都，分家南徙，不能满诸州之地，情见事露，恐四方皆有轻侮[10]之心。且百姓不便水土，疫死必多。而旧都兵少，屈丐、柔然将有窥窬之心。朝廷隔恒、代[11]千里之险，难以赴救，此则声实俱损也。今居北方，山东有变，则轻骑南下，布濩林薄[12]之间，孰能测其多少？百姓望尘慑服[13]，此国家所以威制诸夏也。来春草生，潼酪[14]将出，兼以菜果[15]，得

1 卫送：护送。
2 尽境而还：追到了国境线还没有追上，便回去了。
3 威德：威势和德政。
4 戎虏：古时对西方或北方少数民族的蔑称。
5 云、代：云中、代郡。
6 博士祭酒：古官名，博士之长，属太常，掌教弟子经学，国有疑事，备顾问应对。
7 山东：崤山以东。
8 广漠：广大空旷。
9 无涯：无穷尽，无边际。
10 轻侮：轻慢欺侮。
11 恒、代：恒山、代郡。
12 布濩林薄：布濩，遍布，布散。林薄，草木生长茂密之处。
13 慑服：因恐惧而顺从。
14 潼酪：奶酪。
15 菜果：蔬菜水果。

及秋熟，则事济矣。"嗣曰："今仓库已竭，若来秋又饥，则若之何？"对曰：
"宜简饥贫之户，使就食山东。若来秋复饥，当更图之，但方今不可迁都耳。"
嗣悦，从之。嗣又躬耕藉田，劝课农桑。明年，大熟，民遂富安[1]。初，浩为嗣
讲《易》《洪范》，嗣因问天文术数，浩占决[2]多验，由是有宠，凡军国密谋皆
预之。

秦姚弼谋作乱，其党唐盛等伏诛秦王兴药动[3]，广平公弼称疾不朝，聚
兵于第。兴闻之，怒，收弼党唐盛、孙玄，诛之。将杀弼，太子泓流涕固请，
乃赦之。泓待弼如初，无怨恨之色。

荧惑不见八十余日，复出东井，秦大旱魏太史奏："荧惑在匏瓜[4]中，
忽亡，不知所在，于法当入危亡之国，先为童谣讹言，然后行其祸罚[5]。"魏主
嗣召名儒数人与太史议荧惑所诣[6]。崔浩曰："《春秋传》：'神降于莘[7]。'以其
至之日推知其物。今荧惑之亡在庚午、辛未[8]二日之间，庚午主秦，辛为西夷。
荧惑其入秦乎？"后八十余日，果出东井，留守句己[9]，久之乃去。秦大旱，昆
明池[10]竭，童谣讹言，国人不安，间[11]一岁而亡。

冬，十月，秦送女于魏，魏以为夫人[12]。

丙辰十二年（公元416年）

秦主姚泓永和元年。魏泰常元年。

1　富安：富足安定。
2　占决：以占卜推断事情。
3　药动：药物发作。
4　匏瓜：古星名。司马贞引《荆州占》："匏瓜，一名天鸡，在河鼓东。"
5　祸罚：灾祸与惩罚。
6　所诣：所去的地方。
7　莘：古地名，春秋时虢国属地，位于今河南省三门峡市西。
8　庚午、辛未：干支纪日法记日，即八月十九日、八月二十日。
9　句己：同"钩己"，谓星体去而复来，环行如钩，呈"己"字状。
10　昆明池：古湖沼名，汉武帝于长安西南郊所凿，以习水战，池周围四十里，广
　　三百三十二顷。
11　间：间隔，隔开。
12　夫人：帝王的妾。

春，正月，太尉裕自加都督二十二州军事。

秦姚弼、姚愔作乱，伏诛。秦王兴卒，太子泓立秦王兴如华阴，使太子泓监国。兴疾笃，还长安。弼党侍郎尹冲谋因泓出迎杀之，奉兴幸弼第作乱，皆不果。兴既入宫，命泓录尚书事，东平公绍典禁中兵，收弼第中甲仗[1]，内之武库。兴疾转笃，南阳公愔即与尹冲率甲攻端门。兴力疾临前殿，赐弼死。禁兵见兴，喜跃，争进赴贼，愔等大败。兴乃引绍及姚赞、梁喜、尹昭、敛曼嵬入受遗诏。明日卒，泓秘不发丧，捕愔等，诛之，乃即位，称皇帝。

三月，太尉裕自加中外大都督，戒严伐秦。诏遣琅邪王德文修敬[2]山陵。

氐王杨盛攻秦，拔祁山，杀其守将姚嵩。

夏攻秦，克上邽、阴密、安定、雍城。秦遣兵击却之，复取安定。

秋，八月，太尉裕督诸军发建康宁州献琥珀枕于刘裕。裕以琥珀治金疮[3]，命碎之以赐北征将士。以世子义符为中军将军，监留府事。刘穆之领军司，入居东府，总摄内外，司马徐羡之副之。遂发建康，遣将军王镇恶、檀道济将步军自淮、淝[4]向许、洛，朱超石、胡藩趋阳城，沈田子、傅弘之趋武关，沈林子、刘遵考将水军出石门，自汴入河，以王仲德督前锋，开巨野入河。穆之谓镇恶曰："公今委卿以伐秦之任，卿其勉之！"镇恶曰："吾不克关中，誓不复济江！"穆之内总朝政，外供军旅，决断如流，事无壅滞[5]。求诉咨禀，盈阶满室[6]。穆之目览耳听，手答口酬，不相参涉[7]，悉皆赡举[8]。又喜宾客，谈笑无

---

1 甲仗：泛指武器。
2 修敬：整修并表示敬意。
3 金疮：金属利器对人体所造成的创伤。
4 淮、淝：淮河、淝水。
5 壅滞：积压。
6 求诉咨禀，盈阶满室：各种请求、诉讼、咨询、禀报，堆满台阶和屋子。
7 参涉：干扰，牵扯。
8 赡举：能把几件事情同时办好。

倦。才有闲暇，手自写书[1]，寻览校定。性奢豪，食必方丈[2]，未尝独餐。尝白裕曰："穆之家本贫贱，赡生[3]多缺。自叨忝[4]以来，朝夕所须，微为过丰，然此外一毫不以负公。"裕至彭城，王镇恶、檀道济入秦境，所向皆捷。秦诸屯守望风款附，道济遂至许昌。沈林子自汴入河，克仓垣。

冀州刺史王仲德入魏滑台仲德水军入河，将逼滑台。魏兖州刺史尉建弃城北渡。仲德入城，宣言曰："晋本欲以布帛七万匹假道于魏，不谓守将遽去。"魏主嗣闻之，遣叔孙建、公孙表引兵济河，斩尉建于城下。呼晋军，问以侵寇[5]之状。仲德使人对曰："刘太尉使王征虏自河入洛，扫清山陵，借空城以息兵，行当西引[6]，无损于好也。"嗣又使建问裕，裕谢之曰："洛阳，晋之旧都，而羌据之。诸桓宗族、休之兄弟，晋之蠹也，而羌收之。晋欲伐之，故假道于魏，非敢为不利也。"

冬，十月，将军檀道济克洛阳秦阳城、荥阳皆降，檀道济等兵至成皋。秦陈留公洸守洛阳，遣使求救于长安。秦主泓遣兵救之，将军赵玄言于洸曰："今晋寇益深，众寡不敌，若出战不克，则大事去矣。宜摄诸戍之兵，固守金墉，以待西师之救。金墉不下，晋必不敢越我而西，是我不战而坐收其弊也。"司马姚禹阴与晋通，言于洸曰："殿下以英武之略，受任方面。今婴城示弱，得无为朝廷所责乎？"洸然之，遣玄将兵千余南守柏谷。玄泣曰："玄受三帝重恩，所守正有死耳[7]。但明公不用忠言，为奸人所误，后必悔之。"既而成皋、虎牢皆来降，道济等长驱而进。玄战败，被十余创，其司马骞鉴冒刃[8]抱玄而泣，玄曰："吾创已重，君宜速去！"鉴曰："将军不济，鉴去安之？"与之

---

1 写书：抄写书籍。
2 食必方丈：吃饭时面前一丈见方的地方一定都摆满了食物。形容吃得阔气。方丈，一丈见方。
3 赡生：生活所需。
4 叨忝：叨光忝列。意指有幸为官。
5 侵寇：侵犯入寇。
6 行当西引：再进发应该往西去。
7 所守正有死耳：一直坚守的志向正是以死相报而已。
8 冒刃：迎着刀锋，形容勇敢无畏。

皆死。姚禹逾城奔道济，道济遂进逼洛阳。洸出降，道济获秦人四千余。议者欲尽坑之，道济曰："吊民伐罪[1]，正在今日。"皆释而遣之。于是夷夏感悦，归者日众。

诏遣司空、高密王恢之修谒五陵[2]。

十二月，太尉裕自加相国、扬州牧，封宋公，备九锡，复辞不受裕遣长史王弘还建康，讽朝廷求九锡。时刘穆之掌留任[3]，而旨从北来，穆之由是愧惧[4]发病。诏以裕为相国，总百揆，封十郡为宋公，备九锡之礼。裕辞不受。

西秦遣使内附西秦王炽磐遣使诣太尉裕，求击秦自效。裕以为平西将军、河南公。

秦蒲阪守将姚懿反，伏诛。

魏丁零翟猛雀作乱，魏讨平之猛雀驱略吏民，入白涧山[5]为乱。魏内都大官[6]张蒲、冀州刺史长孙道生讨之。道生欲进兵，蒲曰："吏民非乐为乱，为猛雀所迫胁耳。今不分别，并击之，虽欲返善，其道无由，必同力据险以拒我，未易猝平也。不如先遣使谕之，以不与猛雀同谋者皆不坐，则必喜而离散矣。"道生从之。降者数千家，使复其业。猛雀与其党出走，蒲等追讨，悉诛之。

丁巳十三年（公元 417 年）

秦永和二年。魏泰常二年。〇西凉公李歆嘉兴元年。〇是岁，秦亡。大一，小五，凡六僭国。

春，正月朔，日食秦朝会前殿，君臣相泣。

---

1 吊民伐罪：抚慰受害的百姓，讨伐有罪的统治者。吊，慰问。伐，讨伐。
2 修谒五陵：修复并拜谒五位先帝的陵墓。
3 留任：留台，留府。
4 愧惧：惭愧恐惧。
5 白涧山：古山名，又作白涧岭，位于今山西省晋城市阳城县西北。
6 内都大官：古官名，又称内都坐大官，掌刑狱，并主司品官，任此职者多为宗室诸王。

秦安定守将姚恢反，伏诛晋师之过许昌也，秦东平公绍言于秦主泓曰："晋兵已逼，安定孤远难救，宜迁其镇户[1]，内实京畿[2]，可得精兵十万，虽晋、夏交侵，犹不亡国。"仆射梁喜曰："齐公恢有威名，为岭北所惮，且镇人已与夏为深仇，理应无贰，勃勃终不能越安定而寇京畿。若无安定，则虏马至郿矣。今关中兵足以拒晋，无为豫[3]自损削也。"泓从之。吏部郎懿横密言曰："恢有忠勋，今未加殊赏[4]而置之死地，安定人以孤危逼寇[5]，思南迁者十室而九，若恢拥之以向京师，得不为社稷之忧乎？宜征还以慰其心。"泓又不听。至是恢率镇户三万八千趋长安，移檄州郡，长安大震。泓使东平公绍击之，恢败而死。

太尉裕引水军发彭城。

二月，西凉公李暠卒，世子歆立暠寝疾，遗命长史宋繇曰："吾死之后，世子犹卿子也，善训导之。"及卒，官属奉世子歆为凉公，以繇录三府事。谥暠曰武昭王。初，暠司马索承明劝暠伐北凉，暠谓之曰："蒙逊为百姓患，孤岂忘之？顾势力未能除耳。卿有必擒之策，当为孤陈之。直唱大言[6]，使孤东讨，此与言'石虎小竖，宜肆诸市朝[7]'者何异？"承明惭惧而退。

吐谷浑树洛干死，弟阿柴立阿柴稍用兵侵并[8]旁小种，地方数千里，遂为强国。

三月，将军王镇恶攻潼关，与秦太宰姚绍战，大破之王镇恶进军潼关，檀道济、沈林子自陕北渡河，拔襄邑堡[9]，攻尹昭于蒲阪，不克。秦主泓以东平公绍为太宰，封鲁公，督将军姚鸾等步、骑五万守潼关，遣别将姚驴救蒲

1　镇户：隶属军镇的百姓。
2　京畿：国都及其所管辖的附近地方。
3　豫：提前，预先。
4　殊赏：特殊的赏赐。
5　逼寇：和强敌的距离很近。
6　大言：夸大的言辞，大话。
7　市朝：众人合集的场所。
8　侵并：侵占兼并。
9　襄邑堡：古地名，位于今山西省运城市芮城县东。

阪。林子谓道济曰："蒲阪城坚兵多,不可猝拔。不如还与镇恶并力,以争潼关。若得之,则尹昭不攻自溃矣。"道济从之。三月,至潼关。绍引兵出战,道济等奋击,大破之。绍退屯定城[1],据险拒守。遣姚鸾屯大路,绝晋粮道。晋获鸾别将尹雅,将杀之,雅曰:"夷夏虽殊,君臣之义一也。晋以大义行师,独不使秦有守节之臣乎?"乃免之。林子夜袭杀鸾。绍又遣东平公赞屯河上,以断水道。林子击走之。

太尉裕遣使假道于魏,魏遣兵屯河北,裕遂引兵入河 刘裕将水军自淮、泗入清河,将溯河西上,先遣使假道于魏。秦主泓亦遣使求救于魏。魏主嗣使群臣议之,皆曰:"潼关天险,刘裕以水军攻之,甚难。若登岸北侵,其势甚易。裕声言伐秦,其志难测。且秦,婚姻之国,不可不救。宜发兵断河上流,勿令得西。"崔浩曰:"裕图秦久矣。今乘其危而伐之,其志必取。若遏其上流,裕心忿戾,必上岸北侵,是我代秦受敌也。今柔然寇边,民食又乏,若复与裕为敌,南赴则北寇愈深,救北则南州复危,非良计也。不若听裕西上,然后屯兵以塞其东。使裕克捷,必德我之假道。不捷,吾不失救秦之名。此策之得者也。且南北异俗,借使国家弃恒山以南,裕必不能以吴、越之兵守之,安能为吾患?且夫为国计者,惟社稷是利,岂顾一女子乎?"议者犹曰:"裕西入关,则恐吾断其后。北上,则姚氏必不能出关助我,此必声西而实北也。"嗣乃遣长孙嵩、阿薄干等将兵十万屯河北岸。裕乃引军入河,而使将军向弥留戍碻磝。

弘农人送义租[2]给王镇恶等军 初,刘裕命镇恶等:"若克洛阳,须大军俱进。"镇恶等乘利轻趋[3]潼关,为秦所拒。久之,乏食。众心疑惧,欲弃辎重还赴大军。沈林子按剑怒曰:"相公[4]志清六合,今许、洛已定,关右将平,事之济否,系于前锋。奈何沮乘胜之气,弃垂成之功乎?且大军尚远,贼众方

1　定城:古地名,位于今陕西省渭南市辖华阴市东。
2　义租:向民间征收的额外租粮。
3　乘利轻趋:乘利,凭借着有利的形势。轻趋,轻装奔向。
4　相公:对宰相的敬称。

盛，虽欲求还，亦不可得。下官授命[1]不顾，今日之事，当为将军办之。但未知二三君子，将何面以见相公之旗鼓[2]耳？"镇恶等遣使驰告裕，求粮援。裕呼使者，开舫北户[3]，指河上魏军以示之曰："我语令勿轻进，今岸上如此，何由得遣军？"镇恶乃至弘农，说谕百姓，竞送义租，军食复振。

夏，四月，太尉裕遣兵击魏于河上，大破之魏人以数千骑缘河随裕军西行，船有漂渡北岸者，辄为魏人所杀掠。裕遣军击之，辄走。退则复来。四月，裕遣丁旿率仗士[4]七百人、车百乘，渡北岸，去水百余步，为却月阵[5]，两端抱河，车置七仗士。事毕，使竖一白毦[6]。裕先命朱超石戒严，毦举，超石率二千人驰赴之。魏人以三万骑围之，四面肉薄[7]，弩不能制。超石断矟[8]千余，皆长三四尺，以大锤锤之，一矟辄洞贯[9]三四人。魏兵奔溃，斩其将阿薄干。魏主嗣乃恨不用崔浩之言。

将军沈林子击秦姚绍，破之。绍病卒秦鲁公绍遣兵屯河北之九原，绝晋粮援。沈林子邀击，破之，杀获[10]殆尽。绍愤恚呕血，以兵属东平公赞而卒。

太尉裕入洛阳齐郡太守王懿降魏，上书言："刘裕在洛，宜发兵绝其归路，可不战而克。"魏主嗣善之，以问崔浩曰："刘裕克乎？"对曰："克之。"嗣曰："何故？"对曰："姚兴好事虚名而少实用，子泓懦弱，兄弟乖争。裕乘其危，兵精将勇，何故不克？"嗣曰："裕才何如慕容垂？"对曰："垂藉父兄之资，修复故业，国人归之，易以立功。裕奋寒微，不阶[11]尺土，讨灭群盗，所向无前，其才优矣。"嗣曰："裕既入关，不能进退，我以精骑直捣彭

1　授命：拼命，效命。
2　旗鼓：旗与鼓，古代军中指挥战斗的用具。
3　开舫北户：打开战船的北窗。
4　仗士：卫士。
5　却月阵：古代兵车战法的一种。
6　毦：羽毛做的旗帜。
7　肉薄：两军迫近，以徒手或短兵器搏斗。
8　断矟：将长矛截断。矟，杆儿比较长的矛。
9　洞贯：穿透。
10　杀获：斩杀捕获。
11　不阶：不凭借。

城，裕将若之何？”对曰：“今屈丏、柔然伺我之隙，而诸将用兵皆非裕敌。兴兵远攻，未见其利，不如静以待之。裕克秦而归，必篡[1]其主。关中华戎杂错，风俗劲悍。裕欲以荆、扬之化施之函、秦[2]，此无异解衣包火，张罗捕虎。虽留兵守之，人情未洽[3]，趋尚[4]不同，适足资敌耳。愿且按兵息民，以观其变。秦地终为国家之有，可坐而守也。”嗣笑曰：“卿料之审矣。”浩曰：“臣尝私论近世将相，若王猛之治国，苻坚之管仲也；慕容恪之辅幼主，慕容晄之霍光也；刘裕之平祸乱，司马德宗之曹操也。”嗣曰：“屈丏何如？”浩曰：“屈丏国破家覆，寄食姚氏，受其封殖。不思报恩，而乘时徼利，盗有一方，结怨四邻。虽能纵暴于一时，终为人所吞耳。”嗣大悦，语至夜半，赐御缥醪[5]十觚[6]，水精盐[7]一两，曰：“朕味[8]卿言如此，故欲共飨其美。”然犹命长孙嵩、叔孙建各简精兵伺裕西过，南侵彭、沛[9]。

魏置六部大人以天地四方为号，命诸公为之。

秋，七月，将军沈田子入武关。八月，秦主泓自将击之，大败而还 沈田子、傅弘之入武关，秦戍将皆委城[10]走。田子等进屯青泥。八月，太尉裕至阌乡[11]，秦主泓欲自将御裕，恐田子等袭其后，欲先击灭田子等，然后倾国东出。乃率步、骑数万，奄至青泥。田子本为疑兵，所领才千余人，闻泓至，欲击之。弘之以众寡不敌止之，田子曰：“兵贵用奇，不必在众。今众寡相悬，势不两立，若彼围既固，则我无所逃矣。不如乘其始至，营、阵未立，而先薄之，可以有功。”遂进兵。秦兵合围数重。田子慰抚士卒曰：“诸君远来，正

1　篡：臣子夺取君位。
2　函、秦：函谷关和秦国这一带。
3　洽：和谐，融洽。
4　趋尚：喜好崇尚。
5　缥醪：酒名。
6　觚：古代盛酒的器具。
7　水精盐：亦作“水晶盐”，一种晶莹明澈如水晶的盐。
8　味：辨别滋味，品尝。
9　彭、沛：彭城、沛县。
10　委城：弃城。委，舍弃。
11　阌乡：古地名，位于今河南省三门峡市辖灵宝市西北。

求此战，死生一决，封侯之业，于此在矣！"士卒皆踊跃鼓噪，执短兵奋击，秦兵大败，斩万余级，泓奔还灞上。

太尉裕至潼关，遣王镇恶率水军自河入渭，大破秦兵，遂入长安，秦主泓出降裕至潼关，王镇恶请率水军自河入渭以趋长安，裕许之。秦主泓使姚丕守渭桥以拒之。镇恶溯渭而上，乘蒙冲小舰，行船者皆在舰内，秦人但见舰进，惊以为神。至渭桥，镇恶令军士食毕，皆持仗登岸，后者斩。既登，即密使人解放[1]舟舰，渭水迅急，倏忽不见。乃谕士卒曰："此为长安北门，去家万里，舟揖衣粮皆已随流。今进战而胜，则功名俱显；不胜，则骸骨不返，无它岐[2]矣。"乃身先士卒，众腾踊争进，大破姚丕军。泓引兵救之，为败卒所蹂践，不战而溃。镇恶入自平朔门，泓将出降，其子佛念，年十一，言于泓曰："晋人将逞其欲，虽降必不免，不如引决。"泓怃然[3]不应，佛念登宫墙自投死。泓乃将妻子、群臣诣垒门降，镇恶以属吏。城中夷晋六万余户，镇恶以国恩抚慰，号令严肃，百姓安堵。

九月，太尉裕至长安，送姚泓诣建康，斩之镇恶性贪，盗秦府库不可胜纪[4]。裕至，知之，以其功大，不问。收秦彝器、浑仪、土圭、记里鼓、指南车[5]送建康，余金帛、珍宝皆以颁将士。送姚泓至建康，斩之。议将迁都洛阳。王仲德曰："暴师日久，士卒思归，未可议也。"北凉王蒙逊闻裕灭秦，怒甚。门下校郎[6]刘祥入言事，蒙逊曰："汝闻刘裕入关，敢研研[7]然也？"斩之。

夏人进据安定夏王勃勃闻裕伐秦，曰："裕取关中必矣，然不能久留，必将南归。若留子弟及诸将守之，吾取之如拾芥耳。"乃秣马养士，进据安定，

1　解放：解开。
2　它岐：正途以外的其他途径。
3　怃然：形容失望的样子。
4　不可胜纪：不能逐一记述，极言其多。
5　彝器、浑仪、土圭、记里鼓、指南车：彝器，宗庙常用的青铜祭器的总称。浑仪，测量天体位置的仪器，也叫浑天仪。土圭，用以测日影、正四时和测度土地的器具。记里鼓，计数里程之鼓。指南车，用来指示方向的车，在车上装着一个木头人，无论车子转向哪个方向，木头人的手总是指着南方。
6　门下校郎：古官名，掌传达敕命、司察群臣。
7　研研：扬扬自得貌。

岭北郡县皆降之。裕遣使遗勃勃书，约为兄弟。勃勃报之。

冬，十月，**魏遣将军刁雍屯固山**[1]司马休之、鲁轨、韩延之、刁雍等皆降魏。休之寻卒，刁雍表求南鄙[2]自效。魏以为将军，使聚众河、济间，扰徐、兖。刘裕遣兵讨之，不克。雍进屯固山，众至二万。

太尉裕自进爵为王，增封十郡，复辞不受。

十一月，刘穆之卒。

十二月，太尉裕东还，留子义真都督雍、梁、秦州军事裕欲留长安经略西北，而诸将佐久役思归，多不欲留。会闻刘穆之卒，裕以根本无托，决意东还。欲以王弘代穆之，谢晦曰："休元轻易，不若羡之。"乃以徐羡之为丹杨尹，管留任。而以次子义真为安西将军，守关中。王修为长史，王镇恶为司马，沈田子、毛德祖、傅弘之皆为参军、从事。先是，陇上流户[3]寓关中者，望因兵威，得复本土。至是知裕无复西略之意，皆叹息失望。关中人素重王猛，而是役也，镇恶功为多，故南人忌之。沈田子与镇恶争功，尤不平。裕将还，田子等屡言："镇恶家在关中，不可保信[4]。"裕曰："钟会不得遂其乱者，以有卫瓘故也。语曰：'猛兽不如群狐。'卿等十余人，何惧镇恶耶？"三秦父老闻裕将还，诣门流涕曰："残民不沾王化，于今百年。始睹衣冠，人人相贺，舍此欲何之乎？"裕为之愍然，慰谕遣之。十二月，裕发长安，自洛入河，开汴渠以归。义真生十三年矣。

司马公曰：古人有言："疑则勿任，任则勿疑。"裕既委镇恶以关中，而复与田子有后言，是斗之使为乱也。惜乎，百年之寇，千里之土，得之艰难，失之造次。荀子曰："兼并易能也，坚凝之难[5]。"信哉！

魏置南雍州[6]秦、雍人流入魏境以万数，魏乃置南雍州，以寇赞为刺史，

1　固山：古山名，又作崮山，位于今山东省济南市长清区东南。
2　南鄙：南方边境地区。
3　流户：流落他乡的民户。
4　保信：确保守信。
5　兼并易能也，坚凝之难：兼并容易，凝结为一体就难了。
6　南雍州：古州名，治所位于今湖北省枣阳市西，辖今湖北省枣阳市一带，毗邻荆州。

治洛阳以抚之。赞善招怀流民，归之者三倍其初。

夏王勃勃遣兵向长安夏王勃勃闻刘裕东还，大喜，召王买德问计。买德曰：“关中形胜之地，而裕以幼子守之，狼狈而归，正欲急成篡事，不暇复以中原为意。此天以关中赐我，不可失也。青泥、上洛，南北之险，宜先遣游军断之。东塞潼关，绝其水陆之路。然后传檄三辅，施以恩德，则义真在网罟[1]之中，不足取矣。”勃勃乃使其子璝率骑二万向长安，别将屯青泥及潼关，而自将大军为后继。

戊午十四年（公元 418 年）

魏泰常三年。夏昌武元年。

春，正月，王镇恶、沈田子率师拒夏兵。田子矫杀镇恶，安西[2]长史王修讨田子，斩之。参军傅弘之击夏兵，却之夏赫连璝至渭，关中民降之者属路。沈田子将兵拒之，畏其众盛，不敢进。王镇恶闻之，曰：“公以十岁儿付吾属，当共竭力，而拥兵不进，虏何由得平？”遂与田子俱出。田子与镇恶素有相图之志，至是益忿惧。军中又讹言镇恶欲尽杀南人，据关中反。田子遂请镇恶至傅弘之营计事。因屏人语，使人斩之，矫称受太尉令。义真与王修被甲登门，以察其变。修执田子，数以专戮[3]而斩之。弘之破夏兵，夏兵乃退。

太尉裕至彭城，解严。琅邪王德文还建康。

以刘义隆为荆州刺史刘裕欲以世子义符镇荆州，张邵谏曰：“储贰[4]之重，四海所系，不宜居外。”乃以义隆为荆州刺史，以到彦之、张邵、王昙首、王华等为参佐。义隆尚幼，府事皆决于邵。裕谓义隆曰：“昙首沉毅[5]有器度，

1　网罟：捕鱼及捕鸟兽的工具。
2　安西：安西大将军的简称。
3　专戮：擅自杀戮。
4　储贰：储副，太子。
5　沉毅：沉着坚毅。

宰相才也，汝每事咨之。"

三月，遣使如魏。

夏，五月，**魏人袭燕，不克**初，和龙有赤气[1]四塞，蔽日，自寅至申[2]。太史令张穆言于燕王跋曰："此兵气也。今魏方强，而执其使者，臣窃惧焉。"至是魏遣长孙道生率兵袭燕，拔乙连城[3]，进至和龙。跋婴城自守，魏人攻之，不克，掠其民万余家而还。

六月，太尉裕始受相国、宋公、九锡之命裕既受命，崇继母萧氏为太妃，以孔靖为尚书令，王弘为仆射，傅亮、蔡廓为侍中，谢晦为右卫将军，殷景仁为秘书郎。靖辞不受。景仁学不为文，敏有思致[4]；口不谈义，深达理体[5]。至于国典、朝仪、旧章、记注[6]，莫不撰录，识者知其有当世之志。

冬，十月，以西凉公李歆为镇西大将军歆遣使来告袭位[7]，故有是命。仍封酒泉公。

魏天部大人、白马公崔宏卒谥曰"文贞"。

刘义真杀其长史王修，关中大乱。十一月，夏王勃勃陷长安，义真逃归刘义真赐与无节[8]，王修每裁抑[9]之。左右皆怨，谮修欲反，义真杀之。于是人情离骇，莫相统一。义真悉召外兵，闭门拒守。关中郡县悉降于夏。夏王勃勃进据咸阳，长安樵采路绝。刘裕闻之，使蒯恩召义真东归，而以朱龄石守关中，谓曰："卿至，可敕义真轻装速发，出关然后徐行。若关右必不可守，可与义真俱归。"十一月，龄石至长安。义真将士大掠而东，多载宝货子女，

1　赤气：红色的云气。
2　自寅至申：从寅时开始，直到申时才消失。寅时，凌晨三点到五点。申时，下午三点到五点。
3　乙连城：古地名，位于今辽宁省葫芦岛市建昌县，一说位于今河北省秦皇岛市青龙满族自治县。
4　思致：人的思想意趣或性情、才思。
5　理体：治政的纲要。
6　记注：起居注，编年实录。
7　袭位：子孙承袭先代的尊位。
8　无节：没有节制。
9　裁抑：消减。

方轨徐行，日不过十里。傅弘之谏，不听。赫连瑰率众追之，弘之、蒯恩断后，力战连日。至青泥，大败，为夏兵所擒。义真左右尽散，独逃草中。参军段宏追寻，得之，束之于背，单马而归。义真曰："今日之事，诚无算略。然丈夫不经此，何以知艰难？"勃勃欲降傅弘之，弘之不屈，叫骂而死。勃勃积人头为京观，号髑髅台。长安百姓逐朱龄石，龄石焚宫殿，奔潼关。夏兵追杀之。勃勃入长安，大飨将士，举觞谓王买德曰："卿往日之言，一期[1]而验，可谓算无遗策矣。"裕闻青泥之败，未知义真存亡，怒甚，刻日北伐。谢晦谏以士卒疲弊，请俟它年。郑鲜之亦言："今诸州大水，民食寡乏[2]。三吴群盗攻没诸县，皆由困于征役故也。江南士庶引领颙颙[3]，以望返旆。闻更北出，不测还期。臣恐返顾之忧，更在腹心也。"会知义真得免，乃止。但登城北望，慨然流涕而已。以段宏为黄门郎，毛德祖守蒲阪。

夏王勃勃称皇帝。

彗星见彗星出天津，入太微，经北斗，络[4]紫微，八十余日而灭。魏主嗣复召诸儒、术士问之，曰："今四海分裂，咎在何国？朕甚畏之，卿其无隐[5]。"崔浩曰："灾异之兴，皆象人事。人事无衅，又何畏焉？昔王莽将篡，星变如此。今国家主尊臣卑，民无异望[6]。晋室陵夷，危亡不远。彗之为异，其刘裕将篡之应乎？"

十二月，宋公刘裕弑帝于东堂，奉琅邪王德文即位裕以谶云："昌明[7]之后，尚有二帝。"乃使中书侍郎王韶之与帝左右密谋弑帝而立德文。德文常在帝左右，韶之不得间。会德文有疾，出居于外。韶之以散衣[8]缢帝于东堂。

1　一期：一周年。
2　寡乏：缺少，不充足。
3　颙颙：期待盼望貌。
4　络：缠绕。
5　无隐：不要隐瞒。
6　异望：谋叛的意图。
7　昌明：兴盛发达。
8　散衣：平常穿的衣服。

裕因称遗诏，奉德文即位。

以北凉王蒙逊为凉州刺史_{蒙逊称藩，故有是命。}

己未<small>恭皇帝</small>元熙元年（公元 419 年）

魏泰常四年。夏真兴元年。

春，正月，立皇后褚氏。

葬休平陵[1]。

夏人陷蒲阪_{夏人攻蒲阪，毛德祖不能御，全军归彭城。刘裕以德祖为荥}阳太守，戍虎牢。

夏主勃勃杀隐士韦祖思_{夏主勃勃征隐士京兆韦祖思。既至，恭惧[2]过甚，}勃勃怒曰：“我以国士待汝，汝乃以非类遇我。汝昔不拜姚兴，今何独拜我？我在，汝犹不以我为帝王，我死，汝曹弄笔[3]，当置我于何地耶？”遂杀之。

夏主勃勃还统万_{夏群臣请都长安，夏主勃勃曰：“朕岂不知长安帝都，}沃饶险固[4]？然统万距魏境才百余里，朕在长安，统万必危。若在统万，则魏必不敢济河而西。诸卿适[5]未见此耳。”乃置南台于长安，以赫连璝录尚书事而还。勃勃性骄虐，视民如草芥。常置弓剑于侧，群臣近视[6]者凿其目，笑者决其唇，谏者先截其舌，然后斩之。

宗室司马楚之据长社_{刘裕诛翦宗室之有才望者，楚之叔、兄皆死，楚之}亡匿蛮中。及从祖休之奔秦，楚之乃亡之汝、颍间，聚众以谋复仇。楚之少有英气，折节下士，有众万余，屯据长社。裕使沐谦往刺之。楚之待谦甚厚，谦未得间。乃夜称疾，欲因楚之问疾而刺之。楚之果自赍药往视，情意勤笃[7]，

1　休平陵：东晋安帝司马德宗的陵墓，位于今江苏省南京市东紫金山西南麓。
2　恭惧：恭敬害怕。
3　弄笔：舞文弄墨。
4　沃饶险固：沃饶，富饶肥美。险固，险要坚固。
5　适：正好，恰好。
6　近视：迎面直视。谓以非礼的态度看人。
7　勤笃：勤奋专一。

谦不忍发，乃出匕首以状告曰："将军深为刘裕所忌，愿勿轻率，以自保全。"
遂委身事之，为之防卫。转屯柏谷坞[1]。

夏，四月，**魏主嗣有事于东庙[2]助祭者数百国[3]**。

西凉地震，星陨凉公歆用刑过严，又好治宫室，从事中郎张显上疏曰：
"凉土三分，势不支久。兼并之本，在于务农；怀远[4]之略，莫如宽简。今阴阳
失序，风雨乖和[5]。是宜减膳彻县[6]，侧身[7]修道。而更繁刑峻罚，缮筑[8]不止，殆
非所以致兴隆也。沮渠蒙逊，胡夷[9]之杰，内修政事，外礼英贤，攻战之际，
身先士卒。百姓怀之，乐为之用。臣谓殿下非但不能平殄[10]蒙逊，亦惧蒙逊方
为社稷之忧也。"主簿氾称亦谏曰："天之子爱人主，殷勤至矣。故政之不修，
下灾异以戒告[11]之。改者虽危必昌，不改者虽安必亡。属者[12]谦德堂陷，效谷地
裂，昏雾四塞，日赤无光，狐上南门，地频五震，星陨建康，皆变异之大者
也。昔年西平地裂，狐入殿前，而秦师奄至。姑臧门崩，陨石于堂，而梁熙
见杀。及段业称制，三年之中，地震五十余所，而先王龙兴，蒙逊篡弑[13]。此皆
目前之成事[14]，殿下所明知。愿亟罢宫室之役，止游畋之娱，礼贤爱民，以应天
变。"歆皆不从。

秋，七月，宋公裕始受进爵之命，移镇寿阳。

冬，十月，以刘义真为扬州刺史刘裕以义真刺扬州，镇石头。萧太妃

1　柏谷坞：古地名，一名百谷坞，位于今河南省洛阳市辖偃师市东南。
2　有事于东庙：于东庙祭祀祖先。
3　国：部落。
4　怀远：安抚边远的人。
5　乖和：反常，不和谐。
6　彻县：亦作"彻悬"，君王或卿大夫遇有灾患疾病，撤去悬挂的钟磬之类乐器，表示不
　　敢贪图逸乐。
7　侧身：倾侧其身，表示戒惧不安。
8　缮筑：修缮建筑。
9　胡夷：泛指外族或外族人。古代泛称西、北方的各族为胡，东方的各族为夷。
10　平殄：平定殄灭。
11　戒告：告诫。
12　属者：近时，近来。
13　篡弑：弑君篡位。
14　成事：已成之事。

谓裕曰:"道怜,汝布衣兄弟,宜用为扬州。"裕曰:"扬州根本,事务至多,非道怜所了。"太妃曰:"彼年出五十,岂不如汝十岁儿耶?"裕曰:"义真虽为刺史,而事悉由寄奴[1]。道怜年长,若不亲事,则于听望[2]不足矣。"道怜愚鄙[3]贪纵,故裕不肯用。

十一月朔,日食。

十二月,宋王裕加殊礼,进太妃为太后,世子曰太子。

庚申二年(公元 420 年)

宋高祖武帝刘裕永初元年。魏太宗明元帝拓拔嗣泰常五年。西秦文昭王乞伏炽磐建弘元年。夏世祖赫连勃勃真兴二年。燕太祖冯跋太平十一年。北凉武宣王沮渠蒙逊玄始九年。西凉公李恂永建元年。〇是岁,晋亡宋代,凡七国。

夏,四月,长星出竟天。六月,宋王裕还建康,称皇帝。废帝为零陵王,以兵守之宋王裕欲受禅而难于发言,乃集朝臣宴饮,从容言曰:"桓玄篡位,鼎命[4]已移。我唱义兴复[5],平定四海,功成业著,遂荷九锡。今年将衰暮[6],崇极[7]如此,物忌盛满,非可久安。今欲奉还爵位,归老京师。"群臣莫喻其意。日晚,坐散。中书令傅亮乃悟,叩扉[8]请见曰:"臣暂宜还都。"裕解其意,无复他言。亮出,见长星竟天,拊髀叹曰:"我常不信天文,今始验矣。"亮至建康。四月,征裕入辅。裕留子义康镇寿阳,以参军刘湛为长史,决府事。湛自幼年即有宰物[9]之志,常自比管、葛,博涉书史,不为文章,不喜谈议,裕甚重之。六月,裕至建康。亮具诏草[10],使帝书之,帝欣然操笔,谓左右

---

1 寄奴:即刘裕,刘裕小名寄奴。
2 听望:声望。
3 愚鄙:愚昧鄙陋。
4 鼎命:帝王之位,国家的命运。
5 唱义兴复:唱义,首倡大义,发动起义。兴复,恢复。
6 衰暮:迟暮,比喻晚年。
7 崇极:尊崇。
8 叩扉:敲门。
9 宰物:从政治民,掌理万物。
10 具诏草:具,准备,备办。诏草,诏书的草稿。

曰：“桓玄之时，晋氏已无天下，重为刘公所延，将二十载。今日之事，本所甘心。”遂书赤纸为诏，逊[1]于琅邪第，百官拜辞，秘书监徐广流涕哀恸。裕为坛于南郊，即位。广又悲感流涕，侍中谢晦谓之曰：“徐公得无小过[2]？”广曰：“君为宋朝佐命，身是晋室遗老，悲欢之事，固不可同。”宋主临太极殿，大赦，改元。其犯乡论[3]清议，一皆荡涤[4]，与之更始。奉晋恭帝为零陵王，即宫于故秣陵县，使将军刘遵考将兵防卫。

裴子野[5]曰：昔重华受终，四凶流放；武王克殷，顽民迁洛[6]。天下之恶一也，乡论清议除之，过矣。

宋尊王太后为皇太后宋主事萧太后素谨，及即位，春秋已高，每旦入朝[7]，未尝失时刻。

宋改晋封爵，封拜功臣子弟有差宋以晋氏封爵当随运改，独置始兴、庐陵、始安、长沙、康乐五公，奉王导、谢安、温峤、陶侃、谢玄之祀。以道怜为太尉，封长沙王，徐羡之等增位进爵各有差。

秋，宋交州刺史杜慧度击林邑，大破，降之慧度为政纤密[8]，一如治家，吏民畏而爱之。城门夜开，道不拾遗。

北凉王蒙逊诱西凉公歆与战，杀之，遂灭西凉北凉王蒙逊欲伐西凉，先引兵攻秦浩亹。既至，潜师还屯川岩[9]。凉公歆欲乘虚袭张掖，宋繇、张体顺切谏，不听。太后尹氏谓曰：“汝新造之国，地狭民稀，自守犹惧不足，何暇伐人？先王临终，殷勤戒汝，深慎[10]用兵。蒙逊非汝之敌，汝国虽小，足为善

1　逊：让位。
2　得无小过：是不是有一点过分了。
3　乡论：乡里的评论。古代由乡大夫考核评论，向朝廷推举人材。
4　荡涤：冲洗，清除。
5　裴子野：南朝齐、梁间著名史学家、文学家，著有《宋略》二十卷。
6　重华受终，四凶流放；武王克殷，顽民迁洛：虞舜接受国家大任，流放共工、驩兜、三苗、鲧等四凶；武王征服殷商，将顽劣的遗民迁到洛阳。
7　每旦入朝：每天早上入后宫给太后问安。
8　纤密：细密。
9　川岩：古地名，位于今甘肃省武威市境内。
10　深慎：非常慎重。

政，修德养民，静以待之。彼若昏暴，民将归汝。若其休明[1]，汝将事之。岂得轻为举动，侥冀非望[2]？以吾观之，非但丧师，殆将亡国！"亦不听。纔叹曰："大事去矣。"歆将步、骑三万东出。蒙逊闻之曰："歆已入吾术中，然闻吾旋师，必不敢前。"乃露布西境，云已克浩亹，将进攻黄谷[3]。歆闻之喜，进入都渎涧[4]。蒙逊引兵击之，战于怀城[5]，歆大败。或劝歆还保酒泉。歆曰："吾违老母之言以取败，不杀此胡，何面目复见我母？"遂勒兵战于蓼泉[6]，为蒙逊所杀。歆弟酒泉太守翻、敦煌太守恂奔北山[7]。蒙逊入酒泉，禁侵掠，士民安堵。以宋繇为吏部郎中[8]，委之选举。凉旧臣有才望者，咸礼而用之。以其子牧犍为酒泉太守，索元绪行敦煌太守。蒙逊还姑臧，见尹氏而劳之。尹氏曰："吾老妇人，国亡家破，岂惜复生为人臣妾？惟速死为幸耳。"蒙逊嘉而赦之，娶其女为牧犍妇。

八月，宋立子义符为皇太子。

宋为晋诸陵置守卫。

冬，凉李恂入敦煌，称刺史恂在敦煌有惠政。索元绪粗险[9]好杀，大失人和。郡人宋承、张弘密信招恂。恂率数十骑入敦煌，元绪东奔凉兴[10]。承等推恂为刺史。蒙逊遣世子政德攻之。

辛酉（公元421年）

宋永初二年。魏泰常六年。〇是岁西凉亡，凡六国。

1　休明：美好清明，用以赞美明君或盛世。
2　侥冀非望：侥冀，对财利等方面的企求奢望。非望，非分的期望。
3　黄谷：古地名，位于今青海省海东市民和回族土族自治县境内。
4　都渎涧：古地名，位于今甘肃省张掖市西。
5　怀城：古地名，位于今甘肃省张掖市境内。
6　蓼泉：古地名，位于今甘肃省张掖市临泽县西北蓼泉乡。
7　北山：今甘肃河西走廊北侧诸山的总称。
8　吏部郎中：古官名，为尚书省吏部曹长官，主管官吏选任、铨叙、调动事务。
9　粗险：粗暴阴险。
10　凉兴：古郡名，辖今甘肃省安西县一带地区。

春，二月，宋祀南郊，大赦。

裴子野曰：郊祀天地，修岁事[1]也。赦彼有罪，夫何为哉？

宋以庐陵王义真为司徒，徐羡之为尚书令，扬州刺史傅亮为仆射。

魏筑苑魏主发代都六千人筑苑，东包白登，周三十余里。

北凉屠敦煌，杀李恂于是西域诸国皆诣蒙逊称臣、朝贡。

夏，四月，宋毁淫祠宋诏所在淫祠自蒋子文[2]以下皆除之。其先贤以勋德祠者，不在此例。

秋，九月，宋主刘裕弑零陵王于秣陵初，宋主刘裕以毒酒一罂[3]授前琅邪郎中令张伟，使酖零陵王。伟叹曰："酖君以求生，不如死！"乃自饮而卒。太常褚秀之、侍中褚淡之皆王妃兄也，王每生男，裕辄令秀之兄弟杀之。王深虑祸及，与褚妃共处一室，自煮食于床前，饮食所资，皆出褚妃，故宋人莫得伺其隙。至是裕令淡之与兄叔度往视妃，妃出别室[4]相见。兵人逾垣而入，进药于王，王不肯饮，曰："佛教自杀者，不复得人身。"兵人以被掩杀[5]之。裕率百官临于朝堂三日。

冬，十一月，葬晋恭帝于冲平陵[6]。

凉晋昌守唐契叛。

宋豫章太守谢瞻卒初，宋台[7]始建，瞻为中书侍郎，其弟晦为右卫将军。时晦权遇[8]已重，自彭城还都迎家，宾客辐凑。瞻惊骇，谓晦曰："汝名位未多，而人归趣[9]乃尔！吾家素以恬退[10]为业，不愿干豫时事，交游不过亲朋。而

1　岁事：每年祭祀的事。
2　蒋子文：即蒋歆，字子文，三国时人，汉末为秣陵尉，追逐强盗至钟山（即紫金山）脚下，战死后葬在钟山脚下，民间传说，为阴间十殿阎罗的第一殿秦广王。他神威显著，据说曾在淝水之战中展现神迹，也多次显灵解救旱灾，故南朝皇帝对他屡屡封赠。
3　罂：小口大肚的瓶子。
4　别室：正室以外的房间。
5　掩杀：乘人不备而突然袭击。
6　冲平陵：东晋恭帝司马德文的陵墓，位于今江苏省南京市东紫金山西南麓。
7　台：台省，中央管理机构。
8　权遇：权力和待遇。
9　归趣：归向，引申指巴结奉承。
10　恬退：淡于名利，安于退让。

汝遂势倾朝野，此岂门户之福邪？"乃以篱¹隔门庭曰："吾不忍见此。"及还彭城，言于宋公曰："臣本素士，父、祖位不过二千石。弟年始三十，志用凡近²，荣冠台府，福过灾生，其应无远。特乞降黜³，以保衰门。"晦或以朝廷密事语瞻，瞻故向亲旧陈说，用为戏笑，以绝其言。及宋主即位，晦以佐命功，位任益重，瞻愈忧惧。至是遇病不疗⁴，临终遗晦书曰："吾得启体⁵幸全，亦何所恨？弟思自勉励，为国为家。"

壬戌（公元 422 年）

宋永初三年。魏泰常七年。

春，宋以徐羡之为司空、录尚书事羡之起自布衣，无术学，直以志力局度⁶。一旦居廊庙，朝野推服，咸谓有宰臣⁷之望。沉密寡言⁸，不以忧喜见色。颇工弈棋，观戏，常若未解。傅亮、蔡廓常言："徐公晓万事，安异同⁹。"尝与傅亮、谢晦宴聚。亮、晦才学辩博¹⁰，羡之风度详整¹¹，时然后言¹²。郑鲜之叹曰："观徐、傅言论，不复以学问为长。"

宋以庐陵王义真都督豫、雍等州军事宋主有疾，长沙王道怜、徐羡之、傅亮、谢晦、檀道济并入侍医药。群臣请祈祷神祇，不许，唯使侍中谢方明以疾告宗庙而已。道济出镇广陵，监淮南诸军。太子多狎群小¹³，谢晦言于宋主曰："陛下春秋既高，宜思存万世，神器至重，不可使负荷非才。"上曰：

---

1 篱：房屋、场地等的围栏设施，一般用竹子、苇子、秫秸、荆条、树枝等编扎而成。
2 志用凡近：志向平庸，才能浅薄。
3 降黜：贬退废黜。
4 遇病不疗：患病不治。
5 启体：启视身体，意为善终。
6 志力局度：志力，心智才力。局度，才干气度。
7 宰臣：帝王的重臣，宰相。
8 沉密寡言：沉默寡言，不声不响，很少说话。
9 安异同：调解纠纷。
10 辩博：博学，知识广博。
11 详整：安详严整。
12 时然后言：在适当的时候才发言。
13 狎群小：狎，亲近，接近。群小，众小人。

"庐陵何如？"晦曰："臣请观焉。"出造义真。义真盛[1]，欲与谈，晦不甚答。还曰："德轻于才，非人主也。"出义真为都督六州诸军、南豫州[2]刺史，镇历阳。是后大州率加都督，多者或至五十州，不可复详载矣。

秦、雍流民入梁州，宋遣使赈之。

夏，四月，宋封杨盛为武都王。

五月，宋主裕殂，太子义符立 宋高祖疾甚，召太子义符诫之曰："檀道济虽有干略，而无远志[3]，非难御[4]之气也。徐羡之、傅亮，当无异图。谢晦数从征伐，颇识机变，若有同异[5]，必此人也。"又为手诏曰："后世若有幼主，朝事一委宰相，母后不烦临朝。"羡之、亮、晦、道济同被顾命。遂殂。高祖清简寡欲，严整有法度，被服[6]居处，俭于布素[7]，游宴甚稀，嫔御[8]至少。尝得后秦高祖从女，有盛宠[9]，颇以废事。谢晦微谏，即时遣出。财帛皆在外府，内无私藏。岭南尝献入筒细布[10]，一端八丈，恶其精丽劳人[11]，即付有司弹太守，以布还之，并制岭南禁作此布。公主出适[12]，遣送不过二十万，无锦绣之物。内外奉禁[13]，莫敢为侈靡。性不信奇怪。微时多符瑞，及贵，史官审以所闻，拒而不答。义符即位，年十七，立妃司马氏为皇后。后，晋恭帝女海盐公主也。

七月，葬初宁陵[14]。

1　盛：盛情款待。
2　南豫州：古州名，辖今江苏省南京市六合、浦口等区和安徽省和县、来安、定远等县以西，河南省光山、新县等县和湖北省武湖水以东的地区。
3　远志：远大的志向。
4　难御：难以驾驭。
5　同异：有异志，叛乱。
6　被服：穿着。
7　布素：布衣素服。布指质地，素指颜色，形容衣着俭朴。
8　嫔御：古代帝王、诸侯的侍妾与宫女。
9　盛宠：非凡的宠幸。
10　入筒细布：一种十分精美、质优价昂的布料，这种布极为轻薄，一端八丈可卷入小竹筒尚有余地。一端，古代布帛二端相向卷，合为一匹，一端为半匹，其长度相当于二丈。
11　精丽劳人：过于精美华丽，耗费人力。
12　出适：出嫁。
13　奉禁：严奉禁约。
14　初宁陵：南朝宋武帝刘裕的陵墓，位于今江苏省南京市紫金山东南麓。

　　魏立子焘为太子，监国魏主服寒食散，频年药发，灾异屡见。遣中使
密问崔浩曰："属者日食赵、代之分，朕疾弥年不愈，恐一旦不讳，诸子并
少，将若之何？"浩曰："陛下春秋富盛[1]，行就平愈[2]。必不得已，请陈瞽言。
圣代[3]龙兴，不崇储贰，是以永兴[4]之始，社稷几危。今宜早建东宫，选贤公卿
以为师傅，左右信臣以为宾友[5]。入总万机，出抚戎政。如此，则陛下可以优游
无为，颐神养寿。万岁[6]之后，国有成主，民有所归，奸宄息望[7]，祸无自生矣。
皇子焘年将周星[8]，明睿[9]温和，立子以长，礼之大经[10]也。"魏主复以问长孙嵩，
对曰："立长则顺，置贤则人服。焘长且贤，天所命也。"从之，立焘为太子，
使居正殿临朝，为国副主。以嵩及奚斤、安同为左辅，坐东厢，西面；崔浩与
穆观、丘堆为右弼，坐西厢，东面。百官总己以听。魏主避居西宫，时隐而窥
之，听其决断，大悦，谓侍臣曰："嵩宿德旧臣，历事四世，功存社稷。斤辩
捷智谋，名闻遐迩。同晓解[11]俗情，明练[12]于事。观达[13]政要，识吾旨趣。浩博闻
强识，精察天人。堆虽无大用，然在公专谨[14]。以此六人辅相太子，吾与汝曹巡
行四境，伐叛柔服[15]，足以得志于天下矣。"嵩实姓拔拔，斤姓达奚，观姓丘穆
陵，堆姓丘敦。时魏臣出代北者，姓多重复，及高祖迁洛，始皆改之。旧史患
其烦杂难知，故皆从后姓以就简易，今从之。魏主又以刘絜、古弼、卢鲁元忠

1　富盛：鼎盛。
2　行就平愈：很快就会平复痊愈。平愈，平复痊愈。
3　圣代：对于当代的谀称。
4　永兴：北魏明元帝拓跋嗣的年号，存续时间为公元409至414年。
5　宾友：宾客朋友。
6　万岁：帝王死之讳称。
7　息望：不再生妄想。
8　周星：即岁星。岁星十二年在天空循环一周，因又借指十二年。
9　明睿：聪明有远见。
10　大经：常道，常规。
11　晓解：领悟，理解。
12　明练：熟悉，通晓。
13　观达：佛学术语，智慧之用。
14　在公专谨：专心为公，谨慎处世。
15　柔服：安抚顺服者。

谨恭勤[1]，分典机要，宣纳辞令[2]。太子聪明大度，群臣时奏所疑，帝曰："此非我所知，当决之汝曹国主也。"

六月，宋以傅亮为中书监、尚书令，谢晦为中书令，谢方明为丹杨尹方明善治郡，所至有能名。承代前人，不易其政。必宜改者，则以渐移变，使无迹可寻。

冬，魏遣司空奚斤督诸将击宋，取青、兖诸郡。宋遣南兖州[3]刺史檀道济救之初，魏主闻宋高祖克长安，大惧，遣使请和，自是岁聘[4]不绝。及高祖殂，沈范等奉使在魏，还，及河，魏主遣人追执之，议发兵取洛阳、虎牢、滑台。崔浩谏曰："陛下不以刘裕欻[5]起，纳其使、贡，裕亦敬事陛下。今乘丧伐之，虽得之不足为美。且国家今日亦未能一举取江南也，而徒有伐丧之名，窃为陛下不取。臣谓宜遣人吊祭，存其孤弱，恤其凶灾，使义声布于天下，则江南不攻自服矣。况裕新死，党与未离。不如缓之，待其强臣争权，变难必起，然后命将出师，可以兵不疲劳，坐收淮北[6]也。"魏主曰："刘裕乘姚兴之死而灭之，今我乘裕丧而伐之，何为不可？"浩曰："不然。姚兴死，诸子交争，故裕乘衅伐之。今江南无衅，不可比也。"魏主不从。假司空奚斤节，使督将军周几、公孙表伐宋。十月，将发，公卿议以攻城、略地何先，奚斤欲先攻城，崔浩曰："南人长于守城。昔苻氏攻襄阳，经年不拔。今以大兵坐攻小城，若不时克[7]，挫伤军势，敌得徐严[8]而来，我怠彼锐，此危道也。不如分军略地，至淮为限，列置守宰，收敛租谷，则洛阳、滑台、虎牢更在军北，绝望南救[9]，必沿河东走。不，则为圈中之物，何忧其不获也？"公孙表固请攻城，

1　忠谨恭勤：忠心谨慎，节俭勤劳。
2　宣纳辞令：上传下达报告和政令。
3　南兖州：古州名，辖今江苏省淮河以南、长江以北及安徽省凤阳、滁州以东地。
4　岁聘：诸侯每年派使者朝见天子。
5　欻：突然，忽然。
6　淮北：淮河以北地区。
7　若不时克：如果不能立即攻克。
8　徐严：慢慢整备。严，整饬，整备。
9　绝望南救：对南方的救援感到绝望。

魏主从之。斤等率步、骑三万济河，营于滑台之东。宋司州刺史毛德祖遣翟广等将步、骑三千救之。先是，司马楚之聚众陈留之境，闻魏兵济河，遣使迎降。魏以为荆州刺史，使侵扰宋北境。德祖遣将戍邵陵[1]、雍丘以备之。魏尚书滑稽引兵袭仓垣，兵吏悉逾[2]城走，陈留太守严棱诣斤降。斤等攻滑台，不拔，求益兵。魏主怒责之，自将诸国兵五万余人南出天关[3]，为斤等声援。十一月，太子焘将兵出屯塞上[4]。斤等急攻滑台，拔之。东郡太守王景度出走，司马阳瓒为魏所执，不降而死。乘胜进逼虎牢，毛德祖与战，屡破之。魏主则遣将军于栗䃭屯河阳，谋取金墉，德祖遣窦晃等拒之。十二月，魏主至冀州，遣叔孙建将兵徇青、兖，宋豫州刺史刘粹遣骑据项城，徐州刺史王仲德将兵屯湖陆。于栗䃭济河，与斤并力攻晃等，破之。魏主遣领军娥清、闾大肥将兵会周几、叔孙建南渡河，军于碻磝。宋兖州刺史徐琰南走。于是泰山、高平、金乡等郡皆没于魏。叔孙建等入青州。宋遣南兖州刺史檀道济监征讨诸军事，与王仲德共救之。

癸亥（公元 423 年）

宋主义符景平元年。魏泰常八年。

春，正月，魏取宋金墉魏于栗䃭攻金墉，河南太守弃城走。魏主以栗䃭为豫州刺史，镇洛阳。

宋以蔡廓为吏部尚书，不受宋以廓为吏部尚书，廓谓傅亮曰："选事若悉以见付，不论[5]。不然，不能拜也。"亮以语徐羡之，羡之曰："黄、散[6]以下悉以委蔡，以上，故宜共参同异[7]。"廓曰："我不能为徐干木署纸尾。"遂不拜。

1　邵陵：古县名，治所位于今河南省漯河市郾城县东。

2　逾：越过。

3　天关：古地名，古称石关，今称回马岭，位于今山东省泰安市泰山壶天阁稍北。

4　塞上：边境地区。

5　选事若悉以见付，不论：官员的任免和升迁如果全部交给我，我就接受。不论，不评论，即接受任命。

6　黄、散：即黄门侍郎、散骑常侍。

7　故宜共参同异：本来应该共同研究，统一意见。

干木，羡之小字也。选按黄纸[1]，录尚书与吏部尚书连名，故廓云然。

沈约[2]曰：廓固辞铨衡，耻为志屈，岂不知选、录同体，义无偏断[3]乎？良以主暗时难，不欲居通塞之任[4]，远矣哉[5]！

魏以刁雍为青州刺史宋檀道济军于彭城。魏叔孙建入临淄，所向奔溃。宋青州刺史竺夔聚民保东阳城[6]，不入城者，使各依据山险，芟夷禾稼，魏军至，无所得食。刁雍见魏主于邺，魏主曰："叔孙建等入青州，民皆藏避，攻城不下。彼素服卿威信，今遣卿助之。"乃以为刺史，给骑，使行募兵，以取青州。魏兵济河向青州者凡六万骑。雍募兵得五千人，抚慰士民，皆送租供军。

二月，魏筑长城柔然寇魏边。魏筑长城，自赤城[7]至五原二千余里，置戍以备之。

凉吐谷浑入贡于宋。

魏攻宋虎牢，不克。杀其将公孙表魏奚斤、公孙表等共攻虎牢，魏主自邺遣兵助之。毛德祖于城内穴地入七丈，分为六道，出魏围外。募敢死士四百，从穴中出，袭其后。魏兵惊扰，斩首数百，焚其攻具而还。魏兵退散复合，攻之益急。斤别攻颍川太守李元德于许昌，败之。德祖出兵与表大战，从朝至晡[8]，杀魏兵数百。会斤自许昌还，合击德祖，大破之。初，德祖在北，与表有旧。表有权略，德祖患之，乃与交通音问。密遣人说奚斤，云表与之连谋[9]。每答表书，辄多所治定[10]。表以书示斤，斤疑之，以告魏主。魏主使人夜就

---

1 选按黄纸：官员任免和升迁的签呈文件，通常写在黄纸上。
2 沈约：南朝梁开国功臣，政治家、文学家、史学家，撰有《宋书》。
3 偏断：不公平的决断。
4 通塞之任：疏通和阻塞官员任免、降升的职位。
5 远矣哉：见识很远大啊。
6 东阳城：古地名，位于今山东省潍坊市辖青州市阳水北。
7 赤城：古地名，即今河北省张家口市赤城县。
8 从朝至晡：从早晨到下午。朝，早晨。晡，即申时，下午三点钟到五点钟。
9 连谋：合谋。
10 治定：点窜改定。

帐中缢杀之。

魏攻宋东阳城，宋檀道济率师救之魏主如东郡、陈留，叔孙建将三万骑逼东阳城，城中文武才一千五百人。竺夔及济南太守垣苗悉力固守，时出奇兵击魏，破之。魏步、骑绕城列阵十余里，大治攻具。夔作四重堑，魏人填其三重，为橦车[1]以攻城。夔遣人从地道中出，以大麻絚挽之令折。魏人复作长围，进攻逾急。历久城坏，战士多死。檀道济至彭城，以司、青二州并急，而所领兵少，不足分赴。青州道近，竺夔兵弱，乃与王仲德等分兵救之。

夏，四月，魏主攻虎牢，不克魏主遣并州刺史伊楼拔助奚斤攻虎牢。毛德祖随方抗拒，颇杀魏兵，而将士稍零落[2]。四月，魏主如成皋，绝虎牢汲河[3]之路。停三日，自督众攻城，竟不能下，遂如洛阳观《石经》。遣使祀嵩高[4]。

魏攻东阳城，不克而退，留刁雍戍尹卯[5]叔孙建攻东阳，堕[6]其北城三十许步，刁雍请速入，建不许，遂不克。及闻檀道济等将至，雍又谓建曰："贼畏官军突骑，以锁连车[7]为函阵[8]。大岘已南，处处狭隘，车不得方轨，雍请将所募兵五千据险以邀之，破之必矣。"时天暑，魏军多疫。建曰："兵人疫病过半，若相持不休，兵自死尽，何须复战？今全军而返，计之上也。"道济军于临朐，建等烧营及器械而遁。道济以粮尽不能追。竺夔以东阳城坏，不可守，移镇不其城[9]。魏留刁雍镇尹卯，招集民五千余家，置二十七营以领之。

诸蛮入贡于魏初，诸蛮居江淮间，其后种落滋蔓，东连寿春，西通巴蜀，北接汝、颍。在魏世不甚为患，及晋，稍益繁昌[10]，渐为寇暴。及刘、石[11]

1　橦车：古代的冲锋车。
2　零落：稀疏，不集中。
3　汲河：从黄河取水。
4　嵩高：即嵩山。
5　尹卯：古地名，位于今山东省聊城市东阿县东南。
6　堕：损毁。
7　连车：车子连接不断。
8　函阵：方阵。
9　不其城：古地名，位于今山东省青岛市崂山西北，因不其山得名。
10　繁昌：繁荣昌盛。
11　刘、石：刘渊、石勒。

乱中原，诸蛮渐复北徙，伊阙以南，满于山谷之间。

凉攻晋昌，克之唐契及甥李宝奔伊吾，招集遗民，归附者二千余家，臣于柔然。宝，恂弟子也。

秦遣使入贡于魏秦王炽磐谓群臣曰："今宋虽奄有[1]江南，夏人雄据[2]关中，皆不足与也。独魏主奕世[3]英武，贤能为用，吾将举国而事之。"乃遣使入见于魏，贡黄金二百斤，并陈伐夏方略。

闰月，魏拔虎牢，执宋司州刺史毛德祖，遂取司、豫诸郡叔孙建就奚斤共攻虎牢。虎牢被围二百日，无日不战，劲兵殆尽，而魏增兵转多。毁其外城，德祖于内更筑三重城以拒之。又毁其二重，德祖唯保一城，昼夜相拒，将士眼皆生创，德祖抚之以恩，终无离心。檀道济、刘粹等皆畏魏兵强，不敢进。魏人作地道以泄城中井，城中人马渴乏[4]，被创者不复出血，重以饥疫。魏仍急攻之，城遂陷，将士欲扶德祖出走，德祖曰："我誓与此城俱毙，义不使城亡而身存也。"魏主命将士得德祖者必生致之。将军豆代田执以献。将佐皆为所虏，唯参军范道基将二百人突围南还。魏士卒疫死者亦什二三。奚斤等悉定司、兖、豫诸郡县，置守宰以抚之。魏主命周几镇河南，河南人安之。徐羡之、傅亮、谢晦以亡失境土[5]，上表自劾，诏勿问。

秋，七月，柔然攻北凉，杀其世子政德。

冬，十月，魏广[6]西宫外垣[7]周二十里。

十一月，魏取宋许昌、汝阳。

魏主嗣殂，太子焘立魏太宗殂，世祖即位。自司徒长孙嵩以下普增爵位。以卢鲁元为中书监，刘絜为尚书令，尉眷、刘库仁等八人分典四部。以罗

1　奄有：全部占有。
2　雄据：强有力地占据。
3　奕世：累世，代代。
4　渴乏：口干困乏。
5　境土：疆域，领地。
6　广：扩建。
7　外垣：外墙。

结为侍中、外都大官¹，总三十六曹事。结时年一百七，精爽²不衰，焘以其忠悫³，亲任之，使兼长秋卿⁴，监典⁵后宫，出入卧内。年一百一十，乃听归老，朝廷每有大事，遣骑访焉。又十年乃卒。

魏立天师道场⁶魏光禄大夫崔浩研精⁷经术，练习制度，凡朝廷礼仪，军国书诏，无不关掌⁸。不好老、庄书，曰："此矫诬⁹之说，不近人情。老聃习礼，仲尼所师，岂肯为败法之书，以乱先王之治乎？"尤不信佛法，曰："何为事此胡神？"左右多毁之，魏主不得已，命浩以公归第。然素知其贤，每有疑议，辄召问之。浩纤妍¹⁰洁白如美妇人，常自谓才比张良而稽古过之。既归第，因修服食养性之术。初，嵩山道士寇谦之修张道陵之术，自言尝遇老子降，命继道陵为天师，授以辟谷轻身之术，使之清整¹¹道教。又遇神人李谱文，云老子之玄孙也。授以《图录真经》，使之辅佐北方太平真君。出天宫静轮之法，谦之奉其书献于魏主。朝野多未之信，浩独师受其术，且上书曰："圣王受命，必有天应。河图、洛书皆寄言于虫兽之文，未若今日人神接对，手笔粲然¹²，辞旨深妙，自古无比，岂可以世俗常虑而忽上灵¹³之命哉？"帝欣然使谒者奉玉帛牲牢¹⁴祭嵩岳，迎致¹⁵谦之弟子，以崇奉天师，显扬新法。起天师道场于平城

1　外都大官：古官名，外都坐大官的简称，与中都坐大官、内都坐大官合称为三都大官，掌刑狱，听理民诉讼。
2　精爽：精神。
3　忠悫：忠诚朴实。
4　长秋卿：古官名，皇后近侍官首领，长秋寺的长官，掌宣达皇后旨意，管理宫中事宜，多由宦官充任。
5　监典：监督主管。
6　道场：修行学道的处所。
7　研精：精研。
8　关掌：掌管。
9　矫诬：假借名义以行诬罔，虚妄。
10　纤妍：纤细美好。
11　清整：清理整顿。
12　粲然：形容显著明白。
13　上灵：上帝，神灵。
14　牲牢：牲畜。
15　迎致：迎接聘请。

东南，重坛五层，月设厨会[1]数千人。

司马公曰：老、庄欲同死生，轻去就。而为神仙者，服饵修炼，以求轻举[2]，炼草石为金银，其为术正相戾[3]矣。是以刘歆《七略》叙道家为诸子，神仙为方技。其后复有符水、禁咒之术，至谦之遂合而为一，至今循之，其讹甚矣。浩不喜佛、老而信谦之之言，何哉？

康熙御批：崔浩研精经术，练习政事，洵[4]魏臣之杰出者。其不信佛法，尤度越时俗，卓然高蹈[5]，何乃师受道士之术，而崇奉尊礼之？且上其书以蛊惑君心，得罪名教[6]不浅。

甲子（公元424年）

宋景平二年。太祖文帝义隆元嘉元年。魏世祖太武帝焘始光元年。

春，正月，宋废其庐陵王义真为庶人宋主义符居丧无礼，好与左右狎昵，游戏无度。特进致仕范泰上书谏之，不听。泰，宁之子也。庐陵王义真警悟[7]好文，而性轻易，与谢灵运、颜延之、慧琳道人情好款密[8]。尝云："得志之日，以灵运、延之为宰相，慧琳为西豫州[9]都督。"灵运，玄之孙也，性褊傲[10]，不遵法度，自谓才能宜参权要，常怀愤邑。延之，含之曾孙也，嗜酒放纵。徐羡之等恶义真与两人游。义真故吏范晏从容戒之，义真曰："灵运空疏[11]，延之隘薄[12]，魏文帝所谓'古今文人类不护细行[13]'者也。但性情所得，未能忘言于悟

---

1 厨会：又叫饭贤，道教徒的聚餐。
2 轻举：飞升，登仙。
3 相戾：前后矛盾，相违背。
4 洵：实在，确实。
5 高蹈：远行。
6 名教：以正名定分为主的礼教。
7 警悟：机敏聪慧。
8 款密：亲密，亲切。
9 西豫州：古州名，辖今河南省息县、淮滨一带。
10 褊傲：气量狭小，性情傲慢。
11 空疏：放纵散漫。
12 隘薄：浅薄。
13 不护细行：不注意小节。

赏[1]耳。"于是羡之等以为灵运、延之构扇[2]异同，非毁执政，皆出为郡守。始，义真至历阳，多所求索[3]，执政每裁量[4]不尽与。义真怨之，表求还都。参军何尚之屡谏，不听。时羡之等已密谋废宋主，而次立者[5]应在义真。乃因义真与宋主有隙，先奏列其罪恶，废为庶人，徙新安郡。前吉阳[6]令张约之上疏曰："庐陵王少蒙先皇优慈[7]之遇，长受陛下睦爱[8]之恩，故在心必言，容[9]犯臣子之道。宜在容养，录善掩瑕，训尽义方，进退以渐[10]。今猥加剥辱[11]，幽徙[12]边郡，上伤陛下常棣之笃，下令远近怔然失图[13]。臣伏思大宋开基造次，根条未繁，宜广树藩戚，敦睦以道。人谁无过？贵能自新。以武皇之爱子，陛下之懿弟[14]，岂可以其一眚，长致沦弃[15]哉？"书奏，见杀。

　　夏，五月，宋徐羡之、傅亮、谢晦废其主义符为营阳王，迁于吴。六月，弑之。迎宜都王义隆于江陵，杀前庐陵王义真。以谢晦行都督荆、湘等州军事羡之等将废义符，以檀道济先朝旧将，威服殿省，乃召道济及江州刺史王弘入朝，以谋告之。谢晦聚将士于府内，使中书舍人邢安泰、潘盛为内应。夜，邀道济同宿，晦悚动[16]不得眠，道济就寝便熟。时义符于华林园为列肆，亲自沽卖[17]。与左右即龙舟而寝。道济引兵入云龙门。安泰等先诚宿

1　悟赏：意气相投的人。
2　构扇：挑拨煽动。
3　求索：索取。
4　裁量：减少分量。
5　次立者：依照顺序，应当继位的人。
6　吉阳：古县名，治所位于今江西省吉安市永丰县东南，以在吉水之阳而名。
7　优慈：优待慈爱。
8　睦爱：友爱。
9　容：或许，也许。
10　宜在容养，录善掩瑕，训尽义方，进退以渐：应该对他宽容教养，发挥他的长处，宽恕他的缺点，以恰当的方法训戒引导，升、降都不应该过急。义方，行事应该遵守的规范和道理。
11　剥辱：革职之辱。
12　幽徙：囚禁迁徙。
13　怔然失图：怔然，惊恐的样子。失图，失去主意。
14　懿弟：品德美好的弟弟。
15　沦弃：沦落被放弃。
16　悚动：震动。
17　沽卖：出售。

卫，莫有御者。军士进杀二侍者，扶义符出，收玺绶。群臣拜辞，卫送故太子宫。侍中程道惠劝羡之等立南豫州刺史义恭。羡之等以宜都王义隆素有令望[1]，乃称皇太后令，数义符过恶，废为营阳王。以义隆纂承大统。迁义符于吴，使邢安泰就弑之。义符多力[2]，突走出昌门，追者以门关踏而弑之[3]。

裴子野曰：古者人君养子，能言而师授之辞，能行而傅相之礼[4]。宋之教诲，雅异于斯，居中则任仆妾，处外则近趋走[5]。帅、侍二职，皆台皂[6]也。制其行止，授其法则，导达臧否，罔弗由之[7]。言不及于礼义，识不达于今古，谨敕者能劝之以吝啬，狂愚[8]者或诱之以凶慝。虽有师傅，多以耆艾[9]大夫为之。友及文学，多以膏粱[10]年少为之，具位[11]而已，亦弗与游。幼王临州[12]，长史行事。宣传[13]教命，又有典签[14]。往往专恣，窃弄[15]威权，是以本枝虽茂，而端良甚寡。降及太宗，举天下而弃之，亦昵比之为[16]也。呜呼！有国有家，其鉴之矣。

傅亮率行台百官奉法驾迎义隆于江陵。尚书蔡廓谓曰："营阳在吴，宜厚加供奉。一旦不幸，卿诸人有弑主之名，欲立于世，将可得邪？"时亮已与羡

1　令望：美名。
2　多力：力大。
3　追者以门关踏而弑之：追兵用门闩捶击，将刘义符打翻在地杀死。门关，门闩。
4　傅相之礼：意为老师教他礼仪。
5　宋之教诲，雅异于斯，居中则任仆妾，处外则近趋走：南朝宋的皇家教育，一向与此不同，皇子在宫里的时候就交给奴仆婢女，在宫外则依靠左右跟班。雅，向来。趋走，奔走执役者。
6　台皂：台省中等级低下的臣仆。
7　导达臧否，罔弗由之：表达什么，如何评论，没有不是通过他们了解的。导达，表达。臧否，评论。
8　狂愚：狂妄愚昧。
9　耆艾：尊长，师长，亦泛指老年人。
10　膏粱：借指富贵人家及其后嗣。
11　具位：徒居官位，充数。
12　幼王临州：年幼做亲王，赴州就任。
13　宣传：宣布传达。
14　典签：古官名，本为处理文书的小吏，后朝廷常派以监视出任方镇的宗室诸王和各州刺史，权力甚大。
15　窃弄：盗用，玩弄。
16　昵比之为：亲近奸佞小人的行为。

之议害义符，乃驰信止之，不及。羡之大怒曰："与人共计议，如何旋背[1]即卖恶于人邪？"羡之等遣使杀义真。以荆州地重，恐义隆至，或别用人，乃亟以录命[2]除谢晦都督、刺史，欲令居外为援，精兵旧将，悉以配之。七月，行台至江陵，立行门[3]于城南，题曰"大司马门"。傅亮率百僚诣门上表，进玺绂。义隆时年十八，下教曰："猥以不德，谬降大命，顾已兢悸，何以克堪[4]？当暂归朝廷，展哀陵寝，并与贤彦[5]申写所怀。望体其心，勿为辞费[6]。"府州[7]佐史并称"臣"，请榜[8]诸门，一依宫省，义隆不许。教纲纪宥见刑，原逋责[9]。诸将佐闻二王死，皆疑不可东下。司马王华曰："先帝有大功于天下，四海所服。虽嗣主不纲[10]，人望未改。羡之中才、寒士，亮布衣、诸生，受寄崇重[11]，未容遽敢背德。畏庐陵严断[12]，将来必不自容。以殿下宽慈[13]，越次奉迎，冀以见德[14]。悠悠之论，殆必不然。又，此五人同功并位，孰肯相让？就[15]怀不轨，势必不行。废主若存，虑其将来受祸，致此杀害。盖由贪生[16]过深，不过欲握权自固，以少主仰待耳[17]。"义隆曰："卿复欲为宋昌邪？"长史王昙首、南蛮校尉到彦之皆劝行。乃命华留镇荆州，欲使彦之将兵前驱，彦之曰："了彼不反，便应朝服顺流[18]。若使有虞，此不足恃，更开嫌隙之端，非所以副远迩之望也。"会雍

1　旋背：转身，形容时间短促。
2　录命：以录尚书事的名义。
3　行门：行台的大门。
4　顾已兢悸，何以克堪：本来已经惶恐惊悸，怎么能够担负起如此大任。
5　贤彦：德才俱佳的人。
6　辞费：说废话，啰嗦。
7　府州：王府及荆州。
8　榜：公开张贴文书、告示。
9　教纲纪宥见刑，原逋责：命令各主簿宽恕已叛决的罪人，免除无力偿还的债务。纲纪，州郡主簿。
10　嗣主不纲：继位的君王违法乱纪。
11　受寄崇重：接受托孤的重任，享有崇高的地位。
12　严断：决断严明。
13　宽慈：宽厚慈爱。
14　见德：感恩，显现恩德。
15　就：即便，即使。
16　贪生：过分眷恋生命。
17　以少主仰待耳：奉立年轻的君主使自己得到重视而已。
18　了彼不反，便应朝服顺流：如果他们肯定不反，就应该穿上官服，顺流而下。

州刺史褚叔度卒，乃遣彦之权镇襄阳。义隆遂发江陵，引见傅亮，号泣，哀动左右。既而问义真及少帝薨、废本末[1]，悲哭呜咽，侍侧者莫能仰视。亮流汗，不能对，乃布腹心于到彦之、王华等，深自结纳。义隆以府、州文武自卫，台官[2]众力不得近部伍。参军朱容子抱刀处舟户外，不解带者累旬。

秋，秦攻凉，败之。

八月，宋主义隆立宜都王义隆至建康，群臣迎拜于新亭。徐羡之问傅亮曰：“王可方谁？”亮曰：“晋文、景以上人。”羡之曰：“必能明我赤心。”亮曰：“不然。”义隆谒初宁陵，还，止中堂。百官奉玺绶，义隆辞让数四乃受之，遂即位。大赦，谒太庙。复庐陵王先封[3]，迎其柩还建康。以行荆州刺史谢晦为真[4]。晦将行，问蔡廓曰：“吾其免乎？”廓曰：“卿受先帝顾命，任以社稷，废昏立明，义无不可。但杀人二兄而以之北面，挟震主之威，据上流之重，以古推今，自免为难。”晦始惧不得去，既发，喜曰：“今得脱矣。”徐羡之等进位有差。有司奏车驾依故事临华林园听讼。诏曰：“政、刑多所未悉，可如先者，二公推讯[5]。”乃以王昙首、王华为侍中，竟陵王义宣镇石头。羡之等欲遂以彦之为雍州，不许。征为中领军，委以戎政。彦之自襄阳南下，谢晦虑彦之不过己[6]。彦之至杨口[7]，步往江陵，深布诚款[8]。晦亦厚自结纳，由此大安。

柔然寇魏柔然纥升盖可汗闻魏太宗殂，将六万骑入云中，攻拔盛乐宫。魏主率轻骑讨之，三日二夜至云中。纥升盖引骑围之五十余重，骑逼马首，相次如堵[9]。将士大惧，魏主颜色自若，众情乃安。纥升盖弟子于陟斤为大将，魏人射杀之。纥升盖惧，遁去。

1　本末：始末，原委。
2　台官：泛指朝廷公卿。
3　先封：以前的封号。
4　为真：正式就任。
5　推讯：审问。
6　过己：到自己这里来。
7　杨口：古地名，位于今湖北省潜江市西北，为古杨水入沔水之口。
8　深布诚款：真挚地表达自己的诚意。诚款，忠诚，真诚。
9　骑逼马首，相次如堵：铁骑紧逼魏主拓跋焘的马首，依次排列，如同一堵墙。堵，墙。

冬，十一月，吐谷浑王阿柴卒，弟慕瞆立阿柴有子二十人。疾病，召诸子弟谓之曰："先公车骑，舍其子拾虔而授孤[1]。孤敢私于纬代，而忘先君之志乎？我死，汝曹当奉慕瞆为主。"纬代者，阿柴之长子。慕瞆者，阿柴之母弟，叔父乌纥提之子也。阿柴又命诸子各献一箭，取一箭授其弟慕利延，使折之。慕利延折之。又取十九箭使折之，不能折。阿柴乃谕之曰："汝曹知之乎？孤则易折，众则难摧。汝曹当戮力一心，然后可以保国宁家。"言终而卒。慕瞆亦有才略，抚纳秦、凉失业之民及氏、羌杂种至五六百落，部众转盛。

十二月，魏伐柔然，大获[2]。

宕昌朝贡于魏宕昌，羌之别种[3]也。羌地东接中国，西通西域，长数千里，各有酋帅，部落分地，不相统摄。而宕昌最强，有民二万余落，诸种畏之。

夏世子瑰杀其弟伦，伦兄昌讨瑰，杀之夏主将废太子瑰而立少子伦。瑰将兵伐伦，伦拒之，败死。伦兄昌袭瑰，杀之，并其众，归于统万。夏主大悦，立昌为太子。夏主好自矜大[4]，名其四门：东曰招魏，南曰朝宋，西曰服凉，北曰平朔。

乙丑（公元 425 年）

宋元嘉二年。魏始光二年。夏主赫连昌承光元年。

春，正月，宋主始亲听政徐羡之、傅亮上表归政，三上，许之。羡之仍逊位还第，徐珮之等并谓非宜，敦劝[5]甚苦，乃复奉诏视事。

二月，燕有女子化为男燕有女子化为男。燕主以问群臣。傅权对曰：

1　先公车骑，舍其子拾虔而授孤：上代可汗车骑将军树洛干为了汗国大业的发扬光大，不让他的儿子慕容拾虔继承汗位，而把汗位交给了我。
2　获：擒获俘虏，夺取敌方辎重。
3　别种：同一种族的分支。
4　矜大：骄傲自大。
5　敦劝：恳切地劝说。

"西汉之末，雌鸡化雄，犹有王莽之祸，况今女化为男，臣将为君之兆也。"

三月，**魏主尊保母**[1]**窦氏为保太后**魏主母密太后杜氏之姐也，太宗以窦氏慈良[2]，有操行，使保养之。窦氏抚视有恩，训导有礼，世祖德之，故加以尊号，奉养不异所生。

魏以长孙嵩为太尉，长孙翰为司徒，奚斤为司空。

夏，四月，秦袭凉于临松，败之。

魏遣使如宋始复通也。

六月，武都王杨盛卒，子玄立初，盛闻晋亡，不改义熙年号，谓世子玄曰："吾老矣，当终为晋臣。汝善事宋帝。"及卒，玄自称武都王，遣使告丧于宋，始用元嘉年号。宋因而封之。

秋，秦击黑水羌[3]**，破之。**

八月，夏主勃勃殂，世子昌立。

冬，十月，魏主伐柔然，走之魏大举伐柔然，五道并进。军至漠南，舍辎重，轻骑，赍十五日粮，渡漠击之。柔然大惊，绝迹北走。

丙寅（公元426年）

宋元嘉三年。魏始光三年。

春，正月，宋讨徐羡之、傅亮，杀之。以王弘为司徒、扬州刺史、录尚书事，彭城王义康都督荆、湘等州军事。谢晦举兵反江陵初，宋主在江陵，孔宁子为参军。及即位，以为步兵校尉，与侍中王华并有富贵之愿，疾徐羡之、傅亮专权，构之于宋主。宋主欲诛二人，并发兵讨谢晦，乃声言当伐魏，取河南。又言拜京陵，治行装舰[4]。处分异常，其谋颇泄。晦弟嚼驰使

1　保母：古代宫廷或贵族之家负责抚养子女的女妾。后泛称为人抚育、管领子女的妇女。
2　慈良：慈爱善良。
3　黑水羌：古西羌的一支，主要分布于今四川省阿坝藏族羌族自治州黑水县。
4　又言拜京陵，治行装舰：声称到京口的兴宁陵祭拜祖母孝懿皇后，整治行装，放到战舰上。

告晦，晦犹谓不然。江夏内史程道惠得寻阳人书，言"朝廷将有大处分，其事已审"，封以示晦。晦以问参军何承天，承天对曰："以王者之重，举天下以攻一州，大小既殊，逆顺又异。境外求全，上计也。以腹心屯义阳，将军率众战于夏口。若败，即趋义阳以出北境，其次也。"晦良久曰："荆州用武之地，兵粮易给，聊且¹决战，走复何晚！"乃使承天造立表檄²，又与参军颜邵谋举兵，邵饮药而死。晦立幡戒严，谓司马庾登之曰："今当自下，屈卿守城。"登之曰："亲老³在都，素无部众，情计⁴二三，不敢受旨。"晦仍问诸将佐："战士三千，足守城否？"周超对曰："非徒守城而已。若有外寇，可以立功。"登之因请解司马以授之。晦即命超为司马，而转登之为长史。宋主以王弘、檀道济始不预废、弑之谋，弘弟昙首又所亲委⁵，密使报弘，且召道济，欲使讨晦。王华等皆以为不可。宋主曰："道济止于胁从，本非创谋，杀害之事，又所不关。吾抚而使之，必将无虑。"道济至，乃下诏暴羡之、亮、晦杀二王之罪，命中领军到彦之、征北将军檀道济以时收斠⁶。又命雍州刺史刘粹等断其走伏⁷。是日，诏召羡之、亮。谢晦遣人报之，羡之走至新林⁸，自经死。亮出走被执，宋主使以诏书示之，亮曰："亮受先帝布衣之眷，遂蒙顾托。黜昏立明，社稷之计也。欲加之罪，其无辞乎？"于是伏诛。宋主问讨晦之策于檀道济，对曰："臣昔与晦同从北征，入关十策，晦有其九，才略明练，殆为少敌⁹。然未尝孤军决胜，戎事恐非其长。臣悉晦智，晦悉臣勇。今奉王命以讨之，可未陈¹⁰而擒也。"征王弘为侍中、司徒、录尚书事、扬州刺史，彭城王义康

1　聊且：姑且，暂时。
2　造立表檄：撰写表章檄文。造立，编写。
3　亲老：年老的双亲。
4　情计：考虑。
5　亲委：亲自委任。
6　收斠：逮捕并诛杀。
7　走伏：逃匿之路。
8　新林：古地名，又名新林港，位于今江苏省南京市西南。
9　才略明练，殆为少敌：才能和谋略明达纯熟，大约很少有敌手。明练，明达纯熟。
10　未陈：还没来得及摆开阵势。

为荆湘都督、荆州刺史。晦闻徐、傅等已诛，自出射堂[1]勒兵。数日间，四远投集[2]，得精兵三万。奉表称："羡之、亮等忠贞，横被冤酷[3]，皆王弘、王昙首、王华险躁[4]猜忌，谗构[5]成祸。今当举兵，以除君侧之恶。"

闰月，宋子劭生初，袁皇后生皇子劭，后自详视，使驰白宋主曰："此儿形貌异常，必破国亡家，不可举。"即欲杀之。宋主狼狈至后殿户外，禁之，乃止。以尚在谅暗，故秘之。至是始言劭生。

宋主自将讨谢晦。二月，杀之宋主下诏戒严，诸军进路[6]以讨谢晦。晦率众三万发江陵，列舟舰自江津至于破冢，旌旗蔽日，叹曰："恨不得以此为勤王之师。"晦欲遣兵袭湘州刺史张邵，何承天以邵兄茂度与晦善，曰："邵意趣[7]未可知，不宜遽击之。"晦以书招邵，不从。宋主发建康。谢晦下至江口[8]，到彦之已至彭城洲[9]。庾登之据巴陵，畏懦不敢进。会霖雨连日，参军刘和之曰："彼此有雨耳。东军方强，唯宜速战。"登之作大囊，贮茅悬于帆樯[10]，云可焚舰，宜须晴，以缓战期。晦然之，停军十五日。乃使孔延秀攻彭城洲及洲口栅，陷之。诸将欲还夏口，到彦之不可，乃保隐圻[11]。初，晦与徐、傅为自全之计，以为晦据上流，而道济镇广陵，各有强兵，羡之、亮居中秉权，可得持久。至是闻道济来，惶惧无计。道济既至，与彦之军合。晦始见舰数不多，不即出战。至晚，因风帆上，前后连咽[12]。西人离沮[13]，无复斗心，一时皆溃。晦夜还江陵。先是，宋主遣刘粹自陆道率步、骑袭江陵，周超逆战，破之。晦旧与

1　射堂：古时习射的场所。
2　四远投集：四远，四方。投集，投奔集合。
3　冤酷：无罪而加刑戮。
4　险躁：轻薄浮躁。
5　谗构：谗害构陷。
6　进路：上路出发。
7　意趣：意向。
8　江口：古地名，即西江口，位于今湖南省岳阳市北。
9　彭城洲：古地名，即彭城矶，位于今湖南省岳阳市东北，洞庭湖入江处。
10　帆樯：船上挂帆的桅杆。
11　隐圻：古地名，即隐矶，位于今湖南省岳阳市东北，长江南岸。
12　前后连咽：前后相连，塞满江面。
13　离沮：分崩离析，涣散。

粹善,又以其子旷之为参军。宋主疑之,王弘曰:"粹无私,必无忧也。"及受命南讨,一无所顾。晦亦不杀旷之,遣还粹所。俄而晦败问[1]至,超诣彦之降。晦众散略尽,乃携其弟遁等北走,为人所执,槛送[2]建康。何承天自归于彦之,彦之因监荆州府事。于是诛晦、嚼及其党孔延秀、周超等。晦女彭城王妃被发徒跣,与晦诀曰:"大丈夫当横尸战场,奈何狼藉都市[3]?"晦之走也,左右皆弃之,唯延陵盖追随不舍,宋主以盖为镇军功曹督护[4]。

三月,宋以谢灵运为秘书监,颜延之为中书侍郎宋主还建康,既征灵运、延之用之,又以慧琳善谈论,因与议朝廷大事,遂参权要,宾客辐凑,四方赠赂[5]相系。琳着高屐[6],披貂袭,置通呈、书佐[7]。会稽孔觊曰:"遂有黑衣宰相[8],可谓冠屦失所[9]矣!"

夏,五月,宋以檀道济为江州刺史,到彦之为南豫州刺史。

宋遣使巡行郡县遣散骑常侍袁渝等十六人分行诸州郡县,观察吏政[10],访求民隐。又使郡县各言损益。

宋主亲临听讼宋主临延贤堂听讼,自是每岁三讯[11]。左仆射王敬弘性恬淡,有重名。关署[12]文案,初不省读[13]。尝预听讼,宋主问以疑狱,敬弘不对。宋主变色,问左右:"何故不以讯牒副[14]仆射?"敬弘曰:"臣乃得讯牒读之,正自不解。"宋主甚不悦,虽加礼敬,不复以时务及之。

---

1 败问:失败的消息。
2 槛送:以囚车押送。
3 狼藉都市:行为不法,以致在都城的集市上被斩首。狼藉,喻行为不检,名声不好。
4 镇军功曹督护:镇军,镇军大将军的简称。功曹督护,古官名,将军府属官,不领兵。
5 赠赂:赠送礼物。
6 高屐:高底木屐。
7 通呈、书佐:通呈,掌管宾客往来、联络事务的人。书佐,主办文书的佐吏。
8 黑衣宰相:指穿着黑袍的慧琳,担任宰相。
9 冠屦失所:衣冠之士没有地位了。
10 吏政:官吏的政绩。
11 每岁三讯:每年三次听审。
12 关署:签署批复。
13 省读:阅读。
14 讯牒副:把审问笔录的副本送给。讯牒,审问的笔录。副,副本。

六月，宋以王华、王昙首、殷景仁、刘湛为侍中，谢弘微为黄门侍郎王华以王弘辅政，王昙首为宋主所亲任，与己相埒，自谓力用不尽，每叹息曰："宰相顿[1]有数人，天下何由得治？"是时宰相无常官，唯人主所与议论政事、委以机密者，皆宰相也。亦有任侍中而不为宰相者，然尚书令、仆，中书监、令，侍中，侍郎，给事中，皆当时要官[2]也。华与刘湛、王昙首、殷景仁俱为侍中，风力局干，冠冕一时[3]。黄门侍郎谢弘微与华等皆宋主所重，当时号曰"五臣"。弘微精神端审[4]，时然后言，婢仆之前不妄语笑。由是尊卑小大，敬之若神。从叔[5]混特重之，常曰："微子异不伤物，同不害正[6]，吾无间[7]然。"初，混尚晋晋陵公主。混死，诏绝婚。公主悉以家事委弘微。混仍世[8]宰辅，僮仆千人，唯有二女，年数岁。弘微为之纪理[9]生业，一钱尺帛，皆有文簿。九年而晋亡，公主降号东乡君，听还谢氏。入门，室宇[10]仓廪，不异平日，田畴垦辟[11]，有加于旧。东乡君叹曰："仆射平生重此子，可谓知人。仆射为不亡矣。"亲旧见者，为之流涕。及东乡君卒，公私咸谓赀财[12]宜归二女，田宅僮役[13]应属弘微。弘微一无所取，自以私禄葬东乡君。混女夫殷睿好樗蒲，夺其妻妹及伯母、两姑之分以还戏责[14]，内人[15]皆化弘微之让，一无所争。或讥之曰："谢氏累世财产，充殷君一朝戏责，卿视而不言，譬弃物江海以为廉耳。"弘

1　顿：突然。
2　要官：显要的职务，重要的官职。
3　风力局干，冠冕一时：气概与魄力，度量和才干，冠绝一时。
4　端审：稳重谨慎。
5　从叔：堂房叔父。
6　微子异不伤物，同不害正：谢弘微这人，与别人相异时不会伤害别人，与别人相同时也不会违背正道。
7　无间：无可非议，无懈可击。
8　仍世：累世，历代。
9　纪理：经纪，管理。
10　室宇：房舍，屋宇。
11　垦辟：开垦。
12　赀财：钱财。
13　僮役：仆役。
14　戏责：赌债。
15　内人：本家族的人。

微曰："亲戚争财，为鄙[1]之甚。今内人尚能无言，岂可导之使争乎？分多共少，不至有乏，身死之后，岂复见关[2]也？"宋主欲封王昙首、王华等，拊御床曰："此坐非卿兄弟，无复今日。"因出封诏示之。昙首固辞曰："近日之事，赖陛下英明，罪人斯得，臣等岂可因国之灾以为身幸？"乃止。

宋遣使如魏。

秋，秦攻凉，夏袭秦苑川，秦师还。

宋大旱，蝗。

冬，十月，魏主自将攻夏魏主问公卿："今当用兵，赫连、蠕蠕[3]二国何先？"长孙嵩等皆曰："赫连土著[4]，未能为患。不如先伐蠕蠕，若追而及之，可以大获。不及，则猎于阴山，取其禽兽皮、角以充军实。"太常崔浩曰："蠕蠕鸟集兽逃[5]，举大众追之则不能及，轻兵追之又不足以制敌。赫连氏土地不过千里，政刑[6]残虐，人神所弃，宜先伐之。"魏主亦闻夏世祖殂，诸子相图，国人不安，欲伐之。嵩等曰："彼若城守，以逸待劳，大檀[7]闻之，乘虚入寇，此危道也。"浩曰："往年以来，荧惑再守羽林，钩己[8]而行，其占秦亡。今年五星并出东方，利于西伐。天人相应，不可失也。"于是遣奚斤袭蒲阪，周几袭陕城，以薛谨为向导。魏主欲以李顺总前驱之兵，崔浩曰："顺诚有筹略，然其为人，果于去就，不可专委[9]。"乃止。浩与顺由是有隙。

十一月，夏攻秦，入枹罕。

魏主入统万，别将取蒲阪及长安魏主行至君子津[10]，会天暴寒，冰合，

---

1 鄙：品质恶劣。
2 岂复见关：哪里还去管他。
3 赫连、蠕蠕：赫连，即大夏。蠕蠕，即柔然。
4 土著：世代居住的本地人。
5 鸟集兽逃：来的时候，象飞鸟一样霎时集结；去的时候，也象野兽一样霎时逃散。
6 政刑：政令和刑罚。
7 大檀：即柔然汗国的纥升盖可汗郁久闾大檀。
8 钩己：谓星体去而复来，环行如钩，呈"己"字状。
9 专委：委任他担任要职。
10 君子津：古渡口名，位于今内蒙古呼和浩特市托克托县南河口镇附近，一说位于今呼和浩特市清水河县西北喇嘛湾南，自汉以来为黄河重要渡口。

率轻骑济河袭统万。夏主方宴群臣，魏师奄至，上下惊扰。夏主出战而败，退走入城。门未及闭，魏豆代田率众乘胜入西宫，焚其西门。宫门闭，代田逾垣而出。魏分兵四掠，杀获数万。魏主谓诸将曰："统万未可得也，他年当与卿等取之。"乃徙其民万余家而还。夏弘农太守不战而走，魏周几乘胜长驱，遂入三辅。蒲阪守将弃城奔长安，奚斤遂克蒲阪。夏主之弟助兴自长安奔安定。十二月，斤入长安，秦、雍氏、羌皆降。河西王蒙逊及氏王杨玄闻之，皆遣使附魏。

魏罢漏户¹缯，以属郡县魏初得中原，民多逃隐²。天兴³中，诏采诸漏户，令输缯帛，不隶郡县，赋役⁴不均。是岁始诏罢之，以属郡县。

丁卯（公元427年）

宋元嘉四年。魏始光四年。

春，正月，魏主还平城魏主还平城。统万徙民道多死，能至平城者什才六七。夏平原公定率众向长安。魏主闻之，伐木阴山，大造攻具，再谋伐夏。

宋主谒京陵初，高祖命藏微时耕具以示子孙。宋主至故宫，见，有惭色。近侍或进曰："大舜躬耕历山⁵，伯禹亲事水土。陛下不睹遗物，安知先帝之至德，稼穑之艰难乎？"

夏，四月，魏遣使如宋。

宋前交州刺史杜弘文卒弘文有疾，被征，自舆就路⁶。或劝之待病愈，弘文曰："吾杖节三世，常欲投躯帝庭⁷，况被征乎？"遂行，卒于广州。弘文，慧度之子也。

1　漏户：古代因逃避赋役而流亡外地的人户统称。
2　逃隐：逃避隐匿。
3　天兴：北魏道武帝拓跋珪的年号，存续时间为公元398至404年。
4　赋役：赋税和徭役。
5　历山：古山名，即今山东省济南市南郊千佛山。
6　自舆就路：亲自备车上路。
7　帝庭：宫廷，朝廷。

　　五月，**魏主发平城**魏奚斤与夏平原公定相持于长安。魏主欲乘虚伐统万。五月，发平城，命将军陆俟督诸军镇大碛以备柔然。魏主至拔邻山[1]，筑城，舍辎重，以轻骑三万，倍道先行。群臣咸谏曰："统万城坚，非朝夕可拔，不若与步兵、攻具一时俱往。"魏主曰："用兵之术，攻城最下。必不得已，然后用之。今以步兵、攻具皆进，彼必惧而坚守。若攻不时拔[2]，食尽兵疲，外无所掠，进退无地。不如以轻骑直抵其城，彼见步兵未至，意必宽弛[3]。吾羸形[4]以诱之，彼或出战，则成擒矣。吾军去家二千余里，又隔大河，所谓'置之死地而后生'者也。以攻城则不足，决战则有余矣。"遂行。

　　宋中护军王华卒。

　　六月朔，日食。

　　夏主及魏主战于统万，败走上邽，魏取统万魏主至统万，分军伏于深谷，以少众至城下。夏将狄子玉降，言："夏主闻有魏师，召平原公定，定曰：'统万坚峻[5]，未易攻拔。待我擒奚斤，然后徐往。内外击之，蔑不济矣。'故夏主坚守以待之。"魏主患之，乃退军以示弱，遣娥清及永昌王健西掠居民。魏军士有亡奔夏者，言魏军粮尽，辎重在后，步兵未至，宜急击之。夏主从之，将步、骑三万出城。长孙辅等皆言："夏兵步阵难陷，宜避其锋。"魏主曰："远来求贼，唯恐不出。今既出矣，乃避而不击，彼奋我弱，非计也。"遂收众伪遁，引而疲之。夏兵为两翼，鼓噪追之，行五六里，会有风雨从东南来，扬沙晦冥。宦者赵倪曰："今风雨从贼上来，我向彼背，天不助人。愿摄骑[6]避之。"崔浩叱之曰："是何言也？吾千里制胜，一日之中，岂得变易？贼贪进不止，后军已绝，宜隐军分出，掩击不意。风道[7]在人，岂有常也？"魏主曰：

1　拔邻山：古山名，位于今内蒙古鄂尔多斯市东胜区西南，一说位于今内蒙古鄂尔多斯市准格尔旗境。
2　时拔：及时攻下。
3　宽弛：放松，松弛。
4　羸形：形体瘦弱。
5　坚峻：坚固而高峻。
6　摄骑：统领骑兵。摄，管辖，统领。
7　风道：行事的方式。

"善。"乃分骑为左右队以掎之。魏主马蹶[1]而坠，几为夏兵所获。拓跋齐以身捍蔽，魏主腾马得上，身中流矢，奋击不辍，夏众大溃。魏人乘胜逐夏主至城北，夏主遂奔上邽。魏主微服逐奔者，入其城。夏人觉之，诸门悉闭。魏主与齐等入其宫中，得妇人裙，系之槊上，乘之而上，仅乃得免。明日入城，获夏王公、卿校及妇女以万数，马三十余万匹，牛羊数千万头，府库珍宝、车旗、器物不可胜计，颁赐将士有差。初，夏世祖性豪侈，筑统万城，高十仞，基厚三十步，上广十步，宫墙高五仞，其坚可以厉[2]刀斧。台榭壮大[3]，皆雕镂[4]图画，被以锦绣。魏主曰："蕞尔国而用民如此，欲不亡，得乎？"纳夏世祖三女为贵人。夏平原公定闻统万破，奔上邽。魏主诏奚斤等班师。斤言："赫连昌亡保上邽，鸠合余烬[5]，今因其危，灭之为易。请益铠马，平昌而还。"不许。固请，许之，给兵万人，马三千匹，并留娥清、丘堆使共击夏。魏主还，以常山王素为征南大将军、假节，镇统万。

秦遣使入贡于魏。

秋，八月，魏主还平城魏主壮健鸷勇[6]，临城对阵，亲犯矢石，左右死伤相继，神色自若。由是将士畏服，咸尽死力。性俭率[7]，服膳取给而已。群臣请峻[8]京城、修宫室，曰："此《易》所谓'设险守国'，萧何所谓'天子以四海为家，不壮不丽，无以重威'者也。"魏主曰："古人有言：'在德不在险。'屈丐蒸土筑城[9]而朕灭之，岂在城也？今天下未平，方须民力，土功之事，朕所未为。萧何之对，非雅言也。"每以为财者，军国之本，不可轻费。赏赐皆

1　蹶：倒下，跌倒。
2　厉：通"砺"，磨。
3　台榭壮大：台榭，台和榭，亦泛指楼台等建筑物。壮大，庞大，宏伟。
4　雕镂：雕刻。
5　鸠合余烬：鸠合，聚集，纠合。余烬，比喻残余兵卒，残存者。
6　鸷勇：勇猛。
7　俭率：俭朴。
8　峻：增高，加高。
9　蒸土筑城：古代为了让城墙更坚固而采用的修筑方法，把白石灰、白粘土、沙土加水搅拌，进行注灌。在这一过程中，生石灰遇水起化学反应而沸腾，产生烟雾水汽，远望以为在蒸土。

死事勋绩[1]之家，亲戚贵宠未尝横有所及。命将出师，指授[2]节度，违者多致负败[3]。明于知人，或拔士于卒伍之中，唯其才用所长，不论本末。听察精敏[4]，下无遁情[5]，赏不遗贱，罚不避贵，虽所甚爱之人，终无宽假。常曰："法者，朕与天下共之，何敢轻也？"然性残忍，果于杀戮，往往已杀而复悔之。

夏安定降魏。

冬，十一月，魏封杨玄为南秦王十一月，魏主遣公孙轨奉策拜杨玄为南秦王。及境，玄不出迎。轨让之，欲奉以还。玄惧，乃出郊迎。

晋征士[6]陶潜卒潜字渊明，寻阳人，侃之曾孙也。少有高趣[7]，博学不群，以亲老家贫，为州祭酒[8]。少日，自解[9]归。召主簿，不就。躬耕自资[10]，遂抱羸疾。后复为彭泽令，不以家自随。送一力给其子[11]，书曰："此亦人子也，可善遇之。"在官八十余日，郡遣督邮至，县吏请曰："应束带[12]见之。"潜叹曰："我岂能为五斗米，折腰向乡里小儿？"即日解印绶去。赋《归去来辞》，著《五柳先生传》以自见[13]。征著作郎，不就。妻翟氏亦与同志，能安勤苦。夫耕于前，妻锄于后。潜自以先世为晋宰辅，耻复屈身后代。自宋高祖王业渐隆，不复肯仕。是岁将复征之，会[14]卒，世号靖节先生。

1　死事勋绩：死事，为国事而死。勋绩，功勋，功绩。
2　指授：指示。
3　负败：失败，受挫折。
4　精敏：精细敏捷。
5　遁情：隐情。
6　征士：不就朝廷征辟的士人。
7　高趣：高雅的志趣。
8　州祭酒：古官名，州里的学官。
9　自解：自请解职。
10　自资：自谋生计，自给。
11　送一力给其子：送一个仆人给他的儿子。一力，一个仆人。
12　束带：整饰衣冠，表示端庄。
13　自见：自我表白，显露自己。
14　会：恰巧，正好。

卷

二十五

　　起戊辰宋文帝元嘉五年、魏太武神䴥元年，尽庚寅¹宋文帝元嘉二十七年、魏太武帝太平真君十一年凡二十三年。

戊辰（公元 428 年）

　　宋元嘉五年。魏神䴥元年。西秦王乞伏暮末永弘元年。北凉承玄元年。夏主赫连定胜光元年。

　　春，二月，魏人及夏战于上邽，执其主昌以归。夏赫连定称帝于平凉，魏人追之，败绩。夏复取长安魏将军尉眷攻上邽，夏主退屯平凉。奚斤进军安定，与丘堆、娥清军合。斤以马疫粮少，深垒²自固。遣堆行督租³，士卒暴掠，不设儆备⁴。夏主袭之，堆败还城。夏主乘胜，日来抄掠，不得刍牧，诸将患之。监军、侍御史安颉曰："受诏灭贼，今更为贼所困。若不为贼杀，当坐法诛，进退皆无生理⁵，而诸王公晏然曾不为计乎？"斤曰："今以步击骑，必无胜理，当须京师救骑至，合击之。"颉曰："今猛寇游逸于外，吾兵疲食尽，不一决战，则死在旦夕，救骑何可待乎？等死，死战⁶不亦可乎？"斤又以马少为辞。颉曰："今敛诸将所乘，可二百匹，颉请募死士击之。就不能破敌，亦可以折其锐。且赫连昌狷而无谋，好勇而轻⁷，每自出挑战，众皆识之。若伏兵掩击，昌可擒也。"斤犹难之。颉乃阴与尉眷等谋，选骑待之。既而夏主来攻城，颉出应之。夏主自出搏战，军士争赴之。夏主败走，颉追擒之。夏平原王定收其余众，奔还平凉，即位。昌至平城，魏主以妹妻之，赐爵会稽公。颉赐爵西平公，眷进爵渔阳公。奚斤以昌为偏裨⁸所擒，深耻之。乃舍辎重，赍三日粮，追夏主于平凉。娥清欲循水而往，斤不从，自北道邀其走路。

1　庚寅：即公元 450 年。
2　深垒：筑高墙，谓构筑牢固的工事以自守。
3　督租：督促征缴租税。
4　儆备：警戒防备。
5　生理：生存的希望。
6　死战：拼死战斗。
7　轻：轻率，不稳重。
8　偏裨：佐助大将的将领，亦称副将。

夏军将遁，会魏小将有罪亡归夏，告以魏军食少，无水。夏主乃分兵夹击之，魏兵大溃，斤、清皆为所擒，士卒死者六七千人。丘堆弃辎重奔长安，与高凉王礼偕奔蒲坂。夏人复取长安。魏主大怒，命安颉斩丘堆，代将其众，镇蒲坂以拒之。昌后竟以谋叛见杀。

夏，五月，秦王乞伏炽磐卒，世子暮末立。

六月，宋以王弘为卫将军，开府，仪同三司光禄大夫范泰说弘曰："天下事重，权要难居。卿兄弟盛满，当存降挹。"弘纳其言，固请逊位，不许，故有是命。

凉侵秦。秋，秦及凉平初，西秦文昭王疾病，谓暮末曰："吾死之后，汝能保境则善矣。沮渠成都，蒙逊所重，汝宜归之。"至是北凉因秦丧而伐之，攻乐都，克其外城。暮末遣使许归成都以求和，蒙逊引兵还，遣使入秦吊祭。暮末厚资送成都，遣将军王伐送之。蒙逊疑之，伏兵执伐以归。既而遣还，并遗暮末甚厚。

冬，十一月朔，日食。

凉复攻秦。

己巳（公元429年）

宋元嘉六年。魏神麚二年。

春，正月，宋以彭城王义康为司徒、录尚书事，江夏王义恭都督荆、湘等州军事王弘乞解州、录[1]以授义康，宋主不许，而以义康为司徒、录尚书事，领南徐州[2]刺史，与弘共辅朝政。弘既多疾，且欲远权[3]，由是义康专总内外之务。以义恭为荆州刺史，督八州；刘湛为南蛮校尉，行府州事。宋

1　州、录：即扬州刺史、录尚书事的职务。
2　南徐州：古州名，辖今江苏省长江以南，南京市东北部及丹阳、宜兴等县以东，无锡以北地区。
3　远权：远离权力。

主与义恭书，诫之曰："天下艰难，家国事重，虽曰守成，实亦未易。隆替[1]安危，在吾曹[2]耳，岂可不感寻王业，大惧负荷[3]？汝性褊急[4]，志之所滞，其欲必行。意所不存，从物回改[5]。此最弊事，宜念裁抑。卫青遇士大夫以礼，与小人有恩。西门、安于，矫性齐美[6]。关羽、张飞，任偏同弊[7]。行己举事，深宜鉴此。若事异今日，嗣子幼蒙[8]，司徒当周公之事，汝不可不尽祗顺[9]之理。尔时天下安危，决汝二人耳。汝一月自用钱不可过三十万，府舍不须改作。讯狱虚怀博尽[10]，慎无以喜怒加人。能择善者而从之，美自归己。不可专意自决，以矜独断之明也。名器深宜慎惜[11]，爵赐尤应裁量。吾于左右虽为少恩，如闻外论，不以为非也。以贵凌物，物不服；以威加人，人不厌[12]。声乐嬉游[13]，不宜令过。蒲酒[14]渔猎，一切勿为。供用奉身，皆有节度；奇服异器，不宜兴长[15]。又宜数引见佐史，相见不数，则彼我不亲。不亲，无因得尽人情。人情不尽，复何由知众事也？"义康欲得扬州，形于辞旨[16]。以王昙首居中，为宋主所亲委，愈不悦，谓人曰："王公久病不起，神州讵[17]宜卧治？"昙首劝弘减府中文武之半以授义康，宋主听割二千人，义康乃悦。

丁零降魏。

三月，宋立子劭为太子。

宋以殷景仁为中领军宋主以章太后早亡，奉太后所生苏氏甚谨。苏氏卒，宋主临哭，欲追加封爵，使群臣议之，景仁以为古典[1]无之，乃止。

秦杀其尚书辛进进尝从文昭王游陵霄观，弹飞鸟，误中秦王暮末之母，伤其面。至是暮末杀进，并其五族[2]二十七人。

夏，四月，魏主伐柔然魏主将击柔然，群臣皆不欲行，独崔浩劝之。尚书令刘絜等共推太史令张渊、徐辩，使言曰："今兹己巳，三阴[3]之岁，岁星袭月，太白在西方，不可举兵。北伐必败，虽克，不利于上。"浩曰："阳为德，阴为刑。故日食修德，月食修刑。今出兵讨罪，以修刑也。比年以来，月行掩昴[4]，其占，三年天子大破旄头[5]之国。蠕蠕、高车，旄头之众也。愿陛下勿疑。"渊、辩曰："蠕蠕，荒外无用之物，得其地不可耕而食，得其民不可臣而使，有何汲汲，而劳士马以伐之？"浩曰："渊、辩言天道，犹是其职；至于人事，非其所知。此乃汉世常谈，施之于今，殊不合事宜。何则？蠕蠕本国家边臣，中间叛去，今诛其元恶，收其良民，令复旧役，非无用也。"魏主大悦。既罢，公卿或尤浩曰："南寇伺隙，而舍之北伐，若蠕蠕远遁，前无所获，后有强寇，将何以待之？"浩曰："不然。今不先破蠕蠕，则无以待南寇。南人闻国家克统万，内怀恐惧，故扬声动众以卫淮北。比吾破蠕蠕，往还之间，南寇必不敢动。且彼步我骑，彼能北来，我亦南往。在彼甚困，于我未劳。况南北殊俗，水陆异宜，与之河南，亦不能守。以刘裕之雄杰，吞并关中，留其爱子，辅以良将，精兵数万，犹不能守，况义隆今日君臣，非裕时之比。主上英武，士马精强，彼若果来，如以驹犊[6]斗虎狼，何惧之有？蠕蠕恃其绝远，

1　古典：古代的典章制度。
2　五族：五服（斩衰、齐衰、大功、小功、缌麻）内的亲族。
3　三阴：三阴爻，合之则为坤卦，亦象盛阴之气。
4　月行掩昴：月亮运行遮盖昴星。
5　旄头：即昴星、昴宿，二十八宿之一，白虎七宿的第四宿，又名髦头。
6　驹犊：小马与小牛，亦泛指幼畜。

谓国家力不能制，夏则散众放畜[1]，秋肥乃聚，背寒向温，南来寇钞。今掩其不备，必望尘骇散[2]。牡马护牝，牝马恋驹[3]，驱驰难制，不得水草，不过数日，必聚而困弊，可一举而灭也。暂劳永逸，时不可失。"寇谦之谓浩曰："蠕蠕果可克乎？"浩曰："必克。但恐诸将琐琐[4]，前后顾虑，不能乘胜深入，使不全举耳。"先是，宋主因魏使还，告魏主曰："汝趣归[5]我河南地，不然，将尽我将士之力。"魏主闻之大笑，谓公卿曰："龟鳖小竖，夫何能为？就使能来，若不先灭蠕蠕，乃是坐待寇至，腹背受敌，非良策也。吾行决矣。"遂发平城。

五月朔，日食。

宋以王敬弘为光禄大夫初，宋主以敬弘为尚书令，敬弘固让，表求还东，故有是命。

凉及吐谷浑侵秦，秦败之，获凉世子兴国。

柔然纥升盖可汗大檀出走，魏主追至涿邪山。秋，七月，引还。大檀死，子敕连可汗吴提立魏主至漠南，舍辎重，率轻骑兼马[6]袭击柔然，至栗水[7]。柔然纥升盖可汗先不设备，遂烧庐舍，绝迹西走。部落四散。魏主分军搜讨[8]，东西五千里，南北三千里，俘、斩甚众。高车诸部乘势抄掠，柔然种类[9]前后降魏者三十余万落，获戎马百余万匹，畜产、车庐亡虑数百万[10]。魏主循弱水[11]西行，至涿邪山，诸将虑有伏兵，寇谦之以崔浩之言告魏主，不从。引兵还至黑山[12]，尽以所获颁将士。既得降人言："可汗被病[13]，以车自载，入南山。

1　放畜：放牧。
2　骇散：害怕逃散。
3　牡马护牝，牝马恋驹：公马护着母马，母马恋着小马。
4　琐琐：形容疑虑不定。
5　趣归：催促归还。
6　兼马：两匹马，即每一骑兼有副马。
7　栗水：古水名，即今蒙古国中南部翁金河。
8　搜讨：搜索讨伐。
9　种类：种族。
10　畜产、车庐亡虑数百万：牲畜、车辆帐篷，大约有几百万之多。亡虑，大略，大约。
11　弱水：古水名，即今蒙古国西部鄂尔浑河支流土拉河。
12　黑山：古山名，即今内蒙古西部大青山的一支。
13　被病：疾病缠身。

民畜窘聚[1]，方六十里无人统领，相去百八十里，追兵不至，乃徐西遁。若复前行二日，则尽灭之矣。"魏主深悔之。纥升盖可汗愤悒[2]而卒，子吴提立，号敕连可汗。

武都王杨玄卒，弟难当废其子保宗而自立。

八月，魏遣兵击高车，降之魏主至漠南，闻高车东部屯巳尼陂[3]，人畜甚众，去魏军千余里。遣左仆射安原将万骑击之，高车诸部迎降[4]者数十万落，获马、牛、羊百余万。十月，魏主还平城。徙柔然、高车降民于漠南，东至濡源，西暨五原阴山，三千里中，使之耕牧而收其贡赋[5]。命长孙翰、刘絜、安原及侍中古弼同镇抚之。自是魏之民间马、牛、羊及毡皮为之价贱。

冬，十月，魏以崔浩为抚军大将军魏主加崔浩侍中、特进、抚军大将军，以赏其谋划之功。浩善占天文，常置铜铤酢器中[6]，夜有所见，即以铤画纸作字记之。魏主每如浩家，问以灾异，或仓猝不及束带。奉进疏食，魏主必为之举箸[7]，或立尝而还。尝谓浩曰："卿才智渊博，著忠三世[8]，故朕引以自近。卿宜尽忠规谏，勿有所隐。朕虽或时忿恚，不从卿言，然终久深思卿言也。"尝指浩以示高车渠帅[9]曰："此人尫纤[10]懦弱，不能弯弓持矛，然其胸中所怀，乃过于兵甲。朕之前后有功，皆此人所教也。"又敕尚书曰："军国大计，汝曹所不能决者，皆当咨浩，然后施行。"

十一月朔，日食，星昼见。秦地震日食不尽如钩，星昼见，至哺。河

1　窘聚：挤在一起。
2　愤悒：愤恨忧郁。
3　巳尼陂：古湖名，即今俄罗斯贝加尔湖。
4　迎降：迎接并投降对方。
5　贡赋：土贡和赋税。
6　常置铜铤酢器中：常常把铜矿石放到盛着醋的器皿中。铜铤，铜矿石。酢器，盛着醋的器皿。
7　举箸：拿起筷子。
8　著忠三世：忠心耿耿地辅佐了三代君王。
9　渠帅：首领。
10　尫纤：瘦小。

北地暗¹。秦地震，野草皆自反²。

庚午（公元 430 年）

宋元嘉七年。魏神䴥三年。

春，三月，宋遣将军到彦之等伐魏宋主有恢复河南之志，诏简甲卒五万，给右将军到彦之，统将军王仲德、竺灵秀舟师入河，又使将军段宏将精骑直指虎牢，刘德武将兵继进，长沙王义欣监征讨诸军事，出镇彭城，为众军声援。先遣将军田奇告魏主曰："河南旧是宋土，中为彼所侵，今当修复旧境，不关河北。"魏主大怒曰："我生发未燥³，已闻河南是我地。必若进军，当权敛戍⁴相避，冬寒冰合，自更取之。"

魏敕勒⁵叛，击灭之魏有新徙敕勒千余家，苦将吏侵渔，出怨言，期以草生亡归漠北。刘絜、安原请徙之河西，魏主曰："此曹习俗，放散日久，如圈中之鹿，急则奔突，缓之自定。吾区处⁶自有道，不烦徙也。"絜等固请，乃听之。敕勒皆惊曰："圈我于河西，欲杀我也。"遂叛走。絜追讨之，皆饿而死。

夏，六月，宋以杨难当为武都王。

秋，七月，魏河南诸军退屯河北。宋到彦之等取河南魏南边诸将表称："宋将入寇，请兵三万，先其未发，逆击之，以挫其锐。"因请悉诛河北流民在境上者，以绝其乡导。魏主使公卿议之，皆以为然。崔浩曰："不可。南方下湿⁷，入夏水潦，草木蒙密⁸，地气郁蒸⁹，易生疾厉¹⁰，不可行师。且彼既严备，城守必固。留屯久攻，则粮运不继；分军四掠，则众力单寡。以今击之，

1　河北地暗：黄河以北地区一片黑暗。
2　自反：根部朝天。
3　生发未燥：胎发未干，常用以指孩童之时。
4　敛戍：撤军。
5　敕勒：古族名，又称赤勒、高车、狄历、铁勒、丁零，最早生活在贝加尔湖附近。
6　区处：处理，筹划安排。
7　下湿：地势低而潮湿。
8　蒙密：茂密。
9　郁蒸：蒸腾。
10　疾厉：瘟疫。

未见其利。彼若果能北来，宜待其劳倦[1]，秋凉马肥，因敌取食，徐往击之，此万全之计也。西北守将，从陛下征伐，多获美女珍宝，牛马成群。南边诸将闻而慕之，亦欲南钞以取资财，皆营私[2]计，为国生事，不可从也。"魏主乃止。诸将复表，乞简幽州以南劲兵助己戍守，及就漳水造船。公卿皆以为宜如所请。仍署司马楚之、鲁轨、韩延之等为将帅，使招诱南人。浩曰："楚之等皆彼所畏忌[3]，今闻国家悉发精兵，大造舟舰，谓国家欲存立[4]司马氏，诛除刘宗。必举国震骇，悉发精锐，以死争之，则我南边诸将无以御之。欲以却敌而反速之，张虚声而召实害，此之谓矣。且楚之等皆纤利[5]小才，止能招合轻薄无赖而不能成大功，徒使国家兵连祸结而已。"魏主未以为然。浩乃复陈天时，以为南方举兵必不利，曰："今兹害气[6]在扬州，一也；庚午自刑[7]，先发者伤，二也；日食昼晦，宿值斗牛[8]，三也；荧惑伏于翼、轸[9]，主乱及丧，四也；太白未出，进兵者败，五也。夫兴国之君，先修人事，次尽地利，后观天时，故万举万全。今刘义隆新造之国，人事未洽。灾变屡见，天时不协。舟行水涸[10]，地利不尽。三者无一可，而义隆行之，必败无疑。"魏主不能违众，乃诏造船三千艘，简幽州以南戍兵[11]集河上，以司马楚之为安南大将军，封琅邪王，屯颍川。到彦之自淮入泗，泗水渗[12]，日行才十里，七月始至须昌[13]。乃溯河西上。魏主以

1　劳倦：疲劳，疲倦。
2　营私：谋求私利。
3　畏忌：畏惧和猜忌。
4　存立：使之生存，使之继续存在。
5　纤利：目光短浅、贪图小便宜。
6　害气：邪气，有害之气。
7　庚午自刑：庚午，本年按干支纪年为庚午。自刑，即辰刑辰，午刑午，酉刑酉，亥刑亥。十二地支中出现两次上述四个元素，如年支和日支都出现"午"，则命犯自刑，若无其他力量来化解，则容易出现自刑的局面，若有其他力量可化解，则减小或豁免自刑的力量。
8　日食昼晦，宿值斗牛：发生日食白天昏暗，太阳停留在斗宿、牛宿。
9　翼、轸：翼宿、轸宿。翼宿，古星宿名，二十八宿之一，南方朱鸟七宿第六宿。轸宿，古星宿名，二十八宿之一，南方七宿第七宿，居朱雀之尾。
10　涸：失去水而干枯。
11　戍兵：戍守边疆的士兵。
12　渗：水枯竭。
13　须昌：古县名，治所位于今山东省泰安市东平县须城镇西北。

河南四镇兵少，命悉众北渡。彦之留朱修之守滑台，尹冲守虎牢，杜骥守金墉，诸军进屯灵昌津，列守南岸，至于潼关。于是司、兖既平，诸军皆喜，王仲德独有忧色，曰："诸贤不谙[1]北土情伪，必堕其计。胡虏虽仁义不足，而凶狡有余，今敛戍北归，必并力完聚。若河冰既合，将复南来，岂可不以为忧乎？"

八月，魏遣将军安颉击宋师魏主遣安颉督护[2]诸军击到彦之。彦之遣姚耸夫渡河攻冶坂[3]，与颉战。耸夫兵败，死者甚众。

林邑入贡于宋。

九月，燕王冯跋卒，弟弘杀其太子翼而自立燕太祖寝疾，辇而临轩[4]，命太子翼摄国事，勒兵听政，以备非常。宋夫人欲立其子受居，谓翼曰："上疾将瘳，奈何遽欲代父乎？"翼性仁弱，遂还东宫，日三往省疾。宋夫人矫诏绝内外，遣阉寺传问[5]而已。翼及大臣并不得见，唯中给事[6]胡福独得出入，专掌禁卫。福虑宋夫人遂成其谋，乃言于中山公弘。弘与壮士数十人被甲入禁中，宿卫皆不战而散。夫人命闭东阁[7]，弘家僮[8]逾阁而入，射杀女御[9]，太祖惊惧而殂。弘遂即天王位，太子翼率东宫兵出战而败，兵皆溃去，弘遂杀翼及太祖诸子百余人。

魏主如统万夏主遣使求和于宋，约合兵灭魏，遥分河北：自恒山以东属宋，以西属夏。魏主闻之，治兵将伐夏。群臣咸曰："刘义隆兵犹在河中，舍之西行，前寇未可必克，而义隆乘虚济河，则失山东矣。"崔浩曰："义隆与赫连定遥相招引，以虚声唱和，莫敢先入。譬如连鸡，不得俱飞，无能为害。

1　谙：熟悉。
2　督护：监督。
3　冶坂：古地名，一作野坂，位于今河南省焦作市辖孟州市西南。
4　辇而临轩：乘辇车到前殿。临轩，皇帝不坐正殿而御前殿。殿前堂陛之间近檐处两边有槛楯，如车之轩，故称。
5　遣阉寺传问：派宦官传讯。阉寺，宦官。传问，传讯。
6　中给事：古官名，以宦官充任，为皇帝亲信，负责宫中与外朝的联系。
7　东阁：东向的小门。
8　家僮：对私家奴仆的统称。
9　女御：古代宫中女官名，掌后妃侍寝次序。

臣始谓义隆军来，当屯止河中，两道北上，东道向冀，西道冲邺，如此，则陛下当自讨之，不得徐行。今则不然。东西列兵径二千里，一处不过数千，形分势弱。此不过欲固河自守，无北渡意也。赫连定残根易摧，拟之必仆[1]。克定之后，东出潼关，席卷而前，则威震南极[2]，江淮以北，无立草矣。"魏主从之，遂如统万，谋袭平凉。

秦自正月不雨，至于是月。

冬，十月，宋铸四铢钱。

宋到彦之保东平。魏攻宋金墉、虎牢，取之宋到彦之、王仲德沿河置守，还保东平。魏安颉自委粟津[3]济河，攻金墉。杜骥欲弃城走，恐获罪。初，高祖灭秦，迁其钟虡于江南，有大钟没于洛水，帝使姚耸夫往取之。骥绐之曰："金墉修完[4]，粮食亦足，所乏者人耳。今虏骑南渡，相与并力御之。大功既立，牵钟[5]未晚。"耸夫从之。既至，见城不可守，乃引去，骥遂南遁。安颉拔洛阳，骥归，言于宋主曰："本欲以死固守，姚耸夫及城遽走，人情沮败，不可复禁。"宋主大怒，诛耸夫于寿阳。耸夫勇健，诸偏裨莫及也。颉与将军陆俟进攻虎牢，拔之。

秦迁保南安秦王暮末为北凉所逼，请迎于魏。魏许以平凉、安定封之。暮末乃焚城邑，毁宝器，率户万五千，东如上邽。夏主发兵拒之，暮末留保南安，其故地皆入于吐谷浑。

十一月，魏主袭平凉，夏主与战，败绩魏主至平凉，使将军古弼等将兵趋安定。夏主自安定北救平凉，与弼遇。弼伪退以诱之，夏主追之，魏主使高车驰击之，夏兵大败，走鹑觚原[6]，魏兵围之。

宋遣将军檀道济伐魏，到彦之弃军走宋加檀道济都督征讨诸军事，率

1　拟之必仆：一击就倒。
2　南极：南方极远之地。
3　委粟津：古津渡名，位于今河南省濮阳市范县东古黄河上。
4　修完：整修使完好。
5　牵钟：打捞沉在水里的钟。
6　鹑觚原：古地名，即浅水原，位于今陕西省咸阳市长武县北浅水村一带。

众伐魏。魏叔孙建、长孙道生济河而南。到彦之闻洛阳、虎牢不守，欲引兵还。将军垣护之以书谏之，以为宜使竺灵秀助朱修之守滑台，率大军进拟[1]河北，且曰：“昔人有连年攻战，失策乏粮，犹张胆[2]争前，莫肯轻退。况今青州丰穰，济漕流通，士马饱逸[3]，威力无损。若空弃滑台，坐丧成业，岂朝廷受任[4]之旨邪？”彦之不从，欲焚舟步走，王仲德曰：“洛阳既陷，虎牢不守，自然之势也。虏去我犹千里，滑台尚有强兵，若遽舍舟南走，士卒必散。”彦之乃引兵自清入济[5]，南至历城，焚舟弃甲，步趋彭城。时青、兖大扰，长沙王义欣在彭城，将佐皆劝委[6]镇还都，义欣不从。魏攻济南，太守萧承之率数百人拒之。魏众大集，承之使偃兵[7]开门，众曰：“贼众我寡，奈何轻之？”承之曰：“今悬守穷城[8]，事已危急。若复示弱，必为所屠，唯当见强以待之耳。”魏人疑有伏兵，遂引去。

夏主及魏人战，败走上邽。魏取安定、陇西魏军围夏主数日，断其水草，人马饥渴。夏主引众下鹑觚原。魏军击之，夏众大溃。夏主中重创，单骑走，取余众西保上邽。魏兵遂取安定。魏主还，临平凉，掘堑围之。安慰初附，赦秦、雍之民，赐复七年。夏陇西守将降魏。

魏攻宋滑台。

凉遣使入贡于魏北凉王蒙逊遣宗舒入贡于魏，魏主与之宴，执崔浩之手以示舒等曰：“汝所闻崔公，此则是也。才略之美，于今无比。朕动止咨之，豫陈[9]成败，若合符契[10]。”

1　进拟：准备向某处进军。
2　张胆：大胆，无所畏惧。
3　济漕流通，士马饱逸：济河漕运畅通，兵马都饱食安逸。
4　受任：授命，任命。
5　自清入济：从清口驶进济水。清口，古汶水入济之口，位于今山东省济宁市梁山县东南。
6　委：放弃。
7　偃兵：休兵，停战。
8　悬守穷城：困守一座被抛弃在敌人后方的孤城。
9　豫陈：提前陈述。
10　符契：即符节，古代朝廷调动军队或发布命令的信物，通常用竹板或金属制成，上面刻着文字，剖分为两半，一半留在朝廷，一半由将帅持有。

　　十二月，宋以长沙王义欣为豫州刺史寿阳土荒民散，城郭颓败，盗贼公行。义欣随宜经理[1]，境内安业，道不拾遗，城府完实[2]，遂为盛藩[3]。芍陂久废，义欣修治堤防，引河水入陂，溉田万余顷，无复旱灾。

　　魏人克平凉，复取长安魏克平凉，豆代田得奚斤、娥清等以献，关中悉入于魏。魏王以将军王斤镇长安而还，以奚斤为宰士，使负酒食以从。王斤骄矜不法，民不堪命，南奔汉川者数千家。魏主斩斤以徇。

　　宋以垣护之为高平太守到彦之、王仲德下狱，免官，上见垣护之书而善之，以为北高平太守。彦之之北伐也，甲兵、资实甚盛。及败还，委弃荡尽，府藏、武库为之空虚。

辛未（公元431年）

宋元嘉八年。魏神䴥四年。燕主冯弘太兴元年。北凉义和元年。○是岁，秦、夏皆亡，凡四国。

　　春，正月，宋檀道济救滑台，败魏师于寿张[4]道济等自清水[5]救滑台，至寿张，遇魏安平公乙旃眷。道济率王仲德、段宏奋击，大破之。转战至高梁亭[6]，斩魏济州[7]刺史悉烦库结。

　　夏灭秦，以秦王暮末归，杀之夏主击秦将姚献，败之，遂遣其叔父韦伐攻南安[8]。城中大饥，人相食。秦出连辅政等奔夏，秦王暮末穷蹙，舆梓出降，送于上邽。秦太子司直[9]焦楷奔广宁，泣谓其父遗曰：“大人荷国宠灵，居藩镇重任。今本朝颠覆，岂得不率见众[10]倡大义以殄寇仇？”遗曰：“今主上已

1　经理：经营管理。
2　完实：殷实，富足。
3　盛藩：强盛的藩镇。
4　寿张：古县名，治所位于今山东省泰安市东平县西南。
5　清水：古水名，泗水的别名，一作清泗，源于今山东省济宁市泗水县东蒙山南麓。
6　高梁亭：古地名，位于今山东省聊城市阳谷县东南张秋镇附近。
7　济州：古州名，辖今河南省范县、山东省聊城、东阿、肥城、阳谷、高唐等市县地。
8　南安：古地名，位于今河北省保定市蠡县南。
9　太子司直：古官名，掌纠劾东宫宫僚及率府之兵。
10　见众：现在的部下。

陷贼庭，吾非爱死而忘义，顾[1]以大兵迫之，是趣[2]绝其命也。不如择王族之贤者，奉以为主而伐之，庶有济也。"楷乃筑坛誓众，二旬之间，赴者万余人。会遗病，卒，楷不能独举事，亡奔河西。夏主竟杀暮末，夷其族。

二月，**魏克滑台**檀道济等至济上，与魏三十余战，道济多捷。至历城，叔孙建等纵轻骑邀其前后，焚烧谷草.道济军乏食，不能进。由是安颉、司马楚之等得专力攻滑台。魏主复使将军王慧龙助之。朱修之坚守数月，粮尽，与士卒熏鼠食之。魏遂克滑台，执修之，嘉其守节，以为侍中。

魏主还平城，复境内租一岁魏主还平城，大飨[3]，告庙，将帅及百官皆受赏，战士赐复十年。于是魏南鄙大水，民多饿死。刘絜言于魏主曰："郡国之民，虽不从征讨，而服勤[4]农桑，以供军国，实经世之大本，府库之所资。今自山以东[5]，遍遭水害，应加哀矜，以弘覆育[6]。"魏主从之，复境内一岁租赋。

宋檀道济引兵还，青州刺史萧思话弃城走道济等食尽，自历城还。士有亡走魏者，具告之。魏人追之，众恟惧，将溃。道济夜唱筹量沙[7]，以所余少米覆其上。及旦，魏军见之，谓资粮有余，以降者为妄而斩之。时道济兵少，魏兵甚盛，道济命军士皆被甲，己白服乘舆[8]，引兵徐出。魏人以为有伏兵，不敢逼，稍稍引退。道济全军而返。青州刺史萧思话弃东阳奔平昌[9]，参军刘振之戍下邳，亦委城走。魏军竟不至，而东阳积聚已为百姓所焚。思话坐征，系尚方[10]。

魏以王慧龙为荥阳太守魏司马楚之以为诸方已平，请大举伐宋，魏主以兵久劳，不许。征楚之为散骑常侍，以慧龙为荥阳太守。慧龙在郡十年，农

---

1 顾：顾虑。
2 趣：通"促"，催促。
3 大飨：上级以酒食慰劳下级。
4 服勤：服持职事勤劳。
5 自山以东：从崤山以东。
6 覆育：抚养，养育。
7 唱筹量沙：把沙当作米，量时高呼数字。比喻安定军心，制造假象来迷惑敌人。
8 白服乘舆：白服，古代的便装。乘舆，坐车子。
9 平昌：古县名，治所位于今山东省潍坊市辖诸城市西北，俗名城阳城。
10 思话坐征，系尚方：萧思话被指控有罪，召回京师，逮捕下狱。尚方，关押罪囚之所。

战并修，大著声绩[1]，归附者万余家。宋主纵反间于魏，云："慧龙自以功高位下，欲引宋人入寇，因执司马楚之以叛。"魏主闻之，赐慧龙玺书曰："刘义隆畏将军如虎，欲相中害[2]。朕自知之，不足介意。"宋主复遣刺客吕玄伯刺之，玄伯诈为降人，求屏人语。慧龙疑之，使探其怀，得尺刀[3]。玄伯叩头请死，慧龙曰："各为其主耳。"释之。左右谏曰："不杀玄伯，无以制将来。"慧龙曰："死生有命，彼亦安能害我？我以仁义为捍蔽，又何忧乎？"遂舍之。后慧龙卒，玄伯守其墓，终身不去。

夏，六月，夏主定击凉，吐谷浑袭败之，执定以归夏主畏魏人之逼，拥秦民十余万口，自冶城[4]济河，欲击北凉王蒙逊而夺其地。吐谷浑王慕瞶遣骑三万，乘其半济，邀击之，执夏主定以归。

闰月，柔然请平于魏魏之边吏[5]获柔然逻者二十余人，魏主赐衣服而遣之。柔然感悦，于是敕连可汗遣使诣魏，魏主厚礼之。

魏遣使如宋求昏魏主遣周绍聘于宋，且求昏。宋主依违答之。

宋以刘湛为太子詹事、给事中荆州刺史、江夏王义恭年浸长，欲专政事，长史刘湛每裁抑之，遂有隙。宋主心重湛，使人诘让义恭，且和解之。是时王华、王昙首皆已卒，领军殷景仁素与湛善，白征湛为太子詹事，加给事中，共参政事，而以张邵代湛。顷之，邵坐赃当死。将军谢述上表，陈邵先朝旧勋[6]，宜蒙优贷[7]。宋主手诏酬纳[8]，免邵官，削爵土。述谓其子综曰："主上矜邵夙诚[9]，特加曲恕[10]，吾所言谬会[11]，故特见酬纳耳。若此迹宣布[12]，则为侵夺主恩，

1　声绩：声誉功绩。
2　中害：中伤，伤害。
3　尺刀：短刀。
4　冶城：古地名，位于今河南省焦作市辖孟州市西北。
5　边吏：边境地区的官吏。
6　旧勋：昔日的功勋。
7　优贷：宽容，宽恕。
8　酬纳：接纳，采纳。
9　夙诚：平素忠诚。
10　曲恕：宽容。
11　谬会：谦称自己的意见、言论正与人相合。
12　宣布：公之于众。

不可之大者也。”使综对前焚之。

　　秋，八月，凉遣子入侍于魏。

　　吐谷浑奉表于魏。

　　九月，魏以崔浩为司徒，长孙道生为司空道生性清俭，一熊皮鄣泥[1]，数十年不易。魏主使歌工历颂[2]群臣曰：“智如崔浩，廉若道生。”

　　魏遣使授凉王蒙逊官爵魏主欲选使者诣北凉，崔浩荐尚书李顺。乃以顺为太常，拜蒙逊为凉王，王七郡，置将相、群卿、百官，建天子旌旗，出入警跸，如汉初诸侯王故事。

　　魏征世胄遗逸[3]魏主诏曰：“今二寇摧殄[4]，将偃武修文，理废职，举逸民[5]。范阳卢玄、博陵崔绰、赵郡[6]李灵、河间邢颍、勃海高允、广平游雅、太原张伟等，皆贤俊之胄，冠冕州邦[7]。如此比者，尽敕州郡以礼发遣。”遂征玄等数百人，差次[8]叙用。崔绰以母老固辞。玄等皆拜中书博士[9]。其未至者，州郡多逼遣之。魏主复诏守宰，以礼申谕[10]，任其进退。崔浩每与玄言，辄叹曰：“对子真[11]使我怀古之情更深。”浩欲大整流品[12]，明辨姓族。玄止之曰：“夫创制立事，各有其时。乐为此者，讵有几人？宜加三思。”浩不从，由是得罪于众。

　　冬，十月，**魏使崔浩定律令**初，魏昭成帝始制法令：“反逆者族。其余当死者，听入金、马[13]赎罪。杀人者，听与死家马、牛、葬具以平之。盗官物，

1　鄣泥：即马鞯，因垫在马鞍下，垂于马背两旁以挡尘土，故称。
2　历颂：一一歌颂。
3　世胄遗逸：世胄，世家子弟，贵族后裔。遗逸，隐士，遗才。
4　摧殄：摧折消灭。
5　理废职，举逸民：整顿过去被废驰和忽略的工作，荐举过去隐居不出来做官的人。
6　赵郡：古郡名，辖今河北省赵县、元氏、高邑、栾城、临城、柏乡等县地。
7　冠冕州邦：在地方州郡受人拥戴。冠冕，比喻受人拥戴或出人头地。
8　差次：分别等级次序。
9　中书博士：古官名，中书省属官，掌教授中书学生，并参预朝政、军务的讨论，奉命出使，参议军事。
10　申谕：反复开导。
11　对子真：面对你卢玄。子真，即卢玄，卢玄字子真。
12　流品：品类，人社会地位的高下，也特指门第。
13　入金、马：缴纳金子、马匹。

一备五[1]；私物，一备十。"四部大人共坐王庭决辞讼，无系讯连逮之苦，境内安之。太祖入中原，患前代律令峻密[2]，命三公郎王德删定，务崇简易。季年被疾[3]，刑罚滥酷[4]。太宗承之，吏文[5]亦深。至是，命崔浩更定律令，除五岁、四岁刑，增一年刑。巫蛊者，负羖羊[6]、抱犬沉诸渊。初令官阶九品者得以官爵除刑。妇人当刑而孕，产后百日乃决。阙左悬登闻鼓以达冤人。

壬申（公元432年）

宋元嘉九年。魏延和元年。

春，正月，魏尊保太后为皇太后，立子晃为太子。

三月，宋以王弘为太保。檀道济为司空，还镇寻阳。

吐谷浑送故夏主定于魏，魏人杀之魏既杀赫连定，因进吐谷浑王慕𪩘官爵。慕𪩘上表曰："臣俘擒[7]僭逆，献捷王府，爵秩虽崇而土不增廓[8]，车旗既饰而财不周赏[9]。愿垂鉴察[10]。"魏主下其议。公卿以为："慕𪩘所致唯定而已，塞外之民皆为已有，而贪求无厌，不可许也。"自是慕𪩘贡使至魏者稍简。

魏改代为万年，寻复旧号魏方士祁纤奏改代为万年。崔浩曰："昔太祖应天受命，兼称代、魏以法殷、商。国家积德，当享年万亿，不待假名以为益也。纤之所闻，皆非正义，宜复旧号。"魏主从之。

夏，五月，宋太保王弘卒弘明敏有思致，而轻率褊隘[11]，好折辱人。虽贵显，不营财利。及卒，家无余业。宋主闻之，特赐钱百万，米千斛。

1　一备五：偷一赔五。
2　峻密：严厉周密。
3　季年被疾：季年，晚年，末年。被疾，疾病缠身。
4　滥酷：残酷无度。
5　吏文：官府文牍。
6　羖羊：阉割过的公羊。
7　俘擒：擒获。
8　增廓：增加扩大。
9　财不周赏：财物不够赏赐部下。
10　垂鉴察：垂，注意，留意。鉴察，鉴别察看。
11　褊隘：狭隘，心胸、气量、见识等不宽广。

宋遣使如魏。

六月，宋以司徒义康领扬州刺史。

秋，七月，宋以殷景仁为尚书仆射，刘湛为领军将军。

吐谷浑告捷[1]于宋。

秋，宋益州人赵广作乱，围成都宋益州刺史刘道济信任长史费谦、别驾张熙，聚敛兴利[2]，伤政害民，商贾失业，吁嗟[3]满路。流民许穆之变姓名称司马飞龙，自云晋室近亲，往依氐王杨难当。难当因民之怨，资飞龙以兵，使侵扰益州。飞龙招合蜀人，得千余人，攻杀巴兴[4]令，逐阴平太守。道济遣军斩之。道济欲以帛氐奴、梁显为参军督护，费谦固执不与。氐奴等与乡人赵广构扇县人，诈言司马殿下犹在阳泉山[5]中，聚众向广汉。参军程展会李抗之击之，皆败死。广等进攻涪城，陷之。于是涪陵[6]、江阳、遂宁[7]诸郡守皆弃城走，蜀土侨旧[8]俱反。广等进攻成都，道济婴城自守。贼屯聚日久，不见司马飞龙，欲散去。广惧，将三千人及羽仪诣阳泉寺，谓道人程道养曰："汝但自言是飞龙，则坐享富贵，不则断头。"道养惶怖许诺。广乃推道养为蜀王，以其弟道助镇涪城，奉道养还成都。众至十万余，四面围城。使人谓道济曰："但送费谦、张熙来，我辈自解去。"道济遣参军裴方明、任浪之出战，皆败还。

魏主攻燕，围和龙魏主伐燕，石城[9]太守李崇等十郡降魏。魏主发其民三万穿围堑以守和龙。八月，燕王使数万人出战，魏击破之。攻羌胡固，带方、

1　告捷：报告胜利的消息。
2　兴利：兴办有利的事业。
3　吁嗟：哀叹，叹息。
4　巴兴：古县名，治所位于今四川省遂宁市蓬溪县西南。
5　阳泉山：古山名，位于今四川省德阳市西北，其上有阳泉寺。
6　涪陵：古郡名，辖今重庆市彭水、武隆、石柱、黔江、酉阳等县地。
7　遂宁：古郡名，辖今四川省遂宁市射洪、蓬溪、潼南等市县地。
8　侨旧：北方徙居江南的侨人与当地人合称。
9　石城：古郡名，辖今辽宁省葫芦岛市建昌县以西地区。

建德[1]、冀阳[2]郡，皆拔。九月，魏主引兵西还，徙营丘、成周[3]、辽东、乐浪、带方、玄菟六郡民三万家于幽州。燕尚书郭渊劝燕王送款、献女于魏，乞为附庸。燕王曰："负衅[4]在前，结怨已深，降附取死，不如守志[5]更图也。"魏主之围和龙也，宿卫之士多在战阵，行宫人少。云中镇将朱修之谋与南人袭杀魏主，因入和龙，浮海南归。以告将军毛修之，不从，乃止。既而事泄，朱修之逃奔燕。魏人数伐燕，燕王遣修之南归求救。修之泛海至东莱，遂还建康，拜黄门侍郎。

冬，十二月，燕长乐公崇以辽西叛，降魏燕王嫡妃王氏，生长乐公崇，于兄弟为最长。及即位，立慕容氏为王后，王氏不得立。又黜崇，使镇肥如。崇母弟朗、邈相谓曰："今国家将亡，王复受谮，吾兄弟死无日矣。"乃相与亡奔辽西，说崇使降魏，崇从之。使邈如魏，请举郡降。燕王闻之，使其将封羽围辽西。

宋益州参军裴方明讨赵广，破之裴方明击程道养营，破之。贼杨孟子屯城南，参军梁儁之说谕邀见道济[6]，板[7]为主簿，克期[8]讨贼。赵广知其谋，孟子惧，将所领奔晋原[9]，太守文仲兴与之同守。赵广遣帛氏奴攻晋原，破之，仲兴、孟子皆死。裴方明复出击贼，屡战破之，贼遂大溃。道养收众还广汉，赵广还涪城。道济粮储俱尽，方明出城求食，为贼所败，单马独还，贼众复大集。方明夜缒[10]而上，道济为设食[11]，涕泣不能食。道济曰："卿非大丈夫，小败

1　建德：古郡名，辖今大凌河上游，辽宁省葫芦岛市建昌县一带。
2　冀阳：古郡名，辖今辽宁省凌源市附近。
3　营丘、成周：营丘，古郡名，辖今辽宁省大凌河下游地区。成周，古郡名，辖今辽宁省西南部一带。
4　负衅：负罪，获罪。
5　守志：坚守自己的志向。
6　说谕邀见道济：写信劝说杨孟子归降，邀请他进城见益州刺史刘道济。
7　板：授职，任命。
8　克期：约定或限定日期。
9　晋原：古郡名，辖今四川省成都市崇州、大邑、新津等市县地。
10　缒：系在绳子上拽，拉。
11　设食：准备酒菜。

何苦？贼势既衰，台兵[1]垂至，但令卿还，何忧于贼？"即减左右以配之。贼扬言方明已死，城中大恐。道济夜列炬火，出方明以示众，众乃安。道济悉出财物，令方明募人。时传道济已死，莫有应者。梁儁之说道济遣左右给使三十余人出外，且告之曰："吾病小损，听归休息。"给使既出，城中乃安，应募者日有千余人。

魏遣太常李顺如凉魏李顺复奉使至凉。凉王蒙逊延入庭中，箕坐隐几[2]，无动起之状。顺正色大言曰："不谓此叟无礼乃至于此！今不忧覆亡而敢陵侮天地，魂魄逝矣，何用见之？"握节将出。蒙逊使追止之，曰："传闻朝廷有不拜之诏，是以敢自安耳。"顺曰："齐桓公九合诸侯，一匡天下。周天子赐胙[3]，命无下拜，桓公犹不敢失臣礼，下拜登受。今王虽功高，未如齐桓。朝廷虽相崇重，未有不拜之诏。而遽自偃蹇，此岂社稷之福邪？"蒙逊乃起，拜受诏。使还，魏主问以凉事。顺曰："蒙逊控制河右逾三十年，经涉[4]艰难，粗识机变，绥集荒裔[5]，群下畏服。虽不能贻厥孙谋，犹足以终其一世。然礼者，德之舆；敬者，身之基也。蒙逊无礼不敬，以臣观之，不复年[6]矣。"魏主曰："易世之后，何时当灭？"顺曰："蒙逊诸子，臣略见之，皆庸才也。如闻敦煌太守牧犍，器性[7]粗立，继蒙逊者，必此人也。然比之于父，皆云不及。此殆天之所以资圣明也。"魏主曰："朕方有事东方，未暇西略。如卿所言，不过数年之外，不为晚也。"初，罽宾沙门昙无谶，自云能使鬼治病，且有秘术。蒙逊重之，谓之圣人，诸女妇皆往受术。魏主征之，蒙逊留不遣而杀之。魏主由是怒凉。蒙逊荒淫猜虐，群下苦之。

---

1 台兵：由代表中央政府的行台派出的军队。
2 箕坐隐几：箕坐，两腿张开坐着，形如簸箕。隐几，靠着几案，也指伏在几案上。
3 赐胙：天子于祭祀宗庙、社郊后，把祭肉分给群臣。
4 经涉：经历。
5 绥集荒裔：绥集，安抚集聚。荒裔，边远地区。
6 不复年：意指日子不长了。
7 器性：禀性。

癸酉（公元 433 年）

宋元嘉十年。魏延和二年。北凉王沮渠牧犍永和元年。

春，正月，魏以乐安王范为长安镇都大将[1]魏主以范年少，更选旧德[2]将军崔徽、张黎为之副。范谦恭宽惠，徽务敦[3]大体，黎清约公平，政刑简易，轻徭薄赋，关中遂安。

二月，魏以冯崇为辽西王。

魏以陆俟为散骑常侍初，俟尝为怀荒[4]镇大将，未期岁[5]，高车诸莫弗讼俟严急无恩，复请前镇将郎孤。魏主征俟还，以孤代之。俟既至，言曰："不过期年，郎孤必败，高车必叛。"魏主怒，切责之。明年，诸莫弗果杀郎孤而叛。魏主大惊，立召俟问之，俟曰："高车不知上下之礼，故臣临之以威，制之以法，欲以渐训导，使知分限[6]。而诸莫弗恶臣所为，讼臣无恩，称孤之美。臣以罪去，孤获还镇，悦其称誉，益收名声，专用宽恕待之。无礼之人，易生骄慢，不过期年，无复上下，孤所不堪，必将复以法裁之。如此，则众心怨怼，必生祸乱矣。"魏主笑曰："卿身虽短，思虑何长也？"即日以为散骑常侍。

宋荆州遣兵救成都，击贼，破之刘道济卒，梁俊之、裴方明诈为道济教命以答签疏[7]，虽其母、妻，亦不知也。方明出击贼，大破之，贼退保广汉。荆州刺史、临川王义庆遣巴东太守周籍之将二千人救成都。赵广等自广汉至郫，连营百数。籍之与方明等合攻，克之，进击广汉。广等走还涪。义庆，道规之子也。

夏，四月，凉王蒙逊卒，子牧犍立蒙逊病甚，国人以世子苦提幼弱，而其兄牧犍聪颖好学，和雅[8]有度量，立以为世子。蒙逊卒，牧犍即位，遣使

1　镇都大将：古官名，北魏于缘边诸镇置，为镇的长官，管理辖区内的军务及民政。
2　旧德：德高望重的老臣。
3　敦：注重。
4　怀荒：古军镇名，北魏六镇之一，即今河北省张家口市张北县。
5　期岁：一年。
6　分限：限制，约束。
7　签疏：签呈和疏奏，也泛指公文。
8　和雅：温和文雅。

请命于魏。魏主谓李顺曰："卿言蒙逊死，牧犍立，皆验。朕克凉州，亦不远矣。"进号安西将军，宠待[1]弥厚，政事无巨细皆与之参议[2]。遣顺拜牧犍河西王。牧犍尊敦煌刘昞为国师，亲拜之，命官属以下皆北面受业。

五月，林邑遣使入贡于宋。

宋裴方明击赵广等，大破，平之。

魏人攻燕。

秋，九月，宋以甄法崇为益州刺史法崇至成都，收费谦，诛之。程道养逃入郪山[3]，时出为寇。

十一月，杨难当袭宋汉中，据之宋主闻梁、秦刺史甄法护刑政不治，失氐、羌之和，乃自徒[4]中起萧思话，使代之。未至，杨难当举兵袭法护。法护弃城奔洋川[5]，难当遂有汉中之地。

宋谢灵运有罪，诛灵运好为山泽之游，穷幽极险，从者数百人，伐木开径，百姓惊扰，以为山贼。会稽太守孟顗表其有异志，灵运诣阙自陈，宋主以为临川[6]内史。灵运游放[7]自若，为有司所纠，遣使收之。灵运执使者，兴兵[8]逃逸，作诗曰："韩亡子房奋，秦帝鲁连耻。"追讨，擒之。廷尉论正斩刑。宋主爱其才，降死，徙广州。或告灵运令人买兵器，结健儿，欲于三江口[9]篡取之，不果。诏于广州弃市。灵运恃才放逸[10]，多所陵忽[11]，故及于祸。

1　宠待：皇帝给予恩遇。
2　参议：商量。
3　郪山：古山名，位于今四川省德阳市中江县东南。
4　徒：服刑的囚徒。
5　洋川：古郡名，辖今陕西省汉中市西乡、镇巴等县一带。
6　临川：古郡名，辖今江西省抚州、东乡、崇仁、乐安、宜黄、广昌、黎川、南城、南丰等市县地。
7　游放：纵情游览。
8　兴兵：起兵。
9　三江口：古地名，位于今广东省广州市东南，西、北二江合流而东，与东江汇合，谓之三江口。
10　放逸：放纵逸乐。
11　陵忽：欺凌轻慢。

甲戌（公元 434 年）

宋元嘉十一年。魏延和三年。

春，宋梁、秦刺史萧思话讨杨难当，破之难当以克汉中告捷于魏。萧思话至襄阳，遣司马萧承之为前驱。承之缘道收兵，进据磝头[1]。杨难当焚掠[2]汉中，引众西还，留赵温守梁州，薛健据黄金山[3]。思话遣阴平太守萧坦攻铁城戍[4]，拔之。临川王义庆遣将军裴方明助承之拔黄金戍。温弃州城，思话继至，与承之共击，屡破之。

魏及柔然和亲魏主以西海公主妻柔然敕连可汗，又纳其妹为夫人，遣颍川王提逆之。

宋复取汉中杨难当遣其子和将兵与蒲甲子等共击萧承之，相拒四十余日，围承之数十重，短兵接，弓矢无所复施。氐悉衣犀甲[5]，戈、矛不能入。承之断稍长数尺，以大斧椎之，一椠辄贯数人。氐不能当，走据大桃[6]。闰月，承之追击，斩获甚众，悉收汉中故地，置戍于葭萌水[7]。萧思话徙镇南郑，甄法护坐赐死。难当奉表谢罪，诏赦之。

燕王弘称藩于魏燕王遣高颙称藩、请罪于魏，以季女[8]充掖庭。魏主许之，征其太子王仁入朝。燕王送魏使者于什门还平城。什门在燕二十一年，不屈节[9]。魏主下诏褒称[10]，以比苏武，拜治书御史[11]，策告宗庙，颁示天下。

凉遣使奉表于宋。

1　磝头：古地名，一作敖头城，位于今陕西省安康市石泉县东南汉江东岸。
2　焚掠：焚烧抢掠。
3　黄金山：古山名，位于今陕西省汉中市洋县东，有黄金戍依山而建。
4　铁城戍：古地名，位于今陕西省汉中市洋县东，城在山上，极险峻。
5　犀甲：古代用犀牛皮做的甲，非常结实，不易刺透。
6　大桃：古地名，位于今陕西省汉中市略阳县东。
7　葭萌水：古水名，亦作葭明水，即今甘肃、四川交界之白龙江下游，为嘉陵江支流。
8　季女：小女儿。
9　屈节：失去气节。
10　褒称：嘉奖称赞。
11　治书御史：古官名，又称治书侍御史，分领侍御史诸曹，监察、弹劾较高级官员，亦奉命出使，收捕犯官等。

六月，**魏人伐燕**燕王不遣太子质魏，散骑常侍刘滋谏曰："昔刘禅有重山[1]之险，孙皓有长江之阻，皆为晋擒，何则？强弱之势异也。今吾弱于吴、蜀而魏强于晋，不从其欲，将有危亡之祸。愿亟遣太子，而修政事，抚百姓，收离散，赈饥穷，劝农桑，省赋役，社稷犹庶几可保。"燕王怒，杀之。魏主遣永昌王健等伐燕，收其禾稼[2]，徙民而还。

秋，魏主击山胡[3]，克之七月，魏主命阳平王它督诸军击山胡白龙于西河，而自引数十骑登山临视。白龙伏壮士十余处掩击之，魏主坠马，几为所擒。内入行长[4]陈建以身捍之，大呼奋击，杀胡数人，身被十余创，魏主乃免。九月，大破胡众，斩白龙，屠其城。

乙亥（公元435年）

宋元嘉十二年。魏太延元年。

春，正月朔，日食。

燕王弘称藩于宋燕王数为魏所攻，遣使诣建康称藩、奉贡。宋封为燕王，江南谓之黄龙国。

凉有神投书于敦煌东门有老父投书于敦煌东门，求之不获。书曰："凉王三十年若七年。"凉王牧犍以问奉常张慎，慎对曰："昔虢之将亡，神降于莘。愿殿下崇德修政，以享三十年之祚。若盘于游田[5]，荒于酒色，臣恐七年将有大变。"牧犍不悦。

夏，四月，宋以殷景仁为中书令、中护军宋领军将军刘湛与仆射殷景仁素善，湛之入也，景仁实引之。湛以景仁位遇素不逾己，而一旦居前，意甚

1　重山：重迭的山。
2　禾稼：谷类作物的统称。
3　山胡：古族名，即稽胡，又称步落稽，源于南匈奴，南北朝时，居于今山西、陕西北部山谷间。
4　内入行长：古官名，皇宫中卫队长官。
5　游田：游逸田猎。

愤愤。又以景仁专管内任[1]，谓其间己，猜隙[2]日生。时司徒义康专秉朝权，湛尝为其上佐[3]，遂委心自结，欲因其力以倾景仁。至是宋主加景仁中书令、中护军，湛愈愤怒，使义康毁景仁，而宋主遇之益隆。景仁对亲旧叹曰："引之令入，入便噬人。"乃称疾解职，不许。湛议阴遣人杀之。宋主微闻之，迁护军府于西掖门外，故湛谋不行。义康僚属及诸附湛者潜相约勒[4]，无敢历殷氏之门。唯后将军司马庾炳之游二人之间，皆得其欢心，而密输忠[5]于朝廷。景仁卧家不朝谒[6]，宋主常使炳之衔命往来，湛不疑也。

五月，魏以穆寿为宜都王魏主进宜都公穆寿爵为王，寿辞曰："臣祖父崇所以得效功前朝，流福于后者，梁眷之忠也。今眷元勋未录[7]，而臣独弈世受赏，心实愧之。"魏主悦，求眷后，得其孙，赐爵郡公[8]。

西域九国遣使入贡于魏龟兹、疏勒、乌孙、悦般、渴槃陁、鄯善、焉耆、车师、粟持九国入贡于魏。魏主以汉世虽通西域，有求则卑辞而来，无求则骄慢不服，盖自知去中国绝远，大兵不能至故也。今报使往来，徒为劳费，终无所益，欲不遣使。有司固请，以为不宜拒绝，以抑将来，乃遣王恩生等二十辈使西域，皆为柔然所执。恩生见敕连可汗，持魏节不屈。魏主闻之，切责敕连。敕连乃遣恩生等还，竟不能达西域。

六月，高丽王琏遣使入贡于魏。

宋大水，设酒禁扬州诸郡大水，运徐、豫、南兖谷以赈之。扬州西曹[9]主簿沈亮以为酒糜谷[10]而不足疗饥[11]，请权禁止，从之。

1　内任：朝廷中的重任和要职。
2　猜隙：猜忌和嫌隙。
3　上佐：州郡、军府高级佐官通称。
4　约勒：约束。
5　输忠：献纳忠心。
6　朝谒：入朝觐见。
7　录：录用。
8　郡公：魏晋南北朝时异姓功臣的最高封爵。
9　西曹：古官署名，掌署用府吏事，以掾主其事。
10　糜谷：浪费谷物。糜，浪费。
11　疗饥：充饥，解饿。

秋，七月，**魏伐燕**魏乐平王丕等伐燕，至和龙，燕王以牛酒犒军。魏人数伐燕，燕日危蹙[1]。杨崏复劝燕王速遣太子入侍，燕王曰："吾未忍为此。若事急，且东依高丽，以图后举。"崏曰："魏举天下以击一隅，理无不克。高丽无信，始虽相亲，终恐为变。"燕王不听，密遣阳伊请迎于高丽。

宋禁擅铸像造寺者丹杨尹萧摹之上言："佛入于中国已历四代，形象、塔、寺，所在千数。材竹铜彩[2]，糜损[3]无极。无关神祇，有累人事，不为之防，流遁[4]未息。请自今欲铸铜像及造塔、寺者，皆当列言，须报乃得为之。"诏从之。

丙子（公元 436 年）

宋元嘉十三年。魏太延二年。○是岁，燕亡，凡三国。

春，三月，宋杀其司空檀道济道济立功前朝，威名甚重，左右腹心并经百战，诸子又有才气，朝廷疑畏之。宋主久疾不愈，刘湛说司徒义康，以为："宫车一日晏驾，道济不复可制。"会宋主疾笃，义康请召道济入朝。其妻向氏谓道济曰："高世之勋，自古所忌。今无事相召，祸其至矣。"至，留累月。宋主稍间[5]，将还未发。会宋主疾动，义康矫诏召道济入祖道，因执之。三月，下诏称："道济因朕寝疾，规肆[6]祸心。"收付廷尉，并其子植等十一人诛之。又杀其参军薛彤、高进之。二人皆道济腹心，有勇力，时人比之关、张。道济见收，愤怒，目光如炬，脱帻投地曰："乃坏汝万里长城。"魏人闻之，喜曰："道济死，吴子辈[7]不足复惮。"

杨难当自称大秦王难当称王，改元"建义"，立王后、太子，置百官，

---

1 危蹙：危险而急迫。
2 材竹铜彩：木材、竹料、铜铁、绸缎。
3 糜损：浪费损耗。
4 流遁：流荡逃遁。
5 间：好转。
6 规肆：阴谋恣纵。
7 吴子辈：东吴那些竖子。

皆如天子之制。然犹贡奉宋、魏不绝。

夏，**魏伐燕，燕王弘奔高丽**魏伐燕，娥清、古弼攻白狼城[1]，克之。高丽遣将众数万，随阳伊迎燕王。燕尚书令郭生因民之惮迁[2]，开城门纳魏兵。魏人疑之，不入。生遂勒兵攻燕王。王引高丽兵入，与生战，杀之。高丽兵因大掠城中。五月，燕王率龙城见户东徙，方轨而进，前后八十余里。焚宫殿，火一旬不灭。古弼部将高苟子率骑欲追之，弼醉，拔刀止之，故燕王得逃去。魏主闻之，怒，槛车征弼及娥清至平城，皆黜为门卒[3]。遣封拨使高丽，令送燕王，不从。魏主议击之，将发陇右骑卒，刘絜曰："秦、陇新民，且当优复[4]，俟其饶实[5]，然后用之。"乐平王丕曰："和龙新定，宜广修农桑以丰军实，然后进取，则高丽一举可灭也。"乃止。

秋，七月，**魏伐杨难当于上邽，降之**赫连定之西迁也，杨难当遂据上邽。至是魏主遣乐平王丕讨之，先遣赍诏谕难当。难当惧，请奉诏。诸将议，以为："不诛其豪帅，后必为乱。大众远出，不有所掠，无以充军实、赏将士。"丕将从之，中书侍郎高允曰："如诸将之谋，是伤其向化之心。大军既还，为乱必速。"丕乃止，抚慰初附，秋毫不犯，秦、陇遂安。

冬，**魏置野马苑**魏主如稒阳[6]，驱野马于云中，置苑。

宋铸浑仪初，高祖克长安，得古铜浑仪，仪状虽举，不缀七曜[7]。是岁，诏太史令钱乐之更铸浑仪，径六尺八分，以水转之，昏明中星与天相应[8]。

柔然绝魏和亲，寇其边。

1　白狼城：古地名，位于今辽宁省朝阳市喀喇沁左翼蒙古族自治县西南，因白狼山得名。
2　惮迁：害怕迁徙。
3　门卒：守门的吏卒。
4　优复：给予优待，免除租赋、徭役。
5　饶实：富裕殷实。
6　稒阳：古县名，治所位于今内蒙古自治区包头市东南。
7　仪状虽举，不缀七曜：浑天仪的构架虽然完整，但七星已经残缺。
8　昏明中星与天相应：日出、日落和日中时与天上的星象相对应。

丁丑（公元 437 年）

宋元嘉十四年。魏太延三年。

春，三月，魏以南安王浑为镇东大将军，镇和龙。

夏，五月，魏诏吏民告守、令罪魏主以民官[1]多贪，五月，诏吏民得举告守、令不如法者。于是奸猾专求牧宰[2]之失，迫胁在位，横于闾里。而长吏咸降心[3]待之，贪纵如故。

康熙御批：国家设守、令以牧百姓，其贪墨不法[4]者固为可恨，若魏诏吏民告守、令，则非矣。小民得以犯上，则名分荡然，纪纲不振，其害有不可胜言者。惩贪自有国法，何其计之拙也？

西域朝贡于魏魏主复遣侍郎董琬、高明等多赍金帛使西域，招抚九国。琬等至乌孙，其王甚喜，曰："破落那、者舌二国皆欲称臣、致贡于魏，但无路自致耳，今使君[5]宜过抚之。"乃遣导译送琬等。旁国闻之，争遣使者随琬等入贡，凡十六国，自是每岁朝贡不绝。

凉遣子入侍于魏，遣使如宋魏主以其妹武威公主妻北凉王牧犍，牧犍遣宋繇谢，且问其母及公主所宜称。魏主议之，皆曰："母以子贵，妻从夫爵。牧犍母宜称河西国太后，公主于其国称王后，于京师则称公主。"魏主从之。初，牧犍娶凉武昭王之女，及魏公主至，李氏与其母尹氏迁居酒泉。顷之，李氏卒，尹氏抚之，不哭，曰："汝国破家亡，今死晚矣。"魏主遣李顺征凉世子封坛入侍。牧犍奉诏，亦遣使如宋，献杂书并求书数十种，宋皆与之。李顺自河西还，魏主问之曰："卿往年言取凉州之策，朕以东方有事，未遑也。今和龙已平，吾欲西征，可乎？"对曰："臣畴昔所言，今虽不谬，然国家戎车屡动，士马疲劳，西征之议，请俟他年。"魏主乃止。

1　民官：主持民政的官吏，与军官对称。
2　牧宰：泛指州县长官。州官称牧，县官称宰。
3　降心：平抑心气。
4　贪墨不法：贪图钱财，不遵法令。贪墨，贪污。墨，不洁。
5　使君：尊称奉命出使的人。

戊寅（公元 438 年）

宋元嘉十五年。魏太延四年。

春，二月，宋以吐谷浑慕利延为陇西王。

三月，魏罢沙门五十以下者。

高丽杀故燕王弘初，燕王弘至辽东，高丽王琏遣使劳之，曰："龙城王冯君，爰适野次[1]，士马劳乎？"弘惭怒，称制让之。高丽处之平郭，寻徙北丰[2]。弘素侮高丽，政刑赏罚，犹如其国[3]。高丽乃夺其侍人[4]，取其太子王仁为质。弘怨高丽，遣使求迎于宋。宋主遣使迎之，高丽遂杀弘并其子孙十余人。

秋，七月，魏伐柔然，不见虏而还时漠北大旱，无水草，人、马多死。

冬，十一月朔，日食。

宋立四学。以雷次宗为给事中，不受豫章雷次宗好学，隐居庐山。尝征为散骑侍郎，不就。是岁，以处士征至建康，为开馆于鸡笼山[5]，使聚徒教授。宋主雅好艺文，使丹杨尹何尚之立玄学，太子率更令[6]何承天立史学，司徒参军谢元立文学，并次宗儒学为"四学"。宋主数幸次宗学馆，令次宗以巾褠侍讲，资给甚厚。又除给事中，不就。久之，还庐山。

司马公曰：史者，儒之一端；文者，儒之余事。至于老、庄虚无，固非所以为教也。夫学者所以求道，天下无二道，安有四学哉？

宋主性仁厚恭俭，勤于为政，守法而不峻，容物而不弛。百官皆久于其职，守宰以六期为断[7]，吏不苟免[8]，民有所系。三十年间，四境之内，晏安无事，户口

1　爰适野次：于是光临敝国郊外。爰，于是。野次，野外止宿之处。
2　北丰：古县名，治所即今辽宁省瓦房店市。
3　政刑赏罚，犹如其国：政务刑法，奖励惩罚，仍然像在北燕国一样。
4　侍人：君王的近侍。
5　鸡笼山：古山名，又名龙山、钦天山，俗称北极阁，即今江苏省南京市解放门内鸡鸣山。
6　太子率更令：古官名，掌宫殿门户及赏罚事，职如光禄勋、卫尉而属詹事。
7　守宰以六期为断：郡守、县宰以六年为一个任期。
8　苟免：随意免职。

蕃息。出租供徭，止于岁赋[1]，晨出暮归，自事[2]而已。闾阎[3]之内，讲诵相闻，士敦操尚[4]，乡耻轻薄，江左风俗，于斯为美。后之言政治者，皆称元嘉焉。

己卯（公元439年）

宋元嘉十六年。魏太延五年。〇是岁凉亡，凡二国。

春，二月，宋以衡阳王义季都督荆、湘等州军事义季尝春月出畋[5]，有老父被苫[6]而耕，左右斥之，老父曰："盘于游畋，古人所戒。今阳和布气[7]，一日不耕，民失其时，奈何以从禽之乐而驱斥[8]老农也？"义季止马曰："贤者也。"命赐之食，辞曰："大王不夺农时，则境内之民皆饱大王之食，老夫何敢独受大王之赐乎？"义季问其名，不告而退。

杨保宗奔魏，魏以为武都王，守上邽。

夏，六月，魏主伐凉。秋，九月，姑臧溃，凉王牧犍降北凉王牧犍通于其嫂李氏。李氏毒魏公主，魏主遣医乘传救之，得愈。魏主征李氏，牧犍不遣，使居酒泉。魏使者自西域还，至武威，牧犍左右有告魏使者曰："我君承蠕蠕可汗妄言云：'去岁魏天子自来伐我，士马疫死，大败而还。'我君大喜，宣言于国。"使还以闻，魏主遣尚书贺多罗使凉州观虚实。还，亦言牧犍虽外修臣礼，内实乖悖[9]。魏主欲讨之，以问崔浩。浩曰："牧犍逆心已露，不可不诛。官军往年北伐，战马三十万匹，死伤不满八千，而远方乘虚[10]，遽谓衰耗不能复振。今出其不意，大军猝至，彼必骇扰[11]，不知所为，擒之必矣。"魏

1　出租供徭，止于岁赋：租赋徭役从不增加，只收取政府正常要求的，不额外征收。
2　自事：随自己心意做事。
3　闾阎：里巷内外的门，后多借指里巷。
4　操尚：道德修养和志向。
5　春月出畋：春月，春季。出畋，出外打猎。
6　被苫：身披用茅草编成的苫衣。
7　阳和布气：阳和，阳气。布气，散布阳和之气。
8　驱斥：驱赶斥逐。
9　乖悖：悖逆不驯。
10　远方乘虚：远方之国借我们虚弱的时机。
11　骇扰：惊慌骚乱。

主曰："善。"于是大集公卿，议于西堂。弘农王奚斤等皆曰："牧犍虽心不纯臣，然职贡不乏，罪恶未彰，宜加恕宥[1]。国家新征蠕蠕，士马疲弊，未可大举。且闻其土地卤瘠[2]，难得水草，大军既至，彼必婴城固守。攻之不拔，野无所掠，此危道也。"初，崔浩恶李顺。顺使凉州凡十二返，凉武宣王数与游宴，时为骄慢之语，恐顺泄之，随以金宝[3]纳于顺怀，顺亦为之隐。浩知之，密以白魏主，魏主未之信。及是，顺与古弼皆曰："姑臧地皆枯石，绝无水草。城南天梯山上，积雪丈余，春夏消释[4]，下流成川，居民仰以溉灌[5]。彼闻军至，决此渠口，水必乏绝，人马饥渴，难以久留。斤等议是。"浩曰："史称'凉州之畜为天下饶'，若无水草，畜何以蕃？又，汉人终不于无水草之地筑城郭、建郡县也。且雪之消释，仅能敛尘[6]，何得通渠溉灌乎？此言大为欺诬[7]矣。"李顺曰："耳闻不如目见。"浩曰："汝受人金钱，欲为之游说，谓我目不见便可欺邪？"魏主隐听[8]，闻之乃出，见斤等辞色严厉，群臣不敢复言，唯唯而已。群臣既出，将军伊馛言曰："凉州若果无水草，彼何以为国？宜从浩言。"魏主从之。六月，发平城。使穆寿辅太子晃监国。又使大将军秸敬将二万人屯漠南以备柔然。命公卿为书让牧犍，数其十二罪，且曰："若亲率群臣委贽[9]远迎，谒拜马首[10]，上策也。六军既临，面缚舆榇，其次也。若守迷穷城[11]，不时悛

1　恕宥：宽恕原谅。
2　卤瘠：地含盐碱而瘠薄。
3　金宝：黄金和珠宝，也泛指贵重财物。
4　消释：消融，融化。
5　溉灌：灌溉。
6　敛尘：收敛尘土。
7　欺诬：欺骗蒙蔽。
8　隐听：偷听。
9　委贽：通"委质"，向君主献礼，表示献身。
10　谒拜马首：在马头前跪拜请罪。
11　守迷穷城：守迷，固执己见。穷城，历尽边城。

悟[1]，身死族灭，为世大戮[2]。宜思厥中[3]，自求多福。"七月，至上郡属国城[4]，部分诸军，以源贺为向导。魏主问以方略，对曰："姑臧城旁有四部鲜卑，皆臣祖父旧民，臣愿处军前，宣国威信，示以祸福，必相率归命。外援既服，取其孤城，如反掌耳。"魏主曰："善。"八月，牧犍求救于柔然。遣其弟董来将兵万余人出战，望风奔溃。魏主至姑臧，遣使谕牧犍出降。牧犍闻柔然欲入魏边，冀幸魏主东还，遂婴城固守。魏主分军围之。源贺引兵招慰诸部下三万余落，故魏主得专攻姑臧，无复外忧。魏主见姑臧水草丰饶[5]，由是恨李顺，谓崔浩曰："卿言验矣。"始太子晃亦以西伐为疑，至是诏报之曰："姑臧东西门外，涌泉合于城北，其大如河。自余沟渠流入漠中，其间乃无燥地[6]也。"九月，姑臧城溃，牧犍率其文武五千人面缚请降，魏主释而礼之。收其城内户口二十余万，使张掖王秃发保周、将军穆罢、源贺分徇诸部，杂胡降者又数十万。击取张掖、乐都、酒泉、武威，皆置将守之。魏主置酒姑臧，谓群臣曰："崔公智略有余，吾不复以为奇。伊馛弓马之士，而所见乃与崔公同，此深可奇也。"馛善射，能曳牛却行，走及奔马[7]，而性忠谨[8]，故魏主特爱之。

柔然寇魏，不克魏主之西伐也，穆寿送至河上，魏主敕之曰："吴提与牧犍相结素深，闻朕西伐，必来犯塞，朕故留壮兵肥马，使卿辅太子。收田[9]毕，即发兵诣漠南，分伏要害，以待虏至。引使深入，然后击之，无不克矣。"寿信卜筮，以为柔然必不来，不为之备。而柔然敕连可汗果乘虚入寇，留其兄乞列归与嵇敬相拒于北镇[10]，自率精骑深入。平城大骇，穆寿不知所为，欲塞西

1　悛悟：悔悟。
2　大戮：大耻辱。
3　厥中：中正之道。
4　上郡属国城：古城名，汉时因安置龟兹降胡，置龟兹县于上郡，设上郡属国都尉治之，因曰上郡属国城，故城位于今陕西省榆林市榆阳区境内。
5　丰饶：丰裕富饶。
6　燥地：干燥的土地。
7　曳牛却行，走及奔马：能拖着牛倒走，跑起来能够赶上奔跑的马。
8　忠谨：忠诚敬慎。
9　收田：收割农田的作物。
10　北镇：古地名，位于今辽宁省锦州市辖北镇市境内。

郭门，请太子避保南山，窦太后不听而止。乃遣军拒之于吐颓山[1]。会稽敬击破乞列归于阴山之北，擒之，及将帅五百人，斩首万余级。敕连闻之，遁去。

冬，十月，**魏以乐平王丕镇凉州**魏主东还，留乐平王丕及将军贺多罗镇凉州，徙沮渠牧犍宗族及吏民三万户于平城。

魏张掖王秃发保周据郡叛。

十二月，**宋太子劭冠**劭美须眉，好读书，便弓马，喜延宾客。意之所欲，宋主必从之，东宫置兵与羽林等。

魏主还平城魏主犹以妹婿待沮渠牧犍，拜征西大将军、河西王如故。凉州自张氏以来，号为多士。牧犍尤喜文学，其臣阚骃、张湛、刘昞、索敞、阴兴、宋钦、赵柔、程骏、程弘，魏主皆礼而用之。初，安定胡叟往从牧犍，牧犍不甚重之，叟谓程弘曰："贵主居僻陋之国而淫名僭礼[2]，以小事大而心不纯一，外慕仁义而实无道德，其亡可翘足而待也。"遂适魏。至是魏主以为先识[3]，拜虎威将军。河内常爽，世寓[4]凉州，不受礼命，魏主以为宣威将军。以索敞为中书博士。时魏方尚武功，贵游子弟不以讲学为意。敞为博士十余年，勤于诱导，肃而有礼，贵游严惮，多所成立[5]。常爽亦置馆于温水之右，教授七百余人，立赏罚之科，弟子事之如严君。由是魏之儒风始振。

魏命崔浩、高允修国史魏主命崔浩监秘书[6]事，综理史职。以侍郎高允、张伟参典著作[7]。浩集诸历家[8]，考校汉元[9]以来日月薄蚀、五星行度[10]，并讥前史之失，别为《魏历》以示高允。允曰："汉元年十月，五星聚东井。按《星传》：

1　吐颓山：古山名，位于今山西省朔州市平鲁区西北。
2　淫名僭礼：滥用名分，超越礼制。
3　先识：先见远识。
4　寓：寄居。
5　成立：成就，成长自立。
6　秘书：古官署名，即秘书省，掌管国史的修撰及管理中外三阁图书。
7　著作：创作。
8　历家：研究历法的人。
9　汉元：汉初。
10　日月薄蚀、五星行度：日食、月食，以及金、木、水、火、土五星运行的度数。薄蚀，日月相掩食。

'太白、辰星[1]，常附日而行。'十月日在尾箕，昏没于申南，而东井方出于寅北，二星何得背日而行？此乃历术[2]之浅事，而史官欲神其事，不复推之于理。今讥汉史而不觉此谬，恐后人之讥今，犹今之讥古也。"浩曰："天文欲为变者，何所不可耶？"允曰："此不可以空言争，宜更审之。"后岁余，浩谓允曰："先所论者，果如君言。五星乃以前三月聚东井，非十月也。"众乃叹服。允虽明历，初不推步[3]论说，惟东官少傅游雅知之。数以灾异问允，允曰："阴阳灾异，知之甚难。既已知之，复惧漏泄，不如不知也。天下妙理至多，何遽问此？"

魏除田禁魏主问高允为政何先，允曰："臣少贱，唯知农事。若国家广田积谷，公私有备，则饥馑不足忧矣。"时魏多封禁良田，故允及之。魏主乃命悉除其禁，以赋百姓。

庚辰（公元440年）

宋元嘉十七年。魏太平真君元年。

春，正月，沮渠无讳寇魏酒泉凉之亡也，牧犍之弟无讳出奔敦煌。至是，寇酒泉，拔之。

夏，四月朔，日食。

六月，魏大赦，改元取寇谦之《神书》之文也。

秋，七月，魏讨秃发保周，杀之。

沮渠无讳降魏。

冬，十月，宋领军刘湛有罪，诛。以彭城王义康为江州刺史，江夏王义恭为司徒、录尚书事，始兴王濬为扬州刺史宋司徒义康专总朝权。宋主羸疾积年，屡至危殆。义康尽心营奉[4]，药石非亲尝不进，或连夕不寐。性好

1　辰星：即水星。
2　历术：历法。
3　推步：推算天象历法。古人谓日月转运于天，犹如人之行步，可推算而知。
4　营奉：奉养，奉事。

吏职，纠剔精尽[1]。凡所陈奏，入无不可。方伯以下，并令选用。生杀大事，或以录命断之。势倾远近，朝野辐凑，义康倾身引接，未尝懈倦[2]。士之干练者，多被意遇[3]。尝谓刘湛曰："王敬弘、王球之属，竟何所堪？坐取富贵，复那可解[4]！"然素无学术，不识大体，朝士有才用者皆引入己府，府僚无施及忤旨者乃斥为台官。自谓兄弟至亲，不复存君臣形迹[5]。置私僮[6]六千人，四方献馈[7]，皆以上品荐义康而以次者供御[8]。领军刘湛与仆射殷景仁有隙，欲倚义康以倾之。义康权势已盛，湛愈推崇之，无复人臣之礼，宋主浸不能平。湛初入朝，宋主恩礼甚厚。湛善论治道，谙前代故事，叙致铨理[9]，听者忘疲。每入云龙门，不夕不出。及是，宋主意虽内离[10]而接遇[11]不改，尝谓所亲曰："刘班[12]初自西还，与语，常视日早晚，虑其将去。比入，吾亦视日早晚，苦其不去。"殷景仁密言于宋主曰："相王权重，非社稷计，宜少裁抑。"宋主然之。义康长史刘斌、王履、刘敬文、孔胤秀等皆以倾谄有宠。宋主尝疾笃，使义康具顾命诏，义康还省，流涕以告湛及景仁。湛曰："天下艰难，讵是幼主所御？"义康、景仁皆不答。而胤秀等辄就尚书议曹索晋立康帝旧事，义康不知也。及宋主疾瘳，微闻之。而斌等密谋，必使大业终归义康，遂邀结朋党，伺察禁省，有不与之同者，必百方构陷之，由是主相之势分矣。既而湛遭母忧[13]去职，谓所亲曰："常日正赖口舌争之，故得推迁[14]。今既穷毒[15]，无复此望，祸至其能久乎？"至

1　纠剔精尽：纠剔，督察惩治。精尽，明察详尽。
2　懈倦：松懈倦怠。
3　意遇：赏识优待。
4　复那可解：让人费解。
5　形迹：礼法，规矩。
6　私僮：家臣。
7　献馈：进奉礼物。
8　供御：进奉于帝王。
9　叙致铨理：叙致，叙述事理。铨理，衡量道理。
10　内离：指心怀不满。
11　接遇：接待。
12　刘班：即刘湛。
13　母忧：母亲的丧事。忧，父母的丧事。
14　推迁：推迟迁延。
15　穷毒：穷困苦痛。

是宋主收湛，下诏诛之，及斌等八人。义康上表逊位，诏以为江州刺史，出镇豫章。初，殷景仁卧疾五年，虽不见上，而密函去来，日以十数，朝政大小，必以咨之。影迹周密，莫有窥其际者[1]。收湛之日，景仁使拂拭衣冠，左右莫晓其意。至夜，闻召，犹称脚疾，以小床舆[2]就坐。诛讨处分，一皆委之。初，檀道济荐吴兴沈庆之忠谨晓兵，宋主使领队防东掖门。刘湛谓曰："卿在省岁久，比当相论[3]。"庆之正色曰："下官在省十年，自应得转，不复以此仰累[4]。"收湛之夕，宋主召之，庆之戎服缚袴[5]而入。宋主曰："卿何意乃尔急装[6]？"庆之曰："夜半唤队主[7]，不容缓服[8]。"乃遣收刘斌，杀之。将军徐湛之与义康尤亲厚，被收，当死。其母会稽公主于兄弟为长嫡[9]，素为上所礼，家事大小，必咨而后行。高祖微时，自于新洲伐荻[10]，有纳布衫袄[11]，藏皇后手所作也。既贵，以付公主曰："后世有骄奢不节者，可以此衣示之。"至是，公主入见，号哭，以锦囊盛纳衣掷地，曰："汝家本贫贱，此是我母为汝父所作。今日得一饱餐，遽欲杀我儿耶？"宋主乃赦之。王履叔父球为吏部尚书，简淡[12]有美名，为宋主所重。以履性进利，屡戒之，不从。至是，履徒跣告球，球曰："常日语汝云何？"履惧，不能对。球徐曰："阿父[13]在，汝亦何忧？"宋主以球故，竟免履死，废于家。义康用事，人争求亲昵，唯主簿江湛早能自疏，求出为武陵内史。檀道济当为子求婚于湛，湛固辞。道济因义康以请，湛拒之愈坚。故不染

1　影迹周密，莫有窥其际者：行踪十分隐密，竟没有一个人发现蛛丝马迹。影迹，踪影，痕迹。
2　舆：抬着。
3　比当相论：最近应该考虑调动职位这个问题。
4　仰累：添麻烦。
5　缚袴：扎紧套裤脚管，以便骑乘。
6　急装：扎缚紧凑的装束。
7　队主：队长。
8　缓服：宽大舒适的官服，与戎装等紧身衣服相对而言。
9　长嫡：正妻所生的长子或长女。
10　伐荻：砍伐荻草。
11　纳布衫袄：补过的布衫棉袄。纳，通"衲"，补缀，缝补。
12　简淡：俭朴淡泊。
13　阿父：伯父、叔父的自称。

于二公之难。义康停省[1]十余日，奉辞下渚，上唯对之恸哭，余无所言。义康问沙门慧琳曰："弟子有还理否？"琳曰："恨公不读数百卷书。"初，吴兴太守谢述累佐义康，数有规益[2]，早卒。至是，义康叹曰："昔谢述唯劝吾退，刘班唯劝吾进。今班存而述死，其败也宜哉！"宋主亦曰："谢述若存，义康必不至此。"以萧斌为义康咨议参军[3]，领豫章太守，事无大小，皆以委之。使将军萧承之将兵防守。资奉优厚，信赐相系[4]。久之，宋主就会稽公主宴集，甚欢。主起，再拜，悲不自胜，曰："车子[5]岁暮必不为陛下所容，今特请其命。"因恸哭。宋主亦流涕，指蒋山[6]曰："若违今誓，便是负初宁陵。"即封所饮酒赐义康。故终主之身，义康得无恙。

司马公曰：文帝之于义康，兄弟之情，其始非不隆也。终于失兄弟之欢，亏君臣之义，迹其乱阶，正由刘湛权利之心无有厌已[7]。《诗》云："贪人败类。"其是之谓乎？

义恭惩彭城之败，虽为总录[8]，奉行文书而已，宋主乃安之。景仁为扬州刺史，寻卒。以王球为仆射，始兴王濬为扬州刺史，范晔、沈演之为左右卫将军，对掌禁旅[9]，庾炳之为吏部郎，俱参机密。晔，宁之孙也，有俊才，而薄情浅行[10]，数犯名教，为士流[11]所鄙。性躁竞[12]，自谓才用不尽，常怏怏不得志。吏部尚书何尚之言于宋主曰："范晔志趣异常，请出为广州刺史。若在内衅成[13]，不

---

1 停省：裁撤。
2 规益：规劝补益。
3 咨议参军：古官名，掌顾问谏议，其位甚尊，在列曹参军上。
4 资奉优厚，信赐相系：资助供养十分丰厚，信件往来和赏赐不断。
5 车子：即刘义康，刘义康字车子。
6 蒋山：古山名，即钟山，位于今江苏省南京市中山门外。
7 厌已：满足停止。
8 总录：担任录尚书事。
9 禁旅：禁军。
10 薄情浅行：轻薄放荡的行为。
11 士流：出身士族的人。
12 躁竞：急于进取而争竞。
13 衅成：犯下罪行。

得不加铁钺[1]。铁钺亟行，非国家之美也。"宋主曰："始诛刘湛，复迁范晔，人将谓卿等不能容才，朕信受[2]谗言。但共知其如此，无能为害也。"

辛巳（公元441年）

宋元嘉十八年。魏太平真君二年。

春，正月，宋以彭城王义康为都督江、交、广州军事义康至豫章，辞刺史，以为都督三州军事。前龙骧[3]参军扶令育上表曰："彭城王，先朝之爱子，陛下之次弟，若有迷谬之愆，正可导以义方，奈何一旦黜削[4]，远送南垂[5]？万一义康年穷命尽，奄忽[6]于南，臣虽微贱，窃为陛下羞之。陛下徒知恶枝之宜伐，岂知伐枝之伤树乎？愿亟召还，兄弟协和，君臣辑睦，则四海之望塞，多言之路绝矣。"表奏，赐死。

裴子野曰：夫在上为善，若云行雨施，万物受其赐。及其恶也，若天裂地震，万物所惊骇，谁弗知见[7]？岂戮一人，钳[8]一口，所能弭灭[9]哉？是皆不胜其忿而有增于疾疹[10]也。以太祖之含弘，尚掩耳于彭城之戮，自斯以后，谁易由言[11]？有宋累叶，罕闻直谅[12]，岂骨鲠之气，俗愧前古[13]？抑时王之刑政使之然乎？张约陨于权臣，扶育毙于哲后[14]，宋之鼎镬，吁，可畏哉！

魏新兴王俊谋反，伏诛。

1　铁钺：砍刀和大斧，腰斩、砍头的刑具。
2　信受：相信并接受。
3　龙骧：龙骧大将军的简称。
4　黜削：罢免。
5　南垂：南方边境。
6　奄忽：死亡。
7　知见：知道看见。
8　钳：夹住，约束。
9　弭灭：消灭。
10　疾疹：泛指疾病。
11　由言：说话。
12　直谅：正直诚信。
13　俗愧前古：意指比不上古人。
14　张约陨于权臣，扶育毙于哲后：张约冤死在权臣手中，扶令育却死在明君的手里。哲后，贤明的君主。

魏人伐酒泉，克之魏以沮渠无讳终为边患，遣兵伐之，拔酒泉。无讳乃谋西渡流沙。

杨难当寇宋汉川，宋遣兵讨之难当倾国寇宋边，谋据蜀土，遣其将符冲出东洛[1]，宋梁、秦刺史刘真道击斩之。难当攻拔葭萌，遂围涪城，不克而还。十二月，宋遣龙骧将军裴方明等讨之。

宋晋宁郡[2]反，讨平之。

壬午（公元 442 年）

宋元嘉十九年。魏太平真君三年。

春，正月，魏主诣道坛[3]受符箓[4]魏寇谦之言于魏主曰："陛下以真君[5]御世，建静轮天宫之法，开古以来，未之有也。应登受符书，以彰圣德。"魏主从之。自是每世即位，皆受符箓。谦之又奏作静轮宫，必令其高不闻鸡犬，欲以上接天神。崔浩亦劝为之，功费万计，经年不成。太子晃谏曰："天人道殊，卑高定分，不可相接，理在必然。今耗府库，疲百姓，为无益之事，将安用之？"不听。

夏，四月，沮渠无讳西据鄯善，李宝入据敦煌沮渠无讳将万余家弃敦煌，西据鄯善，其士卒经流沙渴死者太半。鄯善王比龙将其众奔且末[6]。李宝自伊吾率众二千入据敦煌，缮修城府，安集故民，而奉表于魏。沮渠牧犍之亡也，凉州人阚爽据高昌。唐契为柔然所迫，拥众西趋高昌，欲夺其地。契死，弟和收余众奔车师前部，拔高宁、白力[7]二城，遣使请降于魏。

1　东洛：古县名，治所位于今四川省广元市西南。
2　晋宁郡：古郡名，辖今云南省滇池周围及禄丰、双柏、易门、澄江等县地。
3　道坛：道教作法事的场所。
4　符箓：道士、巫师所画的一种图形或线条，相传可以役鬼神、辟病邪。
5　真君：道教对神仙的尊称。亦泛称修行得道的人。
6　且末：西域三十六国之一，都城位于且末城（今新疆巴音郭楞蒙古自治州且末县城西南）。
7　高宁、白力：高宁，古地名，位于今新疆吐鲁番市鄯善县吐峪沟乡吐峪沟克尔村。白力，古地名，亦作白刃、白刀、白棘，位于今新疆吐鲁番市鄯善县辟展乡一带。

　　五月，宋讨杨难当，平之。魏人救之，不克裴方明等至汉中，与刘真
道分兵攻武兴、下辩、白水[1]，皆取之。杨难当遣符弘祖守兰皋[2]，以其子和为后
继。方明与战，大破之，斩弘祖。和退走，难当奔上邽。获其兄子保炽，又
获其子虎，送建康，斩之，仇池平。以胡崇之为北秦州[3]刺史，镇其地。立保
炽为杨玄后，守仇池。魏人迎难当诣平城。真道、方明竟坐匿金宝、善马[4]，下
狱死。

　　秋，七月晦，日食。

　　九月，沮渠无讳袭据高昌，宋以无讳为河西王唐契之攻阚爽也，爽遣
使诈降于沮渠无讳，欲与之共击契。八月，无讳将其众趋高昌，比至，契已
死，爽闭门拒之。九月，无讳夜袭高昌，屠其城，爽奔柔然。无讳据高昌，遣
使奉表于宋。以无讳为河西王。

　　冬，十月，柔然遣使如宋。

　　十二月，宋修孔子庙诏鲁郡修孔子庙及学舍，躅墓侧五户课役[5]以供
洒扫。

　　魏以李宝为敦煌公。

　　宋雍州蛮反宋雍州刺史刘道产善为政，民安其业，小大丰赡，由是民间
有《襄阳乐歌》。山蛮前后不可制者皆出，缘沔为村落，户口殷盛[6]。道产卒，
蛮追送至沔口[7]。未几，群蛮大动，征西司马朱修之讨之，不利。诏遣将军沈庆
之代之，杀虏万余人。

　　魏尚书李顺有罪，诛魏主使李顺差次群臣，赐以爵位。顺受贿，品第[8]

1　武兴、下辩、白水：武兴，古县名，治所即今陕西省汉中市略阳县。下辩，古县名，治所
　　位于今四川省广元市剑阁县西南。白水，古县名，治所位于今四川省广元市青川县东北。
2　兰皋：古地名，位于今甘肃省陇南市康县东北。
3　北秦州：古州名，辖今甘肃省秦安、通渭、张家川等县部分地区。
4　善马：良马。
5　课役：赋税及徭役。
6　殷盛：繁盛，众多。
7　沔口：古地名，又作夏口，即今湖北省武汉市汉口，为汉江入长江之口。
8　品第：评定高低，分列等次。

不平。魏主怒，且以顺保庇¹沮渠氏，面欺误国，赐死。

癸未（公元 443 年）

宋元嘉二十年。魏太平真君四年。

春，正月，魏击宋仇池，取之魏军进至下辩，宋将军强玄明等败死。胡崇之被擒，余众走还汉中。魏遂取仇池，杨保炽走。

乌洛侯²国遣使如魏初，魏之居北荒也，凿石为庙，在乌洛侯西北，以祀其先，高七十尺，深九十步。及乌洛侯使至，言石庙具在。魏主遣使致祭，刻祝文³于壁而还。去平城四千余里。

夏，四月，魏杀其武都王杨保宗。秋，七月，宋立杨文德为武都王魏河间公齐与武都王杨保宗对镇洛谷⁴。保宗弟文德说保宗闭险叛魏。齐诱保宗，杀之。其属苻达、任朏遂举兵立文德为王，据白崖⁵，分兵取诸戍，进围仇池，自号仇池公。魏将军古弼击之，文德退走。皮豹子督关中军至下辩，闻仇池围解，欲还。弼遣人谓曰："宋人耻败，必将复来。军还之后，再举为难，不若练兵蓄力以待之。不出秋冬，宋师必至。以逸待劳，无不克矣。"豹子从之。文德遣使求援于宋。七月，宋以文德为镇西大将军、武都王，屯葭芦城⁶。武都、阴平氏多归之。

九月，魏主袭柔然，走之魏主如漠南，舍辎重，以轻骑袭柔然，分军为四道。魏主至鹿浑谷⁷，遇敕连可汗。太子晃曰："贼不意大军猝至，宜掩其不备，速进击之。"尚书刘絜曰："贼营尘盛，其众必多。不如须诸军大集，然后击之。"晃曰："尘盛者，军士惊扰也，何得营上而有此尘乎？"魏主疑

1　保庇：保护庇佑。
2　乌洛侯：古国名，亦作乌罗护，故址位于今内蒙古呼伦贝尔盟地区。
3　祝文：古代祭祀神鬼或祖先的文辞。
4　洛谷：古地名，位于今陕西省汉中市洋县北，谷北通长安。
5　白崖：古地名，位于今陕西省汉中市宁强县东北。
6　葭芦城：古地名，亦作茄芦城，位于今甘肃省陇南市武都区东南，白龙江东岸。
7　鹿浑谷：古地名，位于今蒙古国西南鄂尔浑河上游杭爱山东麓支脉。

之，不急击。柔然遁去，追之不及，获其候骑，曰："柔然不觉魏军至，惶骇[1]北走，经六七日，知无追者，始乃徐行。"魏主深悔之。自是军国大事，皆与晃谋之。司马楚之别将督军粮，柔然欲击之。俄而军中有告失驴耳者，楚之曰："此必贼遣奸人入营觇伺，割以为信耳。贼至不久，宜急为备。"乃伐柳为城，以水灌之。城立而柔然至，冰坚滑，不可攻，乃散走。

冬，十一月，宋人攻魏浊水戍[2]，败绩宋将军姜道盛与杨文德合众攻魏浊水戍，魏皮豹子等救之，道盛败死。

十二月，魏主还平城魏主还，至朔方，诏太子晃总百揆。且曰："诸功臣勤劳日久，皆当以爵归第，随时朝宴[3]，论道陈谟[4]，不宜复烦以剧职[5]，更举贤俊以备百官。"遂还平城。

甲申（公元 444 年）

宋元嘉二十一年。魏太平真君五年。

春，正月，宋主耕籍田，大赦。

魏太子晃总百揆魏太子晃始总百揆，以中书监穆寿、司徒崔浩、侍中张黎、古弼辅之。弼忠慎质直，尝以上谷苑囿太广，乞减太半以赐贫民。魏主方与给事中刘树围棋，志不在弼。弼侍坐良久，不获陈闻[6]。忽起，捽[7]树头殴之曰："朝廷不治，实尔之罪。"魏主失容曰："不听奏事，朕之过也。树何罪，置之！"弼具以状闻，魏主可之。弼曰："为臣无礼至此，其罪大矣。"出诣公车，免冠徒跣请罪。魏主召入，谓曰："吾闻筑社之役[8]，蹇蹶[9]而筑之，端冕

1　惶骇：惊骇。
2　浊水戍：古地名，亦称浊水城，位于今甘肃省陇南市成县西南。
3　朝宴：朝廷的宴会。
4　陈谟：献谋。
5　剧职：重要或艰巨的职务。
6　陈闻：陈述上闻。
7　捽：揪住。
8　筑社之役：建造社坛的工作。
9　蹇蹶：困顿颠蹶。

而事之，神降之福。然则卿有何罪？其冠履就职。苟有可以利社稷、便百姓者，竭力为之，勿顾虑也。"晃课民稼穑，使无牛者借人牛而为之，芸[1]以偿之，凡耕种二十二亩而芸七亩，大略以是为率[2]。使民各标姓名于田首以知其勤惰，禁饮酒游戏者。于是垦田大增。

魏禁私养沙门、巫觋魏主诏："王公以下至庶人，有私养沙门、巫觋者，皆遣诣官。过二月十五日不出，沙门、巫觋死，主人门诛[3]。"

魏令公卿子弟皆入太学魏诏："王公、卿大夫之子皆诣太学，其百工[4]、商贾之子，各习父兄之业，毋得私立学校。违者，师死，主人门诛。"

二月，魏尚书令刘絜有罪，诛。乐平王丕以忧卒初，魏尚书令刘絜久典机要，恃宠自专，魏主心恶之。及将袭柔然，絜谏曰："蠕蠕迁徙无常，前者出师，劳而无功，不如广农积谷，以待其来。"崔浩固劝魏主行，魏主从之。絜耻其言不用，欲败魏师。魏主与诸将期会鹿浑谷，絜矫诏易其期。至鹿浑谷，欲击柔然，絜又止之，使待诸将，留六日。而诸将不至，柔然遂远遁。军还粮尽，士卒多死。絜阴使人惊魏军，劝魏主委军轻还[5]，不从。又以军出无功，请治崔浩之罪。魏主曰："诸将失期，遇贼不击，浩何罪也？"浩以絜矫诏事白魏主，收絜囚之。魏主之北行也，絜私谓所亲曰："若车驾不返，吾当立乐平王。"又闻尚书右丞[6]张嵩家有图谶，问曰："刘氏应王，吾有姓名否？"魏主闻之，命有司穷治，絜、嵩皆夷三族。絜好作威福，诸将破敌，得财物皆与分之。既死，籍[7]其家，财巨万。乐平戾王丕以忧卒。初，魏主筑白台，丕梦登其上，四顾不见人，命术士董道秀筮之，曰："吉。"丕默有喜色。至是，

1　芸：通"耘"，除掉杂草。
2　以是为率：以这种比例来进行。
3　门诛：诛杀全家。
4　百工：泛指手工业工人，各种工匠。
5　委军轻还：抛下军队自己轻装回京。
6　尚书右丞：古官名，尚书台佐贰官，居尚书左丞下，掌授廪假钱谷，假署印绶，管理尚书台专用文具及诸财用库藏，并与左丞通掌台内庶务，保管文书章奏。
7　籍：没收入官。

道秀亦坐弃市。高允闻之，曰："夫筮者皆当依附爻象[1]，劝以忠孝。王之问也，道秀宜曰：'穷高[2]为亢。《易》曰：亢龙有悔。又曰：高而无民。皆不祥也，王不可以不戒。'如此，则王安于上，身全于下矣。道秀反之，宜其死也。"

宋以江夏王义恭为太尉。

夏，六月，河西王沮渠无讳卒，弟安周代立。

魏罢旧俗所祀胡神魏入中国以来，虽颇用古礼祀天地、宗庙、百神，而犹循其旧俗，所祀胡神甚众。崔浩请存其合于祀典[3]者五十七所，余悉罢之。魏主从之。

秋，八月，**魏主畋于河西**魏主诏以肥马给猎骑[4]，尚书令古弼留守，悉以弱马给之。魏主大怒，欲还台斩之。弼官属惶怖，恐并坐诛。弼曰："吾为人臣，不使人主盘于游畋，其罪小；不备不虞，乏军国之用，其罪大。今蠕蠕方强，南寇未灭，吾为国远虑，虽死何伤？且吾自为之，非诸君之忧也。"魏主闻之，叹曰："有臣如此，国之宝也。"赐衣一袭。他日，复畋于山北，获麋鹿数千头。诏尚书发牛车五百乘以运之。既而谓左右曰："笔公[5]必不与我，汝辈不如自以马运之。"寻果得弼表，曰："秋谷悬黄，麻菽布野，猪鹿窃食，鸟雁侵费[6]，风雨所耗，朝夕三倍。乞赐矜缓[7]，使得收载[8]。"魏主曰："果如吾言，笔公可谓社稷之臣矣。"弼头锐[9]，故魏主常以笔目之。

宋以衡阳王义季为兖州刺史，南谯王义宣为荆州刺史初，宋主以义宣不才，故不用，会稽公主屡以为言，宋主不得已用之。先赐诏曰："师护[10]在

---

1 爻象：六爻相交成卦所表示的事物形象。
2 穷高：极高。
3 祀典：记载祭祀仪礼的典籍。
4 猎骑：骑马行猎者。
5 笔公：即古弼。古弼赐名"古笔"，因称笔公。
6 秋谷悬黄，麻菽布野，猪鹿窃食，鸟雁侵费：秋天谷穗下垂而且颜色金黄，桑麻大豆遍布在田野里，野猪野鹿偷吃，飞鸟大雁啄食。
7 矜缓：哀怜宽缓。
8 收载：收割运送。
9 锐：尖。
10 师护：即刘义季，刘义季字师护。

西，虽无殊绩[1]，洁己节用，通怀[2]期物，不恣群下，声著西土，士庶所安，论者未议迁之。今之回换[3]，更为汝与师护年时一辈[4]，欲各试其能。汝往，脱有一事减之者，迁代[5]之讥，必归于吾矣。"义宣至镇，勤自课厉[6]，事亦修理[7]。宋主饯义季于武帐冈[8]。将行，敕诸子且勿食，至会所设馔。日旰[9]，不至，皆有饥色。乃谓曰："汝曹少长丰佚[10]，不见百姓艰难。今使汝曹识有饥苦，知以节俭御物[11]耳。"

裴子野曰：善乎，太祖之训也！夫侈兴于有余，俭生于不足。欲其隐约[12]，莫若贫贱。习其险艰[13]，利以任使。达其情伪，易以躬临。太祖若能率[14]此训也，坚其志操，卑其礼秩，教成德立，然后授以政事，则无怠无荒，可播之九服矣。而崇树襁褓，迭据方岳[15]。国之存亡，既不是系，早肆民上，非善诲也[16]。

柔然敕连可汗死，子处罗可汗吐贺真立。

敦煌公李宝入朝于魏，魏人留之。

乙酉（公元 445 年）

宋元嘉二十二年。魏太平真君六年。

春，正月朔，宋行《元嘉历》初，宋太子率更令何承天撰《元嘉新

1　殊绩：特殊的政绩。
2　通怀：互相交流情意，抒发胸怀。
3　回换：调换。
4　年时一辈：同一代人。年时，岁月，年代。
5　迁代：职官之迁升与替代。
6　课厉：督促勉励。
7　修理：治理得好，处理政务合宜。
8　武帐冈：古地名，即宣武城，故址位于今江苏省南京市西北幕府山侧。
9　日旰：天色晚，日暮。
10　丰佚：富厚逸乐，生活优裕。
11　御物：驾御万物。
12　隐约：困厄，俭约。
13　险艰：险阻艰难。
14　率：遵行，遵循。
15　崇树襁褓，迭据方岳：对皇家襁褓中的婴儿都封以很高的爵位，先后让小孩子独镇一方。
16　国之存亡，既不是系，早肆民上，非善诲也：国家存亡，既然不维系在那些小孩子身上，那么让他们过早地居于万民之上的高位，实在不是好的教诲方式。

历》，表上之。以月食之冲知日所在。又以中星[1]验之，知尧时冬至日在须女十度，今在斗十七度。又测景[2]较二至[3]差三日有余，知今之南至[4]日应在斗十三四度。于是更立新法，冬至徙上[5]三日五时，日之所在，移旧[6]四度。又月有迟疾[7]，前历合朔[8]，月食不在朔望[9]。今皆以盈缩定其小余，以正朔望。诏付外详之。太史令钱乐之等奏，皆如承天所上，唯月有频三大二小[10]，比旧为异，谓宜仍旧。诏可。至是始行之。初。汉京房以十二律中吕上生黄钟，不满九寸，更演为六十律。乐之复演为三百六十律，日当一管[11]。承天以为上下相生，三分损益其一，盖古人简易之法，犹古历周天三百六十五度四分度之一也。而房不悟，谬为六十，乃更设新律，林钟长六寸一厘，则从中吕，还得黄钟，十二旋宫，声韵无失[12]。

　　宋以武陵王骏为雍州刺史宋主欲经略关河[13]，故以骏镇襄阳。

　　三月，魏诏中书[14]以经义决疑狱。

　　夏，四月，魏伐鄯善北凉之亡也，鄯善人以其地与魏邻，大惧，曰："通其使人，知我国虚实，取亡必速。"乃闭断魏道，使者往来，辄抄劫之，由是西域不通者数年。魏主发凉州以西兵击之。

1　中星：二十八宿分布四方，按一定轨道运转，每月行至中天南方的星为中星，观察中星可确定四时。
2　测景：同"测影"，测量日影，以推算岁时节候。
3　二至：夏至、冬至。
4　南至：即冬至。
5　徙上：往前移动。
6　移旧：向原来的位置移动。
7　迟疾：早晚，快慢。
8　前历合朔：把原来的历法中的初一拿来对照。
9　朔望：朔日和望日。农历每月初一叫朔，十五叫望。
10　频三大二小：一连三个月都为大月，一连两个月都是小月。
11　以十二律中吕上生黄钟，不满九寸，更演为六十律。乐之复演为三百六十律，日当一管：将十二音律中的中吕、上生、黄钟，凡没有超过九寸的，都改到六十音律。钱乐之又把它扩大到三百六十音律，每日使用一种乐器。
12　林钟长六寸一厘，则从中吕还得黄钟，十二旋宫，声韵无失：林钟长六寸一厘，便从中吕回到黄钟的位置，每十二律吕又回到第一音级，声韵毫无损失。
13　关河：函谷等关与黄河。
14　中书：古官署名，即中书省，为掌管机要、出纳政令章奏的宫廷政治机构，收纳群臣奏书，草拟皇帝诏令，兼领修史、记录起居。

秋，七月，宋讨群蛮，平之武陵王骏遣参军沈庆之击蛮，破之。蛮断驿道，欲攻随郡[1]，太守柳元景募得六七百人，邀击，破之。遂平群蛮，获十万余口。

鄯善降魏，西域复通。

八月，**魏徙杂民**[2] **于北边**魏主如阴山之北，发诸州兵三分之一，各于其州戒严，以须后命。徙诸种杂民五千余家于北边，令就畜牧，以饵柔然。

魏伐吐谷浑，慕利延走据于阗[3]魏军至宁头城[4]，吐谷浑王慕利延拥其部落西渡流沙，入于阗，杀其主，据其地，死者数万人。

九月，**魏卢水胡盖吴反**魏民间讹言："灭魏者吴。"卢水胡盖吴聚众反于杏城，诸种胡争应之，有众十余万，表降于宋。魏长安镇将拓跋纥讨之，败死。吴众愈盛，分兵四掠。魏主发并、秦、雍兵击破之。河东薛永宗复聚众以应吴。吴自号天台王，置百官。

冬，十一月，**魏人侵宋**魏选六州骁骑二万，分为二道，掠淮、泗以北，徙青、徐之民以实河北。

十二月，**宋太子詹事范晔谋反，伏诛**初，鲁国孔熙先博学文史，兼通数术[5]，有纵横才志[6]。为员外散骑侍郎[7]，愤愤不得志。父默之为广州刺史，以赃获罪，彭城王义康救解[8]得免。及义康迁豫章，熙先密怀报效。且以为天文图谶，宋主必以非道[9]晏驾，祸由骨肉，而江州应出天子。以范晔志意不满，欲引与同谋，而素不为晔所重。乃厚结晔甥太子中舍人[10]谢综。综引熙先见晔。

1　随郡：古郡名，辖今湖北省随州、广水二市地。
2　杂民：古称工商游食之民。
3　于阗：古西域国名，辖今新疆和田一带。
4　宁头城：古地名，即曼头城，位于今青海省海南藏族自治州共和县西南。
5　数术：古代关于天文、历法、占卜的学问。
6　纵横才志：纵横天下的才气和抱负。
7　员外散骑侍郎：古官名，初为正员之外添差之散骑侍郎，无员数，后成定员官，为闲散之职。
8　救解：予以援助，使脱离危险或困难。
9　非道：非常事故，变故。
10　太子中舍人：古官名，以舍人中才学优秀者充之，与中庶子同掌太子宫文翰。位在中庶子下，洗马上。

熙先家饶于财，数与晔博[1]，故为拙行[2]，以物输之，由是情好款洽[3]。熙先乃从容说晔弑宋主，立义康。晔愕然。熙先曰："丈人雅誉过人，谗夫[4]侧目久矣，比肩竞逐，庸可遂乎？今建大勋，奉贤哲[5]，图难于易，以安易危，岂可弃置而不取哉？"晔犹豫未决。熙先曰："又有过于此者，愚则未敢道耳。"晔曰："何谓也？"熙先曰："丈人奕叶清通[6]，而不得连姻帝室，人以犬豕[7]相遇，而丈人曾不耻之，欲为之死，不亦惑乎？"晔门无内行[8]，故熙先以此激之。晔默然不应，反意乃决。综，述之子也，素为义康所厚，弟约又娶其女。丹杨尹徐湛之及尼法静皆义康党，并与熙先往来。法静妹夫许曜领队在台[9]，许为内应。熙先以笺书[10]与义康，陈说图谶。于是密相署置，及素所不善者，并入死目[11]。又作檄文，称："贼臣赵伯符肆兵犯跸，祸流储宰[12]，湛之、晔等投命奋戈[13]，斩伯符首。今遣将军臧质奉玺绶迎彭城王正位宸极[14]。"又诈作义康与湛之书，令诛君侧之恶，宣示同党。宋主之宴武帐冈也，晔等谋以其日作乱。许曜扣刀目晔，晔不敢发。湛之恐事不济，密白其谋。宋主乃命有司收付廷尉。熙先望风吐款[15]，词气不挠。宋主奇其才，遣人慰勉之曰："以卿之才而滞于集书省[16]，理应有异志，此乃我负卿也。"熙先于狱中上书谢恩，且陈图谶，深戒宋主以骨肉之祸。晔

1　博：博戏。
2　拙行：不精此道。
3　款洽：亲切融洽。
4　谗夫：进谗言之人。
5　贤哲：贤明睿智的人。
6　奕叶清通：奕叶，累世，代代。清通，清明通达。
7　犬豕：猪狗，比喻鄙贱之人。
8　内行：平日家居的操行。
9　领队在台：在宫廷中率领禁卫。
10　笺书：书信，信札。
11　死目：准备处死之人的黑名单。
12　储宰：指太子。
13　投命奋戈：投命，舍命，拼命。奋戈，使劲挥舞干戈，谓奋勇战斗。
14　宸极：原指北极星，此处比喻帝位。
15　吐款：吐露真情。
16　集书省：古官署名，皇帝的侍从顾问机构，掌规谏、评议、驳正违失等事。

在狱为诗曰："虽无嵇生琴，庶同夏侯色[1]。"十二月，晔、综、熙先及其子弟、党与皆伏诛。晔母至市，涕泣责晔，晔色不怍[2]。妹及妓妾[3]来别，晔悲涕流连。综曰："舅殊不及夏侯色。"晔收泪而止。谢约不预逆谋，见综与熙先游，常谏之曰："此人轻事好奇，果锐无检[4]，不可狎也。"综母以子弟自蹈逆乱，独不出视。收籍[5]晔家，乐器服玩，并皆珍丽[6]，妓妾不胜珠翠[7]。母居止单陋[8]，唯有一厨盛樵薪[9]。弟子冬无被，叔父单布衣。

　　裴子野曰：刘弘仁、范蔚宗皆忸志而贪权，矜才以徇逆[10]，累叶风素[11]，一朝而陨。向之所谓智能，翻为亡身之具矣。

宋废其彭城王义康为庶人，徙安成郡宋有司奏削义康爵，收付廷尉治罪。诏免为庶人，绝属籍，徙安成郡。以沈劭为安成相，领兵防守。义康在安成读书，见淮南厉王事，废书[12]叹曰："自古有此，我乃不知，得罪宜矣。"

宋始备郊、庙之乐初，江左二郊无乐，宗庙有歌无舞。是岁，南郊始设登歌[13]。

丙戌（公元 446 年）

宋元嘉二十三年。魏太平真君七年。

1　虽无嵇生琴，庶同夏侯色：虽不像嵇康那样被杀时索琴而弹，却可以像夏侯玄那样临刑时面不改色。
2　怍：惭愧。
3　妓妾：侍姬。
4　果锐无检：果锐，果断敏锐。无检，不检点。
5　收籍：没收入官。
6　珍丽：珍贵美丽之物。
7　珠翠：珍珠翠玉。亦泛指用珠翠做成的装饰品。
8　单陋：简陋。
9　樵薪：作燃料用的杂木。
10　忸志而贪权，矜才以徇逆：志傲而贪权，自恃才能而图谋叛逆。
11　风素：清白的家风。
12　废书：放下书。
13　登歌：古代举行祭典、大朝会时乐师登堂所奏的歌。

　　春，正月，魏主讨盖吴，宋发兵援之魏主军至东雍州[1]，临薛永宗垒，崔浩曰："永宗未知陛下自来，众心纵弛。今北风迅疾，宜急击之。"魏主从之。永宗出战，大败，赴水死。其族人安都先据弘农，弃城奔宋。魏主闻盖吴在长安北，以渭北地无谷草，欲渡渭南，循渭而西。崔浩曰："夫击蛇者，先击其首，首破则尾不能掉。今吴营去此六十里，轻骑趋之，一日可到，破之必矣。破吴，南向长安亦不过一日。一日之乏，未至有伤。若从南道，则吴入北山，猝未可平也。"魏主不从。吴众闻之，悉散入北地山，军无所获，魏主悔之。遂如长安，所过诛民夷与吴通谋者。诸军大破吴于杏城，吴复遣使求援于宋。宋以吴为北地公，发雍、梁兵屯境上，为吴声援。

　　宋伐林邑初，林邑王范阳迈虽贡奉于宋，而寇盗不绝。宋主遣交州刺史檀和之讨之。南阳宗悫，家世儒素，悫独好武事，常言："愿乘长风，破万里浪。"至是自请从军。和之进围区粟城[2]，遣悫为前锋，击林邑别将，破之。

　　三月，魏诛沙门，毁佛书、佛像魏主与崔浩皆信重寇谦之，奉其道。浩素不信佛法，每言于魏主，以为佛法虚诞，为世费害[3]，宜悉除之。及魏主至长安，入佛寺，沙门饮从官酒。入其室，见大有兵器，出以白魏主。魏主怒曰："此非沙门所用，必与盖吴通谋，欲为乱耳。"命有司按诛阖寺沙门，阅其财产，大得酿具及窟室[4]、妇女。浩因说魏主，悉诛境内沙门，焚毁经、像，魏主从之。诏曰："昔后汉荒君[5]，信惑邪伪[6]，以乱天常，使政教不行，礼义大坏，九服之内，鞠[7]为丘墟。朕欲除伪定真，灭其踪迹。有司其宣告征镇，诸有佛像、胡书，皆击破焚烧，沙门无少长，悉坑之。自今以后，有事胡神及造泥人、铜人者门诛。"太子晃素好佛法，屡谏不听。乃缓宣诏书，使远近豫闻

1　东雍州：古州名，北魏初置，辖今山西省闻喜、曲沃、新绛、河津、稷山、绛县、垣曲、万荣等县及河南省济源市等地。
2　区粟城：古地名，位于今越南中部平治天省广治西北石杆河与甘露河合流处。
3　费害：费财害民。
4　窟室：地下室。
5　荒君：荒淫无道的昏君。
6　信惑邪伪：信奉迷惑人的邪恶虚伪的神。
7　鞠：大，穷极。

之，得各为计，沙门多亡匿获免，或收藏书、像，唯塔、庙无复孑遗。

康熙御批：魏信道士寇谦之以黜沙门，复因佛寺有兵器，诏无少长悉诛之。素无明禁，一旦尽行歼除[1]，可谓不教而杀，亦惨甚矣。

魏人侵宋初，魏移书于宋，以南国侨立[2]诸州，多滥北境名号，又欲游猎具区[3]。宋人答曰："必若因土立州，则彼立徐、扬，岂有其地？如欲观化[4]南国，则呼韩入汉，厥仪未泯，馆邸馈饩，每存丰厚[5]。"至是，魏人侵宋北边，宋主以为忧，咨谋群臣。御史中丞何承天言："凡备匈奴之策，不过二科：武夫尽征伐之谋，儒生讲和亲之约。今若欲追踪卫、霍[6]，自非大田淮、泗，内实青、徐，使民有赢储[7]，野有积谷，然后发卒十万，一举荡夷[8]，则不足为也。若但欲遣军追讨，报其侵暴，则彼轻骑奔走，不肯会战，徒兴巨费[9]，不损于彼。报复之役，遂将无已，斯策之最末者也。唯安边固守，于计为长耳。夫曹、孙[10]之霸，才均智敌，江淮之间，不居各数百里。何者？斥候之郊，非耕牧之地，故坚壁清野以候其来，整甲缮兵以乘其弊。保民全境，不出此途。要而归之，其策有四：一曰移远就近。令青、兖旧民及冀州新附，在界首[11]者三万余家，可悉徙置大岘之南，以实内地。二曰多筑城邑，以居新徙之家。假其经用，春夏佃牧[12]，秋冬入堡。寇至之时，一城千家，战士不下二千，其余赢弱[13]，犹能登

---

1 歼除：灭绝铲除。
2 侨立：六朝时南北分裂，诸朝遇有州郡沦陷敌手，则往往暂借别地重置，仍用其旧名。
3 具区：古泽薮名，即太湖，又名震泽、笠泽，位于今江苏和浙江两省的交界处，长江三角洲的南部。
4 观化：观察教化。
5 呼韩入汉，厥仪未泯，馆邸馈饩，每存丰厚：当年呼韩邪单于到汉朝时所使用的仪式都还在，装饰府邸，都由有关部门办理，赠送的粮草、生肉也很丰富。馈饩，赠送粮草、生肉。
6 追踪卫、霍：追踪，追随，效法。卫、霍，卫青、霍去病。
7 赢储：充裕的储备。
8 荡夷：扫荡平定。
9 巨费：巨额费用。
10 曹、孙：曹操、孙权。
11 界首：交界的地方。
12 佃牧：种田放牧。
13 赢弱：瘦弱。

陴[1]鼓噪，足抗群虏三万矣。三曰纂偶车牛[2]，以载粮械。计千家之资，不下五百耦牛[3]，为车五百辆，参合钩连[4]，以卫其众。设使城不可固，平行[5]趋险，贼不能干。有急征发，信宿[6]可聚。四曰计丁课仗。凡战士二千，随所便能，各自有仗，素所服习，铭刻由己，还保[7]输之于库，出行请以自新[8]。弓韣利铁[9]，民不得者，官以渐充之。数年之内，军用粗备矣。近郡之师，远屯清、济[10]，功费既重，嗟怨亦深。以臣料之，未若即用彼众之易也。今因民所利，导而率之，兵强而敌不戒，国富而民不劳，比于优复队伍，坐食粮廪[11]者，不可同年而校[12]矣。"

魏上邽东城反，州兵讨平之魏金城边固、天水梁会与秦、益杂民万余户据上邽东城反，攻逼西城。秦、益刺史封敕文拒却之。氐、羌及休官[13]、屠各数万人皆起兵应固、会。敕文击固，斩之。余众推会为主。魏主遣兵讨之，未至，会弃城走。敕文先据重堑[14]于外，严兵守，格斗从夜至旦。敕文曰："贼知无生路，致死于我，多杀士卒，未易克也。"乃以白虎幡宣告，降者赦之。会众遂溃，追讨，平之。

宋师克林邑檀和之等拔区粟，斩其将，乘胜入象浦[15]。林邑王阳迈倾国来战，以具装被象[16]，前后无际。宗悫曰："吾闻外国有狮子，威服百兽。"乃制其形，与象相拒。象果惊走。和之遂克林邑，阳迈父子挺身走。所获未名之宝，

1　登陴：登上城中女墙。也引申为守城。
2　纂偶车牛：将百姓使用的车、牛编排配合起来。纂，收集，汇集。偶，配合。
3　耦牛：成对的牛。
4　参合钩连：参合，并列。钩连，勾通连接。
5　平行：平安前行。
6　信宿：两三日。
7　还保：交还保管。
8　自新：自己磨利。
9　弓韣利铁：弓箭和锐利的铁制武器。韣，箭。
10　清、济：清水、济水。
11　粮廪：粮食。
12　同年而校：相提并论，把不同的人或不同的事放在一起谈论或看待。
13　休官：古族名，陇西杂夷部落，居于今甘肃省清水、秦安及天水一带。
14　重堑：多重壕沟。
15　象浦：古县名，治所位于今越南广南—岘港省维川县南。
16　以具装被象：把马匹的铠甲披到大象身上。具装，马的铠甲。

不可胜计。悫一无所取，还家之日，衣栉萧然[1]。

夏，六月朔，日食。

魏筑塞围[2]魏发司、幽、定、冀十万人筑畿上塞围，起上谷，西至河，广纵千里。

宋筑北堤，立玄武湖，起景阳山于华林园[3]。

秋，七月，宋以杜坦为青州刺史初，杜预之子耽避晋乱，居河西，仕张氏。秦克凉州，子孙始还关中。高祖灭后秦，坦兄弟从过江。时江东王、谢诸族方盛，北人晚渡者，朝廷悉以伧荒[4]遇之，虽复人才可施，皆不得践清涂[5]。宋主尝与坦论金日䃅，曰："恨今无复此辈人！"坦曰："日䃅假生今世，养马不暇，岂办见知[6]？"宋主变色曰："卿何量朝廷之薄也？"坦曰："请以臣言之。臣本中华高族[7]，世业相承，直以南渡不早，便以伧荒赐隔[8]。况日䃅胡人，身为牧圉[9]乎？"宋主默然。

八月，魏长安镇将[10]陆俟讨盖吴，斩之。安定胡刘超反，俟又斩之盖吴屯杏城，声势复振。魏遣高凉王那等讨破之，获其二叔。诸将欲送诣平城，长安镇将陆俟曰："长安险固，风俗豪忮[11]。今不斩吴，变未已也。吴一身潜窜[12]，非其亲信，谁能获之？然停十万之众以追一人，又非长策。不如私许吴叔，免其妻子，使自追吴，擒之必矣。"诸将咸曰："得贼不杀而更遣之，若

1　衣栉萧然：穿着仍很俭朴。衣栉，衣服和梳理用品。萧然，简陋。
2　塞围：要塞上的围挡。围，围子，用土、石、荆棘等围成的防御设施。
3　华林园：六朝时宫苑名，故址位于今江苏省南京市区鸡鸣山南古台城内，仿洛阳园名。
4　伧荒：两晋南北朝时，南人讥北地荒远，北人粗鄙，故称北人"伧荒"。
5　清涂：清贵之途。
6　岂办见知：哪里还能为人所知。
7　高族：高门望族。
8　赐隔：排斥。
9　牧圉：养牛马的人。
10　镇将：古官名，镇的长官，在不设州郡的地区，如西边、北边诸镇，兼统军民；在设州郡的内地，主要掌军政，但兼任驻在州刺史时，亦兼理民政。
11　豪忮：强悍好斗。
12　潜窜：偷偷地逃走。

其不返，将何以任¹其罪？"俟曰："此罪，我为诸君任之。"高凉王那亦以为然，遂与刻期而遣之。及期，不至，诸将皆咎俟。俟曰："彼伺之未得其便耳，必不负也。"后数日，果有吴首来，传诣平城。讨其余党，悉平之。以俟为内都大官。会安定卢水胡刘超复反，魏主以俟威恩著于关中，复遣镇长安。俟单马之镇。超等闻之，大喜，以俟为无能为也。俟既至，谕以成败，诱纳²其女以招之，超无降意。俟乃率帐下往见之，超设备甚严，俟纵酒尽醉而还。顷之，复选敢死士五百人出猎，因诣超营，约曰："发机³当以醉为限。"既饮，俟伴醉，上马大呼，手斩超首，士卒应声纵击，杀伤千数，遂平之。魏主复征俟为外都大官。

吐谷浑复还故土。

丁亥（公元447年）

宋元嘉二十四年。魏太平真君八年。

春，三月，魏杀沮渠牧犍魏师之克敦煌也，沮渠牧犍使人斫开府库，取金玉及宝器。至是守藏者告之，且言曰："牧犍蓄毒药，潜杀人前后以百数，姊妹皆学左道⁴。"有司索其家，果得所匿物。魏主大怒，赐沮渠昭仪死，并诛其宗族。又有告牧犍犹与故臣民交通谋反者，乃诏赐死。

宋铸大钱初，宋主以货⁵重物轻，改铸四铢钱。民多剪凿古钱，取铜盗铸。江夏王义恭建议，请以大钱一当两。右仆射何尚之议："泉贝⁶之兴，以估货为本，事存交易，岂假多铸？数少则币重，数多则物重，多少虽异，济用⁷不殊，

1　任：承当。
2　诱纳：招引接纳。
3　发机：发动攻击的时机。
4　左道：邪门旁道，多指非正统的巫蛊、方术等。地道尊右，右为贵，故正道为右，不正道为左。
5　货：货币。
6　泉贝：古代泉与贝并为货币，故统称货币为"泉贝"。
7　济用：有助于使用。

况复以一当两，徒崇虚价者邪？若今制遂行，富人之赀[1]自倍，贫者弥增其困，惧非所以使之均一也。"宋主卒从义恭议。

宋衡阳王义季卒义季自义康之贬，遂纵酒不事事，以至成疾而终。

冬，十月，宋胡诞世据豫章反，讨平之胡藩之子诞世杀豫章太守，据郡反，欲奉前彭城王义康为主。前交州刺史檀和之去官归，过豫章，击斩之。

杨文德据葭芦，五郡[2]氐皆应之。

戊子（公元 448 年）

宋元嘉二十五年。魏太平真君九年。

春，正月，魏人击杨文德，文德败走汉中。宋免其官，削爵土。

魏山东饥，罢塞围役者。

宋吏部尚书庾炳之有罪，免炳之性强急轻浅[3]，多纳贿赂，为有司所纠。上欲不问，仆射何尚之极陈其短，乃免其官。

夏，四月，宋以武陵王骏为徐州刺史彭城太守王玄谟上言："彭城要兼水陆[4]，请以皇子抚临[5]州事。"故有是命。

宋罢大钱当两大钱行之经时，公私不以为便，罢之。

秋，般悦国[6]遣使如魏西域般悦国去平城万有余里，遣使诣魏，请与魏东西合击柔然。魏主许之，中外戒严。

魏击焉耆、龟兹。冬，十二月，破之，西域平。

魏主伐柔然，不见虏而还。

1　赀：通"资"，财货。
2　五郡：即河西五郡，酒泉、武威、张掖、敦煌、金城。
3　强急轻浅：强急，僵硬，伸展不能自如。轻浅，轻浮浅薄。
4　要兼水陆：水陆两方面的交通要道。
5　抚临：出镇。
6　般悦国：古西域国名，或作悦般国，辖今中亚阿富汗地区。

己丑（公元449年）

宋元嘉二十六年。魏太平真君十年。

春，正月，魏主复伐柔然，可汗遁走。

秋，七月，宋以随王诞为雍州刺史宋主欲经略中原，群臣争献策以迎合取宠。王玄谟尤好进言，宋主谓侍臣曰："观玄谟所陈，令人有封狼居胥意。"御史中丞袁淑曰："陛下今当席卷赵魏，检玉岱宗[1]，臣逢千载之会，愿上封禅书。"宋主悦。以襄阳外接关河，欲广其资力，乃罢江州军府，文武悉配雍州。湘州入台租税，悉给襄阳。

九月，魏主伐柔然，大获魏主伐柔然，高凉王那出东道，略阳王羯儿出中道。柔然处罗可汗悉国中精兵围那数十重。那掘堑坚守，相持数日，处罗数挑战，辄为那所败。以那众少而坚，疑大军将至，解围夜去。那追之九日夜，处罗益惧，弃辎重，逾穹隆岭[2]远遁。那收其辎重，引军还，与魏主会于广泽[3]。羯儿收柔然民、畜凡百余万。自是柔然衰弱，屏迹，不敢犯魏塞。

冬，宋雍州蛮反沔北诸山蛮寇雍州，将军沈庆之率参军柳元景、随郡太守宗悫等讨之，八道俱进。先是，诸将讨蛮者皆营于山下，蛮得据山发矢石以击，官军多不利。庆之曰："去岁蛮田大稔[4]，积谷重岩[5]，不可与之旷日相守也。不若出其不意，冲其腹心，破之必矣。"乃命诸军斩木登山，鼓噪而前，群蛮震恐，因其恐而击之，所向奔溃。

庚寅（公元450年）

宋元嘉二十七年。魏太平真君十一年。

1　席卷赵魏，检玉岱宗：席卷赵魏旧土，去泰山祭祀天地神祇。检玉，指封禅，古封禅有金策、石函、金泥、玉检之封。岱宗，泰山。
2　穹隆岭：古地名，位于今蒙古国西车车尔勒格西南，为杭爱山东南脉。
3　广泽：古地名，即今蒙古国西南巴彦洪戈尔省图音河注入之鄂罗克湖。
4　大稔：大丰收。
5　重岩：高峻、连绵的山崖。

　　春，正月，**宋将军沈庆之讨蛮，平之**沈庆之自冬至春，屡破山蛮，因其谷以充军食。幸诸山大羊蛮[1]凭险筑城，守御甚固。庆之命诸军连营于山中，开门相通，各穿池于营内，朝夕不外汲。蛮潜兵夜来烧营，诸军以池水沃火[2]，多出弓弩夹射之，蛮兵散走。蛮所据险固，不可攻，庆之乃置六戍以守之。久之，蛮食尽，稍稍请降，悉迁于建康，以为营户。

　　二月，**魏主侵宋，围悬瓠**魏主将伐宋。宋主闻之，敕淮、泗诸郡："若魏寇小至，则各坚守。大至，则拔民归寿阳。"边戍侦候不明，魏主自将步、骑十万奄至。南顿[3]、颍川太守并弃城走。是时，豫州刺史、南平王铄镇寿阳，遣参军陈宪守悬瓠，城中战士不满千人，魏主围之。

　　三月，**宋减百官俸**以军兴，减内外官俸三分之一。

　　夏，四月，**魏师还**魏人昼夜攻悬瓠，作高楼[4]临城以射之，矢下如雨，城中负户以汲[5]。施大钩于冲车之端，以牵楼堞[6]，坏其南城。陈宪内设女墙[7]，外立木栅以拒之。魏人填堑，肉薄登城。宪督厉[8]将士苦战，积尸与城等。魏人乘尸上城，短兵相接，宪锐气愈奋，战士无不一当百，杀伤万计，城中死者亦过半。魏遣永昌王仁驱所掠六郡生口，北屯汝阳。宋主遣间使命武陵王骏发骑袭之。骏发百里内马，得千五百匹，分为五军，遣参军刘泰之等将之，直趋汝阳。魏人唯虑救兵自寿阳来，不备彭城。泰之等潜进，击之，杀三千余人，烧其辎重，魏人奔散，诸生口悉得东走。魏侦知泰之等兵无后继，复引兵击之。士卒惊乱，走死，免者九百余人，马还者四百匹。魏主攻悬瓠四十三日，宋主遣南平内史臧质、司马刘康祖共救悬瓠。魏主遣任城公乞地真逆拒之。质等击

1　大羊蛮：即大阳蛮，南北朝时大阳山诸民族的总称，分布于今湖北省京山北、大洪山南支地区。
2　沃火：浇灭火势。
3　南顿：古郡名，治所位于今河南省项城市西南。
4　高楼：高高的楼车。楼车，古代战车，上设望楼，用以瞭望敌人。
5　负户以汲：身背门板，到井里提水。意为避免被射杀。
6　楼堞：城楼与城堞，也泛指城墙。城堞，城上的矮墙。
7　女墙：城墙上呈凹凸形的小墙，也叫女儿墙。
8　督厉：督导勉励。

斩乞地真。四月，魏主引兵还。宋以陈宪为龙骧将军。魏主遗宋主书曰："前盖吴反逆，扇动关陇。彼复使人诱之，是曹正欲谲诳取赂[1]，岂有远相服从之理？为大丈夫，何不自来取之，而以货诱我边民？我今至此，所得孰与彼多？彼又北通蠕蠕，西结赫连、沮渠、吐谷浑，东连冯弘[2]、高丽。凡此数国，我皆灭之，彼岂能独立邪？我今北征，先除有足之寇[3]。以彼无足，故不先讨耳。我当显然[4]往取扬州，不若彼黬行窃步[5]也。彼前使裴方明取仇池，既得之，疾其勇功[6]，已不能容。有臣如此尚杀之，乌得与我校[7]耶？彼常欲与我一交战，我亦不痴，复非符坚，何时与彼交战？昼则遣骑围绕，夜则离彼百里外宿。吴人正有斫营伎[8]，不过行五十里，天已明矣，其首岂得不为我有哉？彼公[9]时旧臣虽老，犹有智策，知今已杀尽，非天资我邪？"

宋以江湛为吏部尚书湛性公廉，与仆射徐湛之并为上所宠信，时称"江徐"。

六月，魏杀其司徒崔浩，夷其族浩自恃才略及为魏主所宠任，专制[10]朝权，尝荐士数十人，皆起家为郡守。太子晃曰："先征之人，亦州郡之选也。在职已久，勤劳未答，宜先补郡县，以新征者代为郎吏。且守令治民，宜得更事者。"浩固争而遣之。中书侍郎高允闻之，曰："崔公其不免乎？苟遂其非而校胜于上[11]，将何以堪之？"魏主使浩、允等共撰国记[12]，曰："务从实录。"著作令史[13]闵湛、郗标性巧佞。浩尝注《易》及《论语》《诗》《书》，湛、标上

1　是曹正欲谲诳取赂：他们正打算用欺诈诳骗的手段获取这些贿赂之财。谲诳，欺诈诓骗。
2　冯弘：北燕国主名，是时正逃亡在高丽。
3　有足之寇：指骑马的贼寇。
4　显然：公开显露貌。
5　黬行窃步：黬行，偷行，暗中行走。窃步，偷偷地走。
6　勇功：勇敢作战立下的功劳。
7　校：对抗，较量。
8　斫营伎：砍杀攻击敌人营垒的伎俩。斫营，砍杀攻击敌人的营垒。
9　彼公：你父亲。
10　专制：控制，掌管。
11　苟遂其非而校胜于上：为了满足自己的私心而同居于上位的人对抗争胜。
12　国记：编年史一类的国史。
13　著作令史：古官名，协助著作郎修撰国史。

疏言：“马、郑、王、贾[1]不如浩之精微，乞收境内诸书，颁浩所注，今天下习业[2]。”浩亦荐湛、标有著述才。湛、标又劝浩刊所撰国史于石，以彰直笔[3]。允闻之，谓著作郎宗钦曰：“湛、标所营，分寸之间，恐为崔门万世之祸，吾徒亦无噍类矣。”浩竟刊石立于郊坛东，方百步。所书魏之先世，事皆详实，列于衢路[4]。北人无不忿恚，相与谮浩，以为暴扬国恶。魏主大怒，使有司按浩及秘书郎吏等罪状。初，辽东公翟黑子奉使并州，受布千匹。事觉，谋于高允，允曰：“公帷幄宠臣，有罪首实，庶或见原[5]，不可重为欺罔。”崔览谓曰：“首实，罪不可测，不如讳之。”黑子怨允曰：“君奈何诱人就死地？”遂不以实对。魏主杀之。魏主使允授太子经。及崔浩被收，太子召允谓曰：“吾自导卿，至尊有问，但依吾语。”太子入言：“高允小心慎密[6]，且制由崔浩，请赦其死。”魏主问曰：“国书皆浩所为乎？”对曰：“太祖记，前著作郎邓渊所为；先帝记及今记，臣与浩共为之。然浩所领事多，总裁[7]而已，至于著述，臣多于浩。”魏主怒曰，“允罪甚于浩，何以得生？”太子惧曰：“天威严重，允小臣，迷乱失次耳。臣向问，皆云浩所为。”魏主问：“信如东宫所言乎？”对曰：“臣罪当灭族，不敢虚妄[8]。殿下哀臣，欲丐[9]其生耳。”魏主顾谓太子曰：“直哉！此人情所难，而允能为之。临死不易辞，信也；为臣不欺君，贞也。宜特除其罪以旌之。”遂赦之。召浩临诘[10]，浩惶惑不能对。允事事申明，皆有条理。魏主命允为诏，诛浩及僚属、僮、吏几百二十八人，皆夷五族。允持疑不为。帝

1　马、郑、王、贾：马融、郑玄、王肃、贾逵。
2　习业：钻研学习。
3　直笔：如实记载史实。
4　衢路：道路。
5　有罪首实，庶或见原：犯了罪就应该向官府投案，或许还会被皇上赦免。首实，向官府交代犯罪情实。
6　慎密：细致周到。
7　总裁：汇总裁决其事。
8　虚妄：荒诞无稽。
9　丐：乞求。
10　临诘：亲临责问。

频使催切[1]，允曰："浩之所坐，若更有余衅[2]，非臣敢知。若直以触犯，罪不至死。"魏主怒，命武士执允。太子为之拜请，魏主意解，乃曰："无斯人，当更有数千口死矣。"六月，诏诛浩，夷其族，余皆止诛其身。他日，太子让允曰："吾欲为卿脱死，而卿终不从，激怒帝如此。每念之，使人心悸。"允曰："夫史者，所以记人主善恶，为将来劝戒，故人主有所畏忌，慎其举措。崔浩辜负圣恩，以私欲没其廉洁，爱憎蔽其公直，不为无罪。至于书朝廷起居，言国家得失，此为史之大体，未为多违。臣与浩实同其事，死生荣辱，义无独殊。诚荷殿下再造之慈，违心苟免，非臣所愿也。"太子动容称叹。允退，谓人曰："我不奉东宫指导者，恐负翟黑子故也。"魏主既诛浩而悔之。会北部尚书[3]、宣城公李孝伯病笃，或传已卒，魏主悼之曰："李宣城可惜。"既而曰："朕失言，崔司徒可惜，李宣城可哀！"孝伯，顺从父弟也，自浩之诛，军国谋议皆出孝伯，宠眷[4]亚于浩。

秋，宋人大举侵魏，取碻磝，围滑台。冬，十月，魏主自将救之。宋将军王玄谟退走宋主欲伐魏，丹杨尹徐湛之、尚书江湛、宁朔将军王玄谟等并劝之。将军刘康祖以为岁月已晚，请待明年。宋主曰："北方苦虏虐政[5]，义徒[6]并起。顿兵一周[7]，向义之心不可沮也。"校尉沈庆之谏曰："我步彼骑，其势不敌。檀道济再行无功，到彦之失利而返。今料王玄谟等未逾两将，六军之盛，不过往时，恐重辱王师。"宋主曰："道济养寇自资，彦之中途疾动。虏所恃唯马，今夏水浩汗[8]，河道流通，泛舟北下，碻磝必走，滑台易拔。克此二城，馆谷[9]吊民，虎牢、洛阳，自然不固。比及冬初，城守相接，虏马过河，

1　催切：催逼。
2　余衅：其他罪行。
3　北部尚书：古官名，尚书省北部曹长官，掌北边州郡，权任很重，略低于南部尚书。
4　宠眷：帝王的宠爱关注。
5　虐政：暴虐的政策法令。
6　义徒：义兵。
7　顿兵一周：军队驻扎，延迟一年再进攻。
8　浩汗：水盛大貌。
9　馆谷：指驻军就食，居其馆，食其谷。

即成擒也。"庆之又固陈不可。宋主使湛之等难之。庆之曰："治国譬如治家，耕当问奴，织当访婢。陛下今欲伐国，而与白面书生辈谋之，事何由济？"宋主大笑。太子劭及将军萧思话亦谏，皆不从。魏主复与宋主书曰："彼此和好日久，而彼志无厌，诱我边民。又闻彼欲自来。彼年已五十，未尝出户，虽自力[1]而来，如三岁婴儿，与我鲜卑生长马上者果如何哉？"七月，宋主遣王玄谟率沈庆之、申坦水军入河，受督于青、冀刺史萧斌。臧质、王方回径造[2]许、洛，骏、铄东西齐举，刘秀之震荡汧陇[3]，义恭出次彭城，为众军节度。是时军旅大起，王公、妃主及朝士、牧守，下至富民，各献金帛、杂物以助国用。又以兵力不足，悉发六州三五民丁[4]，倩使暂行[5]。募中外有马步众艺、武力之士应科者，皆加厚赏。有司奏军用不充，富民家赀满五十万，僧尼满二十万，并四分借一，事息即还。建武司马申元吉趋碻磝，魏济、青刺史皆弃城走。萧斌与沈庆之留守碻磝，使王玄谟进围滑台。随王诞遣雍州参军柳元景、将军尹显祖、曾方平、薛安都、庞法起将兵出弘农。参军庞季明年七十余，自以关中豪右，请入长安招合夷夏，诞许之。乃自赀谷入卢氏[6]，民赵难纳之。季明诱说士民，应者甚众。安都等因[7]之，自熊耳山[8]出，元景继进。南平王铄遣豫州参军胡盛之出汝南，梁坦出上蔡向长社。王阳儿击豫州，魏荆、豫刺史鲁爽、仆兰皆弃城走。铄又遣司马刘康祖助坦进逼虎牢。魏群臣初闻有宋师，言于魏主，请遣兵救缘河谷帛。魏主曰："马今未肥，天时尚热，速出必无功。若兵来不止，且还阴山避之。国人本着羊皮裤，何用绵帛？展至十月，吾无忧矣。"九月，魏主引兵南救滑台，命太子晃屯漠南以备柔然。王玄谟士众甚盛，器械精

1　自力：尽自己的力量。
2　径造：直接前往。
3　汧陇：汧水陇山地带。
4　三五民丁：按每三个壮丁抽一人、每五个壮丁抽二人的比例征召士兵。
5　倩使暂行：或者请别人代替自己暂时参军。
6　乃自赀谷入卢氏：从赀谷进入卢氏。赀谷，古地名，位于今河南省三门峡市卢氏县南山之中。卢氏，古县名，治所即今河南省三门峡市卢氏县。
7　因：凭借，依靠。
8　熊耳山：古山名，位于今河南省三门峡市卢氏县东南。

严[1]。而玄谟贪愎[2]好杀。初围滑台，城多茅屋，众请以火箭烧之。玄谟曰："彼，吾财也，何遽烧之？"城中即撤屋穴处[3]。时河洛[4]之民竞出租谷，操兵来赴者日以千数。玄谟不即其长帅，而以配私昵[5]。家付匹布，责大梨八百[6]。由是众心失望。攻城数月不下，闻魏救将至，众请发车为营[7]，玄谟不从。十月，魏主夜渡河，众号百万，鞞鼓[8]之声，震动天地。玄谟惧，退走。魏人追击之，死者万余人，麾下散亡略尽，委弃军资、器械山积。先是，玄谟遣垣护之以百舸为前锋，据石济[9]。护之闻魏兵将至，驰书劝玄谟急攻，曰："昔武皇攻广固，死没甚众。况今事迫于曩日[10]，岂得计士众伤、疲？愿以屠城为急。"玄谟不从。魏人以所得战舰连以铁锁三重，断河以绝护之还路。河水迅急，护之中流而下，每至铁锁，以长柯斧[11]断之，魏不能禁。唯失一舸，余皆完备而返。萧斌遣沈庆之将五千人救玄谟。庆之曰："玄谟士众疲老，寇虏已逼，小军轻往，无益也。"斌固遣之。会玄谟遁还，斌将斩之，庆之固谏曰："佛狸[12]威震天下，控弦百万，岂玄谟所能当？且杀战将以自弱，非良计也。"斌乃止。斌欲固守碻磝，庆之曰："今青、冀虚弱，而坐守穷城[13]，若虏众东过[14]，清东[15]非国家有也。碻磝孤绝，复作朱修之滑台耳。"会诏使至，不听退师。斌复召诸将议之。庆之曰："阃外[16]之事，将军得以专之。诏从远来，不知事势。节下有一范增不能

1　精严：精良整齐。
2　贪愎：贪婪乖戾。
3　穴处：住在山洞。
4　河洛：黄河与洛水两水之间的地区。
5　不即其长帅，而以配私昵：不把这些人交给原来的首领统率，而是把他们交给自己亲密之人使用。
6　家付匹布，责大梨八百：发放给每家一匹布，却又命令每家交出八百个大梨。
7　发车为营：用马车搭建营垒。
8　鞞鼓：古代军中所用之乐鼓。
9　石济：古渡口名，即棘津，位于今河南省滑县西南古黄河畔。
10　曩日：往日，以前。
11　长柯斧：长柄斧子。
12　佛狸：即魏主拓跋焘，拓跋焘小字佛狸。
13　穷城：危城。
14　东过：向东进军。
15　清东：清水以东地区。
16　阃外：京城或朝廷以外，亦指外任将吏驻守管辖的地域，与朝中、朝廷相对。

用，空议何施？"斌及坐者并笑曰："沈公乃更学问[1]。"庆之厉声曰："众人虽
知古今，不如下官耳学[2]也。"斌乃使王玄谟戍碻磝，申坦、垣护之据清口，自
将诸军还历城。

十一月，魏主进至鲁郡，以太牢祠孔子魏主命诸将分道并进，永昌
王仁自洛阳趋寿阳，尚书长孙真趋马头[3]，楚王建趋钟离[4]，高凉王那自青州趋下
邳，魏主自东平趋邹山[5]。十一月，擒鲁郡太守崔邪利。见秦始皇石刻，使人排
而仆之[6]，以太牢祠孔子。

宋雍州参军柳元景大破魏师于陕，斩其将张是连提，进据潼关而还
宋略阳太守庞法起等诸军入卢氏，斩县令，以赵难为令，使为乡导。柳元景等
进攻弘农，拔之，进向潼关。诏以元景为弘农太守。元景使薛安都、尹显祖先
引兵就法起等于陕，元景于后督租。陕城险固，攻之不拔。魏洛州刺史张是连
提率众二万渡崤救陕[7]，安都等与战于城南。魏人纵突骑，诸军不能敌。安都怒，
脱兜鍪，解铠，马亦去具装，瞋目横矛，单骑突阵，所向无前，魏人夹射不能
中。如是数四，杀伤不可胜数。会日暮，别将鲁元保引兵自函谷关至，魏兵乃
退。明日，安都等陈于城西南。曾方平谓安都曰："今勍敌在前，坚城在后，
是吾取死之日。卿若不进，我当斩卿。我若不进，卿斩我也。"安都曰："善。"
遂合战。军副[8]柳元怙引兵自南门鼓噪直出，旌旗甚盛，魏众惊骇。安都挺身
奋击，流血凝肘，矛折，易之更入，诸军齐奋。自旦至日昃，魏众大溃，斩张
是连提及将卒三千余级，其余赴河堑[9]死者甚众，降者二千余人。明日，元景
至，让降者曰："汝辈本中国民，今为虏尽力，力屈乃降，何也？"皆曰："虏

1　更学问：学问有长进。
2　耳学：仅凭听闻所得。
3　马头：古山名，位于今河南省信阳市商城县南，山势高耸，形如马头。
4　钟离：古县名，治所位于今河南省南阳市唐河县东南。
5　邹山：古山名，又名邹峄山、绎山，位于今山东省济宁市辖邹城市东南。
6　排而仆之：把它推倒。仆，放倒。
7　渡崤救陕：翻过崤山前去陕城增援。
8　军副：军中副将。
9　河堑：护城河。

驱民战，后出者灭族，以骑蹙步，未战先死，此将军所亲见也。"诸将欲尽杀之，元景曰："王旗北指，当令仁声先路[1]。"尽释而遣之，皆称万岁而去。遂克陕城，进攻潼关，据之。关中豪杰所在蜂起，及四山[2]羌、胡，皆来送款。宋主以王玄谟败退，魏兵深入，柳元景等不宜独进，皆召还。元景使薛安都断后，引兵归襄阳。诏以元景为襄阳太守。

魏永昌王仁克悬瓠，遂败宋师于尉武[3]，杀其将刘康祖，进逼寿阳魏永昌王仁攻悬瓠、项城，拔之。宋主恐魏兵至寿阳，召刘康祖，使还。仁将八万骑追及康祖于尉武。康祖有众八千人，军副胡盛之欲依山险间行取至[4]，康祖怒曰："临河求敌，遂无所见，幸其自送，奈何避之？"乃结车营[5]而进，下令军中曰："顾望者斩首，转步者斩足！"魏人四面攻之，将士皆殊死战。自旦至晡，杀魏兵万余人，流血没踝，康祖身被十创，意气弥厉。魏分其众为三，且休且战，会日暮风急，魏以骑负草烧车营，康祖随补其缺。有流矢贯康祖颈，坠马死，余众遂溃，魏人掩杀殆尽。南平王铄使参军王罗汉以三百人戍尉武。魏兵至，众欲南依卑林[6]以自固，罗汉以受命居此，不去。魏人攻而擒之，锁其颈，使三郎将[7]掌之。罗汉夜断三郎将首，抱锁亡奔盱眙。仁进逼寿阳，南平王铄婴城固守。

魏主攻彭城，不克魏军在萧城[8]，去彭城十余里。彭城兵虽多而食少，江夏王义恭欲弃彭城南归。沈庆之以为历城兵少食多，欲为函箱车阵[9]，以精兵为外翼，奉二王及妃女[10]直趋历城。何勖欲席卷[11]奔郁洲，自海道还京师。义恭去

---

1 令仁声先路：让仁爱做我们的先导，为我们开路。
2 四山：代指关中之地。胡三省注："关中之地，四面阻山。时羌、胡皆依山而居，自为聚落。"
3 尉武：古地名，位于今安徽省淮南市寿县西。
4 取至：到达。
5 结车营：连车为营。
6 卑林：低矮的树林。
7 三郎将：古官名，北魏置，为皇帝的侍从武官，掌领宿卫宫内三郎。
8 萧城：古地名，位于今安徽省宿州市萧县西北。
9 函箱车阵：军队行进中的保护性方形阵势。
10 妃女：妃子和女儿。
11 席卷：形容尽数带走。

意已判，唯二议未决。长史张畅曰："若历城、郁洲有可至之理，下官敢不高赞[1]？今城中乏食，百姓咸有走志，但以关扃严固[2]耳。一旦动足，则各自逃散，欲至所在，何由可得？今军食虽寡，朝夕犹未罄罄[3]，岂有舍万安之术而就危亡之道？若此计必行，下官请以颈血污公马蹄。"武陵王骏谓义恭曰："阿父既为总统[4]，去留非所敢干，道民忝为城主，必与此城共其存没，张长史言不可异也。"义恭乃止。魏主至彭城，使尚书李孝伯至南门，饷义恭貂裘，饷骏橐驼及骡，且曰："魏主致意安北[5]，可暂出见我。"骏使张畅开门出见之，孝伯曰："魏主不围此城，自率众军直造瓜步[6]，饮江湖[7]以疗渴耳。"畅曰："去留之事，自适彼怀[8]。若虏马遂得饮江，便为无复天道。"先是童谣云："虏马饮江水，佛狸死卯年。"故畅云然。畅音容雅丽[9]，孝伯亦辩赡[10]，且去，谓畅曰："长史深自爱，相去步武[11]，恨不执手。"畅曰："君善自爱，冀荡定[12]有期，君还宋朝，今为相识之始。"

宋取阴平、平武[13]郡　宋主起杨文德为辅国将军，引兵自汉中西入，摇动沂陇，阴平、平武悉平。梁、南秦刺史刘秀之遣文德伐啖提氐，不克，执送荆州，使文德从祖兄头戍葭芦。

十二月，魏主引兵南下，攻盱眙，不克。进次瓜步。宋人戒严守江　魏主引兵南下，使中书郎鲁秀出广陵，高凉王那出山阳，永昌王仁出横江，所

1　高赞：高声附和、赞同。
2　关扃严固：关扃，封锁。严固，严密牢固。
3　罄罄：匮乏，穷尽。
4　总统：统率军队的长官。
5　安北：指安北将军、武陵王刘骏。
6　瓜步：古地名，又作瓜埠，位于今江苏省南京市六合区东南瓜步山下，滨滁河东岸，因山得名。
7　江湖：江河湖海。
8　自适彼怀：要由你们自己决定。
9　雅丽：雅致秀丽。
10　辩赡：雄辩。
11　步武：古时以六尺为步，半步为武，因以"步武"指不远的距离。
12　荡定：荡平。
13　平武：古郡名，辖今四川省平武县、绵阳市一带。

过无不残灭，城邑皆望风奔溃。建康纂严[1]。魏兵至淮上[2]。宋主使将军臧质将万人救彭城。至盱眙，魏主已过淮。质使胡崇之等营东山、前浦[3]，而自营于城南。魏燕王谭攻之，皆败没，质军亦溃。质弃辎重器械，单将七百人赴城。初，盱眙太守沈璞到官，王玄谟犹在滑台，江淮无警。璞以郡当冲要，乃缮城浚隍[4]，积财谷，储矢石，为城守之备。僚属皆非之，朝廷亦以为过。及魏兵南向，守宰多弃城走。或劝璞还建康，璞曰："虏若以城小不顾，夫复何惧？若肉薄来攻，此乃吾报国之秋，诸君封侯之日也，奈何去之？诸君尝见数十万人聚于小城之下而不败者乎？昆阳、合肥，前事之明验也。"众心稍定。璞收集，得二千精兵，曰："足矣。"及臧质向城，众谓璞曰："虏若不攻城，则无所事众。若其攻城，则城中止可容见力耳，地狭人多，鲜不为患。若以质众能退敌完城者，则全功不在我。若避罪归都，会资舟楫[5]，必更相蹂践。正足为患，不若勿受。"璞叹曰："虏必不能登城，敢为诸君保之。舟楫之计，固已久息。虏之残害，古今未有，屠剥[6]之苦，众所共见，其中幸者，不过得驱还北国作奴婢[7]耳。彼虽乌合，宁不惮此邪？所谓'同舟而济，胡、越一心'者也。今兵多则虏退速，少则退缓，吾宁可欲专功[8]而留虏乎？"乃开门纳质。质见城中丰实，大喜，因与璞共守。魏人之南寇也，不赍粮用，唯以抄掠为资。及过淮，民多窜匿，抄掠无所得，人马饥乏。闻盱眙有积粟，欲以为北归之资。攻城不拔，即留数千人守盱眙，自率大众南向。由是盱眙得益完守备。魏主至瓜步，坏民庐舍，及伐苇为筏，声言欲渡江。建康震惧，民皆荷担而泣，内外戒

1　纂严：军队严装、戒备。
2　淮上：淮河边。
3　东山、前浦：东山，古地名，位于今江苏省淮安市盱眙县东南。前浦，位于今江苏省淮安市盱眙县附近。
4　缮城浚隍：修缮城池，疏通并加深环城壕沟。
5　会资舟楫：双方都要借助船只。
6　屠剥：屠杀剥皮。
7　奴婢：丧失自由、为主人无偿服劳役的人。
8　专功：独占其功。

严。丹阳统内尽户发丁[1]，王公以下子弟皆从役[2]。命刘遵考等将兵分守津要，游逻[3]上接于湖，下至蔡洲，陈舰列营，周亘[4]江滨。自采石至于暨阳[5]，六七百里。太子劭出镇石头，总统水军，徐湛之守石头仓城[6]，江湛兼领军，军事处置悉以委焉。宋主登石头城，有忧色，谓江湛曰："北伐之计，同议者少。今日士民劳怨[7]，不得无惭，贻[8]大夫之忧，予之过也。"又曰："檀道济若在，岂使胡马至此？"

魏及宋平 魏主以橐驼、名马饷宋主，求和请婚。宋主亦饷以珍羞异味。魏主以其孙示使者曰："吾远来至此，非欲为功名，实欲继好援[9]。宋若能以女妻此孙，我以女妻武陵王，自今匹马不复南顾[10]。"使还，宋主召群臣议之，众谓宜许。江湛曰："戎狄无亲[11]，许之无益。"太子劭怒谓湛曰："今三王在厄，讵宜苟执异议[12]？"声色甚厉。坐散，劭又言于宋主曰："北伐败辱，数州沦破[13]，独有斩江徐，可以谢天下。"宋主曰："北伐自是我意，江、徐但不异耳。"由是太子与江、徐不平，魏亦竟不成婚。

1　尽户发丁：全家都要从军。
2　从役：服劳役。
3　游逻：巡逻的士兵。
4　周亘：曲折绵延。
5　自采石至于暨阳：采石，古地名，又名牛渚矶，位于今安徽省马鞍山市西南江滨。暨阳，古县名，治所位于今江苏省江阴市东南。
6　仓城：储藏宝货兵器的地方。
7　劳怨：劳苦和怨恨。
8　贻：遗留。
9　好援：结秦晋之好，互相援助。
10　匹马不复南顾：不会再让任何一匹马南下骚扰。
11　戎狄无亲：蛮夷之人没有亲情。
12　今三王在厄，讵宜苟执异议：如今三位王爷都处于危险境地，我们难道还可以坚持反对吗。
13　沦破：没落破败。

卷 二十六

起辛卯宋文帝元嘉二十八年、魏太武帝太平真君十二年，尽乙巳[1]宋明帝泰始元年、魏文成帝和平六年**凡十五年**。

辛卯（公元451年）

宋元嘉二十八年。魏太平真君十二年。

春，正月，魏师还正月朔，魏主大会群臣于瓜步山[2]上，颁爵行赏有差[3]。魏人缘江举火，右卫率尹弘言于宋主曰："六夷如此，必走。"明日，果掠居民、焚庐舍而去。

宋主杀其弟义康胡诞世之反也，江夏王义恭等奏义康数有怨言，摇动民听[4]，故不逞[5]之族因以生心，请徙义康广州。宋主先遣使语之。义康曰："人生会死，吾岂爱生？必为乱阶，虽远何益？请死于此，耻复屡迁。"竟未及往。魏师在瓜步，人情恟惧。宋主虑不逞之人复奉义康为乱，太子劭及武陵王骏、仆射何尚之屡启宜早为之所[6]，宋主乃遣中书舍人严龙就杀之。

魏复取碻磝宋江夏王义恭以碻磝不可守，召王玄谟还历城。魏人追击，败之，遂取碻磝。

魏主攻盱眙，宋将军臧质拒之，魏师退走。二月，过彭城，宋人追之，不及初，宋主闻有魏师，命广陵太守刘怀之逆烧城府、船乘[7]，尽率其民渡江。山阳太守萧僧珍敛[8]民入城，台[9]送粮、仗诣盱眙及滑台者，以路不通，皆留山阳。僧珍又蓄陂[10]水令满，须魏人至，决以灌之。魏人过山阳，不

1　乙巳：即公元465年。
2　瓜步山：古山名，又作瓜埠山，位于今江苏省南京市六合区东南，古时南临大江，屡为军事争夺要地。
3　有差：不一，有区别。
4　摇动民听：摇动，动摇。民听，民众的舆论。
5　不逞：不得志，欲望未得到满足。
6　早为之所：及早为他安排一个处所。
7　逆烧城府、船乘：预先放火烧掉城内官府和水上船只。
8　敛：收起，收集。
9　台：代指朝廷。
10　陂：池塘。

敢留，因攻盱眙。魏主就臧质求酒，质封溲便[1]与之。魏主怒，筑长围，一夕
而合，运东山土石以填堑，作浮桥于君山[2]，绝水陆道。遗质书曰："吾今所遣
斗兵[3]，尽非我国人。城东北是丁零与胡，南是氐、羌。设使丁零死，正可减常
山、赵郡贼；胡死，减并州贼；氐、羌死，减关中贼。卿若杀之，无所不利。"
质复书曰："省示[4]，具悉奸怀[5]。尔自恃四足[6]，屡犯边境。王玄谟退于东，申坦
散于西，尔知其所以然邪？尔独不闻童谣之言乎？盖卯年未至，故以二军开
饮江[7]之路耳。寡人受命相灭，期之白登[8]。师行未远，尔自送死，岂容复令尔
生全，飨有桑干[9]哉？我本不图全，若天地无灵，力屈于尔，齑之粉之[10]，屠之
裂之，犹未足以谢本朝。尔智识[11]及众力，岂能胜符坚邪？今春雨已降，兵方
四集，尔但安意攻城，粮乏见语，当出廪相贻[12]。得所送剑刀，欲令我挥之尔身
邪？"魏主大怒，作铁床，于其上施铁镝[13]，曰："破城得质，当坐之此上。"质
又与魏众书曰："尔语虏中诸士庶，佛狸所与书，相待如此。尔等正朔之民[14]，
何为自取糜灭，岂可不知转祸为福邪？"并写台格[15]以与之云："斩佛狸首，封
万户侯，赐布、绢各万匹。"魏人以钩车[16]钩城楼，城内系以驱纴，数百人唱呼
引之，车不能退。既夜，缒[17]桶悬卒出，截其钩，获之。明日，又以冲车攻城，

1　溲便：尿，小便。
2　君山：古山名，又名军山，位于今江苏省淮安市盱眙县东北。
3　斗兵：战士。
4　省示：看了你的信。
5　奸怀：奸诈的心思。
6　四足：四条腿。代指马背上的民族。
7　饮江："饮马长江"简称，在长江边给战马喝水，指渡江南下进行征伐。
8　期之白登：约定出兵白登山。
9　飨有桑干：到桑干河享受荣华富贵。桑干，古水名，永定河上游，流经今河北省西北部
　　和山西省北部，俗传每年桑椹成熟时河水干涸，故名。
10　齑之粉之：捣成粉末。
11　智识：智力，识见。
12　粮乏见语，当出廪相贻：如果粮食不够吃，可以告诉我们，我们一定会把仓库里的粮食
　　拿出来相赠。
13　镝：箭头针。
14　正朔之民：正统王朝的子民。
15　台格：朝廷所设的赏格或颁布的法令。
16　钩车：古兵车的一种，上设钩梯，用于侦察。
17　缒：系在绳子上放下去。

城上坚密，每至，颓落[1]不过数升。魏人乃肉薄登城，分番相代[2]，坠而复升，莫
有退者，杀伤万计，尸与城平。凡攻之三旬，不拔。会魏军中多疾疫[3]，或告以
建康遣水军自海入淮，又敕彭城断其归路。二月朔，魏主烧攻具退走。盱眙人
欲追之，沈璞曰："今兵不多，虽可固守，不可出战，但整舟楫，示若欲北渡
者，以速其走，计不须实行也。"臧质以璞城主，使之上露板。璞固辞，归功
于质。宋主闻，益嘉之。魏师过彭城，宋江夏王义恭震惧，不敢击。或告："虏
驱南口[4]万余，夕应宿安王陂[5]，去城数十里，今追之，可悉得。"诸将皆请行，
义恭不许。明日，驿使至，敕义恭悉力急追。魏师已远，义恭乃遣司马檀和之
向萧城。魏人先已闻之，尽杀所驱者而去。

　　宋令民遭寇者蠲其税、调魏人凡破南兖、徐、兖、豫、青、冀六州，
杀掠不可胜计，丁壮[6]者即加斩截，婴儿贯于槊上，盘舞以为戏。所过郡县，
赤地无余。春燕归，巢于林木。魏之士马死伤亦过半，国人皆尤之。宋主每命
将出师，常授以成律、交战日时[7]。是以将帅趑趄[8]，莫敢自决。又江南白丁[9]，轻
进易退，此其所以败也。自是邑里萧条，元嘉[10]之政衰矣。诏降太尉义恭为骠
骑将军，镇军将军骏为北中郎将。初，魏主过彭城，遣语城中曰："食尽且去，
麦熟更来。"及期，江夏王义恭议欲艾麦入保[11]。参军王孝孙曰："虏不能复来，
既自可保。如其更至，此议亦不可立。百姓饥馑日久，方春，野采自资[12]，一入
保聚，饿死立至。民知必死，何可制邪？虏若必来，艾麦无晚。"长史张畅曰：

1　颓落：坠落，崩塌。
2　分番相代：把士卒分为几组，轮番往城墙上爬。
3　疾疫：疾病瘟疫。
4　南口：古指南方边远地区被贩卖的人口。
5　安王陂：古地名，位于今江苏省徐州市铜山县西南。
6　丁壮：强壮，健壮。
7　授以成律、交战日时：把已拟定好的作战计划、交战的日子、具体时间交给他们。
8　趑趄：滞留，盘桓。
9　白丁：临时征集的壮丁，也称白徒。
10　元嘉：南朝宋文帝刘义隆年号，存续时间为公元424至453年。
11　入保：将百姓迁入堡垒之中。保，通"堡"。
12　方春，野采自资：正是春暖花开的时节，他们可以挖些野菜、摘些野果来充饥。

"孝孙之议，实有可寻[1]。"典签董元嗣进曰："王录事议不可夺。"别驾王子夏曰："此论诚然。"畅曰："艾麦移民，可谓大议，一方安危，事系于此。子夏亲为州端[2]，曾无异同。及闻元嗣之言，则权笑酬答[3]。阿意左右，何以事君？请命孝孙弹之。"义恭乃止。

三月，**魏主还平城** 魏主还平城，饮至[4]告庙，以降民五万余家分置近畿。

魏以卢度世为中书侍郎 初，魏中书学生[5]卢度世坐崔浩事亡命，匿高阳郑黑家。吏囚黑子，掠治之。黑戒其子曰："君子杀身成仁，虽死不可言。"其子奉父命，吏以火爇其体，终不言而死。及魏主临江，问宋使者曰："卢度世亡命，已应至彼。"使者曰："不闻。"魏主乃赦度世。度世自出，魏主以为中书侍郎。度世为其弟娶郑黑妹以报德。

夏，四月，**魏荆州刺史鲁爽及其弟秀奔宋** 初，鲁宗之奔魏，其子轨为魏荆州刺史、襄阳公，镇长社，常思南归。以昔杀刘康祖及徐湛之之父，故不敢来。轨卒，子爽袭父官爵。爽少有武干，与弟中书郎秀皆有宠于魏主。既而有罪，魏主诘责之。爽、秀惧诛，杀魏戍兵，率部曲千余家奔汝南，请降于宋。宋主大喜，以爽为司州刺史，镇义阳。秀为颍川太守。魏人毁其坟墓。徐湛之以为庙算远图[6]，特所奖纳[7]，不敢苟申私怨，乞屏居田里。不许。

宋以何尚之为尚书令，徐湛之为仆射 尚之以湛之国戚[8]，任遇隆重，每事让之，朝事悉归湛之。

魏更定律令 魏主命太子少傅游雅、中书侍郎胡方回等更定律令，增损凡三百九十一条。

1　实有可寻：实在能发现很有道理。
2　州端：即州里的别驾。别驾为一州属官之首，职位上高于典签。
3　及闻元嗣之言，则权笑酬答：听到董元嗣这一说，才露出了笑容表示应答。
4　饮至：奏凯庆功之宴。
5　中书学生：太学学生。中书学，即太学，北魏时的中央教育机构。
6　庙算远图：庙算，朝廷或帝王对战事进行的谋划。远图，深远的谋划。
7　奖纳：嘉奖优待。
8　国戚：帝王的外戚，即后妃的家族。

六月，**魏太子晃卒**魏太子晃监国，颇信任左右，营园田[1]，收其利。高允谏曰："天地无私，故能覆载[2]；王者无私，故能容养[3]。今殿下国之储贰，万方所则[4]，而营立私田，畜养鸡犬，乃至酤贩市廛[5]，与民争利，谤声流布，不可追掩。夫天下者，殿下之天下，富有四海，何求而无？乃与贩夫贩妇竞此尺寸之利乎？昔虢之将亡，神赐之土田。汉灵帝私立府藏，皆有颠覆之祸。前鉴若此，甚可畏也。武王爱周、邵、齐、毕，所以王天下。殷纣爱飞廉、恶来，所以丧其国。东宫俊乂不少，顷来侍御左右者，恐非在朝之选。愿殿下斥去佞邪，亲近忠良，所在田园，分给贫下，贩卖之物，以时收散[6]。如此，休声[7]日至，谤议可除矣。"不听。太子为政精察，而中常侍宗爱性险暴[8]，多不法，晃恶之。给事中仇尼道盛有宠于晃，与爱不协。爱恐为所纠，遂构其罪。魏主怒，斩道盛于都街[9]，东宫官属多坐死。晃以忧卒，谥曰"景穆"。魏主徐[10]知其无罪，悔之，欲封其子濬为高阳王。既而以皇孙世嫡[11]，不当为藩王，乃止。时濬生四年，聪达过人，魏主爱之，常置左右。

秋，**宋青冀**[12]**刺史萧斌、将军王玄谟以罪免**坐退败也。宋主问沈庆之曰："斌欲斩玄谟而卿止之，何也？"对曰："诸将奔退，莫不惧罪。自归而死，将致逃散，故止之。"

宋、魏复通好。

1　营园田：经营庄园农田。
2　覆载：覆盖和承载。
3　容养：包容和抚育。
4　则：效法。
5　酤贩市廛：去集市上摆摊贩卖。
6　以时收散：及时收起来或者尽早分给百姓。
7　休声：赞美声。
8　险暴：险恶暴虐。
9　都街：闹市。
10　徐：慢慢。
11　世嫡：嫡嗣。
12　青冀：古州名，即青冀二州，辖今江苏省废黄河以北，运河、沭河以东地区。

　　宋以王僧绰为侍中僧绰，昙首之子也，幼有大成之度[1]，众皆以国器[2]许之。好学，有思理，练悉朝典[3]。为吏部郎，谙悉[4]人物，举拔咸得其分。及为侍中，年二十九，沉深有局度[5]，不以才能高人。宋主以其年少，欲以后事托之，朝政大小，皆与参焉。宋主始亲政事，委任王华、王昙首、殷景仁、谢弘微、刘湛，次则范晔、沈演之、庾炳之，最后江湛、徐湛之、何瑀之及僧绰，凡十二人。

壬辰（公元 452 年）

宋元嘉二十九年。魏高宗文成帝濬兴安元年。

　　春，二月，魏中常侍宗爱弑其君焘而立南安王余魏世祖追悼景穆太子不已，宗爱惧诛。二月，弑之。仆射兰延、和疋、薛提等秘不发丧。延、疋以濬冲幼，欲立长君，征秦王翰，置之秘室。提以濬嫡孙，不可废。议久不决。宗爱知之，自以得罪于景穆太子，而素恶翰，善南安王余，乃密迎余。矫皇后令召延等，而使宦者持兵伏禁中以次收缚[6]，斩之。杀翰，立余。余以爱为大司马、大将军。翰、余，皆世祖之子也。

　　夏，五月，宋人侵魏宋主闻魏世祖殂，更谋北伐，鲁爽等复劝之。太子中庶子何偃以为：“淮、泗数州疮痍[7]未复，不宜轻动。”不从。五月，遣萧思话督张永等向碻磝，鲁爽、鲁秀、程天祚将荆州甲士四万出许、洛，雍州刺史臧质率所领趋潼关。沈庆之固谏，宋主不使行。青州刺史刘兴祖上言，以为：“河南阻饥[8]，野无所掠，脱诸城固守，非旬月可拔。稽留大众，转输方劳，

1　大成之度：成就大事的气度。
2　国器：可以治国的人才。
3　有思理，练悉朝典：有才思情致，非常熟悉国家的典章制度。思理，才思情致。练悉，熟悉。
4　谙悉：熟知。
5　沉深有局度：沉着稳重，处事有才干气度。沉深，沉着。局度，才干气度。
6　以次收缚：一个个抓起来。以次，依照顺序。
7　疮痍：创伤，也比喻灾害困苦。
8　阻饥：饥饿。

应机乘势，事存急速。今伪帅始死，兼逼暑时，国内猜扰[1]，不暇远赴。愚谓宜长驱中山，据其关要[2]。冀州以北，民人尚丰，兼麦已向熟，因资为易[3]。若中州震动，黄河以南，自当消溃[4]。臣请发青冀兵，入其心腹。若前驱克胜，则众军宜一时济河，并建司牧，抚柔初附[5]，西拒太行，北塞军都[6]，因事指麾，随宜加授。若能成功，清一可待；若不克捷，不为大伤。"宋主意止存河南[7]，亦不从。又使侍郎徐爰随军向碻磝，衔中旨[8]授诸将方略，临时宣示。

宋尚书令何尚之致仕，寻复起之尚之以老请致仕，退居方山[9]。议者咸谓尚之不能固志。既而诏书敦谕[10]数四，果起视事。袁淑录自古隐士有迹无名者为《真隐传》，以嗤之。

宋太子劭、始兴王濬巫蛊事觉，赦，不诛初，潘淑妃生始兴王濬。元皇后恚恨而殂，淑妃专总内政。由是太子劭深恶淑妃及濬。濬惧，曲意事劭，劭更与之善。吴兴巫严道育自言能役使鬼物，因东阳公主婢王鹦鹉出入主家。主与劭、濬信惑[11]之。劭、濬多过失，数为宋主所诘责。使道育祈请[12]，号曰"天师"。后遂与道育、鹦鹉及主奴陈天与、黄门陈庆国共为巫蛊，琢玉为宋主形像，埋于含章殿前。劭补天与为队主。宋主让之曰："汝所用队主、副，并是奴邪？"劭惧，以书告濬。濬复书曰："彼人若所为不已，正可促其余命，或是大庆之渐耳[13]。"鹦鹉先与天与通，恐事泄，白劭密杀之。庆国惧曰："巫蛊

1　猜扰：因猜疑而扰攘。
2　关要：关塞要地。
3　因资为易：借敌人的物资供应我们是轻而易举的事。
4　消溃：消散崩溃。
5　并建司牧，抚柔初附：在当地建立我们的州府，委派官员安抚刚刚归附的百姓。
6　军都：古山名，位于今北京市昌平区西北。
7　意止存河南：只是想夺回黄河以南的土地。
8　中旨：皇帝的诏谕。
9　方山：古山名，位于今江苏省南京市六合区东南。
10　敦谕：劝勉晓谕。
11　信惑：被严道育的巫术迷惑并深信不疑。
12　祈请：向神祷告请求。
13　彼人若所为不已，正可促其余命，或是大庆之渐耳：那个人如果一直问个不休，正可以加速缩短他的余生，或许值得庆祝的日子就快来了。

事，唯我与天与宣传往来，今天与死，我其危哉！"乃白其事。宋主大惊，即遣收鹦鹉，封籍[1]其家，得劭、濬书及所埋玉人，命有司穷治其事。道育亡命，捕之不获。宋主惋叹[2]弥日，遣中使切责劭、濬，劭、濬惶惧陈谢。宋主虽怒甚，犹未忍罪也。

秋，八月，宋攻碻磝，不克而退。雍州兵进至虎牢，亦还诸军攻碻磝，累旬不拔。八月，魏人夜自地道潜出，烧营及攻具。张永夜撤围退军，不告诸将，士卒惊扰，魏人乘之，死伤涂地。萧思话自往，增兵力攻，旬余不拔。时青、徐不稔，军食乏。思话命诸军皆退屯历城。鲁爽至长社，魏戍主[3]弃城走。臧质遣司马柳元景率参军薛安都等向潼关，梁州刺史刘秀之遣司马马汪与参军萧道成将兵向长安。道成，承之之子也。魏将军封礼自洰津[4]南渡，赴弘农。九月，鲁爽与魏拓跋仆兰战于大索[5]，破之，进攻虎牢。闻碻磝败退，与元景等皆引还。

吐谷浑王慕利延卒，兄子拾寅立拾寅始居伏罗川[6]，遣使请命于宋、魏。宋以为河南王，魏以为西平王。

冬，十月，魏宗爱弑其君余。魏主濬立，讨爱，诛之魏南安隐王余自以违次[7]而立，厚赐群下，欲以收众心。旬月之间，府藏虚竭[8]。又好酣饮及声乐畋猎，不恤政事。宗爱为宰相，录三省[9]，总宿卫，坐召公卿，专恣日甚。余患之，谋夺其权，爱愤怒。余以十月朔夜祭东庙，爱使小黄门贾周等就弑而秘之，唯羽林郎中刘尼知之。劝爱立皇孙濬，爱惊曰："君大痴人！皇孙若立，岂忘正

1　封籍：将抄查的资财登记入册。
2　惋叹：叹惜，悲叹。
3　戍主：古官名，为戍的主将，掌守防捍御之事，除管理军政外，还干预民政和财政，多以郡太守、县令、州参军及杂号将军等官兼领。
4　洰津：古渡口名，一作郋津，位于今河南省三门峡市辖灵宝市东北。
5　大索：古地名，又作大栅，即汉时索城，位于今河南省郑州市辖荥阳市北。
6　伏罗川：古地名，即慕贺川，位于今青海省海南藏族自治州贵南县北木格滩。
7　违次：没有按照长幼顺序。
8　虚竭：空乏。
9　录三省：总管三省政务。

平时事¹乎？"尼恐爱为变，密告殿中尚书源贺。贺时与尼俱典兵宿卫，乃与尚书陆丽谋曰："宗爱既立南安，还复杀之。今又不立皇孙，将不利于社稷。"遂定谋，共立濬。丽，俟之子也。贺与尚书长孙渴侯严兵守卫，使尼、丽迎濬于苑中。尼驰还东庙，大呼："宗爱弑南安王，大逆不道。皇孙已登大位，有诏，宿卫之士皆还宫。"众咸呼万岁，遂执宗爱、贾周等，勒兵入奉皇孙即位。杀爱、周，具²五刑，夷三族。追尊景穆太子为皇帝，立乳母常氏为保太后。

宋西阳蛮³反，遣沈庆之讨之。

魏杀其外都大官古弼、张黎魏南安王余之立也，以弼为司徒，黎为太尉。及是，黜为外都大官，坐有怨言，皆被诛。

魏陇西屠各叛，讨平之。

魏复建佛图⁴，听民出家魏世祖晚年，佛禁稍弛，民间往往有私习者。至是，群臣多请复之。乃诏州、郡、县各听建佛图一区，民欲为沙门者，听出家，大州五十人，小州四十人。于是向之所毁，率皆修复。魏主亲为沙门下发⁵。

魏以周忸为太尉，陆丽为司徒，杜元宝为司空。忸寻坐事赐死丽以迎立之功，受心膂之寄，朝臣无出其右者。赐爵平原王，丽辞曰："陛下，国之正统，当承基绪⁶。效顺⁷奉迎，臣子常职，不敢惛⁸天之功，以干大赏。"魏主不许。丽曰："臣父奉事先朝，忠勤著效⁹。今年逼桑榆¹⁰，愿以臣爵授之。"魏主曰："朕岂不能使卿父子为二王邪？"乃进其父建业公侯爵为东平王。颁赐群臣，使源

1　正平时事：正平年间景穆太子的事。正平，北魏太武帝拓跋焘年号，存续时间为公元451年至452年。
2　具：使用。
3　西阳蛮：西阳郡诸民族的总称，以郡名为族称，古称荆蛮，汉称江夏蛮。西阳郡，古郡名，辖今湖北省倒水以东、长江以北和蕲水以西地区。
4　佛图：佛塔，佛寺。
5　下发：落发，剃发。
6　基绪：基业。
7　效顺：表示忠顺，投诚。
8　惛：通"叨"，贪。
9　著效：卓有成效。
10　桑榆：桑树和榆树，用以比喻晚年，垂老时光。

贺任意取之。贺辞曰："南北未宾[1]，府库不可虚。"固与之，乃取戎马一匹。魏主之立也，高允预其谋，丽等皆受赏而不及允，允终身不言。忸坐事赐死。时魏法深峻[2]，贺奏："谋反之家，男子十三以下本不预谋者，宜免死没官[3]。"从之。

魏行《玄始历》初，魏入中原，用《景初历》。世祖克沮渠氏，得赵歅《玄始历》，时人以为密[4]，是岁始行之。

癸巳（公元 453 年）

宋元嘉三十年。魏兴安二年。

春，正月，宋以始兴王濬为荆州刺史初，濬以南徐刺史镇京口，求为荆州，宋主许之。濬还京口治行，而巫蛊事觉。宋主怒未解，故濬久留京口。既除荆州，乃听入朝。

宋遣武陵王骏统诸军讨西阳蛮。

二月，宋太子劭弑其君义隆及其左卫率袁淑、仆射徐湛之、尚书江湛而自立，以何尚之为司空严道育之亡命也，搜捕甚急。道育匿于东宫，又随始兴王濬至京口。濬入朝，复载还东宫。捕得其婢，云道育随征北[5]还都。宋主乃命京口送婢，须至检覆[6]，乃废太子劭，赐濬死。先与王僧绰谋之，使寻汉、魏典故，送徐湛之、江湛。武陵王骏素无宠，故屡出外藩。南平王铄、建平王宏皆为宋主所爱。铄妃，江湛之妹；随王诞妃，徐湛之之女也。湛劝立铄，湛之欲立诞。僧绰曰："建立之事，仰由圣怀。臣谓唯宜速断，不可稽缓[7]。当断不断，反受其乱。顾以义割恩，略小不忍。不尔，便应坦怀[8]如初，无烦疑论。事机虽密，易

1　未宾：没有臣服。
2　深峻：苛刻严酷。
3　没官：没收入官。
4　密：精密。
5　征北：即始兴王刘濬，曾封征北将军。
6　检覆：查核。
7　稽缓：迟延。
8　坦怀：敞开胸怀，开诚相见。

致宣广[1]，不可使难生虑表[2]，取笑千载。"宋主曰："卿可谓能断大事。然此事至重，不可不殷勤三思。且彭城[3]始亡，人将谓我无复慈爱之道。"僧绰曰："臣恐千载之后，言陛下唯能裁弟，不能裁儿。"宋主默然。江湛出，谓僧绰曰："卿向言将不太伤切直[4]！"僧绰曰："弟亦恨君不直。"铄自寿阳入朝，失旨[5]。宋主欲立宏，嫌其非次[6]，是以议久不决。与湛之屏人语，或连日累夕。常使湛之自秉烛[7]，绕壁检行[8]，虑有窃听者。既而以其谋告潘淑妃，妃以告濬，濬驰报劭。劭乃谋为逆。初，宋主以宗室强盛，虑有内难，特加东宫兵，使与羽林[9]相若，至有实甲万人。劭性黠而刚猛，宋主深倚之。及将作乱，每夜飨将士，或亲行酒。僧绰密以闻。会严道育婢将至，劭诈为诏，豫加部勒，云有所讨。夜，呼前中庶子萧斌、左卫率袁淑、中舍人殷仲素入宫，流涕谓曰："主上信谗，将见罪、废。内省无过，不能受枉。明旦当行大事，望相与戮力。"因起，遍拜之，众惊愕，莫能对。久之，淑、斌皆曰："自古无此，愿加善思。"劭怒，变色。斌惧，曰："当竭身奉令。"淑叱之曰："卿便谓殿下真有是邪？殿下幼尝患风，今疾动耳。"劭愈怒，因眄[10]淑曰："事当克不[11]？"淑曰："居不疑之地，何患不克？但既克之后，不为天地所容，大祸亦旋至耳。假有此谋，犹将可息。"左右引淑出，曰："此何事，而云可罢乎？"淑还省，绕床行，至四更乃寝。明日，宫门未开，劭以朱衣加戎服上，乘画轮车[12]，与萧斌同载，呼袁淑甚急。淑眠不起，劭停车催之。淑徐起，至车后。劭使登车，又辞不上，劭命杀之。门开而入。旧制，东宫队不得入城[13]。劭以伪诏

1　宣广：泄露扩散。
2　难生虑表：灾难发生在意料之外。
3　彭城：即彭城王刘义康。
4　卿向言将不太伤切直：你刚才说的那些话，恐怕过于切直些了。
5　失旨：不合帝王旨意。
6　非次：不合长幼顺序。
7　秉烛：拿着点燃的蜡烛照明。
8　检行：查验巡行。
9　羽林：皇帝的禁卫军名。
10　眄：斜视。
11　事当克不：事情能不能办成。
12　画轮车：古车名，轮毂有彩饰，故名。
13　东宫队不得入城：太子宫的卫队不能进入宫城。

示门卫曰:"受敕,有所收讨。"令后队速来。张超之等数十人驰入斋阁[1],拔刀径
上合殿。宋主其夜与徐湛之屏人语至旦,烛犹未灭,卫兵尚未起。宋主见超之入,
举几捍[2]之,五指皆落,遂弑之。湛之惊起,兵人杀之。劭出坐东堂。江湛闻喧
噪[3]声,叹曰:"不用王僧绰言,以至于此!"劭遣兵杀之。左细仗主[4]卜天与不暇
被甲,执刀持弓,疾呼左右出战,射劭几中。劭党击之,断臂而死。队将[5]张泓之、
朱道钦、陈满与天与俱战死。劭使人杀潘淑妃及太祖亲信数十人。濬时在西州府,
闻台内喧噪,不知事之济不,骚扰不知所为。将军王庆曰:"宫内有变,未知主
上安危。凡在臣子,当投袂赴难。凭城自守,非臣节也。"濬不听。俄而劭驰召濬,
濬屏人问状,即戎服乘马而去。王庆又谏曰:"太子反逆,天下怨愤。明公但当
坚闭城门,坐食积粟,不过三日,凶党自离。公情事如此,今岂宜去?"濬入见
劭,劭曰:"潘淑妃遂为乱兵所害。"濬曰:"此是下情由来所愿[6]。"诈以诏召大
将军义恭、尚书令何尚之入,拘于内。并召百官,至者才数十人。劭遽即位,下
诏曰:"徐湛之、江湛弑逆无状,吾勒兵入殿,已无所及。今罪人斯得,可大赦,
改元'太初'。"即称疾还永福省[7],不敢临丧,以白刃自守。以萧斌为仆射,何尚
之为司空。劭不知王僧绰之谋,以为吏部尚书。武陵王骏屯五洲[8],沈庆之自巴水[9]
来,咨受军略[10]。典签董元嗣自建康至五洲,具言太子弑逆。沈庆之密谓腹心曰:
"萧斌妇人,其余将帅,皆易与耳。东宫同恶,不过三十人。此外屈逼[11],必不为用。

1　斋阁:书房。
2　捍:抵挡。
3　喧噪:吵嚷。
4　细仗主:古官名,领细仗队,掌宫庭侍卫,多以直阁将军、广威将军等领之,分置
　　左、右。
5　队将:古武官名,古代低级将吏,位在队主下。
6　此是下情由来所愿:这正是大家一直盼望的事。潘淑妃是刘濬的母亲,他这样说有违
　　人伦。
7　永福省:古宫苑名,故址位于今江苏省南京市鸡鸣寺南,古台城中。
8　五洲:古地名,一名伍洲,位于今湖北省黄冈市浠水县西南巴河口与浠水口之间的长江
　　中,江中五洲相接,故名。
9　巴水:古地名,位于今湖北省黄冈市浠水县西。
10　咨受军略:咨询受教军事方略。
11　屈逼:被逼迫屈从。

今辅顺讨逆，不忧不济也。"

魏尊保太后为皇太后。

三月，宋劭杀其吏部尚书王僧绰劭料检文帝巾箱及江湛家书疏[1]，得王僧绰所启飨士并前代故事，收杀之。僧绰弟僧虔为司徒属，所亲咸劝之逃，僧虔泣曰："吾兄奉国以忠贞，抚我以慈爱，今日之事，苦不见及耳[2]。若得同归九泉，犹羽化[3]也。"劭因诬北第[4]诸王侯，云与僧绰谋反，杀之。

夏，四月，宋江州刺史、武陵王骏举兵讨劭。宋人立骏。五月，劭及弟濬皆伏诛劭密与沈庆之手书，令杀武陵王骏。庆之求见骏，骏惧，辞以疾。庆之突入，以劭书示骏。骏泣，求入与母诀。庆之曰："下官受先帝厚恩，今日之事，唯力是视[5]。殿下何见疑之深？"骏起再拜曰："家国安危，皆在将军。"庆之即命内外勒兵。主簿颜竣曰："今四方未知义师之举，劭据有天府，若首尾不相应，此危道也。宜待诸镇协谋，然后举事。"庆之厉声曰："今举大事，而黄头小儿[6]皆得参预，何得不败？宜斩以徇众。"骏令竣拜谢，庆之曰："君但当知笔札[7]事耳。"于是专委庆之处分。旬日之间，内外整办，人以为神兵。竣，延之子也。骏戒严誓众，以沈庆之领府司马，柳元景、宗悫、朱修之皆为参佐，颜竣领录事，总内外。以刘延孙为长史，行留府事。荆州刺史南谯王义宣、雍州刺史臧质皆不受劭命，与司州刺史鲁爽同举兵以应骏。质、爽俱诣江陵见义宣，且遣使劝进于骏。骏至寻阳，命颜竣移檄四方，州郡响应。义宣遣臧质引兵诣寻阳，兖冀刺史萧思话、将军垣护之皆率所领赴之。义宣板[8]张永为冀州刺史。永遣司马崔勋之等将兵赴义。会稽太守随王诞将受劭命，参

1　料检文帝巾箱及江湛家书疏：整理检查文帝装机密文件的箱子以及江湛家的奏疏和信件。料检，整理检查。巾箱，古时放置头巾的小箱子，后亦用以存放书卷、文件等物品。书疏，信札和奏疏。
2　苦不见及耳：只怕它不波及我。
3　羽化：飞升成仙。
4　北第：在台城以北的宅第。
5　唯力是视：能否达到目的，主要看自己的力量。唯，助词。
6　黄头小儿：刚生的婴儿。
7　笔札：负责文牍的职务。
8　板：奏请。

军事沈正说司马顾琛曰："国家此祸，开辟未闻。今以江东骁锐[1]之众，唱大义于天下，其谁不响应？岂可使殿下北面凶逆，受其伪宠乎？"琛曰："江东忘战日久，虽逆顺不同，然强弱亦异，当须四方有义举者，然后应之，不为晚也。"正曰："天下未尝有无父无君之国，宁可自安仇耻而责义于余方乎？今正以弑逆冤酷[2]，义不同天，举兵之日，岂求必全邪？冯衍有言：'大汉之贵臣，将不如荆、齐之贱士乎？'况殿下义兼臣、子，事实国、家者哉？"琛乃与正共入说诞，诞从之。诞自谓素习武事，语朝士曰："卿等但助我理文书，若有寇难，吾自当之。"及闻四方兵起，始忧惧，戒严。四月，柳元景统薛安都等十二军发溧口，参军徐遗宝以荆州之众继之。骏发寻阳，沈庆之总中军以从。檄至建康，诞以示太常颜延之曰："彼谁笔也？"延之曰："竣之笔也。"诞曰："何至于是？"延之曰："竣尚不顾老臣，安能顾陛下？"诞怒稍解。诞疑旧臣不为己用，乃厚抚鲁秀、王罗汉，悉以军事委之。以萧斌为谋主，殷冲掌文符[3]。萧斌劝诞勒水军自上决战，不尔则保据梁山[4]。江夏王义恭以南军仓猝，船舫[5]陋小，不利水战，乃进策曰："贼骏小年[6]，未习军旅，远来疲弊，宜以逸待之。今远出梁山，则京都空弱，东军乘虚，或能为患。若分力两赴，则兵散势离，不如养锐待期，坐而观衅。割弃南岸，栅断石头，此先朝旧法，不忧贼不破也。"诞善之。斌厉色曰："南中郎[7]二十年少，能建如此大事，岂复可量？三方同恶，势据上流，沈庆之甚练军事，元景、宗悫屡尝立功，形势如此，实非小敌。唯宜及人情未离，尚可决力一战。端坐台城，何由得久？今主相[8]咸无战意，岂非天也？"诞不听。或劝诞保石头城。诞曰："昔人所以固石头城

1　骁锐：勇猛精锐。
2　冤酷：残酷无道。
3　文符：文书。
4　梁山：古山名，亦名西梁山，位于今安徽省马鞍山市和县南长江西岸，与东岸博望山相对，合称天门山。
5　船舫：泛指船。
6　小年：幼年。
7　南中郎：即南中郎将，此指武陵王刘骏。
8　主相：君主和宰相。

者，俟诸侯勤王耳。我若守此，谁当见救？唯应力战决之，不然，不克。"太尉司马庞秀之自石头先众南奔，人情由是大震。骏军于鹊头¹。宣城太守王僧达得檄，未知所从。客说之曰："方今衅逆²滔天，古今未有。为君计，莫若承义师之檄，移告旁郡。苟在有心，谁不响应？此上策也。如其不能，可躬率向义之徒，详择水陆之便，致身南归，亦其次也。"僧达乃自候道³南奔，骏即以为长史。僧达，弘之子也。骏初发寻阳，沈庆之谓人曰："王僧达必来赴义。"人问其故，庆之曰："吾见其在先帝前议论开张⁴，执意明决，以此言之，其至必也。"柳元景以舟舰不坚，惮于水战，乃倍道兼行，至江宁步上，使薛安都率铁骑曜兵于淮上⁵，移书朝士，为陈逆顺，降者相属。骏自发寻阳，有疾不能见将佐，唯颜竣出入卧内，拥骏于膝，亲视起居。疾屡危笃⁶，不任咨禀⁷，竣皆专决。军政之外，间以文教书檄，应接遐迩，昏晓临哭，若出一人⁸。如是累旬，自舟中甲士亦不知骏之危疾也。柳元景潜至新亭，依山为垒，新降者皆劝元景速进。元景曰："理顺⁹难恃，同恶相济，轻进无防，实启寇心。"劭使萧斌等分统水陆精兵万人攻新亭垒，劭自登朱雀门督战。元景宿令¹⁰军中曰："鼓繁气易衰，叫数力易竭。衔枚疾战，一听吾鼓声。"劭将士怀劭重赏，皆殊死战。元景水陆受敌，意气弥强，麾下勇士，悉遣出斗。劭兵垂克¹¹，鲁秀击退鼓，劭众遽止。元景乃开垒鼓噪以乘之，劭众大溃。劭更率余众自来攻垒，复大破之，杀伤过前，劭仅以身免。鲁秀南奔。骏至江宁，江夏王义恭单骑南奔，上

1　鹊头：古地名，位于今安徽省铜陵市义安区北长江中鹊头山上。
2　衅逆：叛乱。
3　候道：古代边郡为侦察敌情、传递军事情报或应付紧急情况而修筑的道路。
4　开张：阐明。
5　曜兵于淮上：在秦淮河畔炫耀武力。曜兵，炫耀武力。淮，秦淮河。
6　危笃：病势危急。笃，病重。
7　不任咨禀：无法接受请示、听取禀告。咨禀，请示禀告。
8　间以文教书檄，应接遐迩，昏晓临哭，若出一人：中间还要穿插处理公文、信件，并亲自接待远近前来归附的人士，每天在黄昏和拂晓，两次代替刘骏到文帝灵前致哀恸哭，就好像是真的刘骏一样。
9　理顺：道理正确。
10　宿令：一向命令。
11　垂克：快要取胜。垂，将，快要。

表劝进，骏遂即位于新亭。初，劭葬太祖，谥曰"景"，庙号"中宗"。至是
改谥曰"文"，庙号"太祖"。尊母政氏为皇太后，立妃王氏为皇后，封拜义
恭以下有差。五月，臧质以雍州兵至新亭。豫州刺史刘遵考遣将率步、骑五千
军于瓜步。先是，宋主遣将军顾彬之将兵东入，受随王诞节度。诞遣将军刘季
之将兵与彬之俱向建康，诞自顿西陵，为之后继。劭遣兵拒之，大败。劭缘淮
树栅自守，男丁既尽，召妇女供役。鲁秀等募勇士攻大航[1]，克之。王罗汉即放
仗降，城中沸乱[2]，文武将吏争逾城出降。萧斌令所统解甲，自石头戴白幡[3]来
降，诏斩于军门。诸军遂克台城，张超之走至合殿御床之所，为军士所杀，刳
肠割心，诸将脔其肉，生啖之。劭入武库井中，队副高禽执之。臧质见之恸
哭，劭曰："天地所不覆载，丈人何为见哭？"质缚劭于马上，防送[4]军门。时
不见传国玺，问劭，曰："在严道育处。"就取，得之。斩劭及四子于牙下[5]。濬
率左右南走，遇江夏王义恭，曰："南中郎今何所作？"义恭曰："上已君临
万国。"又曰："虎头[6]来得无晚乎？"义恭曰："殊当恨晚。"勒[7]与俱归，于道
斩之，及其三子。劭、濬父子首并枭于大航，暴尸于市，污潴[8]劭所居斋。严
道育、王鹦鹉并都街鞭杀，焚尸，扬灰于江。殷冲、尹弘、王罗汉及沈璞皆伏
诛。赠袁淑为太尉，谥忠宪公；徐湛之为司空，谥忠烈公；江湛为开府仪同三
司，谥忠简公；王僧绰为金紫光禄大夫，谥简侯；卜天与益州刺史，谥壮侯。
与淑等四家，长给廪禄[9]。

　　宋复以何尚之为尚书令初，劭以尚书令何尚之为司空，子偃为侍中。及

1　大航：古地名，又作大桁、朱雀航，位于今江苏省南京市中华门内，跨秦淮河上。秦淮
　　河上二十四航中，此为最大，故称。
2　沸乱：扰乱，烦乱。
3　白幡：战败者表示投降的白旗。
4　防送：押解护送。
5　牙下：牙旗之下。
6　虎头：刘濬的小字，用于自称。
7　勒：捆住。
8　污潴：污池，古代一种严厉的刑罚。
9　廪禄：俸禄。

劭败，尚之左右皆散，自洗黄阁[1]。宋主以尚之、偃素有令誉，且居劭朝用智将迎，时有全脱[2]，故特免之。复以尚之为尚书令，偃为大司马长史，任遇无改。

宋以柳元景为护军将军初，宋主之讨西阳蛮也，臧质使柳元景将兵会之。及质起兵，欲奉南谯王义宣为主，潜使元景西还，元景即以质书呈宋主，语其信曰："臧冠军当是未知殿下义举耳。方应伐逆，不容西还。"质以此恨之。及宋主即位，以质为江州，元景为雍州。质虑元景为荆、江后患，建议元景当为爪牙[3]，不宜远出。宋主重违其言[4]，以元景为护军将军，领石头戍事。

宋以南郡王义宣为荆、湘刺史。

秋，七月朔，日食宋主诏求直言，省细作，并尚方[5]。雕文涂饰，贵戚竞利，悉皆禁绝。中军录事参军[6]周朗上疏，以为："毒之在体，必割其缓处。历下、泗间[7]，不足戍守。议者必以为胡衰不足避，而不知我之病甚于胡矣。今空守孤城，徒费财、役。使虏但发轻骑三千，更互[8]出入，春来犯麦，秋至侵禾，水陆漕输[9]，居然复绝。于贼不劳而边已困，不至二年，卒散民尽，可跷足而待也。今人知不以羊追狼、蟹捕鼠，而令重车弱卒与肥马悍胡相逐，其不能济固宜矣。又，三年之丧，天下之达丧。汉氏节其臣则可矣，薄其子则乱也。凡法有变于古而刻[10]于情，则莫能顺焉。至乎败于礼而安于身，必遽而奉之。今陛下以大孝始基，宜反斯谬。又，举天下以奉一君，何患不给？一体炫金[11]，不

1　黄阁：宰相官署。汉代丞相、太尉和汉以后的三公官署避用朱门，厅门涂黄色，以区别于天子。
2　用智将迎，时有全脱：能用智慧准备迎接讨逆大军，经常救助他人免于大祸。
3　爪牙：得力助手。
4　重违其言：难于违反他的话而勉强服从。
5　省细作，并尚方：裁减细作署，并入尚方署。
6　录事参军：古官名，亦称录事参军事，为王、公、大将军的属员，掌总录众曹文簿，举弹善恶。
7　历下、泗间：历下和泗水之间。
8　更互：交替，轮流。
9　漕输：漕运。
10　刻：苛刻，刻薄。
11　炫金：以金饰物。

及百两，一岁美衣，不过数袭。而必收宝连楼，集服累笥[1]，目岂常视，身未时亲，是楼带宝、笥着衣也，何糜蠹[2]之剧，惑鄙[3]之甚邪？且细作始并，以为俭节；而市造华怪[4]，即传于民。如此，则迁也，非罢也。凡厥庶民，制度日侈，见车马不辨贵贱，视冠服不知尊卑。尚方今造一物，小民明已睥睨[5]。宫中朝制一衣，庶家晚已裁学。侈丽[6]之源，实先宫闱[7]。又，设官者宜官称事立，人称官置。王侯识未堪务，不应强仕[8]。且帝子未官，人谁谓贱[9]？但宜详置宾友，茂择[10]正人，亦何必列长史、参军、别驾从事，然后为贵哉？又，俗好以毁沉人[11]，不知察其所以致毁；以誉进人，不知测其所以致誉。毁徒皆鄙，则遭毁者宜擢；誉党悉庸，则得誉者宜退。如此，则毁誉不妄，善恶分矣。凡无世不有言事，无时不有下令[12]。然升平不至，昏危相继，何哉？设令之本非实故也。"书奏，忤旨，自解去职。侍中谢庄上言："诏云：'贵戚竞利，悉皆禁绝。'此实允惬民听。若有犯违，则应依制裁纠[13]。若废法申恩，便为明诏既下，而声实乖爽[14]也。臣愚谓大臣在禄位者，尤不宜与民争利。不审可得在此诏不？"庄，弘微之子也。时多变易太祖之制，郡县以三周为满[15]，宋之善政，于是乎衰。

宋主杀其弟南平王铄 铄素负才能，常轻宋主。宋主潜使人毒之。

宋广州反，讨平之 南海太守萧简据广州反。简，斌弟也。诏新南海太守

1　收宝连楼，集服累笥：把珠宝锁在一个又一个柜子里，把漂亮的衣服一整箱一整箱收集起来。
2　糜蠹：糜，浪费。蠹，蛀蚀。
3　惑鄙：惑，糊涂。鄙，浅薄。
4　华怪：华丽奇巧的东西。
5　睥睨：窥视，侦伺。
6　侈丽：奢侈华丽。
7　宫闱：帝王后宫。
8　强仕：强行安排做官。
9　帝子未官，人谁谓贱：即使皇帝的儿子不做官，谁又能说他低贱呢。
10　茂择：多多选择。
11　以毁沉人：因为其他人的诋毁，放弃优秀的人才。
12　无世不有言事，无时不有下令：没有一个时代没有直言上书的事，也没有一个时代没有询问下情的命令。
13　裁纠：制裁纠正。
14　乖爽：违背。
15　郡县以三周为满：郡、县长官的任职期限以三年为限。言其短。

邓琬、始兴太守沈法系讨之。简诳其众曰："台军[1]是贼劭所遣。"众信之，为之固守。琬先至，止为一攻道。法系至，曰："宜四面并攻，若守一道，何时可拔？"琬不从，法系曰："更相申五十日[2]。"日尽又不克，乃从之。八道俱攻，一日即破之。斩简，广州平。法系封府库付琬而还。

甲午（公元 454 年）

宋世祖孝武帝骏孝建元年。魏兴光元年。

春，正月，宋铸孝建四铢钱元嘉中，官铸四铢钱，轮廓形制与五铢同，用费无利[3]，故民不盗铸。及是铸孝建四铢，形式薄小，轮廓不成。于是盗铸者众，杂以铅锡，剪凿古钱，钱转薄小。守宰不能禁，坐死、免者相继。盗铸益甚，物价踊贵[4]。寻诏钱薄小无轮廓者，悉不得行，民间喧扰[5]。于是沈庆之建议："宜听民铸钱，郡县置署，乐铸之家，皆居署内。平其准式[6]，去其杂伪。所禁新品，一时施用，今铸悉依此格。万税三千，严检盗铸。"丹杨尹颜竣驳之，以为："五铢轻重，定于汉世，魏晋以降，莫之能改。诚以物货既均，改之伪生故也。今若巨细总行而不从公铸，利己既深，情伪无极，私铸剪凿尽不可禁，则货未赡[7]，大钱已竭，数岁之间，悉为尘土矣。纵行细钱，官无益赋[8]之理。百姓虽赡，无解官乏。唯简费去华，专在节俭。求赡之道，莫此为贵。"议者又以铜转难得，欲铸二铢钱。竣议以为："恣行新细，无解官乏，而民间奸巧大兴，天下之货将糜碎[9]至尽。空言立禁，而利深难绝，不一二年，其弊不可复救。市井之间，必生纷扰，富商得志，贫民困窘，此皆甚不可者也。"

1　台军：对官军的称谓。
2　更相申五十日：再把约定的进攻期限延长五十天。
3　用费无利：铸造使用的材料多，盗铸无利可图。
4　踊贵：物价上涨。
5　喧扰：喧闹扰乱。
6　平其准式：对于样式采用统一的标准。
7　赡：丰富，充足。
8　益赋：增加赋税。
9　糜碎：粉碎。

乃止。

　　宋主立子子业为太子将置东宫，省率更令，余各减旧员之半。

　　二月，宋江州刺史臧质以南郡王义宣举兵反。夏，宋主遣兵讨质，诛之初，江州刺史臧质，自谓人才足为一世英雄。太子劭之乱，潜有异图，以荆州刺史、南郡王义宣庸暗易制，欲外相推奉，因而覆之。劭既诛，义宣与质功皆第一，由是骄恣，事多专行。义宣在荆州十年，财富兵强，朝廷所下制度，意有不同，一不遵承[1]。质之江州，舫千余乘，部伍前后百余里。帝方自揽威权，而质以少主遇之，政刑庆赏，一不咨禀[2]。擅用溢口米，台符检诘，渐致猜惧[3]。帝淫义宣诸女，义宣恨怒。质乃遣密信说义宣，义宣腹心蔡超、竺超民等咸有富贵之望，劝从其计。义宣以豫州刺史鲁爽有勇力，素与相结。至是密使人报之，及兖州刺史徐遗宝，期以今秋举兵。使者至寿阳，爽方饮醉，失义宣指，即日举兵。窃造法服，登坛，自号建平元年。遗宝亦勒兵向彭城。义宣闻爽已反，狼狈举兵，与质俱表欲诛君侧之恶。爽送所造舆服诣江陵，使征北府户曹板义宣等，文曰：“丞相刘，今补天子，名义宣。车骑臧，今补丞相，名质，皆板到奉行。”义宣骇愕[4]，召司州刺史鲁秀，欲使为后继。秀见义宣，出，拊膺[5]曰：“吾兄误我，乃与痴人作贼，今年败矣！”义宣兼荆、江、兖、豫四州之力，威震远近。宋主欲奉乘舆、法物[6]迎之，竟陵王诞固执不可，曰：“奈何持此座与人？”乃以柳元景、王玄谟统诸将讨之。进据梁山洲[7]，于两岸筑偃月垒[8]，水陆待之。三月，义宣移檄州郡。雍州刺史朱修之伪许之，而遣使陈诚于帝。益州刺史刘秀之斩其使，遣军袭江陵。义宣率众十万发江津，

1　一不遵承：一概不遵照执行。
2　咨禀：请示禀告。
3　台符检诘，渐致猜惧：朝廷的诏书要求调查追问，双方渐渐相互猜忌起来。台符，朝廷的诏书。
4　骇愕：吃惊发愣的样子。
5　拊膺：捶胸，表示哀痛或悲愤。
6　法物：古代帝王用于仪仗、祭祀的器物。
7　梁山洲：古地名，位于今安徽省马鞍山市和县西梁山一带长江中。
8　偃月垒：半月形的营垒。

舳舻数百里。以子恼与竺超民留镇江陵。义宣知修之贰于己，乃以鲁秀为雍州刺史，使将万余人击之。王玄谟闻秀不来，喜曰："臧质易与耳。"冀州刺史垣护之妻，徐遗宝之姊也。遗宝邀护之同反，护之不从，发兵击之。遗宝奔寿阳。义宣至寻阳，以质为前锋，爽亦引兵趋历阳，与质水陆俱下。将军沈灵赐将百舸，破质前军。质至梁山，夹陈两岸，与官军相拒。四月，以朱修之为荆州刺史，遣将军薛安都等戍历阳，沈庆之济江讨爽。爽引兵退，庆之使安都率轻骑追及，斩之，进克寿阳。徐遗宝走死。义宣至鹊头，庆之送爽首示之。爽累世将家，骁猛善战，号万人敌。义宣与质由是骇惧[1]。宋主使元景进屯姑孰。太傅义恭与义宣书曰："臧质少无美行，弟所具悉。今籍西楚之强力，图济其私。凶谋若果，恐非复池中物也。"义宣由此疑之。五月，至芜湖。质曰："今以万人取南州，则梁山中绝。万人缀[2]梁山，则玄谟必不敢动。下官中流鼓棹[3]，直趋石头，此上策也。"义宣将从之。刘谌之密言："质求前驱，此志难测。不如尽锐攻梁山，事克然后长驱，此万安之计也。"义宣乃止。会西南风急，质遣将攻陷梁山西垒，又遣兵趋南浦[4]，垣护之与战，破之。朱修之断马鞍山[5]道，鲁秀攻之，不克。王玄谟使护之告急于柳元景，欲退还姑孰，更议进取。元景曰："贼势方盛，不可先退，吾当卷甲赴之。"护之曰："贼谓南州有三万人，而将军麾下才十分之一，若往造贼垒，则虚实露矣。王豫州又不可来，不如分兵援之。"元景曰："善。"乃留羸弱[6]自守，悉遣精兵助玄谟，多张旗帜。梁山望之如数万人，皆以为建康兵悉至，众心乃安。质请自攻东城。颜乐之曰："质若复克东城，则大功尽归之矣。宜遣麾下自行。"义宣乃遣刘谌之与质俱进。顿兵西岸，进攻东城。玄谟督诸军大战，薛安都率突骑冲阵，陷之，斩谌之，质等大败。垣护之烧江中舟舰，延及西岸营垒殆尽。诸军乘势攻

1　骇惧：惊惶恐惧。
2　缀：点缀散布。
3　鼓棹：划桨。
4　南浦：古港口名，又名大信港，位于今安徽省芜湖市北东梁山南。
5　马鞍山：古山名，位于今安徽省马鞍山市西北金家庄港口，隔江与古乌江渡相望。
6　羸弱：老弱病残。羸，瘦。

之，义宣兵溃，单舸进走[1]，闭户而泣。质不知所为，亦走，其众皆降、散。质逃于南湖[2]，追斩其首，送建康，子孙皆弃市。义宣走向江陵，众散且尽，竺超民具羽仪迎之。时州兵尚万余人，秀、超民等犹欲收余兵更图一决，而义宣惛沮[3]，无复神守[4]。旦日，超民收送刺奸[5]，秀欲北走，不能去，赴水死。

宋置东扬州、郢州[6] 初，晋氏南迁，以扬州为京畿，谷帛所资出焉。以荆、江为重镇，甲兵所聚在焉，常使大将居之。三州户口，居江南之半。宋主恶其强大，乃分扬州浙东五郡，置东扬州，治会稽。分荆、湘、江、豫州之八郡置郢州，治江夏。罢南蛮校尉，迁其营于建康。太傅义恭议使郢州治巴陵，尚书令何尚之曰："夏口在荆、江之中，正对沔口，通接雍、梁，实为津要。既有见城，浦大容舫[7]，于事为便。"从之。既而荆、扬因此虚耗。尚之请复合二州，不许。

宋省录尚书事官 宋主恶宗室强盛，不欲权在臣下。太傅义恭知其指，故请省之。

宋以朱修之为荆州刺史，刘义宣伏诛 荆州刺史朱修之入江陵，杀义宣，并诛其子十六人及同党竺超民等。超民兄弟应从诛，何尚之言："贼既遁去，一夫可擒。若超民反复昧利[8]，即当取之，非唯免愆[9]，亦可要不义之赏。而超民曾无此意，微足观过知仁。且为官保全城府，谨守库藏，端坐待缚。今戮其兄弟，则与其余逆党无异，于事为重。"乃原之。

1　进走：逃跑。进，通"屏"。
2　南湖：古湖泊名，亦名南崎湖、南漪湖，位于今安徽省宣城市东北。
3　惛沮：昏乱沮丧。
4　神守：精神内聚。
5　收送刺奸：收押并送到负责督察奸吏的官员那里治罪。刺奸，督察奸吏，后为行使此种职责的官名。
6　东扬州、郢州：东扬州，古州名，辖今浙江省钱塘江干流以南全部和安徽省黄山市。郢州，古州名，辖今湖北省钟祥市以下的汉江流域，监利、阳新间的长江流域和湖南沅江流域以北地区。
7　既有见城，浦大容舫：既有现成的城池，又有很大的港口，可以停泊很多船只。
8　反复昧利：反复无常，贪图财利。
9　免愆：免罪。

秋，七月朔，日食。

乙未（公元 455 年）

宋孝建二年。魏太安元年。

春，宋镇北大将军沈庆之罢，就第宋镇北大将军、南兖州刺史沈庆之请老[1]，表数十上，诏听以公就第。顷之，宋主复欲用庆之，使何尚之往起之。庆之笑曰：“沈公不效何公，往而复返。”尚之惭而止。

秋，八月，宋主杀其弟武昌王浑浑与左右作檄文，自号楚王，改元“永光”，以为戏笑。长史封上之。废为庶人，逼令自杀，时年十七。

宋郊庙初设备乐[2]。

冬，十月，宋裁损王侯制度宋主欲削弱王侯。江夏王义恭等奏裁损王侯车服、器用、乐舞制度凡九事，宋主因讽有司奏增广为二十四条：听事不得南向坐施帐，剑不得为鹿卢[3]形，内史、相及封内官长止称“下官”，不得称“臣”，罢官则不复追敬。诏可。

宋以杨元和、杨头为将军元和，故氐王杨保宗子也。宋朝以其幼弱，未正位号，部落无定主。其族父头先戍葭芦，母、妻、子弟并为魏所执，而为宋坚守无贰心。雍州刺史王玄谟请以头为西秦刺史，安辑其众。俟元和稍长，使嗣故业。若其不称，即以授头，必能藩捍[4]汉川，使无虏患。若葭芦不守，汉川亦不可立矣。不从。

丙申（公元 456 年）

宋孝建三年。魏太安二年。

1　请老：官吏请求退休养老。
2　备乐：具备文德、尽善尽美的音乐。
3　鹿卢：古剑名，剑把用丝绦缠绕起来，像鹿卢的样子。鹿卢，即辘轳，井上汲水的用具。鹿卢剑是历代秦王的宝剑，是王权的象征。
4　藩捍：守御，保卫。

春，正月，**魏立贵人冯氏为后**后，辽西公朗之女也。朗坐事诛，后没入宫。

二月，魏主立其子弘为太子魏主立子弘为皇太子，生三年矣。先使其母李贵人条记[1]所付托兄弟，然后依故事赐死。

康熙御批：齐家乃平、治之原，太子为国家之本。选建储位，则其母必素被刑于之化者矣，借以养育青宫[2]，裨益匪浅。稽诸往牒，如申生之母尚在，则骊姬之谮不行，晋国之家庭、骨肉岂至有惨祸耶？汉武帝欲立太子，乃先赐钩弋夫人死，特有惩于吕后之故，而耄年[3]计拙，遂至因噎废食也。至北魏时，竟相沿为故事而踵行[4]之，使其子以得立而丧母，将必有大不忍于其中者。嗣服继统[5]之日，欲以孝治天下，能无隐恫[6]哉？夫汉武固雄材大略之主也，而举动不常，流弊一至于此，惜哉！

宋以宗悫为豫州刺史故事，府、州部内论事，皆签[7]前直叙所论之事，置典签以主之。宋诸皇子为方镇者多幼，时主[8]皆以亲近左右领典签。至是，虽长王[9]临藩，素族[10]出镇，皆以典签出纳教命，刺史不得专其职。及悫为豫州，吴喜为典签，每多违执[11]，悫大怒曰："宗悫年将六十，为国竭命，正得一州如斗大，不能复与典签共临之！"喜稽颡流血，乃止。

秋，七月，宋以西阳王子尚为扬州刺史太傅义恭以宋主之子子尚有宠，将避之，乃辞扬州，而宋主以子尚为刺史。时荧惑守南斗，宋主废西州旧馆，使子尚移治东城以厌之。别驾沈怀文曰："天道示变，宜应之以德。虽空

1　条记：逐条记载。
2　青宫：借指太子。太子居东宫，东方属木，于色为青，故称太子所居为青宫。
3　耄年：老年。
4　踵行：仿照实行。
5　嗣服继统：继承帝位。
6　隐恫：难言之痛，深痛。
7　签：古代官府拘捕、惩罚犯人的凭证，以竹片制成，上有文字等标记。
8　时主：当代的君主。
9　长王：年长的王。
10　素族：寒门。
11　违执：违拗，违背。

西州，恐无益也。”不从。

八月，**魏击伊吾，克之。**

冬，十月，**宋以江夏王义恭为太宰。**

十一月，**魏以源贺为冀州刺史**贺上言：“今北虏游魂[1]，南寇负险，疆场之间，犹须防戍[2]。自非大逆，赤手杀人，其坐赃盗及过误应入死者，皆可原宥，谪使守边。则已断之体，受更生之恩；徭役之家，蒙休息之惠。”魏主从之。久之，谓群臣曰：“吾用贺言，一岁所活不少，增兵亦多。卿等人人如贺，朕何忧哉？”会人告贺谋反，魏主曰：“贺竭诚事国，朕为卿等保之。”讯验[3]，果诬，乃诛告者。因谓左右曰：“以贺忠诚，犹不免诬谤[4]，不及贺者，可无慎哉？”

十二月，**宋移青、冀并镇历城**宋主欲移青、冀二州并镇历城。刺史垣护之曰：“青州北有河、济，又多陂泽[5]，北虏每来，寇掠必由历城。二州并镇，此经远[6]之略也。北又近河，归顺者易。近息民患，远申王威，安边之上计也。”由是遂定。

魏定州[7]刺史许宗之有罪，诛宗之求取不节，以州民马超谤己，殴杀之，恐其家人告状，上超诋讪[8]朝政。魏主曰：“此必妄也。朕为天下主，何恶于超而有此言？必宗之惧罪诬超。”按验，果然，遂斩之。

宋金紫光禄大夫[9]颜延之卒延之子竣贵重，凡所资供[10]，一无所受，布衣茅屋，萧然[11]如故。常乘羸牛笨车，逢竣卤簿，即屏住道侧。常语竣曰：“吾平生不喜见要人，今不幸见汝。”竣起宅，延之谓曰：“善为之，无令后人笑汝

1　游魂：苟延残喘。
2　防戍：防守边境。
3　讯验：讯问检验。
4　诬谤：造谣中伤。
5　陂泽：湖泽。
6　经远：作长远谋划。
7　定州：古州名，辖今河北省满城县以南，安国市、饶阳县以西，井陉县及藁城、辛集二市以北地区。
8　诋讪：毁谤讥笑。
9　金紫光禄大夫：古官名，光禄大夫的一种，光禄大夫加金章紫绶者。
10　资供：供给。
11　萧然：形容空荡荡的。

拙也。"延之尝早诣竣，见宾客盈门，竣尚未起，延之怒曰："汝出粪土之中，升云霞之上，遽骄傲如此，其能久乎？"竣丁忧[1]逾月，起为右将军、丹杨尹知故。竣固辞，表十上，不许。遣中书舍人抱竣登车，载之郡舍，赐以布衣一袭，絮以彩纶，遣主衣就衣诸体[2]。

丁酉（公元457年）

宋大明元年。魏太安三年。

春，正月，魏以尉眷为太尉，录尚书事。

魏侵宋，入兖州魏人侵宋，败东平[3]太守刘胡。宋主遣薛安都、沈法系御之，并受徐州刺史申坦节度。比至，魏兵已去。先是，群盗聚任城荆榛[4]中，累世为患，谓之"任榛"。坦请回军讨之，任榛逃散，无功而还。安都、法系坐白衣领职。坦当诛，群臣为请，莫能得。沈庆之抱坦哭于市曰："汝无罪而死，我行当就汝[5]矣！"有司以闻，乃免之。

夏，六月，宋以颜竣为东扬州刺史宋主自即吉之后，奢淫自恣，多所兴造[6]。颜竣以藩朝[7]旧臣，数恳切谏争，宋主浸不悦。竣疑宋主欲疏之，乃求出外，以占[8]其意。宋主从之，竣始大惧。

秋，七月，宋并雍州为一郡雍州所统多侨郡县，刺史王玄谟言："侨郡县无有境土，新旧错乱，租课不时，请皆土断。"乃诏并雍州三郡十六县为一郡。郡县流民不愿属籍[9]，讹言玄谟欲反。时柳元景宗强，群从多为雍部二千

---

1 丁忧：遭到父母的丧事。旧制，父母死后，子女要守丧，三年内不做官，不婚娶，不赴宴，不应考。
2 絮以彩纶，遣主衣就衣诸体：里面絮上一层彩色丝线，派主衣官亲自送上门去，给颜竣穿上。
3 东平：古郡名，改东平国置，辖今山东省济宁市及东平、汶上等县地。
4 荆榛：泛指丛生灌木，多用以形容荒芜情景。
5 行当就汝：跟着你到地下去。
6 兴造：施工建造。
7 藩朝：异国的朝廷。
8 占：估计，测算。
9 属籍：纳入户籍。

石[1]，乘声皆欲讨玄谟。玄谟令内外晏然以解众惑，驰使启上，具陈本末。宋主遣主书[2]吴喜抚慰之，且报曰："七十老公，反欲何求？君臣之际，足以相保，聊复为笑，伸卿眉头耳。"玄谟性严，未尝妄笑，故宋主以此戏之。

八月，宋以竟陵王诞为南兖州刺史，刘延孙为南徐州刺史初，高祖遗诏，以京口要地，非宗室近亲，不得居之。延孙之先虽与高祖同源，而从来不序昭穆。宋主既命延孙镇京口，仍诏与合族[3]。宋主闺门无礼，不择亲疏、尊卑，流闻民间，无所不至。诞宽而有礼，诛劭及义宣，皆有大功，人心窃向之。诞多聚才力之士，蓄精甲利兵，宋主畏忌之，不欲诞居中，使出镇京口。犹嫌其逼[4]，更徙之广陵，以延孙腹心之臣，故使镇京口以防之。

戊戌（公元458年）

宋大明二年。魏太安四年。

春，正月，**魏设酒禁，置候官**魏主以士民多因酒致斗及议国政，故设酒禁，酿、酤、饮者皆斩。吉凶之会，听开禁，有程日[5]。增置内外候官，伺察诸曹及州镇，或微服杂乱于府寺间，以求百官过失。有司穷治，讯掠取服[6]，百官赃满二丈[7]皆斩。又增律七十九章。

二月，**魏以高允为中书令**魏起太华殿，中书侍郎高允谏曰："太祖始建都邑，其所营立，必因农隙。今建国已久，朝会、宴息、临望[8]之所，皆已悉备。纵有修广[9]，亦宜驯致，不可仓卒。今计所当役凡二万人，老弱供饷又当倍之，期半年可毕。一夫不耕，或受之饥，况四万人之劳费，可胜道乎？"魏

1　雍部二千石：雍州下面的郡守。二千石，郡守俸禄为二千石，因称郡守为"二千石"。
2　主书：主管文书的官吏。
3　合族：联宗，同姓而非一族的人联合为一族。
4　逼：靠近，十分接近。
5　程日：期限，限定的日期。
6　讯掠取服：讯掠，审问拷打。取服，迫使招供。
7　赃满二丈：接受贿赂的布匹达到两丈。
8　临望：登高远望。
9　修广：修理扩建。

主纳之。允好切谏，事有不便，允辄求见，屏人极论[1]，或自朝至暮，或连日不出。语或痛切，魏主不忍闻，命左右扶出，然终善遇之。时有上事为激讦[2]者，魏主谓群臣曰："君、父，一也。父有过，子何不作书于众中谏之？而于私室屏处谏者，岂非不欲其父之恶彰于外邪？至于事君，何独不然？君有得失，不能面陈，而上表显谏，欲以彰君之短，明己之直，此岂忠臣所为乎？如高允者，乃真忠臣也。朕有过，未尝不面言，朕闻其过而天下不知，可不谓忠乎？"允所与同征者游雅等皆至大官，封侯，而允为郎，二十七年不徙官。魏主谓群臣曰："汝等虽执弓刀在朕左右，未尝有一言规正。唯伺朕喜悦，祈官乞爵，今皆无功而至王公。允执笔佐国家数十年，为益不少，不过为郎，汝等不自愧乎？"乃拜允中书令。时魏百官无禄，允常使诸子樵采自给。司徒陆丽曰："高允虽蒙宠待[3]，而家贫，妻子不立。"魏主即日至其第，惟草屋数间，布被，缊袍[4]，厨中盐菜[5]而已。魏主叹息，赐以帛、粟，拜其子悦为郡守。允固辞，不许。帝重允，常呼为令公[6]而不名。游雅常曰："前史称卓子康、刘文饶之为人，褊心[7]者或不之信。余与高子游处四十年，未尝见其喜愠之色，乃知古人为不诬耳。高子内文明[8]而外柔顺，其言呐呐[9]不能出口。昔崔司徒尝谓：'高生丰才博学，一代佳士。所乏者，矫矫风节[10]耳。'余亦以为然。及司徒得罪，诏指临责，声嘶股栗[11]，殆不能言。高子独敷陈[12]事理，辞义清辩，人主为之动容。此非所谓矫矫者乎？宗爱用事，威振四海，王公以下趋庭望拜，高子

---

1 极论：透彻地论述，畅谈。
2 激讦：激烈率直地揭发、斥责别人的隐私、过失。
3 宠待：皇帝给予恩遇。
4 缊袍：以乱麻为絮的袍子，古为贫者所服。
5 盐菜：盐渍的蔬菜。
6 令公：古代对中书令的尊称。
7 褊心：心胸狭窄。
8 文明：明察。
9 呐呐：形容说话迟钝。
10 矫矫风节：矫矫，卓然不群貌。风节，风骨节操。
11 股栗：由于过度的恐惧两腿发抖。
12 敷陈：铺叙，详加论列。

独升阶长揖[1]。此非所谓风节者乎？夫人固未易知。吾既失之于心，崔又漏之于外，此乃管仲所以致恸于鲍叔也。"

夏，六月，宋以谢庄、顾觊之为吏部尚书宋主不欲权在臣下，分吏部尚书置二人，以谢庄、顾觊之为之。初，晋世，散骑常侍选望[2]甚重，其后用人渐轻。宋主欲重其选，乃用当时名士孔觊、王彧为之。侍中蔡兴宗曰："选曹要重，常侍闲淡[3]，改之以名而不以实，虽主意欲为轻重，人心岂可变邪？"后竟如其言。兴宗，廓之子也。

裴子野曰：官人之难，尚[4]矣。周礼，始于学校，论之州里，告诸六事[5]，而后贡于王庭。汉家州郡积其功能[6]，五府举为掾属，三公参其得失，尚书奏之天子。一人之身，所阅者众。故能官得其才，鲜有败事。魏、晋易是，所失弘多。夫厚貌深衷，险如溪壑[7]，择言观行，犹惧弗周。况今万品千群，俄折乎一面；庶僚百位，专断于一司[8]。于是干进务得[9]，无复廉耻之风，谨厚之操。官邪国败，不可纪纲[10]。假使龙作纳言，舜居南面，而欲治致平章[11]，不可必也，况后之人哉？孝武虽分曹为两，不能反之于周、汉，朝三暮四，其庸愈乎[12]？

宋沙门昙标谋反，伏诛南彭城[13]民高阇、沙门昙标以妖妄相扇[14]，与殿中

1　长揖：拱手高举继而落下的一种敬礼，多数用于平辈之间。
2　选望：被举荐者的门第。
3　闲淡：清闲。
4　尚：久远。
5　六事：领兵的六卿。
6　功能：才能。
7　厚貌深衷，险如溪壑：有些人长着一副忠厚诚恳的面孔，但内心却是阴险狡猾得很，就好像那万丈深渊一样难以摸透。
8　万品千群，俄折乎一面；庶僚百位，专断于一司：现在千千万万的为官者，只靠偶尔见过一面的印象，就要决定是晋升还是削免；上百位僚属的任用，由一个部门独断专行。
9　干进务得：干进，谋求仕进。务得，务求有所得。
10　纪纲：治理，管理。
11　治致平章：治理国家达到太平盛世的状态。
12　分曹为两，不能反之于周、汉，朝三暮四，其庸愈乎：把吏部尚书的职能一分为二，也没法回到周朝、汉朝的时代了。仅仅是不时更改名称，难道会更好吗。
13　南彭城：古郡名，东晋侨置于晋陵郡界内，无实土，治所位于今江苏省常州市武进区西。
14　以妖妄相扇：用妖邪虚妄的语言煽动人心。

将军苗允等谋作乱，立阉为帝。事觉，伏诛。于是诏沙汰[1]沙门，设诸条禁，严其诛坐[2]。非戒行精苦[3]，并使还俗。而诸尼出入宫掖，竟不得行。

秋，八月，宋杀其中书令王僧达僧达幼聪警能文，而跌荡[4]不拘。宋主初立，擢为仆射。自负才地，一二年间，即望宰相。既而下迁[5]，再被弹削[6]，僧达耻怨，所上表奏，辞旨抑扬[7]。又好非议时政，宋主已积愤。路太后兄子尝诣僧达，升其榻，僧达令舁[8]弃之。太后大怒，固邀[9]上，令必杀僧达。会高阇反，上因诬僧达与阇通谋，赐死。

沈约曰：夫君子小人，类物[10]之通称。蹈道则为君子，违之则为小人。是以太公起屠钓为周师，傅说去板筑为殷相。胡广累世农夫，致位公相；黄宪牛医之子，名重京师。非若晚代分为二途[11]也。魏立九品，盖论人才优劣，非谓世族高卑。而都正[12]俗士，随时俯仰，凭借世资，用相陵驾[13]。因此相沿，遂为成法。周、汉之道，以智役愚。魏、晋以来，以贵役贱。士庶之科，较然[14]有辨矣。

裴子野曰：古者，德义可尊，无择负贩[15]。苟非其人，何取世族？有晋以来，其流稍改，草泽奇士，犹显清涂[16]。降及季年，专限阀阅。以谢灵运、王僧

1　沙汰：淘汰，拣选。
2　诛坐：责罚，治罪。
3　戒行精苦：戒行，佛教指恪守戒律的操行。精苦，精勤刻苦。
4　跌荡：放纵。
5　下迁：降职。
6　弹削：弹劾贬官。
7　抑扬：贬抑。
8　舁：共同用手抬。
9　邀：请求。
10　类物：摹写事物。
11　非若晚代分为二途：不像近世把人分成士族和庶族两等。晚代，近世。
12　都正：州都与郡中正合称。州都，州大中正的别称。
13　陵驾：超越，高出其上。
14　较然：明显貌。
15　负贩：担货贩卖。
16　清涂：清贵之途。

达之才华轻躁[1]，使生自寒宗[2]，犹将覆折[3]。重以怙其庇荫，召祸宜哉[4]！

冬，十月，**魏主伐柔然，刻石纪功而还**魏主至阴山，会雨雪，欲还。尉眷曰："今动大众以威北敌，去都不远而车驾遽还，虏必疑我有内难。将士虽寒，不可不进。"魏主从之。渡大漠，旌旗千里。柔然处罗可汗远遁，其别部数千落降于魏。魏主刻石纪功而还。

魏侵宋清口，宋青冀刺史颜师伯连战破之积射将军殷孝祖筑两城于清水之东。魏镇西将军封敕文攻之，清口戍主、振威将军傅乾爱拒，破之。宋主遣虎贲主庞孟虬救清口，颜师伯遣中兵参军[5]苟思达助之，败魏兵于沙沟[6]。宋主又遣司空参军卜天生会傅乾爱及中兵参军江方兴共击魏兵，屡破之，斩魏将数人。魏征西将军皮豹子将兵助封敕文寇青州，师伯与战，几获之。

宋以戴法兴、戴明宝、巢尚之为中书舍人初，宋主在江州，戴法兴、戴明宝、蔡闲为典签。及即位，皆以为南台侍御史兼中书通事舍人。是岁，并以初举兵预密谋，赐爵县男[7]。时宋主亲览朝政，不任大臣，而腹心耳目，不得无所委寄[8]。法兴颇知古今，素见亲待[9]。巢尚之，人士之末[10]，涉猎文史，亦为中书通事舍人。凡选授、迁徙、诛赏大处分，宋主皆与法兴、尚之参怀[11]。内外杂事，多委明宝。三人权重当时，而法兴、明宝大纳货贿[12]，门外成市，家累千金。顾觊之独不降意[13]。蔡兴宗与觊之善，嫌其风节太峻[14]，觊之曰："辛毗有言：'孙、刘不过使吾

---

1 轻躁：轻率浮躁。
2 寒宗：寒门。
3 覆折：倾覆摧折。
4 重以怙其庇荫，召祸宜哉：再加上他们倚仗特权的庇护为非作歹，最终招来杀身之祸是理所当然的事。
5 中兵参军：古官名，亦作中兵参军事，掌本府中兵曹事务，兼备参谋咨询。
6 沙沟：古水名，又名中川水，即今山东省济南市长清区境内沙河。
7 县男：古爵名，食邑为县的男爵。
8 委寄：委任付托。
9 亲待：亲近优待。
10 人士之末：意指出身寒门。
11 参怀：共同商议。
12 货贿：贿赂。
13 降意：降心相从，屈意。
14 峻：严厉。

不为三公耳。'"凯之常以为："人禀命[1]有定分，非智力所移，唯应恭己[2]守道。而暗者[3]不达，妄意侥幸，徒亏雅道[4]，无关得丧。"乃著《定命论》以释之[5]。

己亥（公元459年）

宋大明三年。魏太安五年。

夏，四月，宋竟陵王诞反广陵，宋主遣兵讨之竟陵王诞知宋主意忌之，亦潜为之备。因魏人入寇，修城浚隍，聚粮治仗。参军江智渊知诞有异志，请假先还建康，宋主以为中书侍郎。智渊少有操行，沈怀文每称之曰："人所应有尽有，人所应无尽无者，其唯江智渊乎！"俄而事觉，宋主令有司奏请收付廷尉，诏贬爵为侯，遣之国。使兖州刺史垣阆与戴明宝袭之。明宝夜报诞典签蒋成，使为内应。诞闻之，斩成，击阆，杀之，明宝逃还。诏沈庆之将兵讨诞。庆之至欧阳[6]，诞遣人赍书说庆之，饷以玉环刀[7]。庆之遣还，数以罪恶。诞闭门自守，分遣书檄[8]，邀结远近。时山阳内史梁旷，家在广陵，诞执其妻子，遣使邀旷，旷斩其使。诞遂灭旷家。奉表投城外，数宋主罪恶曰："陛下宫帏[9]之丑，岂可三缄[10]？"宋主大怒，凡诞左右、腹心、同籍、期亲[11]在建康者，诛死以千数。虑诞奔魏，使庆之断其走路。豫州刺史宗悫、徐州刺史刘道隆并率众来会。先是，诞诳其众云："宗悫助我。"悫至，绕城跃马呼曰："我宗悫也。"诞见众军大集，弃城北走，庆之遣兵追之。诞众皆不欲去，诞乃复还，

1　禀命：受之于天的命运或体性。
2　恭己：恭谨以律己。
3　暗者：糊涂的人，愚昧的人。
4　雅道：正道，忠厚之道。
5　乃著《定命论》以释之：《南史·顾凯之传》记载《定命论》为其弟子所著，此处或省称。
6　欧阳：古地名，位于今江苏省扬州市辖仪征市东北。
7　玉环刀：古代名刀。
8　书檄：书简与檄文，亦泛指文书。
9　宫帏：宫殿里的帏幕，亦借指王宫。
10　三缄："三缄其口"的略语，在他嘴上贴了三张封条，形容说话谨慎，也用来形容不敢开口。缄，封。
11　期亲：服丧一年的亲属。

筑坛歃血以誓众。以刘琨之为参军。琨之，遵考之子也，辞曰："忠孝不得并。琨之老父在，不敢承命。"诞囚之十余日，终不受，乃杀之。庆之进营逼广陵城，诞于城上授函表[1]，请庆之为送。庆之曰："我受诏讨贼，不得为汝送表。汝必欲归死朝廷，自应开门遣使，吾为汝护送。"

五月，宋杀其东扬州刺史颜竣竣遭母忧，送丧还都，宋主恩待犹厚。会王僧达得罪，疑竣谮之，陈竣前后怨望、诽谤之语。竣坐免官。竣惧，上启请命，上益怒。及诞反，遂诬竣与通谋，收付廷尉，折足赐死。妻子徙交州，复沉其男口于江。

秋，七月，宋克广陵，刘诞伏诛沈庆之值久雨，不得攻城。宋主令有司奏免庆之官，诏勿问，以激之。诞初闭城，参军贺弼固谏，诞怒，抽刀向之。及诞兵屡败，将佐多逾城出降。或劝弼宜早出，弼曰："公举兵向朝廷，此事既不可从。荷公厚恩，又义无违背，唯当以死明心耳。"乃饮药自杀。参军何康之等谋开门纳官军，不果，斩关出降。诞为高楼，置康之母于其上，暴露之，不与食。母呼康之，数日而死。范义为诞左司马，或劝其行，义曰："子不可以弃母，吏不可以叛君。必若康之而活，吾弗为也。"沈庆之率众攻城，克之。诞走，追及，斩之，母、妻皆自杀。宋主闻广陵平，出宣阳门[2]，敕左右皆呼万岁。侍中蔡兴宗陪辇，宋主顾曰："卿何独不呼？"兴宗正色曰："陛下今日正应涕泣行诛，岂得皆称'万岁'？"宋主不悦。诏贬诞姓留氏，广陵城中士民，无大小，悉命杀之。庆之请自五尺以下[3]全之，女子为军赏[4]。犹杀三千余口。擢梁旷为后将军，赠刘琨之给事黄门侍郎。蔡兴宗奉旨慰劳广陵。兴宗与范义素善，收敛其尸，送归豫章。宋主谓曰："卿何敢故触王宪[5]？"对曰："陛下自杀贼，臣自葬故交，何不可之有？"宋主有惭色。

1　函表：封入书函中的奏章。
2　宣阳门：古城门名，又称白门，建康的南墙正门，约位于今江苏省南京市中山东路以南的淮海路一带。
3　五尺以下：身高在五尺以下的男子，借指未成年。
4　军赏：军中的赏赐。
5　王宪：王法，国法。

宋以沈庆之为司空。

九月，宋筑上林苑。

宋徙郊坛[1]，造五路[2]初，晋人筑南郊坛于巳位[3]。至是，尚书右丞徐爰以为非礼，诏徙于牛头山[4]西，直宫城之午位[5]。又造五路，依金根车[6]，加羽葆盖[7]。及废帝即位，以郊坛旧地为吉，复还故处。

庚子（公元460年）

宋大明四年。魏和平元年。

春，正月，宋主耕籍田。三月，后亲蚕[8]西郊，太后观礼。

夏，六月，魏伐吐谷浑吐谷浑王拾寅两受宋、魏爵命，居止出入拟于王者，魏人忿之。遣阳平王新成等督诸军以击之，虏获甚众。

魏复置史官崔浩之诛，史官遂废，至是复置。

冬，十月，宋杀其庐陵内史周朗朗言事切直，宋主衔之，使有司奏朗居母丧不如礼，传送宁州，于道杀之。朗之行也，侍中蔡兴宗方在直[9]，请与朗别。坐白衣领职。

宋以颜师伯为侍中师伯以谄佞[10]被亲任，群臣莫及，多纳货贿，家累千金。宋主尝与之樗蒲，宋主掷得雉，自谓必胜。师伯次掷，得卢，宋主失色。师伯遽敛子曰：“几作卢[11]！”是日一输百万。

1　郊坛：古代为祭祀所筑的土坛，设在南郊。
2　五路：古代帝王所乘的五种车子，即玉路、金路、象路、革路、木路。
3　巳位：古代方位名，在八方的基础上，用十二地支将空间进一步划分为十二方，巳位对应东南偏南。
4　牛头山：古山名，又名牛首山、天阙山、仙窟山，位于今江苏省南京市西南。
5　午位：古代方位名，午位对应正南。
6　金根车：以黄金为装饰的根车，为帝王所乘。根车，用自然圆曲的树木做车轮装配成的车子。
7　羽葆盖：帝王仪仗中以鸟羽联缀为饰的华盖。
8　蚕：蚕事，养蚕的工作。
9　在直：正在值班。
10　谄佞：花言巧语，阿谀逢迎。
11　几作卢：差一点全是卢。樗蒲中，五个全是卢胜过五个全是雉。

柔然攻高昌，杀沮渠安周 柔然攻高昌，杀沮渠安周，灭沮渠氏，以阚伯周为高昌王。高昌称王自此始。

辛丑（公元 461 年）

宋大明五年。魏和平二年。

春，正月，雪 宋以正旦朝贺，雪落太宰义恭衣，有六出[1]，义恭奏以为瑞，宋主悦。义恭以宋主猜暴[2]，惧不自容，每卑辞逊色，曲意祇奉。由是终宋主之世，得免于祸。

夏，宋立明堂经始[3]明堂，直作大殿于丙、己之地[4]，制如太庙，唯十有二间为异。

宋雍州刺史、海陵王休茂反襄阳，为其下所杀 雍州刺史、海陵王休茂年十七，司马庾深之行府事。休茂欲专处决，深之及主帅每禁之。左右张伯超有宠，多罪恶，主帅屡责之。伯超说休茂杀行事[5]及主帅而举兵。休茂从之。杀典签杨庆，征集兵众，建牙驰檄[6]。博士荀诜谏，杀之。休茂出城行营，参军沈畅之等率众闭门拒之，休茂驰还攻城，克之。参军尹玄度复起兵攻休茂，生擒，斩之，母、妻皆自杀，同党伏诛。宋主自即位以来，抑黜[7]诸弟。既克广陵，欲更峻其科。沈怀文曰："汉明不使其子比光武之子，前史以为美谈。陛下既明管、蔡之诛，愿崇唐、卫之寄[8]。"及襄阳平，太宰义恭希旨，复请裁抑诸王，不使

---

1. 六出：一花生六瓣。雪花本来就是六瓣。出，花分瓣称之为出。
2. 猜暴：猜忌凶暴。
3. 经始：开始营建。
4. 丙、己之地：古代方位名，按十天干命名，丙位为南方，己位为中央。
5. 行事：此处代指庾深之。行事，古官名，以他官代行某官职权。亦称行某州或某府事，还有行某戍或某州军事等。
6. 建牙驰檄：建牙，出师前树立军旗。驰檄，迅速传送檄文。
7. 抑黜：贬废，排斥。
8. 唐、卫之寄：周成王封步虞、康叔于唐、卫，把这两个地方托付给他们。步虞、康叔为周成王的弟弟。

任边州[1]，及悉输器甲，禁绝宾客。怀文固谏，乃止。宋主畋游无度[2]，尝出，夜还，敕开门。侍中谢庄居守，以荣信[3]或虚，执不奉旨，须墨敕[4]乃开。宋主曰："卿欲效郅君章[5]邪？"对曰："臣闻王者祭祀、畋游，出入有节。今陛下晨往宵归，臣恐不逞之徒，妄生矫诈[6]，是以伏须神笔，乃敢开门耳。"

秋，九月朔，日食。

宋司空沈庆之罢，就第庆之目不知书，家素富，产业累万金。一旦徙居娄湖[7]，以宅输官[8]。非朝贺不出门，车马率素[9]，从者不过三五人，遇之者不知其三公也。

冬，十月，宋以新安王子鸾为南徐州刺史子鸾母殷淑仪宠倾后宫，子鸾爱冠诸子，凡为上所昄遇[10]者，莫不入其府。初，巴陵王休若为北徐州[11]，以张岱为参军，行府、州、国事。后历临海、豫章、晋安[12]三府，与典签、主帅共事，事举而情不相失。或问其故，岱曰："古人言：'一心可事百君。'我为政端平[13]，待物以礼，悔吝之事，无由而及。明暗短长，更是才用之多少耳。"及是，子鸾复以岱为别驾行事。

十二月，宋制民岁输布，户四匹。

宋禁士族杂婚[14]诏士族杂婚者皆补将吏[15]。士族多避役逃亡，乃严为之制，

1　边州：靠近边境的州邑，亦泛指边境地区。
2　畋游无度：打猎游玩没有节制。
3　荣信：传信的符证。
4　墨敕：由皇帝亲笔书写，不经外廷盖印而直接下达的命令。
5　郅君章：即东汉名臣郅郓恽，字君章。
6　矫诈：虚伪诡诈。
7　娄湖：古地名，位于今江苏省南京市东南。
8　输官：献给官府。
9　率素：都很朴素。
10　昄遇：宠遇。
11　北徐：古州名，辖今山东省箕屋山、沂山、蒙山及江苏省沛县以南，河南省商丘市以东，安徽省太和县、蒙城县、泗县及江苏省淮河以北地区。
12　晋安：古郡名，辖今福建省东部及南部。
13　端平：公正，公平。
14　杂婚：不同种族或宗教信仰的人们之间的婚姻。
15　将吏：军官。

捕得即斩之，往往奔窜湖山[1]为盗贼。沈怀文谏，不听。

壬寅（公元462年）

宋大明六年。魏和平三年。

春，正月，宋始祀五帝于明堂。

宋策孝、秀于中堂[2]扬州秀才顾法对策曰："源清则流洁，神圣则形全。躬化易于上风，体训速于草偃[3]。"上恶其谅[4]，投策于地。

二月，宋复百官禄。

宋杀其广陵太守沈怀文侍中沈怀文素与颜竣、周朗善，数以直谏忤旨。宋主谓曰："竣若知我杀之，亦当不敢如此。"尝出射雉，风雨骤至，怀文与王彧、江智渊约相与谏。怀文曰："风雨如此，非圣躬所宜冒。"彧曰："怀文所启，宜从。"智渊未及言，宋主注弩作色[5]曰："卿欲效颜竣邪？"宋主每燕集[6]，在坐者皆令沉醉，嘲谑[7]无度。怀文素不饮，又不好戏调[8]，宋主谓故欲异己，出为广陵太守。至是，朝正[9]，事毕当还，以女病求申期，为有司所纠，免官，禁锢十年。怀文卖宅，欲还东，上大怒，赐死。三子澹、渊、冲行哭[10]请命，柳元景为之言曰："怀文三子，涂炭不可见，愿陛下速正其罪。"宋主竟杀之。

夏，四月，宋淑仪[11]殷氏卒宋主以殷氏卒，痛悼不已，精神罔罔[12]，颇废

1　湖山：江湖和山寨。
2　策孝、秀于中堂：在中堂举行孝廉、秀才的甄选考核。孝、秀，孝廉、秀才。
3　躬化易于上风，体训速于草偃：自己身体力行的效果，很容易就会崇尚风教，而亲自奉行的影响，则比野草倒伏的速度更快。
4　谅：固执，坚持己见。
5　注弩作色：注弩，眼睛盯着弓弩。作色，怒形于色。
6　燕集：宴饮聚会。
7　嘲谑：嘲笑戏谑。
8　戏调：开玩笑。
9　朝正：古代诸侯和臣属在正月朝见天子。
10　行哭：且行且哭。
11　淑仪：古代女官名，九嫔之一。九嫔为淑妃、淑媛、淑仪、修华、修容、修仪、婕妤、容华、充华。
12　罔罔：心神不定貌。

政事。葬于龙山[1]，民不堪役，死亡甚众。自江南葬埋之盛，未之有也。又为之别立庙。

秋，九月，宋制沙门致敬人主初，晋庾冰议使沙门敬王者，不果行。至是，有司奏曰："浮图[2]为教，反经蔽道，屈膝四辈而简礼二亲，稽颡耆腊而直体万乘[3]。臣等参议，以为沙门接见，比当尽虔[4]。"从之。及废帝即位，复旧。

宋祖冲之请更造新历，不报南徐州从事史[5]祖冲之上言，何承天《元嘉历》疏舛[6]犹多，更造新历，以为："旧法，冬至日有定处，未盈百载，辄差二度。今令冬至日度岁岁微差，将来久用，无烦屡改。又，子为辰首，位在正北。虚为北方列宿之中。今历，上元[7]日度，发自虚一。日辰之号，甲子为先。今历，上元岁在甲子。又，承天法，日月五星，各自有元[8]。今法，交会[9]迟疾，悉以上元岁首为始。"宋主令善历者难之，不能屈。会宋主晏驾，不果施行。

癸卯（公元 463 年）

宋大明七年。魏和平四年。

春，正月，宋吏部郎江智渊卒宋主每因宴集，好使群臣自相嘲讦[10]。智渊素恬雅[11]，渐不会旨[12]。尝使智渊以王僧朗戏其子彧。智渊正色曰："恐不宜有此戏！"宋主怒曰："江僧安痴人，痴人自相惜。"僧安，智渊之父也。智渊伏席

1　龙山：古山名，原名岩山，位于今江苏省南京市西南，南朝宋孝武帝改名龙山。
2　浮图：即浮屠。
3　反经蔽道，屈膝四辈而简礼二亲，稽颡耆腊而直体万乘：用他们的教义去蒙蔽真正的道义，只对四圣跪拜，而对自己的父母简慢无礼，只对老僧叩头，却不跪拜皇帝。四辈，佛教语，指佛、菩萨、圆觉、声闻。耆腊，高年之僧。佛教称岁为腊。
4　比当尽虔：也应当做到完全的恭敬、虔诚。
5　从事史：古官名，也称从事，为诸从事之总称，各掌一方面的事务。
6　疏舛：疏漏错乱。
7　上元：古代历法名称之一，甲子朔旦夜半冬至，而日、月、五星皆会于子，谓之上元，以为历始。
8　元：首，开始。
9　交会：会合，聚集。
10　嘲讦：嘲弄攻击。
11　恬雅：沉静文雅。
12　会旨：合君主的心意。

流涕，由此恩宠大衰。又议殷淑仪谥曰"怀"，宋主以为不尽美，衔之。他日至妃墓，指石柱谓智渊曰："此上不容有'怀'字。"智渊益惧，竟以忧卒。

夏，宋制，非临军毋得专杀，非手诏毋得兴军诏："自非临军，不得专杀。罪应重辟，先上须报[1]，违者以杀人论。刺史、守宰动民兴军，皆须手诏施行。唯外警内奸，变起仓猝者，不从此例。"

宋以蔡兴宗、袁粲为吏部尚书粲，淑之兄子也。宋主好狎侮[2]群臣，自太宰义恭以下，不免秽辱[3]。常呼金紫光禄大夫王玄谟为老伧[4]，仆射刘秀之为老悭，颜帅伯为龅，其余短长肥瘦，皆有称目[5]。又宠一昆仑奴[6]，令以杖击群臣，唯惮蔡兴宗方严，不敢侵媟[7]。议曹郎[8]王耽之曰："蔡豫章昔在相府，亦以方严不狎，武帝宴私[9]之日，未尝相召。蔡尚书今日可谓能负荷矣。"

六月，宋以刘德愿为豫州刺史宋主数与群臣至殷贵妃墓，谓德愿曰："卿哭贵妃，悲者当厚赏。"德愿擗踊号恸，涕泗交流，宋主甚悦，故有是命。

宋大修宫室宋主为人机警勇决，学问博洽，文章华敏[10]，又善骑射，而奢欲无度。自晋氏渡江以来，宫室草创，孝武始作清暑殿。宋兴，无所增改。至是，始大修宫室，土木被锦绣，赏赐倾府藏。坏高祖所居阴室[11]，于其处起玉烛殿。与群臣观之，床头有土障[12]，壁上挂葛灯笼、麻蝇拂[13]。侍中袁颛因盛称高祖俭素之德，宋主曰："田舍公得此已为过矣。"颛，淑之兄子也。

冬，十月，宋主校猎姑孰。魏遣散骑常侍游明根如宋明根奉使三返，

1　罪应重辟，先上须报：罪行严重，应该重判斩首的罪犯，必须先向朝廷呈报，等候批准。
2　狎侮：轻慢，戏弄。
3　秽辱：侮辱。
4　老伧：骂人的话，谓粗野之人。下文"老悭"为讥人吝啬之词，"龅"指牙齿外露。
5　称目：外号，称呼。
6　昆仑奴：古代豪门富家以黑色皮肤的南海诸国人为奴，称"昆仑奴"。
7　侵媟：欺侮戏弄。
8　议曹郎：古官名，南朝尚书省诸曹郎之一。
9　宴私：公余的私生活。
10　机警勇决，学问博洽，文章华敏：机警而且勇敢果断，学问渊博，文章写得华丽敏捷。
11　阴室：帝王生前的居室，保留以供阴魂出入，故称。
12　土障：土墙。
13　葛灯笼、麻蝇拂：葛灯笼，麻葛做的灯笼。麻蝇拂，用麻做的蝇拂子。

宋主以其长者，礼之有加。

十一月，宋主习水军于梁山。

甲辰（公元 464 年）

宋大明八年。魏和平五年。

夏，闰五月，宋主骏殂，太子子业立宋主末年，尤贪财利。刺史、二千石罢还，必限使献奉[1]，又以蒲戏[2]取之，罄尽乃止。终日酣饮，常凭几[3]昏睡。或外有奏事，即肃然整容，无复酒态。由是内外畏之，莫敢弛惰[4]。至是殂于玉烛殿。遗诏："太宰义恭加中书监，柳元景领尚书令，事无巨细，悉关二公。大事与始兴公沈庆之参决。若有军旅，悉委庆之。尚书中事，委仆射颜师伯。外监所统，委领军王玄谟。"太子即位，年十六。蔡兴宗奉玺绶，太子受之，傲惰无戚容[5]。兴宗出告人曰："国家之祸，其在此乎？"

秋，七月，柔然处罗可汗死，子受罗部真可汗予成立改元"永康"。

宋以蔡兴宗为新昌[6]太守，王玄谟为南徐州刺史宋罢孝建[7]以来所改制度，还依元嘉。蔡兴宗于都座[8]慨然谓颜师伯曰："先帝虽非盛德之主，要以道始终，三年无改，古典所贵。今殡宫始撤，山陵未远，而凡诸制度，不论是非，一皆刊削[9]，虽复禅代，亦不至尔。天下有识，当以此窥人。"师伯不从。太宰义恭素畏戴法兴、巢尚之等，虽受遗辅政，而引身避事，由是政归近习。法兴等专制朝权，诏敕皆出其手。兴宗自以职管铨衡，每至上朝，辄为义恭陈登贤进士之意，又箴

---

1 献奉：献祭供奉。
2 蒲戏：即樗蒲，一种博戏。
3 凭几：靠着几案。
4 弛惰：懈怠。
5 傲惰无戚容：态度傲慢懈怠，脸上一点悲哀的样子都没有。
6 新昌：古郡名，辖今越南永福、富寿、宣光、河江、安沛、老街等省地。
7 孝建：南朝宋孝武帝刘骏年号，存续时间为公元 454 至 456 年。
8 都座：亦作"都坐"，政事堂，大臣商议政事的地方。
9 刊削：消除。

规[1]得失，博论朝政。义恭闻之，战惧[2]无答。兴宗每奏选事，法兴、尚之等辄点定回换[3]。兴宗于朝堂谓义恭、师伯曰："主上谅暗，不亲万机，而选举密事，多被删改，复非公笔，亦不知是何天子意？"义恭、法兴皆恶之，左迁新昌太守。既而以其人望，复留之建康。法兴等恶王玄谟刚严[4]，以为南徐州刺史。

八月，**宋太后王氏殂**太后疾笃，使呼宋主子业。子业曰："病人间多鬼，哪可往？"太后怒，谓侍者："取刀来，剖我腹，哪得生宁馨儿？"

冬，**宋饥**东方诸郡连岁旱、饥，米一升钱数百，建康亦至百余钱，饿死者什六七。是岁，宋境内凡有州二十二，郡二百七十四，县千二百九十九，户九十四万有奇[5]。

乙巳（公元 465 年）

宋主子业景和元年，太宗明帝或泰始元年。魏和平六年。

春，**宋铸二铢钱**自孝建以来，民间盗铸滥钱，商货不行。更铸二铢钱，形式转细。民间效之，而更薄小，无轮廓，不磨鑢[6]，谓之"耒子"。

夏，五月，**魏主濬殂，太子弘立**初，世祖经营四方，国颇虚耗，重以内难，朝野楚楚[7]。高宗嗣之，与时消息[8]，静以镇之，怀集中外，民心复安。太子弘即位，时年十二。

魏车骑大将军乙浑杀司徒陆丽魏车骑大将军乙浑专权，矫诏[9]杀尚书杨保年等于禁中。使司卫监[10]穆多侯召平原王陆丽于代郡，多侯谓曰："浑有无君之心。今宫车晏驾，王德望素重，奸臣所忌，宜少淹留以观之。朝廷安静，

1　箴规：告诫规劝。
2　战惧：长惧。
3　点定回换：点定，修改使成定稿。回换，调换，变换。
4　刚严：刚强严峻。
5　有奇：有余。
6　磨鑢：磨治，磨光锉平。
7　楚楚：纤弱，娇柔。
8　消息：休养，休息。
9　矫诏：假托诏令。
10　司卫监：古官名，北魏置，总督禁旅，掌宫禁秩序。

然后入未晚也。"丽曰："安有闻君父之丧，虑患而不赴者乎？"即驰赴平城。浑所为多不法，丽数争之。浑杀丽及多侯，而自为太尉、录尚书事。

六月，**魏开酒禁。**

秋，七月，**魏乙浑自为丞相**魏乙浑为丞相，位居诸王上，事无大小，皆取决焉。

八月，**宋主杀其太宰江夏王义恭、尚书令柳元景、仆射颜师伯**子业幼而猖暴[1]。及即位，始犹难[2]太后、大臣及戴法兴等，未敢自恣。太后既殂，子业欲有所为，法兴辄抑制之，不能平。所幸阉人[3]华愿儿怨法兴裁其赐与，言于子业曰："道路皆言法兴为真天子，官[4]为赝天子。且官居深宫，与人物不接。法兴与太宰、颜、柳共为一体，内外畏服。深恐此座非复官有。"子业遂赐法兴死。初，世祖多猜忌，大臣重足屏息。世祖殂，义恭等相贺曰："今日始免横死矣。"甫过山陵，皆声乐酣饮，不舍昼夜。及法兴死，诸大臣始复不自安。于是元景、师伯密谋废子业，立义恭，日夜聚谋而不能决。元景以其谋告沈庆之，庆之与义恭素不厚，又恨师伯专断朝事，不与己参怀，乃发[5]其事。子业遂自率羽林兵杀义恭并其四子。召元景，以兵随之。元景知祸至，入辞其母，整朝服乘车应召。弟叔仁率左右欲拒命[6]，元景苦禁之。既出巷，军士大至。元景下车受戮，容色[7]恬然，并其子弟诸侄。获颜师伯于道，杀之，并其六子。自是公卿以下，皆被捶曳[8]如奴隶矣。初，子业在东宫，多过失，世祖欲废之，而立新安王子鸾。侍中袁颉盛称太子之美，乃止。子业由是德之。既诛群公，以为吏部尚书。尚书左丞徐爰便辟善事人，颇涉书传，自元嘉初，入侍左右，豫参[9]顾问，长于附会，饰以典文，大

1　猖暴：急躁暴戾。
2　难：恐惧。
3　阉人：被阉割的人，也用作宦官的代称。
4　官：古时称天子。
5　发：告发。
6　拒命：抗命，不服从命令。
7　容色：容貌神色。
8　捶曳：殴打侮辱。
9　豫参：参与。豫，通"与"。

明¹之世，委寄尤重。时殿省旧人多见诛、逐，唯爱巧于将迎²，始终无迕。子业每出，常与沈庆之及姊山阴公主同辇，爱亦预焉。主尤淫恣³，子业为置面首左右三十人。吏部郎褚渊貌美，公主请以自侍，子业许之。渊侍公主十日，备见逼迫，以死自誓，乃得免。渊，湛之之子也。子业令太庙别画祖考之像，入庙，指高祖像曰："渠大英雄，生擒数天子。"指太祖像曰："渠亦不恶，但末年不免儿斫去头。"指世祖像曰："渠大齄鼻⁴，如何不齄？"立召画工令齄之。

九月，宋主杀其弟新安王子鸾新安王子鸾有宠于世祖，子业疾之，遣使赐死。又杀其母弟南海王子师，发殷淑仪墓。又欲掘景宁陵⁵，太史以为不利于子业，乃止。谢庄为殷淑仪诔曰："赞轨尧门⁶。"子业以庄用钩弋夫人事，欲杀之。或为之言，得系尚方。

宋义阳王昶出奔魏昶为徐州刺史，素为世祖所恶，而民间每讹言昶反，是岁尤甚。子业谓左右曰："我即大位，未尝戒严，使人邑邑。"会昶遣使上表求朝，诘以反状，使惧，逃归。子业因下诏讨昶，内外戒严。自将兵渡江，命沈庆之统诸军。昶聚兵，移檄统内⁷，皆不受命。昶知事不成，弃母、妻，携爱妾奔魏。昶颇涉学⁸，能属文，魏人重之，使尚公主，赐爵丹杨王。

宋以袁颛为雍州刺史，蔡兴宗为吏部尚书颛始为子业所宠任，俄而失指⁹，待遇顿衰。颛惧，求出，以为雍州刺史。其舅蔡兴宗谓曰："襄阳星恶¹⁰，何可往？"颛曰："白刃交前，不救流矢¹¹。今唯愿生出虎口耳。天道辽远，何必皆验？"

1　大明：南朝宋孝武帝刘骏年号，存续时间为公元 457 至 464 年。
2　将迎：逢迎，迎合。
3　淫恣：放荡，不知检点。
4　齄鼻：酒糟鼻。齄，鼻子上长的红色小疮。
5　景宁陵：南朝宋孝武帝刘骏墓，位于今江苏省南京市江宁区岩山南麓。
6　赞轨尧门：在尧母门中辅佐天子成其功业。赞轨，辅佐天子成其功业。尧母门，汉武帝的宠妃、汉昭帝的生母钩弋夫人宫门的别称，因钩弋夫人与尧的母亲都怀胎十四月生子而得名。
7　统内：自己管辖范围之内。
8　涉学：研究学问。
9　失指：不合帝王旨意。
10　星恶：星象不吉。
11　白刃交前，不救流矢：白刃加于前，不管什么流箭射来都无法自救了。

时临海王子顼为荆州刺史，朝廷以兴宗为子顼长史，行府、州事。兴宗辞不行。颙曰："朝廷形势，人所共见。在内大臣，朝不保夕。舅今出为八州行事，颙在襄、沔[1]，地胜兵强，可以共立桓、文之功，岂比受制凶狂，临不测之祸乎？今得间不去，后复求出，岂可得邪？"兴宗曰："吾素门平进[2]，与主上甚疏，未容有患。官省内外，人不自保，会应[3]有变。若内难得弭，外衅[4]未必可量。汝欲在外求全，我欲居中免祸，各行其志，不亦善乎？"邓琬为晋安王子勋长史，颙与之款狎[5]过常。颙与琬人地本殊，见者知其有异志。兴宗寻复为吏部尚书。

宋听民私铸钱沈庆之复启[6]听民私铸钱，由是钱货乱败[7]。千钱长不盈三寸[8]，谓之"鹅眼钱"。劣于此者，谓之"綖环钱"。贯之以缕[9]，入水不沉，随手破碎。斗米一万，商货不行。

冬，十月，**宋主杀其会稽太守孔灵符**灵符所至有政绩。以忤犯近臣，近臣谮之，子业遣使鞭杀，并其二子。

十一月，**宋主杀其宁朔将军何迈**迈尚子业姑新蔡长公主。子业纳公主于后宫，谓之谢贵嫔。诈言主薨，杀宫婢，送迈第殡葬。迈素豪侠，多养死士，谋废子业，立晋安王子勋。事泄，见杀。

宋主杀其太尉沈庆之初，沈庆之既发颜、柳之谋，遂自昵于子业，数尽言规谏，子业浸不悦。庆之惧祸，杜门不接宾客。尝遣左右范羡至蔡兴宗所，兴宗使谓曰："公闭门绝客，避悠悠请托者耳。兴宗非有求于公者也，何为见拒？"庆之使羡邀兴宗，兴宗往说之曰："主上比者[10]所行，人伦道尽。率德[11]改

1　襄、沔：即襄阳、沔水地区。
2　素门平进：素门，寒素门第。平进，以次进而不越等。
3　会应：该当，当须，含有将然的语气。
4　外衅：与外国的争端。
5　款狎：亲近，亲昵。
6　启：启奏，禀告。
7　乱败：混乱。
8　千钱长不盈三寸：一千钱串起来还不满三寸高。
9　贯之以缕：用线穿起来。缕，线。
10　比者：近来。
11　率德：遵循前人之德。

行，无可复望。今所忌惮，唯在于公。百姓喁喁[1]，所瞻赖[2]者，亦在公一人而已。公威名素著，天下所服。今举朝遑遑[3]，人怀危怖，指麾之日，谁不响应？如犹豫不断，欲坐观成败，岂惟旦暮及祸，四海重责将有所归！仆蒙眷异常[4]，故敢尽言，愿公详思其计。"庆之曰："仆诚知忧危，不复自保。但尽忠奉国，始终以之，以俟天命耳。加以老退私门，兵力顿缺，虽欲为之，事亦无成。"兴宗曰："当今怀谋思奋者，正求脱朝夕之死耳。殿中将帅，唯听外间消息。若一人唱首[5]，则俯仰可定。况公统戎累朝，旧日部曲，布在宫省。沈攸之辈皆公家子弟，门徒、义附[6]，并三吴勇士。殿中将军陆攸之，公之乡人，今入东讨贼，大有铠仗，在青溪未发。公取以配衣麾下，使攸之率以前驱，仆在尚书中，自当率百僚按前世故事，更简贤明，以奉社稷，天下之事立定矣。又，朝廷诸所施为，民间传言公悉豫[7]之。公今不决，当有先公起事者，公亦不免附从之祸。闻车驾屡幸贵第，酣醉淹留。又间屏左右，独入阁[8]内。此万世一时，不可失也。"庆之曰："感君至言，然此大事，非仆所能行。事至，固当抱忠以没[9]耳。"青州刺史沈文秀，庆之弟子也，将之镇，率部曲屯白下[10]，亦说庆之因此众力图之。再三言之，至于流涕，庆之终不从。及子业诛何迈，量庆之必入谏，先闭青溪诸桥以绝之。庆之果往，不得进而还。子业乃使攸之赐药，庆之不肯饮，攸之以被擒杀之，时年八十。诈言病卒，赠恤[11]甚厚。王玄谟数流涕谏子业以刑杀过差，子业大怒。玄谟宿将，有威名，道路讹言云已见诛。蔡兴宗谓其典签包法

---

1 喁喁：仰望期待貌。
2 瞻赖：仰望倚赖。
3 遑遑：匆忙不安定的样子。
4 仆蒙眷异常：我承蒙你不同寻常的厚爱。仆，自称。
5 唱首：创始，领头。
6 义附：两晋南北朝时世族豪门的依附者。
7 豫：参与。
8 阁：旁门，小门。
9 抱忠以没：怀抱忠贞而死。
10 白下：古地名，本名白石陂，东晋陶侃讨苏峻，筑白石垒，又称白下，位于今江苏省南京市北金川门外。
11 赠恤：对死者家属赠送财物加以抚恤。

荣曰："领军殊[1]当忧惧。"法荣曰："领军比日[2]殆不复食。"兴宗曰："领军忧惧，当为方略，那得坐待祸至？"因使法荣劝玄谟举事。玄谟使谢曰："此亦未易可行，期[3]当不泄君言耳。"将军刘道隆专典禁兵，兴宗尝与俱从夜出，谓曰："刘君，比日思一闲写[4]。"道隆解其意，掐兴宗手曰："蔡公勿多言。"

宋主幽其诸父湘东王彧等于殿内子业畏忌诸父，恐其在外为患，皆拘于殿内，殴捶陵曳[5]，无复人理。湘东王彧、建安王休仁、山阳王休祐年长，尤恶之，以彧尤肥，谓之"猪王"，谓休仁为"杀王"，休祐为"贼王"。东海王祎性凡劣[6]，谓之"驴王"，以木槽盛食，裸彧内泥水中，使就槽食。前后欲杀以十数，休仁多智数，每以谈笑佞谀说之，故得推迁。少府刘矇妾孕临月，迎入后宫，俟生男以为太子。彧尝忤旨，子业裸之，缚其手足，担付太官，曰："今日屠猪！"休仁笑曰："不若待皇太子生，杀取肝肺。"子业乃释之。及矇妾生子，名曰皇子，为之大赦。

宋江州刺史、晋安王子勋举兵寻阳宋主子业以太祖、世祖在兄弟数皆第三，江州刺史、晋安王子勋亦第三，故恶之。因何迈之谋，使左右朱景云送药赐子勋死。景云至湓口，停不进。子勋典签谢道迈闻之，驰告长史邓琬，琬曰："身南土寒士，蒙先帝殊恩，以爱子见托，岂得惜门户百口？期当以死报效。幼主昏暴，社稷危殆，虽曰天子，事犹独夫[7]。今便指率[8]文武，直造京邑，与群公卿士[9]，废昏立明耳。"遂称子勋教，令所部戒严。子勋戎服出听事，集僚佐，使主帅潘欣之宣旨谕之。四座未对，参军陶亮首请效死前驱，众皆奉旨。乃以亮为咨议参军，领中兵，总统军事。子业使荆州录送[10]长史张悦至湓

1　殊：特别，非常。
2　比日：连日，近来。
3　期：约定。
4　闲写：悠闲舒适。意指找个清闲的日子，一起谈谈。
5　殴捶陵曳：殴捶，殴打。陵曳，凌侮捶挞。
6　凡劣：平庸低劣。
7　独夫：残暴无道、为人民憎恨的统治者。
8　指率：指挥率领。
9　卿士：指卿、大夫，后亦泛指官吏。
10　录送：逮捕并押送。录，逮捕。

口，琬称子勋命，释其桎梏，迎以所乘车，以为司马，共掌内外众事。旬日得五千人，出顿大雷，移檄远近。

宋主杀其南平王敬猷、庐陵王敬先、安南侯敬渊子业召诸妃、主列于前，强左右使辱之。南平王铄妃江氏不从，子业怒，鞭妃一百，而杀其三子。

宋弑其君子业，而立湘东王彧先是，民间讹言湘中出天子，子业将南巡荆、湘以厌。欲先诛湘东王彧，然后发。初，子业既杀诸公，恐群下谋己，以直阁将军[1]宗越、沈攸之等有勇力，引为爪牙，赏赐充牣[2]。越等皆为尽力，子业恃之，益无所惮，恣为不道，中外骚然。宿卫之士皆有异志，而畏越等，不敢发。时三王久幽，不知所为。湘东王彧主衣[3]阮佃夫及子业左右寿寂之、王敬则等阴谋弑子业。先是，子业游华林园竹林堂，使宫人裸相逐，一人不从命，斩之。夜梦在竹林堂有女子骂曰："悖虐不道，明年不及熟矣[4]！"子业于宫中求得一人似所梦者，斩之。又梦所杀者骂曰："我已诉上帝矣！"于是巫觋言竹林堂有鬼。子业出华林园，休仁、休祐并从。彧独在秘书省，不被召，益忧惧。时以南巡，宗越等并听出外装束，子业悉屏侍卫，与群巫彩女[5]射鬼于竹林堂。寿寂之等抽刀前弑之，宣令宿卫曰："湘东王受太皇太后令，除狂主，今已平定。"休仁就秘书省见彧，即称臣，引升御座。召见诸大臣，犹着乌帽。休仁呼主衣以白帽代之。凡事悉称令书[6]施行。宣太皇太后令，数子业罪恶，命湘东王篡承皇极。子业母弟豫章王子尚，顽悖[7]有兄风，及会稽公主皆赐死。休仁等始得出居外舍。释谢庄之囚。子业犹横尸太医阁口。蔡兴宗谓仆射王彧曰："此虽凶悖，要是天下之主，宜使丧礼粗足[8]。若直如此，四海必将乘人[9]。"乃葬之

1　直阁将军：古官名，皇帝左右侍卫之官，地位显要，在南朝宫廷政变中举足轻重。
2　充牣：丰足。
3　主衣：古官名，即尚衣，执掌帝王服玩等事。
4　悖虐不道，明年不及熟矣：你乖戾凶残胡作非为，活不到明年小麦成熟的时候。悖虐，乖戾凶残。
5　彩女：身份较低的宫女。
6　令书：太子所下的书面命令。与皇帝诏书区别。
7　顽悖：愚妄悖逆。
8　粗足：大致备足。
9　乘人：乘人之危的简称。

秣陵。论功行赏，寿寂之等十四人封爵有差。以东海王祎为中书监、太尉，晋安王子勋为车骑将军、开府仪同三司，建安王休仁为司徒、尚书令、扬州刺史。彧即位，大赦。子业时昏制谬封，并皆刊削。尊世祖之母路太后为崇宪太后，立妃王氏为皇后，彧[1]之妹也。以刘道隆为中护军。道隆昵于子业，尝无礼于建安太妃。至是，建安王休仁求解职，宋主乃赐道隆死。宗越等内不自安，沈攸之以闻，皆伏诛。攸之复入直阁。王彧避宋主讳，以字行[2]。

　　宋罢二铢钱，禁鹅眼、綖环钱。

　　宋雍、郢、荆州、会稽郡皆举兵应寻阳江州佐吏得宋主所下令书，皆喜，共造邓琬，曰："暴乱既除，殿下又开黄阁，实为大庆。"琬取令书投地曰："殿下当开端门，黄阁是吾徒事耳。"众皆骇愕。琬乃与陶亮等缮治器甲，征兵四方。袁颛既至襄阳，即与参军刘胡缮修兵械，简集[3]士卒，矫太皇太后令起兵，奉表劝子勋即大位。琬令子勋建牙于桑尾[4]，传檄建康，称："孤志遵前典，废幽陟明[5]。而湘东王彧矫害明茂，篡窃大宝，蔑孤同气，犹有十三，圣灵何辜，而当乏飨[6]。"郢州刺史、安陆王子绥承子勋初檄[7]，欲共攻子业。闻其已陨，即解甲下标[8]。既而闻江、雍犹治兵，行事苟卞之大惧，即遣参军郑景玄率军驰下，并送军粮。荆州行事孔道存奉刺史、临海王子顼，都水使者[9]孔璪说会稽行事孔觊，奉太守、寻阳王子房皆举兵以应子勋。

1　彧：此为王彧，非湘东王刘彧。王彧后为避皇帝名讳，改名"王景文"。
2　以字行：用他的字称呼他，代替其名。
3　简集：检阅集合。
4　桑尾：古地名，桑落洲的洲尾，即五洲，南朝宋龙兴之地，开国皇帝刘裕曾设帐桑尾。
5　废幽陟明：罢黜愚昧，拥戴贤明。
6　矫害明茂，篡窃大宝，蔑孤同气，犹有十三，圣灵何辜，而当乏飨：假借名义害死德行美盛的人，篡夺了皇帝的宝座，违背祖宗，孤立兄弟。我们兄弟虽然弱小，可还有十三个人，祖宗的在天之灵有什么过失，而竟要断绝他们的祭享。明茂，德行美盛。
7　初檄：第一次发来的檄文。
8　下标：除下起兵的标志。
9　都水使者：古官名，掌管陂池灌溉，保守河渠。

卷二十七

起丙午宋明帝泰始二年、魏献文帝天安元年，尽癸亥[1]齐武帝永明元年、魏孝文帝太和七年凡十八年。

丙午（公元466年）

宋泰始二年。魏显祖献文帝弘天安元年。

春，正月，宋遣建安王休仁讨江州。晋安王子勋遂称帝。二徐、司、豫、青、冀、湘、广、梁、益州皆应之宋中外戒严，以建安王休仁都督征讨诸军事，江州刺史王玄谟副之。以沈攸之为寻阳太守，将兵屯虎槛[2]。玄谟前锋十军继至，每夜各立姓号[3]，不相禀受[4]。攸之谓诸将曰："今众军姓号不同，若有耕夫、渔父夜相呵叱，便致骇乱，取败之道也。请就一军取号。"众咸从之。邓琬诈称受路太后玺书，率将佐上尊号于子勋。子勋遂即位，改元"义嘉"。以琬及袁顗为仆射，张悦为尚书。徐州刺史薛安都、冀州刺史崔道固、青州刺史沈文秀、义阳内史庞孟虬、吴郡太守顾琛、吴兴太守王昙生、义兴太守刘延熙、晋陵太守袁标皆举兵应之。宋主以庾业代延熙，业至，反与之合。使孔璪慰劳会稽，璪至，反说使附寻阳。益州刺史萧惠开亦谓将佐曰："湘东，太祖之昭；晋安，世祖之穆。其于当璧[5]，并无不可。但景和本世祖之嗣，不任社稷，其次犹多[6]。吾荷世祖之眷，当奉九江[7]。"乃遣巴郡太守费欣寿将五千人东下。于是湘州行事何慧文、广州刺史袁昙远、梁州刺史柳元怙、山阳太守程天祚皆附于子勋。四方贡计[8]皆归寻阳，朝廷所保，唯丹杨、淮南数郡，而东兵又已至永世[9]，宫省危惧。宋主谋于群臣，蔡兴宗曰："今普天同叛，人有

1　癸亥：即公元483年。
2　虎槛：古地名，位于今安徽省芜湖市繁昌县东北长江中。
3　姓号：夜晚识别敌我的一种暗号，如口令。
4　不相禀受：谁也不听谁的。
5　当璧：比喻国君之兆。典出《左传·昭公十三年》楚共王事。
6　景和本世祖之嗣，不任社稷，其次犹多：刘子业虽然昏暴，却是世祖的后嗣，虽不能继续主持国事，却还有很多弟弟弟。景和，南朝宋前废帝刘子业的年号，此处代指刘子业。
7　九江：即晋安王刘子勋。晋安王刘子勋举事于九江郡，因以"九江"代称刘子勋。
8　贡计：贡物的登记簿。
9　永世：古县名，治所位于今江苏省常州市辖溧阳市南。

异志，宜镇之以静，至信待人。叛者亲戚布在官省，若绳之以法，则土崩立至，宜明罪不相及之义。物情既定，人有战心，六军精勇[1]，器甲犀利，以待不习之兵，其势相万矣。愿陛下勿忧。"建武[2]司马刘顺说豫州刺史殷琰，使应寻阳。琰初以家在建康，未许，后不得已而从之。宋主复谓兴宗曰："诸处未平，殷琰已复同逆[3]，为之奈何？"兴宗曰："逆之与顺，臣无以辨。然今商旅断绝，而米甚丰贱[4]，四方云合，而人情更安，以此卜之，清荡[5]可必。但臣之所忧，更在事后，犹羊公[6]之言耳。"宋主知琰附寻阳非本意，乃厚抚其家以招之。使垣荣祖说薛安都，安都曰："我不欲负孝武[7]。"荣祖曰："孝武之行，足致余殃[8]。今虽天下雷同，正速死耳。"安都不从，因留荣祖，使为将。

宋兖州刺史殷孝祖率兵赴建康宋主遣兖州刺史殷孝祖之甥葛僧韶说孝祖入朝。孝祖委妻子于瑕丘[9]，率文武二千人即日还建康。时内外忧危，咸欲奔散，孝祖忽至，所领皆伧楚[10]壮士，人情大安。乃假孝祖节，督前锋，遣向虎槛。初，宋主遣毕众敬诣兖州募人。至是，薛安都以众敬行兖州事，使杀孝祖诸子。州境皆附之，唯东平太守申纂据无盐不从。

宋分兵讨豫州、会稽宋主亲总兵出顿[11]中堂，以山阳王休祐为豫州刺史，督刘勔、吕安国等军讨殷琰。巴陵王休若督沈怀明、张永、萧道成等军讨孔觊。时将士多东方人，父兄子弟多已附觊。宋主因送军，谕之曰："朕方务德

---

1 精勇：精锐勇敢。
2 建武：建武将军的简称。
3 同逆：共同叛逆。
4 丰贱：物多价廉。
5 清荡：涤除，平定。
6 羊公：指羊祜。羊公原文："既平之后，方当劳圣虑耳。"
7 孝武：即宋孝武帝刘骏。
8 余殃：后患。
9 瑕丘：古地名，即负瑕，位于今山东省济宁市兖州区东北。
10 伧楚：魏晋南北朝时，吴人以上国自居，鄙视楚人粗伧，谓之"伧楚"。因亦用为楚人的代称。
11 顿：止宿，屯驻。

简刑[1]，使父子兄弟罪不相及。卿等当深达此怀[2]，勿以亲戚为虑也。"众于是大悦，凡叛人亲党在建康者，居职如故。

宋太后路氏殂太后延宋主，置酒进毒，宋主知之，即以其卮上寿。是日太后殂。

二月，宋台军克义兴孔凯遣其将军晋陵，部陈甚盛。沈怀明等不敢进，咸劝巴陵王休若退保破冈[3]。休若宣令："敢言退者斩！"众乃小定。殿中御史[4]吴喜请于宋主，愿得精兵三百，致死于东。宋主简羽林勇士配之。议者以喜刀笔主者，未尝为将，不可遣。中书舍人巢尚之曰："喜昔随沈庆之，屡经军旅，勇决习战，若能任之，必有成绩。"乃遣之。喜性宽厚，数使东吴，人并怀之。及闻其来，皆望风降散。至国山[5]，遇东军，击破之，斩其将，进逼义兴。刘延熙栅断长桥，保郡自守，喜筑围与相持。庚业于长塘[6]筑城，与延熙相应。会宋主复遣督护任农夫至，业城未合，攻破走之。收其船仗[7]向义兴，助喜攻郡，克之。诸垒皆溃，延熙赴水死。

魏丞相、太原王乙浑谋反，伏诛。太后称制浑专权多杀，侍中拓跋丕告其谋反，冯太后收浑，诛之。遂临朝称制，引中书令高允、侍郎高闾、将军贾秀共参大政。

宋台军克晋陵、吴兴、吴郡沈怀明等与东军相持，久不决。会宋主遣将军江方兴、御史王道隆至晋陵，东军五城相连，城犹未固。道隆谓诸将曰："此城未固，可以藉手[8]，上副圣旨，下成众气。"乃率所领急攻，拔之，斩其

1　务德简刑：以德化民，减轻刑罚。
2　怀：心意，情意。
3　破冈：古地名，又名破墩、破墩渎、破冈埭，故址位于今江苏省南部，西起句容县东南，通赤山湖及秦淮河，东至丹阳市西南延陵镇西，沟通了建康与太湖地区的水运交通。
4　殿中御史：古官名，亦称殿中侍御史，掌管纠察不法。
5　国山：古山名，位于今江苏省宜兴市西南，本名离里山，三国吴孙皓封禅为中岳，改名国山。
6　长塘：古湖名，又称洮湖，即今江苏省金坛、溧阳二市之间的长荡湖。
7　船仗：船只和武器。
8　藉手：借助，借人之手以为己助。

将，乘胜进击，东军散走，遂克晋陵。孔璪时屯吴兴南亭[1]，与王昙生、顾琛皆弃郡奔会稽。宋主以四郡既平，乃留喜，使统诸将击会稽，召张永击彭城，江方兴击寻阳。

宋以蔡兴宗为仆射，褚渊为吏部尚书。

宋台军克会稽吴喜、任农夫等引兵向会稽，破其兵，取西陵，斩庾业。上虞令王晏起兵攻郡，孔觊出走，车骑从事中郎张绥封府库以待喜。晏入城，杀绥，执寻阳王子房，纵兵大掠，获孔璪及觊。杀璪，谓觊曰："此事孔璪所为，无预[2]卿事。可作首辞，当为申上。"觊曰："江东处分，莫不由身。委罪求活，便是君辈行意耳[3]。"乃并斩之。顾琛等诣喜归罪，喜皆宥之。送子房建康，贬松滋侯。

三月，宋台军败于赭圻，殷孝祖死。沈攸之代将击寻阳军，大破之邓琬鄙暗贪吝，卖官鬻爵，贩卖饮博，日夜不休。群小横恣[4]，竞为威福。于是士民忿怨，中外离心。琬遣孙冲之率薛常宝等万人为前锋，据赭圻。冲之启子勋曰："舟楫已办，器械亦整，便欲沿流直取白下。愿速遣众军兼行相接。"子勋乃以陶亮统五州兵，合二万人俱下。亮不敢进，屯军鹊洲[5]。殷孝祖负其诚节[6]，陵轹诸将，台军有亲属在南者，悉欲推治。由是人情乖离。沈攸之内抚将士，外谐群帅，众并赖之。孝祖每战，常以鼓盖[7]自随，军中相谓："殷统军可谓死将[8]矣。与贼交锋，而自标若此，若以十人射之，欲不毙，得乎？"及攻赭圻，孝祖果中流矢而死。人情震骇，并谓攸之当代为统督。时休仁遣江方兴

1　南亭：古地名，位于今浙江省湖州市城区南。
2　无预：没有关连。
3　江东处分，莫不由身。委罪求活，便是君辈行意耳：江东战场上发号施令，都由我一人作主。把责任推给别人，自己求得活命，那是你这种人才做得出来的。
4　横恣：专横放肆。
5　鹊洲：古地名，位于今安徽省铜陵市至繁昌县长江中。鹊头为铜陵北鹊头山，鹊尾为繁昌东北三山。
6　诚节：忠诚不渝的节操。
7　鼓盖：鼓吹和伞盖，旧时高官的仪仗。
8　死将：勇猛而不怕死的将领。

等赴赭圻。攸之以为孝祖既死，明日不攻，则示之以弱。方兴名位相亚[1]，必不为己下。军政不一，致败之由也。乃率诸军主诣方兴曰："事之济否，唯在明旦一战。不捷，则大事去矣。诸人或谓吾应为统，自卜懦薄[2]，干略不如卿。今辄相推[3]，但当相与戮力耳。"方兴甚悦，许诺。诸军主或尤攸之，攸之曰："吾本欲共济艰难，以安国活家，岂计名位之升降，而自措同异哉？"明日，方兴率诸军追战，大破南军，拔湖白[4]二城。诏以攸之督前锋。陶亮大惧，召冲之还鹊尾，留薛常宝守赭圻。时军旅大起，国用不足，募民上钱谷[5]，补官有差。军中食少，建安王休仁抚循将士，均其丰俭，吊死问伤，身亲隐恤[6]，故十万之众，莫有离心。邓琬遣刘胡率众十余万屯鹊尾。胡宿将，勇健多权略，屡有战功，将士畏之。参军蔡那子弟在襄阳，胡每战，悬之城外，那进战不顾。吴喜亦率所领五千人，并运资实，至于赭圻。

宋断新钱，专用古钱。

夏，四月，宋台军拔赭圻沈攸之率诸军围赭圻。薛常宝等粮尽，告刘胡求救。胡以囊米系流查及船腹而覆之，顺风流下，以饷常宝[7]。攸之疑有异，遣人取之，大得囊米。胡又陆运饷之，攸之邀击，胡被创走。常宝惶惧走还，攸之遂拔赭圻，建安王休仁进屯之。胡等兵犹盛。宋主遣褚渊至虎槛，选用将士。时以军功除官者众，版[8]不能供，始用黄纸。

五月，宋台军围寿阳殷琰使刘顺督诸将据宛唐[9]，而以皇甫道烈土豪[10]，柳伦台使，不受节度。刘勔始至，堑、垒未立。顺欲击之，道烈与伦不可，顺不

1　相亚：相近似，相当。
2　懦薄：才能薄弱。
3　相推：推举为统帅。
4　湖白：古地名，位于今安徽省马鞍山市和县南。
5　钱谷：钱币、谷物，常借指赋税。
6　隐恤：哀怜抚恤。
7　以囊米系流查及船腹而覆之，顺风流下，以饷常宝：用布袋装米，绑在木排上和船舱里，然后故意使船翻覆，船底朝天顺流而下，为薛常宝提供粮饷。流查，木筏。查，通"槎"。
8　版：朝笏，即手板，古代官吏上朝用的笏。
9　宛唐：古地名，亦作宛塘，位于今安徽省淮南市寿县东南。
10　土豪：一方的首领。

能独进，乃止。勔营既立，不可复攻，因相持守。顺等粮尽，琰将杜叔宝载米饷之。吕安国曰："顺精甲八千，而我众不能居半。所赖者，彼粮行竭[1]，我食有余耳。若使米至，难可复图。今可间道袭其米车，出彼不意，若能制之，将不战而走矣。"勔以为然。以疲弱守营，简精兵千人配安国，使从间道抄之，斩其前行五百人，叔宝弃米走。五月，顺众溃走。于是勔鼓行向寿阳，与诸军分营城外诸山。宋主遣人赍诏宥琰罪。琰与叔宝欲降，而众心不一，复婴城固守。

秋，七月，宋以杨僧嗣为武都王初，武都王杨元和弃国奔魏，其从弟僧嗣自立，屯葭芦。费欣寿至巴东，巴东人斩之，阻守三峡。萧惠开复遣兵出梁州，僧嗣率群氐断其道，间使以闻。宋主乃以僧嗣为武都王。

八月，宋台军克江州，杀子勋邓琬以军久不决，乃以子勋之命征袁颤于襄阳，以为都督。颤性怯桡[2]，在军中不戎服[3]，谈义赋诗，不抚诸将。刘胡以南运未至，就颤借米，颤又不许，由此大失人心。与台军相拒于浓湖[4]，久之，将军张兴世曰："贼据上流，兵强地胜，我虽持之有余，而制之不足。若以奇兵数千潜出其上，因险而壁，见利而动，使其首尾周遑[5]，粮运艰阻，此制贼之奇也。钱溪[6]江岸最狭，去大军不远，下临洄洑[7]，船必泊岸。又有横浦[8]可以藏船，千人守险，万人不能过。冲要之地，莫出于此。"沈攸之以为然。乃选战士七千，轻舸二百配之。兴世溯流，上而复下，如是累日。刘胡笑曰："我尚不敢越彼下取扬州，兴世何物[9]人，欲轻据我上？"不为之备。一夕四更[10]，风便，兴世举帆直前，过鹊尾，胡乃遣兵追之。兴世潜遣其将黄道标率七十舸，

1　行竭：将要用尽。
2　怯桡：胆小软弱。
3　戎服：穿军服。
4　浓湖：古地名，位于今安徽省芜湖市繁昌县东北大龙窝，一说位于今繁昌县西荻港附近。
5　周遑：彷徨，游移不定。
6　钱溪：古水名，也称梅根河，即今安徽省池州市贵池区东北九华河。
7　洄洑：湍急回旋的流水。
8　横浦：天然的码头。
9　何物：什么。
10　四更：凌晨一点至三点。

径趋钱溪立营寨。明日，引兵据之。胡自将水、步二十六军来攻。将士欲迎击之，兴世曰："贼来尚远，气盛而矢骤[1]。骤易尽，盛易衰，不如待之。"俄而胡来转近，船入洄洑。兴世命任农夫等率壮士击之，众军继进，胡败走。建安王休仁以钱溪城未固，命攸之等攻浓湖以分胡兵势。胡果欲更攻兴世，未至，颙遽追之，城乃得立。胡还传唱："钱溪已平。"众惧，攸之曰："若然，万人中应有一人得还，此必彼战失利，唱空声以惑众耳。"勒[2]军中不得妄动。捷报寻至，攸之以所获耳、鼻示浓湖，颙大骇惧。八月，浓湖军乏食。邓琬大送资粮，畏兴世，不敢进。胡欲复攻钱溪，既而曰："吾少习步战，未闲水斗。若步战，恒在数万人中。水战在一舸之上，舸舸各进，不复相关，正在三十人中，此非万全之计，吾不为也。"乃托疾不进，遣百舸攻兴世，兴世击破走之。颙怒胡不战，谓曰："粮运鲠塞[3]，当如此何？"胡乃遣兵步趋南陵，载米三十万斛，钱布[4]数十舫，坚榜为城，规欲突过[5]。至贵口[6]，不敢进，兴世遣兵击而虏之。进逼胡营，胡不能制，遂遁去，颙亦走。休仁勒兵入其营，纳降卒十万。颙至鹊头，为人所杀。邓琬忧惶无计，张悦称疾，呼琬计事，令左右伏甲帐后，以索酒为约。琬至，悦问计，琬曰："正当斩晋安王，封府库，以谢罪耳。"悦曰："今日宁可卖殿下以求活耶？"因呼酒。伏发斩琬，单舸赍首诣休仁降。蔡那之子系寻阳作部[7]，脱锁入城，囚子勋。攸之诸军至，斩之，传首建康，时年十一。废帝[8]之世，衣冠惧祸，咸欲远出。至是流离外难，百不一存，众乃服蔡兴宗之先见。休仁入寻阳，遣吴喜等向荆、郢、雍、湘、豫章平余寇。刘胡逃至石城，捕得，斩之。

1　矢骤：箭射得很迅疾。
2　勒：强制。
3　鲠塞：阻塞。
4　钱布：钱币。布，古代一种铲形的货币。
5　坚榜为城，规欲突过：在船上用木板钉成围墙，谋求突围。规欲，谋求。
6　贵口：古地名，又名池口，为秋浦河入江口，即今安徽省池州市西北池口。
7　作部：古时制作兵器的部门。
8　废帝：即宋前废帝刘子业。

九月，**魏立郡学**[1]魏初立郡学，置博士、助教、生员，从高允之请也。

冬，十月，**宋主杀其兄之子安陆王子绥等十三人**宋主既诛子勋，又杀安陆王子绥、临海王子顼、邵陵王子元。建安王休仁言于上曰："松滋侯兄弟尚在，非社稷计，宜早为之所。"于是子房等十人皆赐死。世祖二十八子，于此尽矣。

宋徐州刺史薛安都、汝南太守常珍奇叛，降于魏宋徐州刺史薛安都、益州刺史萧惠开、梁州柳元怙、兖州毕众敬、豫章太守殷孚、汝南太守常珍奇并遣使乞降于建康。宋主以南方已平，欲示威淮北，命张永、沈攸之将兵五万迎安都。蔡兴宗曰："安都归顺不虚，正须单使[2]。今以重兵迎之，势必疑惧。安都外据大镇[3]，密迩边垂，地险兵强，尤宜驯养[4]。如其外叛，招引北寇，将为朝廷肝食之忧。"宋主不从，谓萧道成曰："吾今因此北讨，卿意以为何如？"对曰："安都狡猾有余，以兵逼之，非国之利。"亦不听。安都果惧而叛，常珍奇亦以悬瓠降魏，皆请兵自救。

宋主立其子昱为太子宋主无子，尝以宫人[5]陈氏赐嬖人李道儿，已复迎还，生昱。又密取诸王姬有孕者，内之宫中，生男则杀其母，而使宠姬母之。

魏将军尉元救彭城，入悬瓠。宋兖州刺史毕众敬降魏师魏遣将军尉元、孔伯恭等救彭城，西河公石救悬瓠。宋兖州刺史申纂守无盐，诈降于元，元受而阴为之备。及师至，纂果闭门拒之。毕众敬以子为建康所诛，亦降于魏。元遣将先据其城，遂长驱而进。西河公石至上蔡，常珍奇出迎，石未即入城。博士郑羲曰："珍奇意未可量，不如直入其城，据有府库，制其腹心。"石遂策马入城，因置酒嬉戏。羲曰："观珍奇色甚不平，不可不备。"石乃严兵设备。其夕，珍奇使人烧府屋欲为变，以石有备而止。淮西七郡民多不愿属魏，

1　郡学：郡国的最高学府。
2　单使：单身出使。
3　大镇：重镇，大藩镇。
4　驯养：安抚。
5　宫人：妃嫔、宫女的通称。

连营南奔。魏遣建安王陆馛宣慰[1]，民有陷军为奴婢者，馛悉免之，新民乃悦。

宋豫州平刘勔围寿阳，战无不捷，以宽厚得众心。寻阳既平，宋主使中书为诏谕殷琰，蔡兴宗曰："叛乱既定，是琰思过之日，宜赐手诏以慰引[2]之。今直中书为诏，彼必疑之，非所以速清方难[3]也。"不从。琰果疑勔之诈，欲降于魏，主簿夏侯详曰："前日之举，本效忠节[4]。若社稷有奉[5]，便当归身朝廷，何可北面左衽乎？且今魏军近在淮次[6]，官军未测吾之去就，若遣使归款[7]，必厚相慰纳，岂止免罪而已。"琰乃使详出见勔曰："城中士民畏将军之诛，皆欲自归于魏。愿将军缓而赦之，则莫不相率而至矣。"勔许诺，琰乃出降。勔悉加慰抚，不戮一人。约勒将士，秋毫无犯，寿阳人大悦。魏军将至，闻琰已降，乃掠义阳而去。

宋益州平萧惠开在益州，多任刑诛[8]，诸郡叛之，合兵围成都。闻寻阳已平，争欲屠城。宋主遣其弟惠基使成都，赦惠开。惠开乃降，城围亦解。召还建康，宋主问以举兵状，对曰："臣唯知逆顺，不识天命。"宋主释之。

宋侨立兖、徐、青、冀州兖州治淮阴，徐州治钟离，青冀治郁洲。洲在海中，周数百里，累[9]石为城，高八九尺，虚置郡县，荒民无几。

魏取彭城宋张永、沈攸之进兵逼彭城，魏尉元至，薛安都出迎。元遣李璨与安都先入城，收管钥，别遣孔伯恭以精甲二千安抚内外，然后入。其夜，张永攻之，不克。元不礼于安都，安都悔降，复谋叛魏。元知之，不果发。乃重赂元等。元使璨与安都守彭城，自将击张永，绝其粮道。

1　宣慰：宣扬政令，安抚百姓。
2　慰引：慰问招引。
3　方难：一方灾难。
4　效忠节：效忠朝廷。
5　有奉：有所赐予，有所给予。
6　淮次：淮河岸边。
7　归款：投诚，归顺。
8　多任刑诛：经常按律诛杀。任，使用。刑诛，按律诛杀。
9　累：古通"垒"，堆砌。

丁未（公元 467 年）

宋泰始三年。魏皇兴元年。

春，正月，魏取宋淮北四州及豫州淮西地宋张永等弃城夜走，会天大雪，士卒冻死太半，手足断者什七八。尉元邀其前，薛安都乘其后，大破永等于吕梁[1]之东，死者以万数，枕尸六十余里，委弃资械[2]不可胜计。宋主召蔡兴宗以败书示之曰：“我愧卿甚。”永及攸之皆坐贬，还屯淮阴。宋由是失淮北四州及豫州淮西之地。

裴子野曰：太宗[3]之初，威令[4]所被，不满百里，而能开诚布款[5]，以致平定。既乃贾[6]其余勇，师出无名，而长淮以北，倏忽为戎[7]矣！若以向之虚怀，不矜不伐，则三叛奚为[8]而起哉？

魏东平王道符反长安，伏诛。

宋青、冀州平初，寻阳既平，宋主遣沈文秀弟文炳以诏书谕文秀，又遣将军刘怀珍将兵三千与之偕行，进据朐城[9]。会文秀攻青州刺史明僧暠，走之，众心凶惧，欲保郁洲。怀珍曰：“文秀欲以青州归索虏[10]，计齐之士民，安肯甘心左衽邪？今扬兵直前，宣布威德，诸城可飞书而下。奈何守此不进，自为沮桡[11]乎？”遂进，送文炳入城，文秀犹不降。众谓宜且坚壁伺隙，怀珍曰：“今众少粮竭，悬军深入，正当以精兵速进，掩其不备耳。”乃遣百骑袭其城，拔之。文秀请降，冀州刺史崔道固亦降，宋主皆复其位。

魏将军慕容白曜侵宋青州，取四城宋沈攸之自彭城还也，留王玄载守

1　吕梁：古地名，位于今江苏省徐州市东南。
2　资械：军用物资及武器。
3　太宗：即南朝宋明帝刘彧。
4　威令：指政令、军令。
5　开诚布款：敞开诚心，吐露真言。
6　贾：谋求，求取。
7　长淮以北，倏忽为戎：以致淮河以北的土地，霎时间落入北魏之手。
8　奚为：为什么。
9　朐城：古地名，位于今山东省潍坊市临朐县境内。
10　索虏：南北朝时南朝对北朝的蔑称。索指发辫，古代北方民族多有发辫，故称“索虏”。
11　沮桡：阻挠。

下邳，沈韶守宿豫[1]，睢陵[2]、淮阳皆留兵戍之。时申纂守无盐，刘休宾守梁邹[3]，房崇吉守升城[4]，张谠守团城[5]，与肥城、糜沟、垣苗[6]皆不附魏。魏遣将军长孙陵、慕容白曜等将兵赴青州。白曜至无盐，欲攻之，将佐皆以为攻具未备，不宜遽进。司马郦范曰："轻军深入，岂宜淹缓[7]？且申纂必谓我军来速，不暇攻围，将不为备。今出其不意，可一鼓而克。"白曜从之，引兵伪退。夜进攻之，拔无盐，杀申纂。欲尽以其人为军赏，范曰："齐，形胜之地，宜远为经略。令人心未洽，连城相望，皆有拒守之志，非以德信怀之，未易平也。"白曜曰："善！"皆免之。将攻肥城，范曰："肥城虽小，攻之引日。胜之不益军势，不胜足挫军威。彼见无盐之破，不敢不惧。若飞书谕之，不降则散矣。"白曜从之。肥城果溃，得粟三十万斛。白曜谓范曰："此行得卿，三齐不足定也。"遂取垣苗、糜沟二戍，一旬中拔四城，威震齐土。

宋以蔡兴宗为郢州刺史。

魏取升城 宋房崇吉守升城，胜兵不过七百人。魏慕容白曜筑长围攻之，三月乃克。怒其不降，欲尽坑之。参军事韩麒麟谏曰："如此，则自此以东，诸城皆人自为守，不可攻矣。"白曜乃止。崇吉脱身走，其母及申纂妻与魏济州刺史卢度世有中表亲[8]，然已疏远。及为魏所虏，度世奉事甚恭，赡给优厚。度世闺门之内，和而有礼，百口怡怡[9]，丰俭同之。宋崔道固闭门拒魏，沈文秀遣使迎降，请兵于魏。白曜欲遣兵赴之，郦范曰："文秀室家、坟墓皆在江南，拥兵数万，城固甲坚，强则拒战，屈则遁去。今无朝夕之急，何

1　宿豫：古县名，治所位于今江苏省宿迁市东南废黄河东岸古城。
2　睢陵：古县名，治所位于今安徽省滁州市辖明光市东北。
3　梁邹：古县名，治所位于今山东省滨州市辖邹平市北。
4　升城：古地名，位于今山东省济南市长清区东北。
5　团城：古地名，位于今山东省临沂市沂水县境内。
6　肥城、糜沟、垣苗：肥城，古县名，治所位于今山东省泰安市辖肥城市北老城。糜沟，古地名，位于今山东省济南市长清区境内。垣苗，古地名，本名洛当城，位于今山东省济南市长清区西南。
7　淹缓：迟缓，延缓。
8　中表亲：与祖父、父亲姐妹的子女的亲戚关系，或与祖母、母亲的兄弟姐妹的子女的亲戚关系。
9　怡怡：形容喜悦欢乐的样子。

遽求援？且其使者，视下色愧，语烦志怯[1]，此必挟诈以诱我，不可从也。不若先取历城，克盘阳[2]，下梁邹，平乐陵，然后按兵徐进，不患其不服也。"白曜乃止。文秀果不降。魏尉元表言："彭城，宋之要藩[3]，不有重兵积粟，则不可固守。若资储既广，则宋人不敢窥淮北矣。且贼向彭城，必由清、泗过宿豫，历下邳。趋青州亦由下邳、沂水[4]经东安[5]。此皆要地。今先平之，则青、冀诸州可不攻而克。不然，则青、冀虽拔，百姓狼顾，犹怀侥幸之心。臣愚以为宜释青、冀之师，先定东南，断刘彧北顾之意，绝愚民南望之心，则淮北自举，暂劳永逸矣。若天雨既降，彼或运粮益众，规为[6]进取，则近淮之民翻然改图，青、冀二州，未可猝拔也。"宋沈攸之自送运米至下邳，魏人遣间诈之曰："薛安都欲降，求军迎接。"吴喜请赴之，攸之不许。既而来者益多，攸之谓曰："诸人既有诚心，若能与薛徐州子弟俱来者，即皆假以乡、县，唯意所欲。如其不尔，无为空往来也。"自是不复至。攸之乃使军主陈显达将千人助戍下邳而还。

　　宋以袁粲为仆射。

　　秋，八月，**宋遣中领军沈攸之击彭城，将军萧道成镇淮阴**宋主复遣沈攸之等击彭城。攸之以清、泗方涸，粮运不继，固执以为不可。宋主怒，强遣之，而使行徐州事萧道成镇淮阴。道成收养[7]豪俊，宾客始盛。魏之入彭城也，垣崇祖将部曲奔据朐山，道成以为戍主。朐山滨海孤绝，人情未安。魏人得其叛将，遣骑二万袭之。崇祖方出送客，城中人惧，皆下船欲去。崇祖还，谓腹心曰："虏非有宿谋[8]，承叛者之言而来耳，易诳也。今得百余人还，事必

1　视下色愧，语烦志怯：眼睛一直向下看，脸色惭愧，说话罗嗦而胆怯。
2　盘阳：古县名，应为"般阳"，治所位于今山东省淄博市西南淄川城。
3　要藩：重要的藩镇。
4　沂水：古水名，即今山东省南部、江苏省北部沂河，惟下游古今略有变迁。
5　东安：古县名，治所位于今山东省临沂市沂水县西南。
6　规为：考虑揣度所为之事。
7　收养：收留。
8　宿谋：预先设计好的计策。

济矣。卿等可亟去此二里外，大呼而来云：'艾塘义人[1]已破虏，须戍军速往逐之。'"舟中人果喜，争上岸。崇祖引入，据城，遣羸弱入岛，人持两炬，登山鼓噪，魏军乃退。垣崇祖亦自彭城奔朐山，遂依萧道成于淮阴。刘僧副将部曲二千人居海岛，道成亦召而抚之。

　　魏作大像高四十三尺，用铜十万斤，黄金六百斤。

　　魏人拒击宋师，走之，遂取下邳魏尉元遣兵拒沈攸之，又以攸之前败所丧士卒瘃堕膝行[2]者还之，以沮其气。宋主寻悔遣攸之等，复召使还，不及。攸之至睢清口[3]，魏兵击之。众溃，还走淮阴，委资械以万计。尉元以书谕宋徐州刺史王玄载，玄载弃下邳走。魏以辛绍先为太守。绍先不尚苛察，务举大纲[4]，教民治生、御寇而已，由是下邳安之。宋宿豫戍将、淮阳太守皆弃城走。慕容白曜进屯瑕丘，宋将军房法寿袭据[5]盘阳以降。白曜表韩麒麟与法寿对为[6]冀州刺史。白曜引兵攻崔道固于历城，不下。攻沈文秀于东阳，文秀请降。魏兵入城暴掠，文秀悔怒，拒守击魏兵，破之。

　　魏主始亲政事魏主李夫人生子宏，冯太后自抚养之，遂还政于魏主。魏主始亲国事，勤于为治，赏罚严明，拔清节，黜贪污，于是魏之牧、守始有以廉洁著闻者。

　　冬，十月，宋以金赎义阳王昶于魏宋主遣使以金千两赎义阳王昶于魏。魏人不许，使昶与宋主书，为兄弟之仪。宋主责其不称臣，不答。魏主复使昶与宋主书，昶曰："臣本或兄，未经为臣。若改前书，事为二敬[7]。若或不改，彼所不纳。臣不敢奉诏。"乃止。魏人爱重昶，凡三尚公主。

1　艾塘义人：艾塘，古地名，位于今江苏省连云港市西北。义人，言行符合正义或道德标准的人。
2　瘃堕膝行：双脚冻烂，只能用膝盖爬行。
3　睢清口：古地名，睢水合清水之口，亦名睢口，位于今江苏省宿迁市东南。
4　大纲：主要的法纪。
5　袭据：出其不意地攻占。
6　对为：同时担任。
7　二敬：向两国国君分别表达敬意。

十二月，常珍奇复归于宋_{常珍奇虽降于魏，实怀二心，刘勔复以书招}
之。会魏西河公石攻汝阴，珍奇乘虚烧劫¹悬瓠，驱掠上蔡、安成²、平舆三县
民，屯于灌水³。魏人攻之，珍奇奔寿阳。

戊申（公元 468 年）

宋泰始四年。魏皇兴二年。

春，正月，魏侵宋。宋豫州刺史刘勔击却之，斩其将阏于拔_{魏侵宋}
_{武津⁴，宋刘勔击却之，斩其将于都公阏于拔。}淮西民贾元友上书，陈伐魏取
陈、蔡之策。宋主以其书示勔，勔上言："元友称虏主幼弱，内外多难，天亡
有期。臣以为虏自去冬蹈藉王土，今春连城围逼，国家未能复境，何暇灭虏？
元友所陈，率多夸诞⁵狂谋，言之甚易，行之甚难。元嘉以来，伧荒远人，多
劝讨虏，从来信纳⁶，皆贻后悔。境上之人，唯视强弱。王师至彼，必壶浆候
途⁷；才见军退，便抄截蜂起。此前后所见，明验非一也。"宋主乃止。

宋东徐⁸、兖州降魏。魏以尉元为徐州刺史_{魏尉元遣使说宋东徐州刺史}
_{张谠，谠以团城降魏。魏以高闾与谠对为刺史。}元又说宋兖州刺史王整、兰
陵⁹太守桓忻，降之。魏以元为开府仪同三司、徐州刺史，镇彭城。召薛安都、
毕众敬入朝，以客礼待之，封侯赐第，资给甚厚。

二月，魏拔宋历城_{崔道固出降。}

宋车骑大将军王玄谟卒。

1　烧劫：火烧并抢劫。
2　安成：古县名，治所位于今河南省驻马店市汝南县东南。
3　灌水：古水名，即今河南省固始县西南之灌河。
4　武津：古关隘名，位于今河南省商丘市虞城县西南。
5　夸诞：夸大虚妄，不切实际。
6　信纳：相信并采纳。
7　壶浆候途：送茶送饭，在路旁恭候迎接。
8　东徐：古州名，辖今山东省沂水、沂源、蒙阴、莒县、莒南、日照及江苏省赣榆等县
　　市地。
9　兰陵：古郡名，辖今山东省枣庄市及滕州市东部地。

夏，四月，宋减民田租之半。

宋刘勔败魏兵于许昌。

魏以李惠为征南大将军，冯熙为太傅惠，李夫人之父。熙，冯太后之兄也。

秋，七月，宋以萧道成为南兖州刺史。

冬，十二月，宋改葬路太后义嘉[1]之乱，路太后暴殂[2]。既葬，巫师复请发陵，毁玄宫为厌胜[3]。至是改葬之。

宋以阮佃夫为游击将军先是，中书侍郎、舍人皆用名流为之，太祖始用寒士，世祖犹杂用士庶，而巢、戴遂用事。及宋主尽用左右细人[4]，佃夫及中书舍人王道隆、散骑侍郎杨运长并参预政事，权亚人主，巢、戴所不及也。佃夫尤恣横，纳货赂，作威福，朝士贵贱，莫不自结。仆隶皆不次除官，捉车人至中郎将，马士至员外郎[5]。

己酉（公元469年）

宋泰始五年。魏皇兴三年。

春，正月，魏拔宋青州，执其刺史沈文秀沈文秀守东阳，魏人围之三年，外无救援，士卒昼夜拒战，甲胄生虮虱，无离叛之志。至是，魏人拔东阳，文秀解戎服，正衣冠，持节坐斋[6]内。魏人执之，缚送慕容白曜，使之拜。文秀曰："各两国大臣，何拜之有？"白曜还其衣，为设馔[7]，锁送平城。魏主宥之，待为下客，给恶衣疏食。既而重其不屈，拜外都下大夫[8]。于是青、冀之

1　义嘉：南朝宋建安王刘子勋年号，存续时间为公元466年。
2　暴殂：暴毙。
3　毁玄宫为厌胜：摧毁墓穴，作为对刘子勋政权的一次巫术镇压。玄宫，帝王的坟墓。
4　细人：地位卑微之人。
5　仆隶皆不次除官，捉车人至中郎将，马士至员外郎：他的奴仆差役纷纷被破格提拔为官吏，车夫甚至当上了中郎将，马夫甚至成了员外郎。
6　斋：书房。
7　设馔：准备饭食。
8　外都下大夫：古官名，外都坐大官的属官，佐其审理案件。

地尽入于魏矣。

二月，魏以慕容白曜为青州刺史白曜抚御[1]有方，东人安之。

魏立三等输租[2]法，除其杂调[3]魏自天安[4]以来，比岁旱、饥，重以青、徐用兵，山东之民疲于赋役。魏主命因民贫富分为三等，输租之法，等为三品：上三品输平城，中输他州，下输本州。旧制，常赋之外，有杂调十五，至是罢之。民稍赡给。

宋以太尉、庐江王祎为南豫州刺史宋河东柳欣慰等谋反，欲立太尉、庐江王祎。祎，帝兄，而帝轻之，以孝武谓之"驴王"，徙封庐江。祎御[5]之，遂与欣慰通谋。事觉，诏降祎车骑将军，出镇宣城，遣腹心杨运长领兵防卫。欣慰等伏诛。

夏，五月，魏置僧祇[6]、佛图户[7]魏徙青、齐民于平城、桑干[8]，立平齐郡[9]以居之。沙门统昙曜奏："平齐户及诸民有能岁输谷六十斛入僧曹[10]者，即为僧祇户，粟为僧祇粟，遇凶岁，赈给饥民。"又请："民犯重罪及官奴，以为佛图户，以供诸寺扫洒。"并许之。于是僧祇、寺户遍于州镇矣。

六月，魏立子宏为太子。

宋主杀其兄庐江王祎宋主又令有司奏祎忿怼[11]有怨言，诏免官爵，遣使持节逼令自杀。

冬，十月朔，日食。

十一月，魏遣使如宋修好自是信使岁通。

1　抚御：安抚驾驭。
2　输租：交纳租税。
3　杂调：古时赋税制度，常规户调之外的加征。
4　天安：南北朝北魏献文帝拓跋弘年号，存续时间为公元466至477年。
5　御：防备。
6　僧祇：梵语阿僧祇的省称，意为无数，无量。
7　佛图户：北魏时受佛寺奴役的民户，又名寺户。
8　桑干：古县名，治所位于今山西省朔州市山阴县东。
9　平齐郡：古郡名，辖今山西省大同、朔州、左云、山阴等市县地。
10　僧曹：管理僧、尼事务的官员，由僧人担任。
11　忿怼：怨恨。

　　十二月，宋以桂阳王休范为扬州刺史宋司徒、扬州刺史、建安王休仁与宋主素相友爱，景和[1]之世，宋主赖其力以脱祸。及泰始[2]初，四方兵起，休仁亲当矢石[3]，克成大功，任总百揆，亲寄[4]甚隆。由是朝野辐凑，宋主不悦。休仁悟其旨，表解扬州，宋主以休范代之。

　　宋置三巴校尉[5]先是，三峡蛮獠[6]岁为钞暴，故分荆、益四郡，立府于白帝以镇之。又以孙谦为巴东、建平太守，敕募千人自随。谦曰："蛮夷不宾[7]，盖待之失节耳。何烦兵役，以为国费？"遂不受。至郡，开布[8]恩信，蛮獠翕然怀之，竞饷金宝[9]。谦皆慰谕不受。

　　宋临海贼起临海田流自称东海王，剽掠海盐，杀鄞令[10]，东土大震。

庚戌（公元 470 年）

宋泰始六年。魏皇兴四年。

　　春，正月，宋定南郊、明堂岁祀[11]间二年一祭南郊，间一年一祭明堂。

　　宋纳太子妃江氏宋纳太子妃，令百官皆献。始兴太守孙奉伯止献琴书[12]，宋主大怒，封药赐死，既而原之。

　　魏击吐谷浑，败之。

　　夏，六月，宋以王景文为仆射、扬州刺史宋主宫中大宴，裸妇人而观之，王后以扇障面。上怒曰："外舍寒乞[13]！今共为乐，何独不视？"后曰：

1　景和：南朝宋前废帝刘子业年号，存续时间为公元 465 年 8 月至 11 月。
2　泰始：南朝宋明帝刘彧年号，存续时间为公元 465 至 471 年
3　亲当矢石：将帅亲临作战前线。
4　亲寄：亲近倚重。
5　三巴校尉：古官名，亦称护三巴校尉，辖巴郡、巴东、巴西、梓潼、建平五郡。
6　蛮獠：对西南方少数民族的蔑称。
7　不宾：不臣服，不归顺。
8　开布：展示。
9　竞饷金宝：争着进献金银财宝。
10　鄞令：鄞县县令。鄞县，古县名，治所位于今浙江省宁波市奉化区东北。
11　岁祀：每年在一定的时间祭祀。
12　琴书：琴和书籍，多为文人雅士清高生涯常伴之物。
13　外舍寒乞：外家的寒酸相。外舍，外戚，外家。寒乞，小家子气，不大方，寒酸。

"为乐之事，其方自多，岂有姑姊妹集而以此为笑乎？外舍之乐，雅[1]异于此。"上大怒，遣后起。后兄景文闻之，曰："后在家劣弱，今段[2]遂能刚正如此。"

宋以南兖州刺史萧道成为黄门侍郎，寻复本任道成在军中久，民间或言其有异相，宋主疑之，征为黄门侍郎。道成惧，不欲内迁，而无计得留。参军荀伯玉教其遣数十骑入魏境，魏果遣游骑行境上。道成以闻，宋主乃使道成复本任。

宋立总明观[3]置祭酒一人，儒、玄、文、史学士各十人。

柔然侵魏，魏主自将击败之柔然侵魏，魏主引群臣议之。仆射、南平公目辰曰："车驾亲征，京师危惧，不如持重固守。虏悬军深入，粮运不继，不久自退。遣将追击，破之必矣。"给事中张白泽曰："蠢尔荒愚，轻犯王略，若銮舆亲行，必望麾崩散[4]，岂可坐而纵敌？以万乘之尊，婴城自守，非所以威服四夷也。"魏主从之。柔然大败，乘胜逐北，降、斩数万，所获马、仗不可胜计。旬有九日，往返六千里。时魏百官不给禄，少能以廉白[5]自立者。魏主诏："吏受所监临[6]羊一口、酒一斛者死，与者从坐[7]。有能纠告[8]尚书以下罪状者，以所纠官授之。"白泽谏曰："昔周之下士[9]，尚有代耕之禄。今皇朝贵臣，服勤无报。若使受礼者刑身，纠之者代职，臣恐奸人窥望，忠臣懈节[10]，求事简而民安，不可得也。请依律令旧法，仍颁禄以酬廉吏。"魏主乃止。

魏杀其青州刺史慕容白曜初，魏乙浑专政，白曜附之。魏主追以为憾，

1　雅：平素。
2　今段：这次，此时。
3　总明观：国立学校名。
4　蠢尔荒愚，轻犯王略，若銮舆亲行，必望麾崩散：蛮荒地带的愚蠢丑类，轻率冒犯我朝边界，如果陛下能够御驾亲征，他们只要望见我军旗帜，就会一哄而散。
5　廉白：廉洁清白。
6　所监临：监察临视的区域内。
7　从坐：连坐，因别人犯罪牵连而受处罚。
8　纠告：检举告发。
9　下士：古官名，古代天子、诸侯都设有士，分上士、中士、下士。
10　懈节：在节操方面懈怠。

诛之。

宋讨临海贼，平之。

辛亥（公元 471 年）

宋泰始七年。魏高祖孝文帝拓跋宏延兴元年。

春，二月，宋主杀其弟晋平王休祐，以巴陵王休若为南徐州刺史初，宋主为诸王[1]，宽和有令誉，独为世祖所亲。即位之初，义嘉之党多蒙宽宥，随才引用[2]，有如旧臣。及晚年，更猜虐，好鬼神，多忌讳，文书有祸败、凶丧、疑似之言应回避者数百千品，有犯必戮。左右忤意，往往剟斫[3]。淮泗用兵，府藏空竭，百官绝禄，而奢费[4]过度。每造器用，必为正御、副御、次副各三十枚。至是寝疾，以太子幼弱，深忌诸弟。晋平王休祐刚狠[5]，数忤旨，宋主积不能平。因其从出射雉，阴遣寿寂之等拉杀之，佯言落马，赠、葬如礼。既又忌寂之勇健，亦杀之。建康民间讹言，荆州当出天子，刺史巴陵王休若有贵相。宋主召为南徐刺史。休若忧惧，将佐亦谓还朝必不免祸。参军王敬先曰："荆州带甲十万，地方数千里，上可以匡天子，除奸臣，下可以保境土，全一身，孰与赐剑邸第，使臣妾饮泣而不敢葬乎？"休若以白宋主，而诛之。

魏西部敕勒叛，讨之，不克。

夏，五月，宋主杀其弟建安王休仁晋平刺王既死，休仁益不自安。宋主亦病，与杨运长等为身后之计，运长等又虑宋主晏驾，休仁秉政，己不得专权，弥赞成[6]之。于是召休仁入宿尚书下省[7]，遣人赍药赐死。休仁骂曰："上得

1　诸王：天子分封的诸侯王。
2　引用：任用。
3　剟斫：刀割斧砍。
4　奢费：奢侈浪费。
5　刚狠：刚强，强硬。
6　赞成：佐助并促成。
7　尚书下省：诸曹尚书办公之署，为处理日常政务的主要场所，常令辅政大臣入直。以在宫禁中，故名。

ﾃ

天下，谁之力邪？孝武以诛锄[1]兄弟，子孙灭绝，今复为尔，宋祚其得久乎？”宋主虑有变，力疾乘舆出端门。休仁死，乃入。下诏称：“休仁谋反，惧罪引决，降为始安县王，听其子伯融袭封。”宋主与休仁素厚，虽杀之，每谓人曰：“我与建安年时[2]相邻，少便款狎。艰难之中，勋诚[3]实重。事计交切[4]，不得不除，痛念之至，不能自已。”因流涕不自胜。

宋以袁粲为尚书令，褚渊为仆射初，宋主在藩与褚渊相善，既即位，深委仗[5]之。及寝疾，渊守吴郡，急召入见。宋主流涕曰：“吾近危笃，故召卿，着黄袆耳。”黄袆者，乳母服也。因与渊谋诛休仁，渊以为不可，宋主怒曰：“卿痴人，不足与计事！”渊惧而从命。

秋，七月，宋主杀其弟巴陵王休若，以桂阳王休范为江州刺史休若至京口，闻建安王死，益惧。宋主以休若和厚[6]，能得物情，恐其将来倾夺[7]幼主，欲遣使杀之，虑不奉诏。乃手书召之，使赴七月七日宴。及至，赐死，而以桂阳王休范刺江州。时宋主诸弟俱尽，唯休范以人材凡劣，不见忌，故得全。

沈约曰：太祖之于义康，以呵训之微行[8]，成灭亲之大祸。开端树隙，垂之后人。太宗因易隙[9]之情，据已行之典，翦落洪枝[10]，不待顾虑。既而幼主孤立，神器倾移，履霜坚冰[11]，其所由来远矣。

1　诛锄：诛杀。
2　年时：年纪。
3　勋诚：功勋与忠诚。
4　事计交切：事计，处事的计划、谋略。交切，紧急，紧迫。
5　委仗：委任倚仗。
6　和厚：性情温和敦厚。
7　倾夺：竞争，争夺。
8　呵训之微行：只须斥责训诫的小过。
9　易隙：容易猜忌。
10　洪枝：帝族的支派。
11　履霜坚冰：踩着霜，就想到结冰的日子就要到来。履，踩，踏。

　　裴子野曰：太宗保字螟蛉，剿拉同气[1]，既迷在原之天属[2]，未识父子之自
然。宋德告终，非天废也。夫危亡之君，未尝不先弃本枝，姬煦旁孽[3]，推诚嬖
狎[4]，疾恶父兄。前乘覆车，后来并辔[5]。借使叔仲[6]有国，犹不失配天。而他人入
室，将七庙绝祀。曾是莫怀，甘心揃落[7]。晋武背文明[8]之托，而覆中州者贾后。
太祖弃初宁之誓，而登合殿者元凶[9]。祸福无门，奚其豫择[10]？友于兄弟，不亦
安乎！

　　宋主杀其豫州都督吴喜初，吴喜之讨会稽也，言于宋主曰："得诸贼
帅，皆即戮之。"既而生送子房，释顾琛等。宋主以新立功，不问，而心衔之。
至是，以其多计数，得人情[11]，恐其不能事幼主，乃召入，赐死。又诏刘勔等
曰："喜轻狡万端，苟取物情。非忘其功，势不得已耳。"

　　宋以萧道成为散骑常侍道成被征，所亲以朝廷方诛大臣，多劝勿行。道
成曰："诸卿殊不见事[12]，主上自以太子稚弱，翦除诸弟，何预他人？今唯应速
发，不且见疑。且骨肉相残，自非灵长之祚[13]，祸难将兴，方与卿等戮力耳！"
既至，拜散骑常侍。

　　八月，魏主弘传位于太子宏，自称太上皇帝魏主聪睿夙成[14]，刚毅有

1　保字螟蛉，剿拉同气：为了保护他的义子，却屠杀一母同胞兄弟。螟蛉，比喻义子。
2　在原之天属：在原，兄弟，语出《诗·小雅·常棣》："脊令在原，兄弟急难。"天属，
　　天性相连。
3　姬煦旁孽：姬煦，生养覆育。姬，指地赋物以形体。煦，指天降气以养物。旁孽，旁枝。
4　嬖狎：宠幸亲近的人。
5　前乘覆车，后来并辔：前面的车子翻了，后面的车子仍并驾齐驱。
6　叔仲：借指兄弟。
7　曾是莫怀，甘心揃落：不将此事挂怀，甘心把本枝一一剪落。
8　文明：指晋武帝之母，文明皇后王元姬。
9　太祖弃初宁之誓，而登合殿者元凶：太祖文帝刘义隆违背初宁陵誓言，结果元凶刘劭登
　　上宝座。
10　奚其豫择：怎么能事先选择。
11　人情：人心，众人的情绪、愿望。
12　诸卿殊不见事：各位卿家还没有看透当前的形势。
13　灵长之祚：灵长，广远绵长。祚，帝位。
14　聪睿夙成：聪睿，聪明睿智。夙成，早成，早熟。

断，而好黄老、浮屠之学，常有遗世[1]之心。以叔父京兆王子推沉雅[2]仁厚，欲禅以位。乃会公卿大议，皆莫敢言。子推兄任城王子云对曰："陛下方隆太平[3]，临四海，岂得上违宗庙，下弃兆民？必欲遗弃尘务[4]，则皇太子宜承正统。夫天下者，祖宗之天下。若更授旁支，恐非先圣之意，启奸乱之心，不可不慎也。"太尉源贺、尚书陆馛皆附子云议，魏主怒，变色。中书令高允曰："臣不敢多言，愿陛下上思宗庙托付之重，追念周公抱成王之事。"魏主乃曰："然则立太子，群公辅之。"又曰："陆馛直臣，必能保吾子。"以为太保，与源贺持节奉玺绶传位于太子宏。时宏生五年矣，有至性[5]。前年，魏主病痈[6]，亲吮之。及是悲泣不自胜，魏主问其故，对曰："代亲之感，内切于心[7]。"宏即位，群臣奏曰："汉高祖称皇帝，而尊其父为太上皇，明不统天下也。今皇帝幼冲，万机大政，陛下犹宜总之。谨上尊号曰太上皇帝。"从之。徙居北苑崇光宫，采椽土阶[8]，国之大事乃以闻。又建鹿野浮图于苑中，与禅僧[9]居之。

冬，十月，**魏敕勒叛，讨破之**魏沃野[10]、统万二镇敕勒叛，遣太尉源贺讨之，皆降。追击余党，俘获甚众。诏贺督三道诸军，屯漠南。先是，每岁秋冬发军，三道并出，以备柔然，春中乃罢。贺以为："往来疲劳，不可支久。请募诸州镇武健[11]者三万人，筑三城以处之。使三时务农，冬则讲武。"不从。

宋人侵魏，魏人击却之宋主命琅邪、兰陵太守垣崇祖经略淮北，崇祖自郁洲将数百人入魏境七百里，据蒙山[12]。魏人击却之。

1　遗世：超脱尘世，避世隐居。
2　沉雅：深沉雅正。
3　方隆太平：正逢太平盛世。
4　尘务：世俗的事务。
5　至性：天赋的卓绝品性。
6　病痈：身上长脓疮。
7　代亲之感，内切于心：接替父亲的位置，内心非常痛切。
8　采椽土阶：用刚刚采来未经砍伐的木材为房椽，台阶仍为土质。
9　禅僧：和尚。
10　沃野：北魏北境六镇之一，治所位于今内蒙古巴彦淖尔市磴口县东北河拐子古城，一说位于今五原县东北乌加河北。
11　武健：勇武刚健。
12　蒙山：古山名，又名东蒙山，位于今山东省临沂市蒙阴县西南，接平邑县界。

宋作湘宫寺宋主以故第¹为湘宫寺，备极壮丽。新安太守巢尚之罢还，宋主谓曰："卿至湘宫寺未？此是我大功德。"散骑侍郎虞愿侍侧，曰："此皆百姓卖儿贴妇钱所为，佛若有知，当慈悲嗟愍²。罪高浮图，何功德之有？"侍坐者皆失色。宋主怒，使人驱下殿。愿徐去，无异容。宋主棋品甚拙，而每与第一品³王抗对弈，抗绐曰："皇帝飞棋⁴，臣不能断。"宋主终不悟，好之愈笃⁵。愿又曰："尧以此教丹朱，非人主所宜好也。"宋主怒甚，以其旧臣，优容之。

壬子（公元472年）

宋泰豫元年。魏延兴二年。

春，正月，宋蛮酋⁶桓诞以沔北⁷降魏太阳蛮酋桓诞拥沔北八万余落降魏，自云桓玄之子。魏以为东荆州⁸刺史，使起部郎⁹韦珍与诞安集新民，区处诸事，皆得其所。

二月，柔然侵魏，魏击走之。

宋杀其扬州刺史、江安侯王景文景文常以盛满为忧，屡辞位。宋主不许，诏报曰："人居贵要¹⁰，但问心若为¹¹耳。大明之世，巢、徐、二戴，位不过执戟，而权亢¹²人主。今袁粲为令、仆领选，而人往往不知有粲。以此居贵要，当有致忧竞否¹³？夫有心于避祸，不若无心于任运¹⁴。存亡之要，巨细一揆¹⁵耳。"

1　故第：故宅，旧居。
2　嗟愍：悲叹哀怜。
3　第一品：第一等。
4　飞棋：不拘常规的出奇棋艺。
5　笃：专一。
6　蛮酋：蛮人的首领。
7　沔北：沔水以北地区。
8　东荆州：古州名，辖今河南省驻马店市泌阳县一带。
9　起部郎：古官名，隶起部尚书，掌营造及工匠等。
10　贵要：尊贵显要的位置。
11　若为：怎样。
12　亢：匹敌。
13　当有致忧竞否：是否会感到惶惶不安。
14　任运：听凭命运安排。
15　一揆：同一道理，一个模样。

至是虑晏驾后，皇后临朝，景文或有异图。遣使赍手敕[1]并药赐死。景文正与客棋，叩函看已，复置局下，神色不变。局竟，敛子内奁[2]毕，徐曰："奉敕见赐以死。"方以敕示客。中直兵[3]焦度怒曰："大丈夫安能坐受死？州中文武数百，足以一奋。"景文曰："知卿至心。若见念者[4]，为我百口计。"乃作墨启[5]致谢，饮药而卒。谥曰懿侯。宋主又尝梦有人告曰："豫章太守刘愔反。"既寤，遣人就郡杀之。

　　夏，四月，**宋主彧殂，太子昱立**宋主病笃，以桂阳王休范为司空，褚渊为护军将军，刘勔为右仆射，与尚书令袁粲、荆州刺史蔡兴宗、郢州刺史沈攸之并受顾命。渊素与萧道成善，荐之，诏以为右卫将军，共掌机事。宋主遂殂，太子昱即位，生十年矣。粲等秉政，承奢侈之后，务弘节俭，欲救其弊。而阮佃夫等用事，货赂公行，不能禁也。

　　宋以安成王准为扬州刺史准，实桂阳王休范之子，而太宗以为己子。

　　秋，七月，**宋以沈攸之都督荆、襄八州军事**宋右将军王道隆以蔡兴宗强直[6]，不欲使居上流[7]，以为中书监，而以沈攸之代之。兴宗辞，不拜。道隆每诣兴宗，蹑履[8]到前，不敢就席，良久去，竟不呼坐。攸之自以材略过人，阴畜异志，择郢州士马、器仗精者以自随。到官，以讨蛮为名，大发兵力，部勒严整。重赋敛以缮器甲，旧应供台者皆割留之[9]，羁留[10]商旅，蔽匿亡命，所

1　手敕：手诏。
2　敛子内奁：把棋子收起来放到盒子里。
3　中直兵：中兵和直兵的合称。东晋末刘裕为相，合中兵、直兵置一参军，南朝因之，称中直兵。
4　若见念者：意为如果想要帮助我。
5　墨启：上呈皇帝的手书奏折。
6　强直：刚强正直。
7　上流：长江上游。
8　蹑履：古人在家时脱鞋席地而坐，蹑履谓来不及脱鞋。
9　旧应供台者皆割留之：原来应向朝廷缴纳的一律截留，不再缴纳。
10　羁留：拘禁。

部[1]逃亡，穷追必得而后止。举错专恣[2]，不复承用符敕[3]，朝廷疑而惮之。为政刻暴[4]，或鞭挞士大夫。然吏事精明，人不敢欺，盗贼屏息，外户不闭。

八月，宋中书监、乐安公蔡兴宗卒谥曰"宣穆"。

冬，十月，柔然侵魏，魏击走之。

宋以刘秉为仆射秉和弱无干能[5]，以宗室清令[6]，故袁、褚引之。

宋以阮佃夫为给事中佃夫权任转重，欲用其所亲为郡，袁粲等不同[7]。佃夫称敕施行，众不敢执。

魏制小祀[8]勿用牲魏有司奏诸祠祀一千七十五所，岁用牲七万五千五百。太上恶其多杀，诏："自今非天地、宗庙、社稷，皆勿用牲，荐以酒脯[9]。"

癸丑（公元 473 年）

宋主昱元徽元年。魏延兴三年。

春，正月，魏诏守、令劝农事，除盗贼魏诏守、令劝课农事，同部[10]之内，贫富相通，家有两牛，通借无者。县令能静一县劫盗[11]者，兼治二县，即食其禄。能静二县者，兼治三县，三年迁为郡守。郡守自二郡至三郡亦如之，三年迁为刺史。

二月，宋以晋熙王燮为郢州刺史宋桂阳王休范素凡讷[12]，少知解[13]，物情亦

1　所部：所率领的部队。
2　举错专恣：举错，亦作"举措"，任用与废黜。专恣，专横放肆。
3　符敕：敕命文书。
4　刻暴：刻毒暴戾。
5　和弱无干能：和弱，温和文弱。干能，才能。
6　清令：高洁美好。
7　不同：不同意。
8　小祀：古代对司中、司命、风伯、雨师、诸星、山林、川泽等的祭祀，也叫群祀。
9　酒脯：酒和干肉，后亦泛指酒肴。
10　同部：同一部落。
11　劫盗：抢劫偷盗。
12　凡讷：才智平庸，言语迟钝。
13　知解：颖悟，领会。

不向之，故太宗之末得免于祸。及是，自谓尊亲莫二[1]，应入为宰辅。既不如志，怨愤颇甚。典签许公舆为之谋主，令休范折节下士，远近赴之，收养勇力，缮治器械。朝廷知之，阴为之备。会夏口阙镇[2]，以其地居寻阳上流，欲使腹心居之。乃以晋熙王燮为刺史，而以王奂为长史、行事。燮始四岁，宋主之弟也。复恐其过寻阳为休范所留，使自太洑[3]径去。休范大怒，密与公舆谋袭建康。奂，景文之兄子也。

吐谷浑寇魏，魏遣兵讨降之。

魏以孔乘为崇圣大夫乘，孔子二十八世孙也。

秋，七月，魏制河南六州赋法户收绢一匹，绵[4]十斤，租三十石。

冬，十月，武都王杨僧嗣卒，弟文度立，降魏。

宋尚书令袁粲以母丧去职诏以卫军将军摄职[5]，粲辞。

十二月朔，日食。

柔然侵魏。魏州、镇十一水旱。

甲寅（公元 474 年）

宋元徽二年。魏延兴四年。

夏，五月，宋江州刺史、桂阳王休范举兵反，攻建康。右卫将军萧道成击斩之休范反，率众二万、骑五百发寻阳，以书与诸执政[6]，称："杨运长等蛊惑先帝，使建安、巴陵无罪被戮，请诛之。"朝廷惶骇。萧道成曰："昔上流谋逆，皆因淹缓至败。休范必惩前失，轻兵急下，乘我无备。今宜顿兵新亭、白下，坚守宫城、东府、石头，以待贼至。千里孤军，复无委积[7]，求战不

1　莫二：没有第二个，无比。
2　阙镇：无人镇守。
3　太洑：古地名，应为"太子洑"，位于今湖北省黄冈市黄梅县南。
4　绵：丝绵。
5　摄职：代理官职。
6　执政：掌握国家大权的人。
7　委积：储备的粮草。

得，自然瓦解。我请顿新亭以当其锋，破贼必矣。"袁粲闻难，扶曳入殿。内外戒严。道成遂出屯新亭，张永屯白下，沈怀明戍石头。道成治垒未毕，休范前军已至新林。舍舟步上，遣其将丁文豪别趋台城，而自以大众攻新亭。道成拒战移时，外势愈盛，众皆失色。休范白服登城，以数十人自卫。校尉黄回、张敬儿谋诈降以取之。乃出城放仗，大呼称降。休范信之，置于左右。回目[1]敬儿，夺休范防身刀，斩之，持首归新亭。道成遣送诣台[2]。道逢南军，送者弃首于水，挺身得达[3]，唱云："已平！"而无以为验，人莫之信。休范将士亦不之知，其将杜黑骡攻新亭甚急。道成拒战，自晡达旦[4]，矢石不息。会丁文豪破台军，进至朱雀桁，黑骡遂北趋之。王道隆将羽林精兵在门内，召刘勔于石头。勔至，命撤桁[5]以折南军之势，道隆怒曰："贼至，但当急击，宁可开桁自弱耶？"勔不敢复言。道隆趣勔进战，勔战败，死。黑骡等乘胜渡淮，道隆走还，黑骡追杀之。黄门侍郎王蕴重伤而踣[6]，或扶之以免。于是中外大震，白下、石头之众皆溃。先是，月犯右执法，太白犯上将[7]，或劝刘勔解职。勔曰："吾执心[8]行己，无愧幽明，灾眚之来，避何可免？"勔晚年颇慕高尚，立园宅名"东山"，罢遣部曲。萧道成谓曰："将军受顾命，辅幼主，而深尚从容，废省羽翼[9]，一朝事至，悔可追乎？"勔不从而败。褚渊弟澄为抚军长史，开东府门纳南军，拥安成王准据东府。中书舍人孙千龄开门出降，宫省恇扰[10]，众莫有斗志。俄而丁文豪之众知休范已死，稍欲退散。许公舆诈称桂阳王在新亭，士民惶惑，诣垒投刺[11]者以千数。道成皆焚之，登城谓曰："刘休范已就戮，尸在

1　目：用眼色示意。
2　诣台：到朝廷汇报。
3　挺身得达：脱身得以抵达宫城。
4　自晡达旦：自午后一直战到次日天明。
5　桁：浮桥。
6　踣：跌倒。
7　月犯右执法，太白犯上将：月亮侵犯右执法星，太白金星侵犯上将星。
8　执心：心志专一坚定。
9　深尚从容，废省羽翼：醉心于悠闲生活，蠲除自己的羽翼。
10　恇扰：恐惧慌乱。
11　投刺：留下名帖，表示解职告退。刺，名帖。

南冈[1]下，我乃萧平南也，诸君谛视之。刺皆已焚，勿惧也。"即遣陈显达等将兵入卫，袁粲慷慨谓诸将曰："今寇贼已逼而众情离沮，孤子受先帝付托，不能绥靖[2]国家，请与诸君同死社稷！"被甲上马，将驱之。于是显达等引兵出战，大破黑骡、文豪，皆斩之。进克东府，余党悉平。

柔然遣使如宋。

六月，宋以萧道成为中领军道成与袁粲、褚渊、刘秉更日[3]入直决事，号为"四贵"。

宋荆州刺史沈攸之等攻江州，克之休范之反也，沈攸之谓僚佐曰："桂阳必声言我与之同，若不颠沛[4]勤王，必增朝野之惑。"乃与徐、郢、湘、雍同讨寻阳，杀休范二子而还。

魏罢门房之诛[5]魏诏曰："下民凶戾，不顾亲戚，一人为恶，殃及阖门。朕为民父母，深所愍悼[6]。自今非谋反、大逆、外叛，罪止其身。"于是始罢门房之诛。魏太上勤于为治，赏罚严明，慎择牧守，进廉退贪。诸曹疑事，旧多奏决，又口传诏敕，或致矫擅[7]。至是，命事无大小，皆据律正名，不得为疑奏[8]。合则制可[9]，违则弹诘[10]，尽用墨诏[11]，由是事皆精审[12]。尤重刑罚，大刑多令覆鞫[13]，或囚系积年[14]。群臣颇以为言，太上曰："滞狱[15]诚非善治，不犹愈于仓猝而滥乎？夫人幽苦

---

1 南冈：古地名，位于今江苏省南京市西南。
2 绥靖：安抚平定。
3 更日：按日轮换，隔日。
4 颠沛：颠簸摇荡。
5 门房之诛：又称"门诛"，诛其亲族，一种残酷刑罚。
6 愍悼：哀悼，哀怜。
7 矫擅：诈称诏命，专断独行。
8 疑奏：把未经判决的疑难案子上奏请示。
9 合则制可：合于法律的朝廷会批准。
10 弹诘：弹劾诘问，责问。
11 墨诏：皇帝亲笔书写的诏旨。
12 精审：精密周详。
13 覆鞫：重审。
14 积年：多年。
15 滞狱：因积压或拖延未予审决的案件。

则思善，故智者以囹圄为福堂[1]。朕特苦之，欲其改悔而矜恕尔。"由是囚系虽滞，而所刑多得其宜。又以赦令长奸[2]，故自延兴[3]以后，不复有赦。

秋，七月，**柔然寇魏敦煌**柔然寇魏敦煌，尉多侯击破之。尚书奏："敦煌僻远，介居二寇之间，恐不能自固，请徙之凉州。"群臣皆以为然。给事中韩秀曰："敦煌虽逼强寇，然人习战斗，足以自全。而能隔阂二虏，使不得通。今徙就凉州，不唯有蹙国[4]之名，且姑臧去敦煌千余里，防逻[5]甚难，二虏交通，骚动凉州，则关中不得安枕。又，士民重迁，或招外寇，为国深患，不可不虑也。"乃止。

九月，**宋以袁粲为中书监，领司徒，褚渊为尚书令，刘秉为丹杨尹**粲固辞，求反居墓所[6]，不许。渊以褚澄为吴郡，司徒长史萧惠明言于朝曰："褚澄开门纳贼，更为股肱大郡。王蕴力战几死，弃而不收。赏罚如此，何忧不乱？"渊甚惭，乃以蕴为湘州刺史。

冬，十一月，**宋主冠**初，宋主昱在东宫时，喜怒乖节[7]，太宗屡敕陈太妃痛捶[8]之。及即位，内畏太后、太妃，外惮诸大臣，未敢纵逸。自加元服，内外稍无以制。自以李道儿之子[9]，故每微行，自称李将军。常着小裤衫，营署巷陌[10]，无不贯穿[11]。或夜宿客舍，或昼卧道旁，排突厮养[12]，与之交易，或遭慢辱[13]，悦而受之。

1　福堂：福德聚集的地方。
2　长奸：助长犯罪。
3　延兴：北魏孝文帝拓跋宏年号，存续时间为公元 471 至 476 年。
4　蹙国：丧失国土。
5　防逻：防卫巡逻。
6　墓所：墓地，坟地。
7　乖节：失常，过度。
8　捶：棒打。
9　李道儿之子：即刘昱。明帝曾把陈太妃赏赐给宠信的弄臣李道儿为妻，后来又把她迎接回去，生下刘昱。
10　营署巷陌：营署，军营官署。巷陌，街巷的通称。
11　贯穿：连络。
12　排突厮养：在下等厮役中间挤来挤去。排突，拥挤，冲撞。厮养，厮役。
13　慢辱：怠慢侮辱。

魏建安王陆馛卒谥曰"贞"。

乙卯（公元 475 年）

宋元徽三年。魏延兴五年。

春，三月，宋以张敬儿都督雍、梁二州军事敬儿请为雍州，萧道成以其人、位俱轻，不许。敬儿曰："沈攸之在荆州，欲何所作？不出敬儿以制之，恐非公之利也。"道成乃以敬儿镇襄阳。攸之恐其袭己，阴为之备。敬儿既至，奉事攸之甚至[1]，攸之以为诚。然敬儿由是得其事迹，皆密白道成。

夏，六月，魏初禁杀牛马。

宋南徐州刺史、建平王景素有罪，夺官[2]景素孝友清令，服用俭素，好学礼士，由是有美誉，太宗特爱之。时太祖诸子俱尽，诸孙唯景素为长。宋主凶狂失德，朝野皆属心[3]焉。杨运长等欲专权势，不利立长君，阴欲除之。其腹心将佐多劝景素举兵，参军江淹独谏之，景素不悦。人或告之，运长等即欲发兵讨之，袁粲等以为不可。景素亦遣世子诣阙自陈，乃夺景素征北将军、开府仪同三司。

丙辰（公元 476 年）

宋元徽四年。魏承明元年。

夏，六月，魏太后冯氏进毒弑其主弘，复称制，以王睿为尚书令初，魏尚书李敷、李䜣少相亲善。后䜣为相州[4]刺史，受赂为人所告，敷掩蔽[5]之。魏太上闻之，槛车征䜣，按验当死。时敷弟弈得幸于冯太后，太上意已疏

1　甚至：至极，达到极点。
2　夺官：削去官职。
3　属心：归心。
4　相州：古州名，辖今河北省磁县、成安县以南，河南省内黄县以西，汤阴县以北，林州市以东地。
5　掩蔽：遮蔽，隐藏。

之。有司以中旨[1]讽䜣告敷兄弟阴事，可以得免。䜣谓其婿裴攸曰：“吾与敷族世虽远，恩逾同生，情所不忍。且吾安能知其阴事，将若之何？”攸曰：“何为为人死也？有冯阐者，先为敷所败，今询其弟，敷阴事可得也。”䜣从之，令范檦条列敷事三十余条。有司以闻，太上怒，遂诛敷、弈，䜣得减死论。未几，复为尚书。冯太后由此怨太上。至是，密行鸩毒[2]。大赦，改元，复临朝称制。以冯熙为太师、中书监。熙以外戚，固辞，乃除洛州刺史。显祖祔庙[3]，执事之官，故事皆赐爵[4]。秘书令程骏言：“建侯裂地[5]，帝王所重，或以亲贤，或因功伐。皇家故事，盖一时之恩，岂可为长世[6]之法乎？”太后从之，谓群臣曰：“凡议事，当依古典正言，岂得但修故事而已？”太后性聪察，知书计[7]，晓政事，被服俭素，膳羞[8]减于故事什七八，而猜忍[9]多权数。魏主宏性至孝，能承颜顺志，事无大小，皆仰成焉。太后所幸宦者王琚、符承祖等，皆依势用事，官至仆射，爵为王公，赏赐巨万。太卜令[10]王睿得幸于太后，超迁尚书。秘书令李冲虽以才进，亦由私宠。又外礼人望[11]东阳王丕、游明根等，每褒赏[12]睿辈，辄以丕等参之。自以失行，畏人议己，群下语言小涉疑忌，辄杀之。宠臣小过，笞棰或至百余，寻复待之如初。

　　宋加萧道成左仆射，刘秉中书令。

　　秋，七月，宋建平王景素起兵京口，不克而死杨运长、阮佃夫等忌建平王景素益甚，景素乃与参军殷沵等谋为自全之计。遣人往来建康，要结才力

1　中旨：皇帝的诏谕。
2　鸩毒：以毒酒害人，亦引申为毒害。
3　显祖祔庙：显祖，北魏献文帝拓跋弘庙号。祔庙，祔祭后死者于先祖之庙。
4　赐爵：祭祀时赐助祭者以酒爵。
5　建侯裂地：建侯，封立诸侯，封侯建国。裂地，分封土地。
6　长世：历世久远，永存。
7　书计：文字与筹算，六艺中六书九数之学。
8　膳羞：美味的食品。
9　猜忍：疑忌残忍。
10　太卜令：古官名，掌占卜。
11　人望：为众人所仰望的人。
12　褒赏：嘉奖，赏赐。

之士[1]，将军黄回等皆与通谋。至是羽林监垣祗祖率数百人自建康奔京口，云京师已乱，劝令速入。景素信之，即据京口起兵。杨、阮遣将军任农夫及黄回等将水军以讨之。道成知回有异志，又命将军李安民等与之偕[2]。回不得发，遂拔京口，擒景素，斩之。党与[3]皆伏诛。

丁巳（公元477年）

宋顺帝准昇明元年。魏太和元年。

春，正月，魏略阳氐作乱。二月，讨平之。

三月，魏以东阳王丕为司徒。

秋，七月，宋中领军萧道成弑其主昱而立安成王准，自为司空、录尚书事宋主昱自京口既平，骄恣尤甚，无日不出，从者并执铤矛[4]，逢无免者。民间扰惧[5]，行人殆绝。针、椎、凿、锯，不离左右，一日不杀，则惨然[6]不乐。殿省忧惶，食息不保[7]。阮佃夫等谋因其出，执而废之。事觉，被杀。太后数训戒昱，昱欲酖之，未果。尝直入领军府，道成昼卧裸袒[8]。昱令起立，画腹为的[9]，引满[10]将射之。道成敛板[11]曰："老臣无罪。"乃更以骲箭[12]射，中其齐[13]，投弓大笑。道成忧惧，密与袁粲、褚渊谋废立。粲曰："主上幼年，微过易改。伊、霍之事，非季世所行。纵使功成，亦终无全地。"渊默然。功曹纪僧真言于道成曰："今朝廷猖狂，人不自保，天下之望，不在袁、褚，明公岂得坐受夷

1　才力之士：有才能的人。才力，才能，能力。
2　偕：一同，一起。
3　党与：同党之人。
4　铤矛：铁柄小矛。
5　扰惧：惊恐慌乱。
6　惨然：形容心里悲伤。
7　殿省忧惶，食息不保：宫廷侍从和朝廷官员担忧惶恐，饮食休息都不能安稳。
8　裸袒：赤身露体。
9　的：箭靶。
10　引满：拉弓至满。
11　敛板：古代官员朝会时皆执手版，端持近身，以示恭敬。
12　骲箭：用骨或木做箭头的箭。箭头有孔，发射时能发出响声，故又称响箭。
13　齐：通"脐"，肚脐。

灭？"道成然之。或劝道成奔广陵起兵。青冀刺史刘善明曰："宋氏将亡，愚智共知。公神武高世，唯当静以待之，因机奋发，功业自定，不可远去根本，自贻猖蹶[1]。"道成乃止。越骑校尉王敬则潜自结于道成，道成命敬则阴结昱左右杨玉夫、杨万年、陈奉伯等，使伺机便[2]。至是，昱乘露车[3]，与左右于台冈赌跳[4]，仍往青园尼寺。晚，至新安寺，偷狗饮酒，醉还。玉夫、万年刔[5]其首，奉伯袖之，称敕开门出，与敬则。敬则驰诣领军府，道成戎服乘马而出，敬则等从入宫。殿中闻昱已死，咸称万岁。道成以太后令，召诸大臣入议。道成谓刘秉曰："此使君家事，何以断之？"秉未答。道成须髯[6]尽张，目光如电。秉曰："尚书众事，可以见付[7]。军旅处分，一委领军。"道成让袁粲，粲不敢当。王敬则拔刀跳跃曰："天下事皆应关萧公！敢有开一言者，血染敬则刀。"仍手取白纱帽加道成首，令即位，曰："事须及热！"道成正色呵之，褚渊曰："非萧公无以了此。"道成乃下议，迎立安成王。秉出，逢从弟韫，问曰："事当归兄邪？"曰："已让领军矣。"韫拊膺[8]曰："兄肉中讵有血邪？今年族矣。"遂以太后令，数昱罪恶，追废为苍梧王。仪卫至东府门，安成王令门者勿开，以待袁司徒。粲至，乃入即位，时年十一。以道成为司空、录尚书事、骠骑大将军，出镇东府；刘秉为尚书令；袁粲镇石头。秉始谓尚书万机，本以宗室居之，则天下无变。既而道成兼总军国，布置心膂，与夺自专。褚渊素相凭附[9]，秉、粲阁手仰成[10]矣。粲性冲静[11]，每有朝命，常固辞，不得已，乃就职。至是知萧道成有不臣之志，阴欲图之，即日受命。

1　猖蹶：颠覆，失败。
2　机便：机会，机宜。
3　露车：无帷盖的车子。
4　于台冈赌跳：台冈，台城的来冈。赌跳，以跳跃的高低比赛胜负。
5　刔：用刀割脖子。
6　须髯：胡须。
7　见付：交给我。
8　拊膺：拍胸，表示悲痛。
9　凭附：依附，依靠。
10　阁手仰成：阁手，手闲搁着，形容一事不做。仰成，依赖别人取得成功。
11　冲静：淡泊宁静。

康熙御批：宋主昱之资禀[1]，未必绝异于人，其所以逞欲败度、无所不至者，必由于生长深宫，未闻训诫，故日流于纵恣。可见谕教之方，所关最重，不当以具文[2]视之。

魏诏工商贱族有役者止本部丞[3]。

九月，魏更定律令。

宋封杨玉夫等二十五人爵有差。

冬，十月，武都王杨文度袭魏仇池，陷之。

魏杀其徐州刺史李䜣䜣事显祖为尚书，信用范檦。䜣弟瑛谏曰："檦能降人以色[4]，假人以财，轻德义而重势利。听其言也甘，察其行也贼，不早绝之，后悔无及。"不从。䜣与尚书赵黑有隙，发其罪，黑坐黜为门士。黑恨之，寝食为之衰少。逾年复入领选，白冯太后，称䜣专恣，出为徐州。檦知太后怨䜣，乃告䜣谋外叛。太后征至问状，引檦证之。䜣曰："汝受我恩，何忍诬我？"檦曰："檦受公恩，何如公于李敷？公忍之于敷，檦何为不忍于公？"䜣慨然叹曰："吾不用瑛言，悔之何及！"黑复于中构成其罪，诛之，然后寝食如故。

十一月，魏怀州[5]乱，讨平之魏怀州民伊祈苟作乱，冯熙讨灭之。太后欲屠其城，张白泽谏曰："凶渠[6]逆党，尽已枭夷。城中岂无忠良仁信之士，奈何不问白黑，一切诛之？"乃止。

宋荆襄都督沈攸之举兵江陵，讨萧道成初，沈攸之与萧道成同值殿省，相善。至是，以道成名位素出己下，一旦专制朝权，心不平，谓元琰曰："吾宁为王陵死，不为贾充生[7]。"然亦未暇举兵。张敬儿与攸之司马刘攘兵善，

1　资禀：天资禀赋。
2　具文：徒有形式而无实际作用的空文。
3　止本部丞：官职最高只能做到各部的丞。
4　降人以色：笑脸迎人。
5　怀州：古州名，辖今河南省焦作、沁阳、武陟、获嘉、修武、博爱等市县地。
6　凶渠：凶徒的首领，元凶。
7　吾宁为王陵死，不为贾充生：我宁为王陵，讨伐逆贼而死；也不愿做贾充，投降叛逆而生。

疑攸之将起事，密问攘兵。攘兵寄敬儿马镫一只，敬儿乃为之备。攸之有素书十数行，常韬在裲裆角[1]，云是明帝与己约誓。将举兵，其妾崔氏谏曰："官年已老，那不为百口计？"攸之指裲裆角示之。于是勒兵移檄，遣使邀张敬儿及诸州镇同举兵。敬儿斩其使，他镇亦怀两端[2]。攸之遗道成书，以为："少帝昏狂[3]，宜与诸公密议，共白太后，下令废之。奈何交结左右，亲行弑逆[4]？移易朝旧[5]，布置亲党，宫阁管钥，悉关家人[6]。吾不知子孟、孔明[7]遗训固如此乎？足下既有贼宋之心，吾宁敢捐包胥之节[8]？"朝廷恟惧。初，道成以世子赜行郢州事，修治器械，以备攸之。及征赜为左卫将军，赜乃荐司马柳世隆自代，谓曰："攸之一旦为变，焚夏口舟舰，沿流而东，不可制也。若得攸之留攻郢城[9]，必未能猝拔。君为其内，我为其外，破之必矣。"及攸之起兵，赜行至寻阳，众欲倍道趋建康，赜曰："寻阳地居中流，密迩畿甸。留屯湓口，内藩[10]朝廷，外援夏首[11]，保据形胜[12]，控制西南，今日会此，天所置也。"或以城小难固，左中郎将周山图曰："今据中流，为四方势援[13]，不可以小事难之。苟众心齐一，江山皆城隍也。"赜乃奉晋熙王燮镇湓口，道成闻之，喜曰："真我子也！"

宋中书监袁粲、尚书令刘秉谋诛萧道成，不克而死湘州刺史王蕴与沈攸之深相结，与袁粲、刘秉密谋诛道成，将帅黄回、卜伯兴等皆与通谋。道

1　有素书十数行，常韬在裲裆角：有一封写在白绸缎上约有十几行的信件，平常总是藏在背心衣角里。素书，古人以白绢作书，故以称书信。韬，隐藏。裲裆，一种长度仅至腰而不及于下，且只蔽胸背的上衣。
2　怀两端：存心观望，游移不定。
3　昏狂：昏乱狂悖。
4　弑逆：弑君杀父，亦仅指弑君。
5　朝旧：朝中旧臣。
6　宫阁管钥，悉关家人：宫殿官署的门禁钥匙，都由萧家的人掌管。
7　子孟、孔明：指霍光、诸葛亮。
8　捐包胥之节：捐弃申包胥乞秦救楚的节操。
9　郢城：古地名，即夏口城，位于今湖北省武汉市武昌区境内。
10　藩：保卫。
11　夏首：古地名，即郢城。南朝时，亦称夏口为夏首、郢城。
12　保据形胜：占据有利地形。
13　势援：后盾。

成初闻攸之事起，往诣粲，粲辞不见。通直郎[1]袁达谓粲不宜示异同。粲曰：
"彼若以主幼时艰，与桂阳时不异，劫我入台，何辞拒之？一朝同止，欲异，
得乎？"道成乃召褚渊，与之连席[2]，每事共之。时刘韫为领军将军，入直门
下省，卜伯兴为直阁[3]，黄回等诸将皆出屯新亭。初，褚渊遭忧[4]去职，朝廷敦
迫[5]，不起。粲往譬说[6]，渊乃从。及粲遭忧，渊譬说恳至[7]，粲遂不起，渊由是恨
之。至是，渊谓道成曰："西夏[8]事必无成，公当先备其内耳。"粲谋既定，将
以告渊。众谓不可。粲曰："渊与彼虽善，岂容大作同异？"乃以谋告渊，渊
即以告道成。道成遣军主苏烈、薛渊等助粲守石头。渊曰："不审公能保袁公
共为一家否？"道成曰："所以遣卿，正为能尽临事之宜，使我无西顾之忧耳。
但努力，无多言。"又以王敬则为直阁，与伯兴共总禁兵。粲谋矫太后令，使
韫、伯兴率宿卫兵攻道成于朝堂，回等率所领为应。刘秉等并赴石头，本期夜
发，秉恇扰不知所为，晡后即束装，尽室奔石头。粲惊曰："何事遽来？今败
矣。"道成闻之，使王敬则杀韫及伯兴。苏烈等据仓城拒粲。王蕴闻秉走，叹
曰："事不成矣。"道成遣戴僧静助烈等攻粲，秉逾城走。粲下城，谓其子最
曰："本知一木不能止大厦之崩，但以名义[9]至此。"僧静逾城独进，最以身卫
粲，僧静直前斫之。粲谓最曰："我不失忠臣，汝不失孝子。"遂父子俱死。
百姓哀之，为之谣曰："可怜石头城，宁为袁粲死，不作褚渊生。"秉父子亦
为追者所杀。黄回遂不敢发。粲简淡平素[10]，无经世材，好饮酒，善吟讽[11]。身居

1　通直郎：古官名，通直散骑侍郎的省称，职与散骑侍郎同，因与散骑侍郎通员当值，
　　故名。
2　连席：同席，形容关系密切。
3　直阁：古官名，为皇帝左右侍卫之官，位在直阁将军之下。
4　遭忧：遭父母之丧。
5　敦迫：催逼。
6　譬说：譬解劝说。
7　恳至：恳切。
8　西夏：指河西及荆、襄一带。
9　名义：名声与道义。
10　简淡平素：简淡，简朴淡泊。平素，平常、平庸。
11　吟讽：作诗，亦谓作诗讽刺。

剧任[1]，不肯当事。主事每往咨决[2]，或高咏[3]对之。闲居高卧，门无杂宾[4]，物情不接，故及于败。

裴子野曰：袁景倩民望国华[5]，受付托之重，智不足以除奸，权不足以处变，萧条散落，危而不扶。及九鼎既轻，三材将换[6]，区区斗城[7]之里，出万死而不辞，盖蹈匹夫之节而无栋梁之具矣。

沈攸之攻郢城，不克攸之至夏口，自恃兵强，有骄色。主簿宗俨之劝攸之攻郢城，功曹臧寅以郢城地险，非旬日可拔。若不时举，挫锐损威。今顺流长驱，计日可捷。既倾根本，则郢城岂能自固？攸之欲留偏师守郢城，自将大众东下。柳世隆遣人挑战，肆骂秽辱[8]之。攸之怒，改计攻城。世隆随宜拒应[9]，攸之不能克。

宋以杨运长为宣城太守杨运长出守宣城，于是太宗嬖臣无在禁省者矣。

沈约曰：夫人君南面[10]，九重奥绝[11]。陪奉朝夕，义隔卿士，阶闼之任，宜有司存[12]。既而恩以狎生，信由恩固，无可惮之姿，有易亲之色。孝建、泰始，主威独运，而刑政纠杂[13]，理难遍通，耳目所寄，事归近习。及觇欢愠，候惨舒，动中主情，举无谬旨[14]。人主以其身卑位薄，权不得重。曾不知鼠凭社贵，狐藉

1　剧任：重任，要职。
2　咨决：请示决断。
3　高咏：高声吟诵。
4　门无杂宾：家中没有闲杂的人来作客，形容交友谨慎。
5　民望国华：民望，有德行、才能而享有声望的人。国华，国家的杰出人才。
6　九鼎既轻，三材将换：国家衰败，辅弼之臣将要更替。九鼎，相传夏禹铸九鼎，象征九州，为象征国家政权的传国之宝。三材，三位辅弼之才。
7　斗城：小城。
8　肆骂秽辱：肆骂，放肆谩骂。秽辱，侮辱。
9　拒应：抵御回应。
10　南面：面朝南。古代以面朝南为尊位，君主临朝南面而坐。
11　九重奥绝：九重，指宫禁。奥绝，深居而与世隔绝。
12　陪奉朝夕，义隔卿士，阶闼之任，宜有司存：早晚身边都是受宠的侍从，而与朝廷大臣相距甚远。宫闱中上下情况的沟通，应该由固定的机构执行。阶闼，陛阶和宫门，借指宫闱。
13　纠杂：交错杂乱。
14　及觇欢愠，候惨舒，动中主情，举无谬旨：他们观察人主的喜怒哀乐，掌握人主忧乐的时机，言语行动都迎合人主的心意，而且从来没有差错。惨舒，忧乐。

虎威，外无逼主之嫌，内有专用[1]之效，势倾天下，未之或悟。及太宗晚运[2]，虑经盛衰，权幸之徒，慑惮宗戚[3]，欲使幼主孤立，永窃国权，构造同异，兴树祸隙[4]，帝弟宗王，相继屠剿[5]。宝祚夙倾[6]，实由于此矣。

魏拔葭芦，斩杨文度，以其弟文弘为武都王。

宋萧道成假黄钺，出顿新亭道成谓参军江淹曰："天下纷纷，君谓何如？"淹曰："成败在德，不在众寡。公雄武有奇略，宽容而仁恕，贤能毕力[7]，民望所归，奉天子以伐叛逆，五胜也。彼志锐而器小，有威而无恩，士卒解体，搢绅不怀[8]，悬兵[9]数千里而无同恶相济，五败也。虽豺狼十万，终为我获必矣。"行南徐州事刘善明言于道成曰："攸之包藏祸心，于今十年。性既险躁，才非持重。而起事累旬，迟回不进。一则暗于兵机，二则人情离怨，三则有掣肘[10]之患，四则天夺其魄。本虑其剽勇轻速[11]，掩袭未备，决于一战。今六师[12]齐奋，诸侯同举，此笼中之鸟耳。"

戊午（公元 478 年）

宋昇明二年。魏太和二年。

春，正月，宋沈攸之军溃，走死。萧道成自为太尉，都督十六州诸军事攸之尽锐攻郢城，柳世隆乘间屡破之。攸之素失人情，但劫[13]以威力。及城久不拔，逃者稍多，攸之日夕乘马历营抚慰，而去者不息。攸之大怒，令军

1　专用：专宠用事。
2　晚运：末年。
3　慑惮宗戚：慑惮，畏惧。宗戚，泛称皇室亲族。
4　构造同异，兴树祸隙：捏造矛盾，挑起祸端。构造，捏造。兴树，造成。
5　屠剿：诛杀剿灭。
6　宝祚夙倾：宝祚，国运，帝位。夙倾，早早倾覆。
7　毕力：尽力，竭力。
8　怀：归向。
9　悬兵：孤军深入。
10　掣肘：拉住胳膊，比喻阻挠别人做事。
11　剽勇轻速：剽勇，轻捷勇猛。轻速，轻快迅捷。
12　六师：周天子所统六军之师，亦泛指全部军队。
13　劫：威逼，胁迫。

中曰：“军有叛者，军主任其罪。”于是咸有异计[1]。刘攘兵射书入城请降，世隆纳之，攘兵烧营而去。攸之军遂大散，诸将皆走。臧寅曰：“幸其成而弃其败，吾不忍为也。”乃投水死。散军更相聚结[2]，可二万人，随攸之还江陵。张敬儿既斩攸之使者，即勒兵，侦攸之下，遂袭江陵，诛其子孙。攸之将至，闻敬儿已据城，士卒皆散，乃缢而死。初，荆州参军边荣为府录事所辱，攸之为荣鞭杀录事。及敬儿将至，荣为留府司马，或说之降，荣曰：“受沈公厚恩如此，一朝缓急，便易本心，吾不能也。”城溃，军士执以见敬儿，敬儿曰：“边公何不早来？”荣曰：“沈公见[3]留守城，不忍委去[4]。本不祈生，何须见问。”敬儿曰：“死何难得？”命斩之。荣欢笑而去。荣客程邕之抱荣曰：“与边公周游，不忍见其死，乞先见杀。”兵人以告，敬儿曰：“求死甚易，何为不许？”乃先杀邕之，而后及荣，军人莫不垂泪。萧道成还镇东府，以其子赜为江州刺史，嶷为中领军。加道成太尉、都督南徐等十六州诸军事，褚渊为中书监、司空。吏部郎王俭神采渊旷[5]，好学博闻，少有宰相之志。道成以为长史，待遇隆密[6]，事皆委之。

夏，四月，宋萧道成杀南兖州刺史黄回回不乐在郢州，固求南兖，遂率部曲辄还，因改授之。萧道成以回终为祸乱，召入东府杀之。以萧映行南兖州事。

五月，魏禁宗戚士族与非类昏偶[7]，以违制[8]论。

秋，八月，宋禁公私奢侈萧道成以大明以来，公私奢侈，奏罢御府[9]，省

1 异计：不轨的图谋。
2 聚结：聚合集结。
3 见：助词，表示被动。
4 委去：不顾而去。
5 渊旷：深远旷达。
6 待遇隆密：待遇，接待，对待。隆密，深厚亲密。
7 昏偶：通婚。
8 违制：违反制度。
9 御府：帝王的府库。

二尚方雕饰器玩。又奏禁民间华伪[1]杂物，凡十七条。

宋以萧赜为领军将军，萧嶷为江州刺史。

九月朔，日食。

宋萧道成自为太傅、扬州牧，加殊礼萧道成欲倾宋室，夜召长史谢朏，屏人与语，久之，朏无言。道成虑朏难捉烛小儿[2]，取烛遣出。朏又无言，道成乃呼左右。朏，庄之子也。王俭知其指，他日，请间言于道成曰："功高不赏，古今非一。以公今日位地[3]，欲终北面，可乎？"道成正色裁[4]之，而神采内和[5]。俭因曰："俭蒙公殊眄[6]，所以吐所难吐，何赐拒之深也？宋氏失德，非公岂复宁济[7]？但人情浇薄[8]，不能持久。公若小复推迁，则人望去矣。岂唯大业永沦，七尺[9]亦不可得保。"道成曰："卿言不无理。"俭曰："公今名位，故是经常[10]宰相，宜礼绝群后，微示变革。然当先令褚公知之。"少日[11]，道成造褚渊，款言移晷[12]，乃曰："我梦得官。"渊曰："今授始尔，恐一二年间未容便移。"道成还，以告俭。俭曰："褚未达[13]耳。"即倡议加道成太傅，假黄钺。道成谓所亲任遐曰："褚公不从，奈何？"遐曰："彦回惜身保妻子，非有奇才异节，遐能制之。"渊果无违异[14]。诏进道成假黄钺、大都督中外诸军事、太傅、领扬州牧，剑履上殿，入朝不趋，赞拜不名。

冬，十月，宋以萧映为南兖州刺史，萧晃为豫州刺史。

1　华伪：虚浮诈伪。
2　难捉烛小儿：认为举蜡烛的小儿在，不够保密。
3　位地：官位门第。
4　裁：打断。
5　内和：内心平和。
6　殊眄：特殊看待。
7　宁济：安定匡济。
8　浇薄：刻薄，不淳厚。
9　七尺：身躯。人身长约当古尺七尺，故称。
10　经常：遵循常制。
11　少日：不多日，数日。
12　款言移晷：款言，恳切的言词。移晷，日影移动，犹言经过了一段时间。
13　达：明白。
14　违异：违背。

十二月，魏太后杀其青州刺史、南郡王李惠惠，李夫人之父也，冯太后忌之，诬以南叛[1]，杀之。太后以猜嫌所夷灭者十余家，而惠所历皆有善政，魏人尤冤惜[2]之。

宋定音乐尚书令王僧虔奏："朝廷以官县合和鞞拂，节数虽会，虑乖雅体。今之清商，实由铜爵，中庸和雅，莫近于斯[3]。而情变听移，亡者将半，民间竞造新声，烦淫[4]无极，宜命有司悉加补缀[5]。"从之。

魏以高允为中书监高允以老疾告归乡里，寻复以安车征至平城，拜镇军大将军、中书监。固辞，不许，诏乘车入殿，朝贺不拜。

己未（公元479年）

宋昇明三年，齐太祖高帝萧道成建元元年。魏太和三年。〇是岁宋亡齐代。

春，正月，宋以萧嶷为荆州刺史，萧赜为仆射。

宋以谢朏为侍中太傅道成以朏有重名，欲引参佐命[6]，以为左长史。尝与论魏、晋故事，因曰："石苞不早劝晋文，死方恸哭，方之冯异，非知机也。"朏曰："晋文世事魏室，必将身终北面。借使魏行唐、虞故事，亦当三让弥高。"道成不悦。以朏为侍中，更以王俭为左长史。

三月朔，日食。

宋萧道成自为相国，封齐公，加九锡以十郡为齐国，官爵、礼仪并仿天朝。

1　南叛：叛变投奔南朝宋。
2　冤惜：喊冤痛惜。
3　宫县合和鞞拂，节数虽会，虑乖雅体。今之清商，实由铜爵，中庸和雅，莫近于斯：悬挂的钟磬用来应和鞞鼓以及伴奏拂舞，节奏虽然可以合拍，但不够高雅，有失体统。现在流行的清商乐，实际上来自铜雀台，没有比它更中庸清雅的了。鞞，鼓名。拂，以拂子为舞具的一种歌舞。
4　烦淫：繁缛而无节制的乐声。
5　补缀：泛指修补。
6　引参佐命：延引他参与辅佐自己开创新朝。

齐公道成杀宋临川王绰时杨运长为道成所杀。绰，义庆之孙也，以凌源令潘智与运长善，遣人说之曰："君先帝旧人，身是宗室近属，如此形势，岂得久全？若招合内外，计多有从者。"智以告道成，道成杀之。

齐以王俭为仆射宋司空褚渊引何曾自魏司徒为晋丞相故事，求为齐官，道成不许。以王俭为仆射，时年二十八。

夏，四月，齐公道成进爵为王增封十郡。

齐王道成杀宋武陵王赞。

齐王道成称皇帝，废宋主为汝阴王，徙之丹杨。以褚渊为司徒宋主下诏禅位于齐，而不肯临轩。王敬则勒兵入迎，太后惧，自率阉人索[1]，得之，敬则启譬[2]令出。宋主收泪谓曰："欲见杀乎？"敬则曰："出居别宫耳。官先取司马家亦如此。"宋主泣而弹指曰："愿后身世世勿复生天王家！"宫中皆哭。宋主又拍敬则手曰："必无过虑，当饷辅国十万钱。"是日，百僚陪位。侍中谢朏在直[3]，当解玺绶，佯为不知，曰："有何公事？"传诏[4]云："解玺绶授齐王。"朏曰："齐自应有侍中。"乃引枕卧。传诏惧，使朏称疾，朏曰："我无疾，何所道？"遂朝服步出。乃以王俭为侍中，解玺绶。礼毕，宋主出就东邸[5]。光禄大夫王琨在晋世已为郎中，至是，攀车恸哭，曰："人以寿为欢，老臣以寿为戚。既不能先驱蝼蚁[6]，乃复频见此事！"呜咽不自胜，百官雨泣[7]。司空褚渊等奉玺绶，诣齐宫劝进。渊从弟照谓渊子贲曰："不知汝家司空将一家物与一家，亦复何谓？"齐王即皇帝位，奉宋主为汝阴王，筑宫丹杨，置兵守卫。以褚渊为司徒，贺者满座。照叹曰："彦回少立名行，何意披猖[8]至此！门户不幸，乃复有今日之拜。使彦回作中书郎而死，不当为一名士邪？名德

1　索：搜寻，寻找。
2　启譬：开导晓谕。
3　在直：正在宫中值班。
4　传诏：传达诏命的官员。
5　东邸：太子府邸。
6　蝼蚁：蝼蛄和蚂蚁，用来代表微小的生物，比喻力量薄弱或地位低微的人。
7　雨泣：泪下如雨。
8　披猖：猖獗，猖狂。

不昌，乃复有期颐[1]之寿？"渊固辞不拜。奉朝请裴颙上表，数齐主过恶，挂冠径去，齐主杀之。太子赜请杀谢朏，齐主曰："杀之遂成其名，正应容之度外耳。"久之，因事废于家。齐主问为政于参军刘瓛，对曰："政在《孝经》。凡宋氏所以亡，陛下所以得者，皆是也。陛下若戒前车之失，加以宽厚，虽危可安。循其覆辙[2]，虽安必危矣。"齐主叹曰："儒者之言，可宝[3]万世。"

齐主以其子嶷为扬州刺史。

齐主令群臣言事齐主命群臣各言得失。淮南、宣城太守刘善明请："除宋氏大明、泰始以来苛政，以崇简易。交州险远，宋末政苛，遂至怨叛，今宜怀以恩德。且彼土所出，唯有珠宝，实非圣朝所须之急。讨伐之事，谓宜且停。"给事黄门郎[4]崔祖思言："人不学则不知道，此悖逆祸乱所由生也。今无员之官[5]，空受禄力[6]。宜开文、武二学，令限外官[7]，各从所乐，依方习业。废惰者遣还故郡，优殊者待以不次[8]。又，今陛下虽躬履[9]节俭，而群下犹习侈靡。宜襃进朝士之约素[10]清修者，贬退其骄奢荒淫者，则风俗可移矣。"宋元嘉之世，事皆责成郡县。世祖征求急速，始遣台使督之。自是使者旁午，公私劳扰。闻喜公子良极陈其弊，以为："台[11]有求须但明下诏敕，为之期会，则人思自竭。若有稽违[12]，自依纠坐[13]之科。今虽台使盈凑，会取正属所办，徒相疑愤，

1　期颐：百岁之人。
2　覆辙：翻过车的道路，比喻前人失败的经验教训。
3　宝：珍藏。
4　给事黄门郎：古官名，给事黄门侍郎的简称，掌侍从左右、关通内外，与侍中平省尚书奏事，职任显要。
5　无员之官：没有职位的官员。
6　禄力：俸禄。
7　外官：地方官，和京官相对。
8　优殊者待以不次：特别优秀的不拘等级任用。
9　躬履：亲身履行。
10　约素：节俭朴素。
11　台：朝廷。
12　稽违：耽误，延误。
13　纠坐：督责判罪。

反更淹懈[1]，宜悉停之。"员外散骑刘思效言："宋自大明以来，征赋有加而天府尤贫。小民殆无生意[2]，而贵族富室以侈丽相高，乃至山泽之民，不敢采食其水草。今宜一新王度[3]，革正其失。"齐主皆加褒赏，或付有司详择所宜，奏行之。寻诏："二宫诸王，悉不得营立屯邸[4]，封略山湖[5]。"

魏罢候官魏诏："候官千数，重罪受赇不列，轻罪吹毛发举[6]，宜悉罢之。"更置谨直[7]者数百人，使防逻街术[8]，执喧斗[9]者而已。自是吏民始安其业。

齐褚渊、王俭等进爵有差处士何点戏谓人曰："我作《齐书》已竟，其赞曰：'渊既世族，俭亦国华，不赖舅氏[10]，遑恤国家[11]？'"点，尚之之孙也。渊、俭母皆宋公主，故点云然。

五月，齐主道成弑汝阴王，灭其族或走马过汝阴王之门，卫士恐。有为乱者奔入杀王，以疾闻，齐主赏之。遂杀宋宗室，无少长，皆死。刘澄之与褚渊善，渊为之固请，故遵考[12]之族独得免。

齐以垣崇祖为豫州刺史齐主谓崇祖曰："吾新得天下，索虏必以纳刘昶为辞，侵犯边鄙。寿阳当虏冲[13]，非卿无以制。"故有是命。

魏葭芦镇主[14]杨广香降齐。

齐立世子赜为太子，诸子皆为王。

1　虽台使盈凑，会取正属所办，徒相疑愤，反更淹懈：虽然朝廷的使者遍布，可是事情仍然需要通过州县官员办理。结果徒然使朝廷使者与负责官员相互猜疑生愤，反而使政令实行更为迟缓松懈。
2　生意：生计。
3　王度：先王的法度。
4　屯邸：庄园。
5　封略山湖：封略，霸占。山湖，山林湖泊。
6　吹毛发举：吹毛，比喻事情易为，不费大力气。发举，揭发，检举。
7　谨直：忠谨正直。
8　街术：街道。
9　喧斗：喧哗斗殴。
10　舅氏：舅父。
11　遑恤国家：哪里有功夫顾惜自己的国家。
12　遵考：刘裕的族弟刘遵考。
13　当虏冲：正处在魏虏南下的交通要道上。
14　镇主：古官名，南北朝防守要地的军事长官，地位相当于刺史，多由刺史兼任。

秋，九月，**魏陇西王源贺卒**谥曰"宣"。

冬，十月，**齐以王玄邈为梁州刺史**初，晋寿民李乌奴与白水氏寇梁州，刺史范柏年说降之。及朝廷遣王玄邈代柏年，诏与乌奴俱下。乌奴劝柏年不受代，柏年计未决。左卫[1]帅胡谐之尝就柏年求马，不得，谮于齐主曰："柏年欲据梁州。"齐主使南郡王长懋诱柏年，杀之。乌奴叛，引氏兵为寇。玄邈诱击，破之。初，玄邈为青州刺史，齐主在淮阴，为宋太宗所疑，欲北附魏，遣书结玄邈。玄邈长史房叔安曰："将军居方州之重，无故举忠孝而弃之，三齐之士，宁蹈东海而死耳，不敢随将军也。"玄邈乃不答书。及罢州还，至淮阴，严军[2]直过。至建康，启太宗，称道成有异志。及齐主为骠骑，引为司马，玄邈甚惧，齐主待之如初。赏叔安忠正[3]，欲用为梁州，会病卒。

魏遣梁郡王嘉奉丹杨王刘昶以伐齐魏遣将奉昶伐齐，许昶以克复旧业，世祚[4]江南，称藩于魏。

魏使高允议定律令是岁，魏诏中书监高允议定律令。允虽笃老[5]，志识[6]不衰。诏以允家贫养薄，令乐部[7]十人，五日一诣允，以娱其志。朝晡给膳，朔望致牛酒，月给衣服、绵、绢。入见备几杖，问以政治[8]。

契丹入附于魏契丹莫贺弗勿干率部落万余口入附于魏，居白狼水[9]东。

庚申（公元 480 年）

齐建元二年。魏太和四年。

---

1 左卫：古军事机构名，掌宫禁宿卫。
2 严军：部署军队。
3 忠正：忠诚正直。
4 世祚：世代享有封爵。
5 笃老：衰老已甚。
6 志识：见解，思想意识。
7 乐部：古官署名，相当于太乐署。
8 政治：政事的治理。
9 白狼水：古水名，亦作狼水，位于今辽宁省朝阳市喀喇沁左翼蒙古族自治县西南，因南源出于白狼山，故称。

春，二月，魏师攻齐寿阳，不克而还魏梁郡王嘉与刘昶攻寿阳，将战，昶四向拜将士，流涕纵横，曰："愿同戮力，以雪仇耻！"魏步、骑号二十万，豫州刺史垣崇祖欲治外城，堰[1]肥水以自固。文武皆曰："昔佛狸入寇，城中士卒数倍，犹以郭[2]大难守，退保内城。且自有肥水，未尝堰也，恐劳而无益。"崇祖曰："若弃外城，虏必据之。外修楼橹，内筑长围，则坐成擒矣。守郭筑堰，是吾不谏之策也。"乃于城西北堰肥水，堰北筑小城，周为深堑，使数千人守之，曰："虏见城小，以为一举可取，必悉力攻之，以谋破堰。吾纵水冲之，皆为流尸矣。"魏人果攻小城，崇祖着白纱帽，肩舆上城，决堰下水，魏人、马溺死以千数，魏师退走。

齐检定民籍[3]宋自孝建以来，政纲弛紊[4]，簿籍讹谬[5]。至是，诏黄门郎虞玩之等更加检定。玩之上表，以为："元嘉中，故光禄大夫傅隆年出七十，犹手自书籍，躬加隐校[6]。今欲求治取正，必在勤明[7]令、长。谓宜以元嘉二十七年籍为正，更立明科[8]，一听首悔[9]。迷而不返，依制必戮。若有虚昧[10]，州县同科[11]。"从之。

齐置巴州[12]齐以群蛮数为叛乱，分荆、益置巴州以镇之。是时齐境有州二十三，郡三百九十，县千四百八十五。

齐以萧鸾为郢州刺史西昌侯鸾，齐主兄道生之子也。早孤，齐主养之，

1　堰：筑拦河坝。
2　郭：在城的外围加筑的一道城墙。
3　检定民籍：检定，检查审定。民籍，居民的户籍。
4　弛紊：松弛紊乱。
5　簿籍讹谬：簿籍，登记、书写所用的册籍，如户口簿、军队名册、账簿等。讹谬，错误，差错。
6　隐校：审订校勘。
7　勤明：勤劳廉明。
8　明科：明文规定的法令条规。
9　首悔：自首并悔过。
10　虚昧：谎报隐瞒。
11　同科：同罚，同等判处。
12　巴州：古州名，辖今四川省璧山、綦江流域以东，湖北省秭归、清江中上游流域以西地区。

恩过诸子。

夏，五月，**齐立建康都墙**自晋以来，建康外城唯设竹篱，而有六门，至是改立都墙。齐主又以建康居民舛杂[1]，多奸盗，欲立符伍以相检括[2]。王俭谏曰："京师之地，四方辐凑，若必持符，则事烦而理不旷[3]。谢安所谓'不尔何以为京师'也。"乃止。

秋，齐甬城[4]、汝南降魏。

九月朔，日食。

柔然遣使如齐。

魏攻朐山，齐人击败之魏梁郡王嘉围朐山，戍主玄元度婴城固守，大破魏师。台遣崔灵建等将万余人自淮入海，夜至，各举两炬。魏师望见，遁去。

冬，十月，齐以何戢为吏部尚书齐主以戢资重[5]，欲加常侍。褚渊曰："圣旨每以蝉冕[6]不宜过多，臣与俭已左珥[7]，若复加戢，则八座遂有三貂。帖以骁、游[8]，足矣。"乃加戢骁骑将军。

魏徐、兖州民作乱，遣兵讨之淮北四州民不乐属魏，常思归江南，齐主多遣间谍诱之。于是徐、兖之民所在蜂起，聚保五固[9]，推司马朗之为主。魏遣尉元、薛虎子等讨之。

十一月，齐制病囚诊治之法丹杨尹王僧虔上言："郡县狱相承[10]有上汤

1　舛杂：驳杂，错乱。
2　欲立符伍以相检括：打算编制符伍，以便清查。符伍，古制，居民五家，共同签具一份连保连坐契约以相检束，称为符伍。检括，清查。
3　旷：长久。
4　甬城：古县名，即角城县，治所位于今江苏省淮安市西南古淮水与泗水交会处。
5　资重：资历深。
6　蝉冕：即蝉冠，汉代侍从官所戴的冠，上有蝉饰，并插貂尾，故亦称貂蝉冠，后泛指高官。
7　左珥：在朝冠左方加饰貂尾。
8　帖以骁、游：再让他兼任骁骑将军或是游击将军。帖，添补，增添。
9　五固：古地名，即固城，位于今山东省枣庄市辖滕州市东。
10　相承：递相沿袭。

杀囚，名为救疾，实行冤暴[1]。愚谓囚病必先刺郡，求职司与医对诊[2]，远县家人省视，然后处治[3]。"从之。

齐以杨后起为武都王后起，难当之孙也。

十二月，齐以褚渊为司徒渊入朝，以腰扇障日[4]，征虏功曹刘祥曰："作如此举止，羞面见人，扇障何益？"渊曰："寒士不逊[5]！"祥曰："不能杀袁、刘，安得免寒士？"祥好文学，性刚疏[6]，撰《宋书》，讥斥禅代。王俭以闻，徙广州，卒。太子宴朝臣，右卫率沈文季与渊语相失，文季怒曰："渊自谓忠臣，不知死之日何面目见宋明帝？"太子笑曰："沈率醉矣。"

魏封尚书令王睿为中山王睿既进爵，置王官二十二人，皆当时名士。又拜睿妻为妃。

辛酉（公元481年）

齐建元三年。魏太和五年。

春，正月，魏人围甬城，齐击败之魏人侵齐淮阳，围军主成买于甬城。齐遣将军李安民、周盘龙等救之。买力战而死。盘龙子奉叔以二百人陷阵深入，魏以万余骑张左右翼围之。盘龙驰马奋稍，直突魏阵，所向披靡。奉叔已出，复入求盘龙，父子两骑萦扰[7]，魏数万之众，莫敢当者。魏师败退。

二月，齐败魏师于淮阳。

魏沙门法秀作乱，伏诛法秀以妖术惑众，谋作乱于平城，收掩[8]擒之。加以笼头、铁锁，无故自解。魏人穿其颈骨，祝[9]之曰："若果有神，当令穿肉

1　冤暴：枉法暴行。
2　囚病必先刺郡，求职司与医对诊：如果罪囚病了，一定要先向刺史郡守禀告，要求主管官员会同医生一起前去诊断验查。职司，主管某职的官员。
3　处治：开处方治病。
4　以腰扇障日：用腰扇遮阳光。腰扇，古代佩于腰间可以折叠的团扇。
5　寒士不逊：寒士，贫穷的读书人。不逊，没有礼貌。
6　刚疏：傲慢放达。
7　萦扰：纠缠搅扰。
8　收掩：收捕。
9　祝：通"咒"，诅咒。

不入。"遂穿以徇，三日而死。所连及百余人，皆以反法当族[1]。王睿请诛首恶，宥其余党，太后从之，所免千余人。

　　齐罢南蛮校尉官晋、宋之际，荆州刺史多不领南蛮校尉，别以重人[2]居之。豫章王嶷刺荆、湘，始领之。嶷罢，更以王奂为之，奂辞曰："西土戎烬[3]之后，痍毁[4]难复。今又割撤太府，制置偏校，不足助实，交能相弊[5]。且资力既分，职司增广，众劳务倍，文案滋烦，国计非允[6]。"遂罢之。

　　夏，五月，邓至羌入贡于魏邓至者，羌之别种，国于宕昌[7]之南。

　　魏尚书令王睿卒睿疾病，太后屡至其家。及卒，赠谥立庙。文士作诔者百余人，及葬，自称姻旧[8]，缞绖[9]哭送者千余人。魏主以睿子袭代为尚书令。

　　秋，七月朔，日食。

　　齐遣使如魏宋昇明[10]中，遣使者殷灵诞、苟昭先如魏。灵诞闻齐受禅，谓魏典客曰："宋、魏通好，忧患是同。宋今灭亡，魏不相救，何用和亲？"及刘昶南伐，灵诞请为司马，不许。魏宴群臣，置齐使车僧朗于灵诞下，僧朗不肯就席。灵诞遂与忿詈[11]。刘昶赂宋降人刺杀僧朗，魏人厚送其丧，并灵诞等南归。昭先白其语，灵诞下狱死。

　　九月，魏徐、兖州平，以薛虎子为徐州刺史魏尉元、薛虎子克五固，斩司马朗之，东南皆平。以虎子为徐州刺史。时州镇戍兵，资绢[12]自随，不入

1　以反法当族：按照有关谋反的刑法应当灭族。
2　重人：朝廷中执掌大权的人。
3　戎烬：遭受战火破坏。
4　痍毁：创伤，破坏。
5　割撤太府，制置偏校，不足助实，交能相弊：裁撤太官，设置辅助的将官，任用的大臣不足以增强实力，反而会带来弊端。
6　资力既分，职司增广，众劳务倍，文案滋烦，国计非允：物资与权力分散以后，职能部门增多了，大家的工作成倍增加，公文案卷愈加繁复，从国家利益出发，这种做法并不恰当。
7　宕昌：古地名，位于今甘肃省陇南市宕昌县西。
8　姻旧：姻戚故旧。
9　缞绖：穿丧服。缞和绖指丧带和丧服，合在一起指整套丧服。
10　昇明：南朝宋顺帝刘准的年号，存续时间为公元477至479年。
11　忿詈：怒骂。
12　资绢：财物和绢帛。

公库。虎子表言："国家欲取江东，先须积谷彭城。今在镇之兵不减数万，资粮之绢，人十二匹。用度无准，未及代下[1]，不免饥寒，公私损费。今徐州良田十余万顷，水陆肥沃，清、汴通流，足以溉灌。若以兵绢市牛，可得万头，兴置屯田，一岁之中，且给官食。且耕且守，不妨捍边[2]。一年之收，过于十倍之绢。暂时之耕，足充数载之食。于后兵资皆贮公库，五稔[3]之后，谷帛俱溢，非只戍卒丰饱，亦有吞敌之势。"魏主从之。虎子为政有惠爱[4]，兵民怀之。会沛郡、下邳太守以赃污[5]为虎子所按，告虎子与江南通，魏主曰："虎子必不然。"推按[6]，果虚，诏二人皆赐死。

吐谷浑王拾寅卒，子度易侯立。

魏新律成凡八百三十二章，门房之诛十有六，大辟二百三十五，杂刑三百七十七。

壬戌（公元 482 年）

齐建元四年。魏太和六年。

春，三月，齐以张绪为国子祭酒置学生二百人。

齐主道成殂，太子赜立齐主召褚渊、王俭受遗诏辅太子而殂，太子即位。高帝沉深有大量，博学能文。性清俭，主衣中有玉导[7]，曰："留此正长病源！"即命击碎，仍按检[8]有何异物，皆随此例。每曰："使我治天下十年，当使黄金与土同价。"

齐以褚渊录尚书事，王俭为尚书令，王奂为仆射，豫章王嶷为

1　代下：更换。
2　捍边：守卫边疆。
3　五稔：五个丰收年。
4　惠爱：仁爱。
5　赃污：贪污受贿。
6　推按：推究审问。
7　玉导：古冠饰名，用以引发入冠帻之内。
8　按检：检查。

太尉。

魏罢虎圈魏主临虎圈，诏曰："虎狼猛暴，捕之伤人，无益有损，其勿捕贡[1]。"

夏，六月，齐立子长懋为太子。

秋，齐南康公褚渊卒渊卒，世子贲耻其父失节，服除，遂不仕，以爵让其弟蓁，屏居墓下终身。

齐罢国子学以国哀[2]故也。

魏以李崇为荆州刺史魏以荆州巴、氐[3]扰乱，以李崇为刺史，发兵送之。崇辞曰："边人失和，本怨刺史。今奉诏代之，自然安靖[4]。但须一诏而已，不烦发兵自防，使之怀惧也。"遂轻将数十骑驰至上洛，宣诏慰谕，民夷帖然。崇命边戍掠得齐人者悉还之，由是齐人亦还其生口，二境交和，无复烽燧之警。徙兖州刺史。兖土旧多劫盗，崇命村置一楼，楼皆悬鼓，盗发之处乱击之，旁村始闻者，以一击为节，次二，次三，俄顷之间，声布百里，皆发[5]人守险，由是盗无不获。其后诸州皆效之。

冬，十一月，**魏主始亲祀七庙**魏主将亲祀七庙，命有司具仪法[6]，依古制备牲牢、器服及乐章。自是四时常祀皆亲之。

癸亥（公元 483 年）

齐世祖武帝赜永明元年。魏太和七年。

春，**齐复郡县官田秩[7]**。迁代以小满为限[8]诏以边境宁晏[9]，治民之官，普

1　捕贡：抓起来进献。
2　国哀：国丧。
3　巴、氐：巴人和氐人。巴人，古巴州人。
4　奉诏代之，自然安靖：我接受诏命去替代那里的刺史，当地百姓自然会安定下来。
5　发：征发，征调。
6　仪法：礼仪法度。
7　田秩：田禄。
8　迁代以小满为限：升迁改任以三年一任为期限。
9　宁晏：安定，平静。

复田秩。宋末，以治民之官六年过久，乃以三年为断，谓之小满。迁换去来，又不能依三年之制。至是，乃诏自今一以小满为限。

夏，四月，齐杀其尚书垣崇祖、散骑常侍荀伯玉齐主之为太子也，自以年长，与创大业，朝事率皆专断。所信任左右张景真，骄侈僭拟，内外莫敢言。司空、咨议[1]荀伯玉素为太祖所亲厚，密以启闻。太祖怒，命检校东宫。宣敕[2]诘责，使以太子令收景真，杀之。齐主忧惧称疾。月余，太祖怒不解，王敬则扣头[3]启曰："官有天下日浅，太子无事被责，人情恐惧。愿官往东宫解之。"因宣旨装束[4]，太祖不得已，至东宫，召诸王宴，尽醉乃还。伯玉由是愈见亲信，而齐主深怨之。豫州刺史垣崇祖亦不亲附太子，太祖临终，指伯玉以属齐主。至是，齐主诬崇祖招结江北荒人[5]，欲与伯玉作乱，皆收杀之。

闰月，魏主之子恂生魏主后宫林氏生子恂，冯太后以恂当为太子，赐林氏死，自抚养之。

五月，齐杀其车骑将军张敬儿敬儿好信梦。初为南阳守，妻尚氏梦一手热；为雍州，梦一胛[6]热；为开府[7]，梦半身热。敬儿意欲无限，谓所亲曰："吾妻复梦举体热矣。"齐主闻而恶之。会有人告敬儿货易蛮中[8]，疑有异志。会齐主于华林园设斋，于坐收敬儿。敬儿脱冠貂[9]投地曰："此物误我！"遂杀之。敬儿女为征北咨议谢超宗子妇，超宗谓丹杨尹李安民曰："'往年杀韩信，今年杀彭越。'尹欲何计？"安民具启之。收付廷尉，赐死。

秋，七月，齐以王僧虔为特进、光禄大夫初，齐主以侍中王僧虔为光禄大夫、开府仪同三司。僧虔固辞开府，谓兄子俭曰："汝行登三事[10]，我若受

---

1 咨议：古官名，备顾问的幕僚。
2 宣敕：发布命令。
3 扣头：叩头，磕头。
4 装束：整理行装。
5 荒人：鄙野之人。
6 胛：肩胛，胳膊上边靠脖子的部分。
7 开府："开府仪同三司"的省称。
8 货易蛮中：到蛮人中间进行贸易。
9 冠貂：朝冠上的貂尾。
10 行登三事：即将成为三公。

此，是一门二台司¹也，吾实惧焉。"累年不拜。至是许之，加特进。俭作长梁斋，制度²小过，僧虔不悦，竟不入户，俭即日毁之。初，王弘与兄弟集会，任子孙戏适³。僧达跳下地作虎子，僧绰正坐，采蜡烛珠为凤皇，僧达夺取打坏，亦复不惜。僧虔累十二博棋⁴，既不坠落，亦不重作。弘叹曰："僧达俊爽，当不减人，然恐终危吾家。僧绰当以名义见美，僧虔必为长者，位至公台⁵。"已而皆如其言。

冬，十月，荧惑逆行入太微齐有司请禳之，齐主曰："应天以实不以文。我克己求治，思隆惠政，灾若在我，禳之奚益？"

齐遣将军刘缵如魏缵屡至魏，冯太后遂私幸之。

十二月朔，日食。

魏始禁同姓为婚。

魏秦州刺史于洛侯有罪，伏诛洛侯性残酷，刑人或断腕拔舌，分悬四体，州民皆反。有司劾之，魏主遣使至州，宣告吏民，然后斩之。齐州⁶刺史韩麒麟为政尚宽，从事刘普庆说曰："公杖节方夏⁷，而无所诛斩，何以示威？"麒麟曰："刑罚所以止恶，仁者不得已而用之。今民不犯法，又何诛乎？若必断斩然后可以立威，当以卿应之！"普庆惭惧而退。

---

1 台司：三公等宰辅大臣。
2 制度：规模，样式。
3 戏适：游戏消遣。
4 博棋：围棋子。
5 公台：古代以三台象征三公，因借指三公之位或泛指高官。
6 齐州：古州名，辖今山东省济南、淄博、长清、齐河、禹城、临邑、济阳、邹平、章丘、桓台等市县地。
7 方夏：指中国、华夏，与"四夷"相对。

卷 二十八

　　起甲子齐武帝永明二年、魏孝文帝太和八年，尽丙子[1]齐明帝建武三年、魏孝文帝太和二十年凡十三年。

甲子（公元484年）

　　齐永明二年。魏太和八年。

　　春，正月，齐以竟陵王子良为司徒子良，齐主之子也，少有清尚[2]，倾意[3]宾客，开西邸，多聚古人器服以充之。范云、萧琛、任昉、王融、萧衍、谢朓、沈约、陆倕并以文学见亲，号曰"八友"。柳恽、王僧孺、江革、范缜、孔休源亦预焉。子良笃好释氏[4]，招致[5]名僧讲论，或亲为赋食行水[6]，世颇以为失宰相体。范缜盛称无佛。子良曰："君不信因果，何得有富贵贫贱？"缜曰："人生如树花同发，随风而散[7]。或拂帘幌坠茵席之上，或关篱墙落粪溷之中[8]。坠茵席者，殿下是也；落粪溷者，下官是也。贵贱虽殊，因果何在？"子良无以难。缜又著《神灭论》，以为："形者，神之质；神者，形之用也。神之于形，犹利之于刀。未闻刀没而利存，岂容形亡而神在哉？"子良使王融谓之曰："卿才美，何患不至中书郎？而故乖剌[9]为此，甚可惜也，宜急毁之。"缜大笑曰："使缜卖论取官，已至令、仆矣。"萧衍好筹略，有文武才干，王俭深器[10]之，曰："萧郎出三十，贵不可言。"后子良启以范云为郡，齐主曰："闻其恒

1　丙子：即公元496年。
2　清尚：清白高尚。亦谓高尚的节操。
3　倾意：尽心。
4　释氏：佛教。
5　招致：招引，收罗。
6　赋食行水：送饭送水。赋，给与。行，酌酒或水敬奉客人。
7　人生如树花同发，随风而散：人生就像树上的花朵一样同时生长，又都随风飘散。
8　或拂帘幌坠茵席之上，或关篱墙落粪溷之中：有的掠过竹帘帷幕落到了褥垫上，有的越过篱笆墙落在了粪坑里。茵席，褥垫，草席。粪溷，粪坑，厕所。
9　乖剌：违逆，性情不合常规。
10　器：器重。

相卖弄，朕不复穷，法当宥之以远[1]。"子良曰："不然。云动相规诲[2]，谏书具存。"遂取以奏，凡百余纸，辞皆切直。齐主叹息，谓子良曰："不谓云能尔。方使弼[3]汝，何宜出守？"文惠太子尝出东田[4]观获，顾谓众宾曰："刈此，亦殊可观。"众皆唯唯。云独曰："三时之务，实为长勤[5]。伏愿殿下知稼穑之艰难，无徇一朝之宴逸[6]。"

夏，六月，齐以茹法亮为中书舍人时中书舍人四人，各住一省，谓之"四户"，以法亮及吕文显等为之，权倾朝廷，饷遗[7]岁数百万。法亮语人曰："何须求外禄？此一户中，年办百万。"盖约言之也。后因天文有变，王俭极言文显等专权徇私所致，齐主不能改。

秋，魏始颁禄魏旧制：户调帛二匹，絮[8]二斤，丝一斤，谷二十斛。又入帛一匹二丈，委之州库，以供调外之费。所调各随土所出。至是始颁禄，而户增调帛三匹，谷二斛九斗以给之。调外亦增二匹。禄行之后，赃[9]满一匹者死。旧律，枉法[10]十匹，义赃二十匹，罪死。至是，义赃一匹，枉法无多少，皆死。秦、益刺史李洪之以外戚贵显，首以赃败，赐死。余守、宰死者四十余人。受禄者无不局蹐，赇赂殆绝。然吏民犯他罪者，魏主率宽之，疑罪奏谳[11]多减死、徙边。都下决大辟，岁不过五六人，州镇亦简。久之，淮南王佗奏请依旧断禄，太后召群臣议之。中书监高闾以为："饥寒切身，慈母不能保其子。今给禄，

---

1 闻其恒相卖弄，朕不复穷，法当宥之以远：我听说他在你面前经常卖弄才能，朕没有追究并惩罚他，依法应该宽宥，把他调到边远地区。
2 规诲：规劝教诲。
3 弼：辅助。
4 东田：南朝齐文惠太子萧长懋所建楼馆名。
5 三时之务，实为长勤：春天耕种，夏天锄草，秋天收获，三季的劳作，实在是长期劳苦的事情。
6 宴逸：逸乐。
7 饷遗：馈赠。
8 絮：粗丝绵。
9 赃：赃物。
10 枉法：胡三省注："枉法，谓受赇枉法而出入人罪者。义赃，谓人私情相馈遗，虽非乞取，亦计所受论赃。"
11 奏谳：对狱案提出处理意见，报请朝廷评议定案。

则廉者足以无滥，贪者足以劝慕[1]。不给，则贪者得肆其奸，廉者不能自保。"诏从间议。间又表，以为："北狄[2]所长者野战，所短者攻城。若以狄之所短，夺其所长，则虽众不能成患，虽来不能深入。又，狄散居野泽[3]，随逐水草，战则与家业并至，奔则与畜牧俱逃，不赍资粮而饮食自足，是以历代能为边患。六镇势分，倍众不斗[4]，互相围逼，难以制之。请依秦、汉故事，于六镇之北筑长城，择要害地开门造城，置兵捍守。狄既不攻城，野掠无获，草尽则走，终必惩艾。计六镇东西不过千里，一夫一月之功，可城三步之地[5]，强弱相兼，不过用十万人，一月可就。虽有暂劳，可以永逸。凡长城有五利：罢游防[6]之苦，一也；北部放牧，无钞掠之患，二也；登城观敌，以逸待劳，三也；息无时之备[7]，四也；岁常游运，永得不匮[8]，五也。"魏主优诏答之。

　　冬，十月，齐以长沙王晃为中书监初，太祖临终，以晃属齐主，使处辇下近藩[9]，勿令远出。且曰："宋氏若非骨肉相残，他族岂得乘其弊？汝深诫之！"旧制，诸王在都，唯得置捉刀[10]四十人。至是，晃自南徐刺史罢还，私载数百人仗。齐主闻之，大怒，将纠以法。豫章王嶷叩头流涕曰："晃罪诚不足宥，陛下当忆先朝。"齐主垂泣而罢，然终不被亲宠。武陵王晔多才艺而疏悍[11]，亦无宠。尝侍宴，醉伏地，貂抄肉柈[12]。帝笑曰："肉污貂。"对曰："陛下爱羽毛而疏骨肉。"帝不悦。

1　劝慕：因受勉励而有所企慕、向往。
2　北狄：古代北方少数民族的统称。
3　野泽：山野草泽。
4　六镇势分，倍众不斗：朝廷在北方设了六个重镇，使兵力分散。敌人的数目一旦超过我们一倍，镇将就不敢迎战。
5　一夫一月之功，可城三步之地：一个男子一个月的功夫，就可以筑起三步长的城墙。
6　游防：流动防御。
7　无时之备：无休止的戒备状态。
8　岁常游运，永得不匮：一年四季都可以将粮草运往边塞，使要塞的物资永不匮乏。
9　辇下近藩：京城中或京城附近的藩镇。
10　捉刀：借指卫士。
11　疏悍：直率倔强。
12　貂抄肉柈：帽子边上的貂尾沾到了盛肉的盘子。柈，通"盘"，盛物之器。

高丽王琏入贡于魏，亦入贡于齐时高丽方强，魏置诸国使邸[1]，齐第一，高丽次之。

十一月，齐以始兴王鉴为益州刺史益州自晋以来，皆以名将为刺史。至是，大度獠[2]恃险骄恣，刺史陈显达遣使责其租赎[3]，獠杀其使。显达分部将吏，声言出猎，夜袭斩之，男女无少长皆死。而劫帅[4]韩武方亦聚党为暴，郡县不能禁。乃以鉴为刺史。鉴至上明，武方出降，长史请杀之。鉴曰："杀之失信，无以劝善。"乃启宥[5]之。于是蛮夷为寇者，皆望风降附。道路或云："陈显达不肯就征。"而显达使至，咸劝鉴执之。鉴曰："显达立节本朝，必自无此。"居二日，闻显达已迁家出城矣。鉴时年十四，喜文学，器服[6]如素士，蜀人悦之。

齐增封豫章王嶷四千户宋元嘉之世，诸王入斋阁[7]，得白服帢帽[8]，唯出太极四厢[9]，乃备朝服。自后此制遂绝。齐主于嶷友爱，听依元嘉故事。嶷固辞，唯车驾至其第，乃白服乌帽侍宴。至于器服制度，动皆陈启[10]，务从减省。又尝求解扬州，以授竟陵王子良，上曰："毕汝一世，无所多言。"嶷长七尺八寸，善修容范，出入殿省，见者肃然。太祖尝欲以为太子，而嶷事齐主愈谨，故友爱不衰。

乙丑（公元 485 年）

齐永明三年。魏太和九年。

1　使邸：使节的住所。
2　大度獠：居住在大度山的獠人。
3　租赎：以纳税赎罪。
4　劫帅：盗贼的首领。
5　启宥：申请宽恕。
6　器服：器物和衣服。
7　斋阁：书房。
8　帢帽：南朝士大夫所戴的一种高顶垂裙的帽子。
9　太极四厢：太极殿的四个厢房。
10　陈启：陈说启禀。

春，正月，魏禁谶纬、巫、卜诏曰："图谶之兴，出于三季[1]。既非经国之典，徒为妖邪所凭。今皆焚之，留者以大辟论。"又严禁诸巫觋及委巷[2]卜筮非经典所载者。

齐复立国学释奠[3]先师用上公礼。

三月，魏主封诸弟皆为王太后置学馆，选师傅以教诸王。始平王勰于兄弟最贤，敏而好学，善属文，魏主尤奇爱之。后徙封为彭城王。

夏，五月，齐以王俭领国子祭酒自宋世祖[4]好文章，士大夫无专经者。俭少好礼，学及《春秋》，言论造次，必于儒者，由是衣冠翕然，更尚儒术。俭撰次朝仪国典，晋、宋故事，无不谙忆[5]，当朝理事，断决如流。博议引证，无能异者。令史、咨事常数十人，宾客满席，应接无滞。十日一还学监试诸生，巾卷[6]在庭，剑卫令史，仪容甚盛。作解散髻[7]，斜插簪，朝野多慕效之。俭常谓人曰："江左风流宰相，唯有谢安。"意以自比也。上深委仗之，士流选用，奏无不可。

秋，七月，魏以梁弥承为宕昌王初，宕昌王梁弥机死，子弥博立，为吐谷浑所逼，奔仇池。魏仇池镇将穆亮以弥承为众所附，击走吐谷浑，立之而还。

冬，十月，魏诏均田魏初，民多荫附[8]。荫附者皆无官役[9]，而豪强征敛倍于公赋。给事中李安世上言："岁饥民流[10]，田业多为豪右所占夺，虽桑井[11]难复，宜更均量，使力、业相称。又，所争之田，宜限年断，事久难明，悉归今主，

1　三季：夏、商、周三代的末期。
2　委巷：僻陋曲折的小巷，也用以借指民间。
3　释奠：古代在学校设置酒食以奠祭先圣先师的典礼。
4　宋世祖：即宋孝武帝刘骏。
5　谙忆：熟记。
6　巾卷：头巾和书卷，古代太学生所用，也用以借指学生。
7　解散髻：古代的一种束发形式。
8　荫附：自附于豪强之家以求荫庇。
9　官役：为官府服役。
10　流：流离失所。
11　桑井：古代井田制度，五亩之宅，墙下植桑。

以绝诈妄。"魏主善之，由是始议均田。十月，诏诸男夫十五以上受露田[1]四十亩，妇人二十亩，奴婢依良丁[2]。牛一头，受田三十亩，限止四牛。所授之田，率倍之，三易之田，再倍之[3]，以供耕作及还受[4]之盈缩。人年及课[5]则受田，老免及身没则还田。奴婢、牛随有无以还受。初受田者，男夫给二十亩，课[6]种桑五十株，桑田皆为世业[7]，身终不还。恒计见口[8]，有盈者无受无还，不足者受种如法，盈者得卖其盈。诸宰民[9]之官，各随近给公田[10]有差，更代相付[11]，卖者坐如律。

　　魏以任城王澄都督梁、益、荆州军事柔然犯魏塞，魏任城王澄率众拒之，柔然遁去。氐、羌反，诏以澄为梁州刺史。澄至州，讨叛柔服，氐、羌皆平。

　　齐富阳[12]民唐寓之作乱初，太祖命虞玩之等检定黄籍[13]。齐主即位，别立校籍官，置令史，限日得数巧[14]。外监[15]吕文度启上，籍被却者谪戍[16]，缘淮十年，民多逃亡避罪。富阳民唐寓之因以妖术惑众，三吴却籍[17]者奔之，众至三万。文度与茹法亮、吕文显皆以奸谄有宠，文度专制兵权，领军守虚位而已。法亮权势

1　露田：种谷物之田。北魏田制，有露田、桑田、麻田之别。
2　良丁：平民百姓中已成年者。
3　所授之田，率倍之，三易之田，再倍之：如果是隔一年才能耕种一次的贫瘠田地，增加一倍；如果是隔两年才能耕种一次的田地，增加两倍。
4　还受：北魏实行均田制时，男女到达一定年龄计口授与若干亩露田，年老免赋或身亡交还。接受和归还露田称还受。
5　及课：到了该纳赋税的年纪。
6　课：规定，要求。
7　世业：北魏及以后实行的一种田制，世代承耕，永不收授。
8　恒计见口：经常统计当下的人口情况。
9　宰民：掌管治理民众。
10　公田：公家之田，官府控制的土地，亦称官田。
11　更代相付：地方官更换时，要把这份公田移交给接任的官员。
12　富阳：古县名，治所即今浙江省杭州市富阳区。
13　黄籍：晋代和南朝的户籍册，用黄纸书写，后亦泛称户籍。
14　限日得数巧：限定令史每天每人都要查出几件奸伪案件。
15　外监：在外监军的宦官。
16　籍被却者谪戍：凡是撤销户籍的，都要发配戍守边疆。
17　却籍：南朝齐检出的伪冒户籍。

尤盛，王俭常谓人曰："我虽有大位，权寄[1]岂及茹公耶？"

柔然部真可汗死，子伏名敦可汗豆仑立。

丙寅（公元486年）

齐永明四年。魏太和十年。

春，正月朔，魏主朝会，始服衮冕。

齐讨唐寓之，平之唐寓之攻陷钱唐[2]、东阳，杀太守。齐发禁兵击斩之，乘胜纵掠[3]，军还，军主陈天福坐弃市。天福，齐主宠将也，既伏诛，内外震肃。遣使慰劳遭贼郡县，百姓被驱逼[4]者，悉无所问。

武都王杨后起卒，种人[5]集始立。

魏置三长[6]，定民户籍魏无邻党之法，唯立宗主[7]督护。民多隐冒，三五十家始为一户。内秘书令[8]李冲上言："宜准古法：五家立邻长，五邻立里长，五里立党长，取乡人强谨[9]者为之。邻长复一夫，里长二夫，党长三夫，三载无过，则升一等。其民调[10]，一夫一妇，帛一匹，粟二石。大率[11]十匹为公调，二匹为调外费，三匹为百官俸。此外复有杂调。八十，一子不从役。孤、老、贫、病不能自存者，三长内迭养[12]食之。"诏百官议。中书令郑羲等皆以为不可。太尉丕曰："此法若行，公私有益。但方秋校比[13]，民必劳怨。请至冬遣使，于事

1　权寄：掌握的实权。
2　钱唐：古郡名，辖今浙江省杭州市市区、富阳区及临安区部分地区。
3　纵掠：肆意掠夺。
4　驱逼：驱使逼迫。
5　种人：同一种族之人。
6　三长：北魏地方基层行政官吏党长、里长、邻长的合称。
7　宗主：宗族的首领。
8　内秘书令：古官名，为内秘书长官，掌管禁中文事，并参议国政，权任很重。
9　强谨：精明强干又谨慎。
10　调：户调，按户口征收的赋税。
11　大率：大概，大略。
12　迭养：轮流供养。
13　校比：调查户口、财物。

为宜。"冲曰:"'民可使由之,不可使知之。'若不因调时[1],民徒知立长、校户[2]之勤,未见均徭[3]省赋之益,心必生怨。及今行之,令得其利,则差[4]易矣。"太后从之。民始皆愁苦,豪强者尤不愿。既而课调[5]省十余倍,上下安之。

三月,**柔然遣使如魏**三月,柔然遣使如魏。时敕勒叛柔然,柔然可汗自将讨之,追至西漠。魏仆射穆亮请乘虚击之,高间曰:"秦、汉之世,海内一统,故可远征。今南有吴寇,何可舍之,深入虏庭乎?"魏主曰:"'兵者凶器,圣人不得已而用之。'先帝屡出征伐者,以有未宾之虏故也。今朕承太平之业,奈何无故动兵革乎?"厚礼其使者而归之。

夏,四月,**魏制五等公服**朱衣玉佩,大小组绶[6]。

秋,九月,**魏作明堂、辟雍。**

魏改中书学为国子学。

魏分置州郡凡三十八州,二十五在河南,十三在河北。

丁卯（公元487年）

齐永明五年。魏太和十一年。

春,正月,魏定乐章凡非雅者除之。

齐南阳降魏齐荒人桓天生据南阳故城,请兵于魏,以寇齐境。齐遣将军陈显达讨之。

魏光禄大夫、咸阳公高允卒允历事五帝、出入三省五十余年,未尝有谴[7],冯太后及魏主甚重之。允仁恕简静[8],虽处贵重,情同寒素[9]。执书吟览,昼

---

1 调时:征收户调的时间。
2 校户:核查户口。
3 均徭:平衡徭役。
4 差:稍微。
5 课调:征收赋税。
6 组绶:古人佩玉时用以系玉的丝带。
7 谴:官员获罪降职。
8 简静:简约沉静。
9 虽处贵重,情同寒素:虽然位高任重,但心态跟清贫士人一样。贵重,位高任重。寒素,清贫。

夜不去手。诲人以善，恂恂不倦，笃亲念故，无所遗弃。显祖徙青、徐望族
于代，其人多允婚媾¹，流离饥寒。允倾家赈施，咸得其所。又随其才行，荐之
于朝。议者多以初附间之，允曰："任贤使能，何有新旧？必若有用，岂可以
此抑之？"至是卒，年九十八，赠司空，谥曰"文"，赗襚²甚厚。魏初以来，
存亡蒙赉³，皆莫及也。

二月，齐败魏师，取舞阳⁴桓天生引魏兵至沘阳⁵，陈显达遣戴僧静等与
战于深桥⁶，大破之。天生退保沘阳，僧静因之，不克而还。齐以显达为雍州刺
史，进据舞阳城。

夏，五月，魏诏宗戚有服者复，勿事魏诏复七庙子孙及外戚缌麻服以
上，赋役无所与。

魏大旱。秋，七月，诏有司赈贷⁷魏春夏大旱，代地尤甚，牛疫民死。
齐州刺史韩麒麟上表曰："京师民庶，不田者多，游食之口，三分居二。丰
稔积年，矜夸成俗。贵富之家，童妾袨服⁸，工商之族，仆隶玉食⁹。而农夫缺糟
糠¹⁰，蚕妇乏短褐¹¹。故令耕者日少，田有荒芜，饥寒实在于斯。愚谓凡侈异¹²之
物，皆宜禁断；吉凶之礼，备为格式¹³；劝课农桑，严加赏罚。数年之中，必有
盈赡¹⁴。往年校比户贯¹⁵，租赋轻少。臣所统齐州，租粟才可给俸，略无入仓，虽

1　婚媾：婚姻，嫁娶。
2　赗襚：送给丧家钱财衣物。
3　赉：赏赐。
4　舞阳：古地名，又作武阳，位于今河南省平顶山市叶县东南。
5　沘阳：古县名，即比阳县，治所即今河南省驻马店市泌阳县。
6　深桥：古地名，位于今河南省驻马店市泌阳县南。
7　赈贷：救济。
8　童妾袨服：童妾，婢女，小妾。袨服，盛服，艳服。
9　玉食：美食，享美食。
10　糟糠：酒糟和米糠，旧时贫苦人经常用来充饥的粗劣食物。
11　蚕妇乏短褐：养蚕的妇女连蔽体的粗布衣裳都穿不上。短褐，古时穷苦人所穿的粗布袄。
12　侈异：奢侈奇珍。
13　格式：规则，法度。
14　盈赡：盈余。
15　户贯：户籍。因其上列乡贯，故称。

于民为利，而不可长久。脱有戎役[1]，或遭天灾，恐供给之方，无所取济[2]。可减绢布，增谷租，年丰多积，岁俭出赈。所谓私民之谷，寄积于官。官有宿积，则民无荒年矣。"于是诏有司开仓赈贷，听民出关就食。遣使造籍，以分去留，所过给粮，所至三长赡养之。

八月，柔然侵魏，魏人击败之。高车阿伏至罗自立为王柔然伏名敦可汗残暴，部众离心。八月，寇魏边。魏以尚书陆睿为都督，击破之。初，高车阿伏至罗有部落十余万，役属柔然。伏名敦之侵魏也，阿伏至罗谏，不听。怒与从弟穷奇率部落西走，自立为王。二人甚亲睦，分部而立。伏名敦击之，屡为所败，乃引众东徙。

九月，魏出宫人，罢末作[3]魏诏罢起部[4]无益之作，出宫人不执机杼[5]者。又罢尚方锦绣绫罗之工，民欲造者，任之。是时，魏久无事，府藏盈积。诏尽出御府衣服珍宝、太官杂器、太仆乘具、内库弓矢刀钤[6]十分之八，外府衣物、缯布、丝纩[7]非供国用者，以其太半班赉[8]百司，下至工商皂隶，逮于六镇边戍，畿内孤寡贫癃[9]有差。后又出宫人，以赐北镇人贫无妻者。

冬，十二月，魏以高祐为西兖州[10]刺史魏主问秘书令高祐曰："何以止盗？"对曰："昔宋均[11]立德，猛虎渡河。卓茂行化[12]，蝗不入境。况盗贼，人也，苟守、宰得人，治化[13]有方，止之易矣。"又言："今之选举，不采识治之优劣，

1　戎役：兵役。
2　取济：取得资财或某种力量的帮助。
3　末作：古代指工商业。
4　起部：古官署名，掌管宗庙宫室的建造事宜。
5　机杼：织布机。
6　钤：钳刀。
7　丝纩：丝和丝绵。
8　班赉：赏赐。
9　贫癃：贫病。
10　西兖州：古州名，辖今山东省菏泽、曹县、成武、东明及河南省兰考、民权等地。
11　宋均：东汉时期名臣，喜好儒学，性格宽和，为官有道，治郡有方，百姓称颂。
12　行化：推行教化。
13　治化：治理国家，教化人民。

专简年劳¹之多少，非所以尽人才也。若停薄艺²，弃朽劳³，唯才是举，则官方穆⁴矣。又，勋旧之臣，才非抚民者，可加以爵赏，不宜委以方任。所谓王者可私人以财，不私人以官者也。"魏主善之。祐出镇滑台，命县立讲学，党立小学。

戊辰（公元 488 年）

齐永明六年。魏太和十二年。

春，正月，魏诏犯死刑而亲老，无他子、旁亲者以闻。

夏，四月，魏侵齐，据隔城⁵，齐击败之桓天生复引魏兵出据隔城，齐遣将军曹虎督诸军讨之。将军朱公恩将兵踏伏⁶，遇天生游军，与战，破之，遂进围隔城。天生引魏兵来战，虎奋击，大破之，拔隔城，斩其太守，天生弃城走。

齐侵魏，攻沘阳，魏击却之魏筑城于醴阳⁷，陈显达攻拔之，进攻沘阳。城中将士皆欲出战，镇将韦珍曰："彼初至气锐，未可与争。待其力攻疲弊，然后击之。"乃凭城拒战，旬有二日，夜开门掩击，显达还。

冬，十月，齐始读时令⁸于太极殿。

齐诏籴买谷帛齐主以中外谷帛至贱，用右丞⁹李珪议，出上库¹⁰及诸州钱籴买之。

齐吴兴饥西陵戍主杜元懿言："吴兴无秋，会稽丰登，商旅往来，倍多常

1　年劳：任职的年数和劳绩。
2　薄艺：浅薄的准则。艺，准则，限度。
3　朽劳：无功之劳。
4　官方穆：官吏才会清廉严正。
5　隔城：古地名，位于今河南省南阳市桐柏县西北。
6　踏伏：搜索敌人的伏兵。
7　醴阳：古地名，位于今河南省南阳市桐柏县西。
8　时令：古时按季节制定的有关农事的政令。
9　右丞：古官名，"尚书右丞"的简称。
10　上库：国库。

岁。牛埭税¹，格²日可增倍。乞为领摄³一年，格外可长四百许万。"事下会稽行事顾宪之，议以为："始立牛埭之意，非苟逼蹴⁴以取税也。乃以风涛迅险，济急利物耳。后之监领者，不达其本，各务己功，或禁遏他道，或空税江行⁵。况吴兴荐饥，民流众散。旧格尚减，将何以加？而元懿不仁，幸灾擢利⁶，若事不副言，惧贻谴诘⁷，必百方侵苦，为公贾⁸怨。《书》云：'与其有聚敛之臣，宁有盗臣。'此言盗公为损盖微，敛民所害乃大也。愚又以便宜⁹者，非能于民力之外，用天分地。率皆即日不宜于民，方来¹⁰不便于公。名与实反，有乖政体。凡如此等，诚宜深察。"齐主纳之而止。

魏主诏群臣言事魏主访群臣以安民之术。秘书丞李彪上封事，曰："豪贵之家，奢僭过度，第宅车服，宜为等制¹¹。又，国之兴亡，在冢嗣¹²之善恶。冢嗣善恶，在教谕之得失。高宗¹³尝谓群臣曰：'朕始学幼冲，情未能专。既临万机，不遑温习。今日思之，岂唯予咎¹⁴，抑亦师傅之不勤。'尚书李䜣免冠谢。此近事之可鉴者也。谓宜准¹⁵古立师傅之官，以训导太子。去岁京师不稔，移民就丰，既废营生，又损国体。曷若¹⁶豫储仓粟，安而给之。宜析州郡常调九分之二，京师度支¹⁷岁用之余，各立官司¹⁸，年丰籴粟积之于仓，俭则加私之二

1　牛埭税：以牛挽船过坝所征的税。牛埭，设有用牛力拉船装置的土坝。
2　格：官方的标准。
3　领摄：代理监管。
4　逼蹴：逼迫。
5　空税江行：对那些往来江上而未装货物的船只也征税。
6　擢利：官府对某些物品实行专卖以获利。
7　谴诘：谴责诘难。
8　贾：招致。
9　便宜：方便适宜。
10　方来：将来。
11　等制：等级制度。
12　冢嗣：嫡长子。
13　高宗：即魏文成帝拓跋濬。
14　予咎：我的罪过。予，人称代词，我。
15　准：依据，依照。
16　曷若：何如，不如。
17　度支：经费开支。
18　官司：政府的主管部门。

粜[1]之于人。年登则常积，岁凶则直给。数年之中，谷积而人足，虽灾不为害矣。又，宜于河表[2]七州人中，擢其门才[3]，引令赴阙[4]，随能序之。以广圣朝均新旧之义，以怀江、汉归有道之情。又，父子兄弟，异体同气，罪不相及，乃君上厚恩。至于忧惧相连，固自然之恒理也。无情之人，父兄系狱，子弟无惨容；子弟逃刑，父兄无愧色。宴安自若，衣冠不变，骨肉之恩，岂当然也？臣以为父兄有犯，宜令子弟素服肉袒，诣阙请罪。子弟有坐，宜令父兄露板引咎，乞解所司。若不许者，慰勉留之。如此，足以敦厉凡薄[5]，使人知耻。又，朝臣遭丧，假满赴职。衣锦乘轩[6]，从祀[7]陪宴，伤人子之道，亏天地之经。愚谓凡遭大父母[8]、父母丧者，非有军旅之警，皆宜听其终服。若无其人，职业有旷，则优旨[9]慰谕，起令视事。国之吉庆[10]，无所预焉。"魏主皆从之。由是公私丰赡，虽有水旱，而民不困。

己巳（公元489年）

齐永明七年。魏太和十三年。

春，正月，魏主祀南郊，始备大驾[11]。

齐以王晏为吏部尚书初，齐主为镇西长史，主簿王晏以倾谄见亲。及为太子，晏为中庶子。以齐主得罪于太祖，遂称疾自疏。及即位，以为丹杨尹，意任[12]如旧，朝夕进见，议论政事。至是出为江州刺史，晏不愿出，复留为吏

---

1 粜：卖出粮食。
2 河表：黄河以南。
3 门才：世家大族中有才能的人。
4 赴阙：入朝。
5 敦厉凡薄：敦厉，劝勉，勉励。凡薄，平庸轻薄，亦指平庸轻薄的人。
6 乘轩：乘坐大夫的车子。
7 从祀：陪祭。
8 大父母：祖父母。
9 优旨：优待的诏命，亦谓颁发优待的诏命。
10 吉庆：喜庆之事。
11 大驾：皇帝出行，仪仗队中规模最大的为大驾，在法驾、小驾之上。
12 意任：信任。

部尚书。

夏，五月，齐中书监、南昌公王俭卒俭卒，礼官欲谥为"文献"。王晏与俭不平，启齐主曰："此谥宋氏以来不加异姓。"出谓人曰："平头宪[1]事已行矣。"乃谥"文宪"。徐湛之孙孝嗣为御史中丞，风仪端简[2]。俭尝荐以自代，至是征为五兵尚书[3]。

魏汝阴王天赐、南安王桢有罪，免死夺爵魏汝阴王天赐、南安王桢皆坐赃当死。冯太后及魏主引见[4]王公，令曰："卿等以为当存亲以毁令邪，当灭亲以明法邪？"群臣皆言："二王，景穆皇帝[5]之子，宜蒙矜恕。"太后不应。魏主诏曰："二王所犯难恕，而太皇太后追惟高宗孔怀[6]之恩。且桢事母孝谨[7]，闻于中外，并特免死，夺爵禁锢。"初，魏朝闻桢贪暴，遣中散[8]间文祖察之。文祖受赂，为之隐。事觉，亦抵罪。太后谓群臣曰："文祖前自谓廉，今竟犯法，人心信不可知。"魏主曰："卿等自审不胜贪心者，听辞位归第。"中散慕容契曰："小人之心无常，而帝王之法有常。以无常之心，奉有常之法，非所克堪[9]，乞从退黜[10]。"魏主曰："契知心不可常，则知贪之可恶矣，何必求退？"迁宰官令[11]。

秋，八月，魏遣使如齐魏主使群臣议："久与齐绝，今欲通使，何如？"尚书游明根曰："朝廷不遣使者，又筑醴阳，其直在彼[12]。今复遣使，不亦可乎？"魏主从之。

1　平头宪：意指改"文献"为"文宪"。
2　风仪端简：风仪，风度仪容。端简，端庄持重。
3　五兵尚书：古官名，相当于今天的国防部长。五兵指中兵、外兵、骑兵、别兵、都兵。
4　引见：接见。
5　景穆皇帝：即拓跋晃。
6　孔怀：兄弟的代称。
7　孝谨：孝顺而恭谨。
8　中散：古官名，中散大夫的省称。
9　克堪：胜任。
10　退黜：废免，罢退。
11　宰官令：古官名，掌供御膳。
12　其直在彼：道理在对方。

冬，十二月，齐遣使如魏。

齐以张绪领扬州中正，江敩为都官尚书[1]长沙王晃属张绪用吴兴闻人[2]邕，绪不许。晃使固请，绪正色曰："此是身家州乡[3]，殿下安得见逼？"中书舍人纪僧真得幸于齐主，容表有士风[4]，请于齐主曰："臣出自武吏，阶荣[5]至此。无复所须，唯就陛下乞作士大夫。"齐主曰："此由江敩、谢瀹，可自诣之。"僧真诣敩，登榻坐定，敩顾左右曰："移吾床远客。"僧真丧气而退，告齐主曰："士大夫故非天子所命！"敩，湛之孙。瀹，朏之弟也。

庚午（公元490年）

齐永明八年。魏太和十四年。

春，正月，齐人归魏隔城之俘。

秋，七月，齐以萧缅为雍州刺史缅留心狱讼，得劫[6]，皆赦，遣，许以自新，再犯乃加诛。民畏而爱之。

齐荆州刺史、巴东王子响有罪，伏诛子响有勇力，好武事，自选带仗[7]左右六十人，皆有胆干[8]，数以牛酒犒之。私作锦袍、绛袄[9]，欲以饷蛮，交易器仗。长史刘寅、司马席恭穆等密以启闻。子响怒，执寅等杀之。齐主欲遣戴僧静讨之，僧静曰："巴东王年少，长史执之太急，忿不思难，故耳。天子儿过误杀人，有何大罪？忽遣军西上，人情惶惧，僧静不敢奉敕。"齐主不答而心善之。乃遣卫尉胡谐之、将军尹略、中书舍人茹法亮率数百人诣江陵，检捕[10]

1　都官尚书：古官名，职掌军事、刑狱。
2　闻人：有名望的人。
3　身家州乡：我自己的家乡。
4　容表有士风：举止仪容都具有士大夫风采。
5　阶荣：升登高位。
6　得劫：抓到强盗。
7　带仗：携带兵器。
8　胆干：胆略和才干。
9　绛袄：红色的袄。袄，指有衬里的上衣。绛，指赤色，火红。
10　检捕：搜捕。

群小，敕之曰："子响若束手自归，可全其命。"军副张欣泰曰："今段¹之行，胜既无名，负成奇耻。彼凶狡相聚为其用者，或利赏逼威，无由自溃。若顿军夏口，宣示祸福，可不战而擒也。"谐之不从。至江津，筑城燕尾洲²。子响白服登城，遣使相闻，曰："天下岂有儿反？今便单舸还阙，受杀人之罪，何筑城见捉邪？"尹略独答曰："谁将汝反父人共语³！"子响洒泣⁴，具酒馔⁵饷台军，略弃之江流。子响呼茹法亮，法亮执其使。子响怒，遣兵西渡，与台军战，而自与百余人，操万钧弩从江堤上射之。台军大败，略死，谐之逃去。齐主又遣丹杨尹萧顺之将兵继至。子响即日乘舴艋⁶赴建康。太子长懋素忌子响，密谕顺之，使早为之所，勿令得还。子响见顺之，欲自申明，顺之不许，缢杀之。久之，齐主游华林园，见一猿透掷⁷悲鸣，问左右，曰："猿子前日坠崖死。"齐主思子响，因呜咽流涕，颇责法亮，顺之惭惧而卒。初，方镇皆启子响为逆，兖州刺史垣荣祖曰："此非所宜言。正应云：'刘寅等孤负恩奖⁸，逼迫巴东，使至于此。'"齐主以为知言⁹。台军焚烧江陵，府舍皆尽。齐主以乐蔼为荆州治中。蔼缮修廨舍¹⁰数百区，顷之咸毕，而役不及民，荆部¹¹称之。

九月，魏太后冯氏殂魏主勺饮¹²不入口者五日，哀毁过礼。中部曹华阴杨椿谏曰："圣人之礼，毁不灭性。纵陛下欲自贤于万代，其若宗庙何？"帝感其言，为之一进粥。于是王公表请时定兆域¹³。既葬，公除¹⁴。诏曰："奉侍梓

1　今段：这次，此时。
2　燕尾洲：古地名，位于今湖北省荆州市荆州区西南。
3　谁将汝反父人共语：谁跟你这种叛父的逆子一起讲话。
4　洒泣：挥泪。
5　酒馔：酒食。
6　舴艋：小船。
7　透掷：跳跃。
8　孤负恩奖：辜负了皇上的恩典。孤负，辜负。恩奖，恩典，尊长给予的夸奖或奖励。
9　知言：善于辨析他人的言辞。
10　廨舍：官署。
11　荆部：荆州地区。
12　勺饮：一勺汤水，言汤水量少。
13　兆域：墓地四周的疆界，亦以称墓地。
14　公除：帝王身负国事之重，因公简省礼制而除丧服。

宫，犹希仿佛[1]。山陵迁厝[2]，所未忍闻。"十月，王公固请，乃葬永固陵[3]。太尉
丕等进曰："臣等老朽，历奉累朝，国家旧事，颇知所闻。愿抑至情，奉行旧
典。"魏主曰："祖宗情专武略，未修文教。朕今仰禀圣训，庶习古道[4]，论时比
事，又与先世不同。"乃问尚书游明根、高闾等曰："圣人制卒哭[5]之礼，授服
之变，皆夺情以渐。今旬日之间，言及即吉，得无伤于理乎？"对曰："逾月
而葬，葬而即吉，此金册[6]遗旨也。"魏主曰："朕惟中代[7]所以不遂三年之丧，
盖由君上违世，继主初立，君德未流[8]，臣义不洽，故身袭衮冕，行即位之礼。
朕诚不德，在位过纪[9]，足令亿兆知有君矣。于此之日而不遂哀慕[10]之心，使情、
礼俱失，岂不深可恨耶？"闾曰："杜预论古天子无行三年之丧者，以为汉文
之制，暗与古合，是以臣等敢有请耳。"魏主曰："金册之旨，群公之请，所
以然者，虑废政事，故尔。朕今不敢暗默[11]不言以荒庶政，唯欲衰麻，废吉礼，
朔望尽哀。诚如预之论，盖亦诬矣。"秘书丞李彪曰："汉明德马后保养章帝[12]，
及后之崩，葬不淹旬[13]，寻已从吉。然汉章不受讥，明德不损名。愿陛下察之。"
魏主曰："朕所以眷恋衰绖，不从所议者，实情不能忍，岂徒苟免嗤嫌[14]而已
哉？"群臣又言："春秋烝尝[15]，事难废阙[16]。"魏主曰："先朝恒以有司行事，朕

1 仿佛：似有若无貌。
2 迁厝：迁葬。
3 永固陵：北魏文明太后的陵墓，位于今山西省大同市北方山上。
4 庶习古道：也许学习了古人的治国之道。
5 卒哭：古代丧礼，百日祭后，止无时之哭，变为朝夕一哭，名为卒哭。
6 金册：古代称记载国史的史册。
7 中代：中古。
8 流：传播。
9 过纪：超过十二年。古时以十二年为一纪。
10 哀慕：因父母、君上之死而哀伤思慕。
11 暗默：悄悄，不知不觉。
12 汉明德马后保养章帝：汉朝明德马皇后辛勤抚养儿子汉章帝刘炟长大成人。
13 淹旬：满旬，经过十天。
14 嗤嫌：讥笑和嫌疑。
15 烝尝：烝祭和尝祭，即四时之祭中的春、秋二祭。
16 废阙：缺漏。

蒙慈训[1]，始亲致敬。今昊天降罚，人神丧恃，想宗庙之灵，亦辍歆祀[2]。脱行飨荐，恐乖冥旨[3]。且平时公卿每称四海晏安，礼乐日新，可以参美唐虞。今乃欲苦夺朕志，使不逾于魏、晋，何耶？”李彪曰：“今虽治安，然江南未宾，漠北不臣，臣等犹怀不虞之虑耳。”魏主曰：“鲁公带经从戎[4]，晋侯墨衰[5]败敌，固圣贤所许。如有不虞，虽越绋[6]无嫌，而况衰麻乎？岂可于晏安之辰，豫念军旅之事，以废丧纪[7]哉？古人亦有称王者除衰[8]而谅暗终丧者，若不许朕衰服，则当除衰拱默，委政冢宰。二事之中，唯公卿所择。”明根曰：“渊默[9]不言，则大政将旷。仰顺圣心，请从衰服。”太尉丕曰：“魏家故事，尤讳[10]之后三月，必迎神于西，禳恶于北，具行吉礼。”魏主曰：“若能以道事神，不迎自至。苟失仁义，虽迎不来。此乃平日所不当行，况居丧乎？朕在不言之地，不应如此喋喋[11]。但公卿执夺朕情，遂成往复，追用悲绝[12]。”遂乃号恸而入，群臣亦哭而出。初，太后忌魏主英敏[13]，恐不利于己，盛寒闭之，绝食三日，欲废之，而立咸阳王禧。东阳王丕、仆射穆泰、尚书李冲固谏，乃止。魏主初无憾意，唯深德丕等。又有宦者谮魏主于太后，太后杖之数十，魏主默然受之。及太后殂，亦不复追问。

　　冬，十月，齐以伏登之为交州刺史交州刺史房法乘专好读书，常属疾[14]

<hr>

1　慈训：母或父的教诲。
2　歆祀：享用祭祀。歆，祭祀时鬼神享受祭品的香气。
3　脱行飨荐，恐乖冥旨：倘若朕一旦前去祭祀，恐怕会在冥冥之中违背了他们的旨意。飨荐，祭献。
4　带经从戎：穿着丧服出兵作战。
5　墨衰：黑色丧服。
6　越绋：不受私丧的限制，在丧期参加祭天地社稷的典礼。绋，柩车之绳。
7　丧纪：丧事。
8　除衰：脱去丧服。
9　渊默：沉默不言。
10　尤讳：大讳，指帝王等死亡。
11　喋喋：多言，唠叨。
12　公卿执夺朕情，遂成往复，追用悲绝：各位公卿坚持要改变我的想法，于是就变成了反反复复的争论，想起来真令人悲痛欲绝。
13　英敏：聪慧而有卓识。
14　属疾：托病。

不治事，由是长史伏登之得擅权，改易将吏。法乘闻之大怒，系登之于狱。登之厚赂法乘妹夫崔景叔，得出，因将部曲袭执[1]法乘，囚之。启法乘心疾[2]，不任视事。诏以登之为刺史。

　　齐议铸钱，不果行初，太祖[3]以南方钱少，更欲铸钱。奉朝请孔凯上言："食货相通，理势自然[4]。李悝[5]云：'籴甚贵伤民，甚贱伤农。'三吴岁被水潦而籴不贵，是钱少，非谷贱，此不可不察也。铸钱之弊，在轻重屡变。重钱患难用，而难为累轻。轻钱弊盗铸，而盗铸为祸深。民所以为盗铸，严法不能禁者，由上惜铜爱工。谓钱为无用之器，务欲数多而易成，不详虑其为患也。夫民之趋利，如水走下。今开其利端，从以重刑，是导其为非而陷之于死也。汉铸轻钱，巧伪[6]者多。及铸五铢，民计其费不能相偿，私铸益少。此不惜铜不爱工之效也。宋文帝铸四铢，至景和，钱益轻，虽有周郭[7]，而镕冶[8]不精，于是盗铸纷纭而起，不可复禁。此惜铜爱工之验也。凡铸钱，与其不衷[9]，宁重无轻。自汉至宋五百余年，制度世有兴废，而不变五铢者，明其轻重可法，得货之宜故也。自铸四铢，又不禁民翦凿，为祸既博，钟弊于今[10]，岂不悲哉？自晋氏不铸钱，后经寇戎[11]水火，所失岁多，士农工商，皆丧其业。愚以为宜如旧制，大兴镕铸，钱重五铢，一依汉法。严断翦凿，轻、小、破、缺、无周郭者，悉不得行。官钱小者，销以为大，利贫良之民，塞奸巧之路。钱货既均，百姓乐业，市道[12]无争，衣食滋殖矣。"太祖然之，使州郡大市铜、炭。会晏驾，事寝。是岁，益州行事刘悛言："严道铜山旧铸钱处，可以经略。"齐主从之。

1　袭执：袭击并捉拿。
2　心疾：精神病。
3　太祖：即南朝齐高帝萧道成。
4　理势自然：这是自然而然的发展趋势。
5　李悝：战国时魏国大臣，政治改革家，法家重要代表人物，著有《法经》等。
6　巧伪：虚伪不实。
7　周郭：古钱的圆边及其方孔凸起的轮廓。
8　镕冶：以高温熔化金、石。
9　不衷：不合适，不恰当。
10　为祸既博，钟弊于今：酿成的灾祸大大流行起来，甚至延续到了现在。
11　寇戎：匪患和战争。
12　市道：市场买卖。

顷之，以功费多而止。

齐免前坐却籍戍边者齐自校籍[1]谪戍，百姓怨望。至是，乃诏："自宋昇明以前，皆听复注[2]。其谪役[3]者，各许还本[4]。此后有犯，严加薙治[5]。"

高车遣使如魏。

辛未（公元491年）

齐永明九年。魏太和十五年。

春，正月，魏主始听政。

齐太庙加荐褒味[6]，别祀于清溪故宅诏太庙四时之祭：荐宣皇帝，起面饼、鸭臛[7]；孝皇后，笋、鸭卵；高皇帝，肉脍、菹羹[8]；昭皇后，茗、粣、炙鱼[9]，皆所嗜也。齐主梦太祖谓己："宋氏诸帝常在太庙从我求食，可别为吾致祠。"乃命豫章王妃庾氏四时祠于清溪故宅，用家人礼。

司马公曰：昔屈到嗜芰[10]，屈建以为不可以私欲干国之典，而况天子而以庶人之礼祭其父乎？卫成公欲祀相，宁武子犹非之[11]。而况降祀祖考于私室，使庶妇尸之乎[12]？

二月，齐遣使如魏散骑常侍裴昭明、侍郎谢竣如魏吊，欲以朝服行事，

1　校籍：核查户籍。
2　复注：重新注册户籍。
3　谪役：被降职到边疆服役。
4　还本：回到故乡。
5　薙治：惩治。
6　褒味：平素嗜好的食品。
7　鸭臛：鸭肉羹。
8　肉脍、菹羹：肉脍，切得很细的肉。菹羹，腌菜羹。
9　茗、粣、炙鱼：茗，清茶。粣，粽子。炙鱼，烤鱼。
10　芰：菱角。
11　卫成公欲祀相，宁武子犹非之：卫成公打算祭祀姒相，大夫宁武子还责怪他不该这么做。公元前629年，卫成公梦康叔谓己曰："相夺予享。"公命祀相。宁武子不可，曰："鬼神非其族类，不歆其祀。"
12　降祀祖考于私室，使庶妇尸之乎：皇帝把祭祀祖父母和父母的仪式放到自己的私宅中进行，而且还让自己庶子的妻子来主持。

主客¹曰："吊有常礼，以朱衣入凶庭，可乎？"昭明等曰："受命本朝，不敢辄易。"往返数四，魏主命著作郎成淹与之言。昭明曰："魏朝不听使者朝服，出何典礼？"淹曰："羔裘玄冠不以吊²，此童稚所知也。"昭明曰："齐高皇帝之丧，魏遣李彪来吊，初不素服，齐朝亦不以为疑，何今日而见逼邪？"淹曰："齐不能行亮阴³之礼，逾月即吉。彪不得主人之命，固不敢以素服往厕其间。今皇帝仁孝，居庐食粥，岂得以此方彼乎？"昭明曰："三王不同礼⁴，孰能知其得失？"淹曰："然则虞舜、高宗非邪？"昭明、竣相顾而笑曰："非孝者无亲，何可当也⁵？"乃对曰："吊服唯主人裁之。然违本朝之命，返必获罪矣。"淹曰："使彼有君子，卿将命⁶得宜，且有厚赏。若无君子，卿出而光国⁷，得罪何伤？自当有良史书之。"乃以衣、帢⁸给之。魏主嘉淹之敏，迁侍郎，赐绢百匹。

三月，魏主谒永固陵魏主谒陵逾月，设荐于太和庙，始进蔬食，追感哀哭，终日不饭。

魏自正月不雨，至于夏四月自正月不雨，至于是月，有司请祈百神，帝曰："成汤⁹遭旱，以至诚致雨，固不在曲祷¹⁰山川。今普天丧恃，幽显同哀¹¹，何宜遽行祀事？唯当责躬以待天谴。"

魏遣使如齐魏遣员外散骑常侍李彪等聘于齐，齐为置宴设乐。彪辞曰："主上孝思罔极，兴坠正失¹²。朝臣虽除衰绖，犹以素服从事，是以使臣不敢承

1　主客：古官名，掌诸藩的朝贡、接待给事等事。
2　羔裘玄冠不以吊：羔裘玄冠为吉服，不能用于吊丧。典出《论语》。
3　亮阴：帝王居丧。
4　三王不同礼：夏、商、周三代，礼仪制度各不相同。
5　非孝者无亲，何可当也：责怪别人孝行的人，心中没有亲近的人，我们哪里敢那样做呢。
6　将命：传命。
7　光国：为国争光。
8　帢：帽子。
9　成汤：即商朝开国君主汤。
10　曲祷：曲意祈祷。
11　普天丧恃，幽显同哀：普天之下失去了他们依仗的人，无论是阴间还是阳间都在哀痛。
12　孝思罔极，兴坠正失：孝心无尽，重新采用以前帝王遗失的典章，恢复过去被曲解误会的制度。

奏乐之赐。"从之。彪凡六奉使，齐主甚重之。将还，亲送至琅邪城，命群臣赋诗以宠之。

魏作明堂、太庙。

五月，魏主更定律令，亲决疑狱魏主更定律令于东明观，亲决疑狱。命李冲议定轻重，润色辞旨，然后书之。冲忠勤明断，加以慎密，为魏主所委，情义无间。旧臣贵戚，莫不心服，中外推之。

秋，七月，魏定庙祧[1]之制诏曰："烈祖有创业之功，世祖[2]有开拓之德，宜为祖宗，百世不迁。平文之功少于昭成，而庙号太祖；道武之功高于平文，而庙号烈祖，于义未允。今尊烈祖为太祖[3]，以世祖、显祖为二祧[4]，余皆以次而迁。"

八月，魏正祀典先是，魏常以正月吉日于朝廷设幕[5]，中置柏树，设五帝座而祠之。又有探策[6]之祭。魏主皆以为非礼，罢之。移道坛[7]于桑干之阴，改曰崇虚寺。诏曰："国家飨祀诸神，凡一千二百余处。今欲减省，务从简约。朝日夕月，皆欲以二分之日于东、西郊行礼[8]。然月有余闰，行无常准[9]。若一依分日，或值月于东而行礼于西，序情即理[10]，不可施行。昔秘书监薛谓等以为朝日以朔，夕月以朏[11]。卿等以为如何？"游明根等请如谓说，从之。魏旧制，宗

1　庙祧：泛指祖庙。
2　世祖：帝王的庙号之一，一般用于开国之君。
3　太祖：开国皇帝的通称。
4　二祧：古代帝王宗庙七庙中两位功德特出而保留不迁的远祖庙。
5　幕：帐篷。
6　探策：求签。
7　道坛：道教做法事的场所。
8　朝日夕月，皆欲以二分之日于东、西郊行礼：近来谈论朝日和夕月的祭祀，大家都主张在春分、秋分分别在平城的东郊和西郊举行。朝日，古代帝王祭日之礼。夕月，古代帝王祭月的仪式。
9　月有余闰，行无常准：每隔一段时间就会有闰月，天体的运行没有确定的标准。余闰，闰月。
10　序情即理：不管是从人情上考虑，还是从道理出发。
11　朏：每月初三日的月相名，因用以纪日，为初三日的代称。

庙四时之祭，皆用中节[1]。至是，诏用孟月[2]择日而祭。旧制，每岁祀天于西郊，魏主与公卿从二千余骑，戎服绕坛，谓之蹋坛。明日，戎服登坛，祀毕，又绕坛，谓之绕天。至是亦罢之。

　　九月，魏主祥祭[3]于庙。冬，十月，谒永固陵。十一月，魏主禫祭[4]，遂祀圆丘[5]、明堂，飨群臣，迁神主于新庙有司上言，求卜祥日[6]。诏曰："筮日求吉，既乖敬事之志，又违永慕之心。今直用晦日[7]。"前一日，夜宿于庙，率群臣哭已，易服缟冠、革带、黑屦[8]，侍臣易服黑介帻、白绢单衣、革带、乌屦[9]，遂哭尽乙夜[10]。明日，易祭服，缟冠、素纰[11]、白布深衣[12]、绳屦[13]，侍臣去帻易帽。既祭，出庙，立哭，久之乃还。十月，谒永固陵，毁瘠犹甚。司空穆亮谏曰："王者为天地所子，为万民父母。未有子过哀而父母不戚、父母忧而子独悦豫者也。今和气不应，风旱为灾，愿陛下袭轻服[14]，御常膳，庶使天人交庆。"诏曰："孝悌之至，无所不通。今飘风旱气，皆诚慕未浓，幽显无感也[15]。所言过哀之咎，谅为未衷[16]。"十一月，禫祭，始服衮冕。易黑介帻，素纱深衣，拜

1　中节：专指四时仲月的中气，即春分、秋分、夏至、冬至。
2　孟月：四季的第一个月，即农历正月、四月、七月、十月。
3　祥祭：亲丧满十三个月或二十五个月的祭祀。
4　禫祭：除丧服之祭。
5　圆丘：古代祭天的圆形高坛。
6　祥日：举行祥祭的日子。
7　晦日：农历每月最后一天。
8　缟冠、革带、黑屦：素色帽子，腰束皮带，脚穿黑色鞋子。
9　黑介帻、白绢单衣、革带、乌屦：戴上黑色帽子，穿上白色绢丝单衣，腰束皮带，脚穿黑鞋。介帻，古代的一种长耳裹发巾，始行于汉魏，即后来的进贤冠。
10　乙夜：二更时候，约为夜间十点。
11　素纰：用白色绢制成的冠服缘饰。
12　深衣：把衣、裳连在一起包住身子，分开裁但是上下缝合，因为"被体深邃"，因而得名。
13　绳屦：草鞋。
14　轻服：轻丧之服。
15　皆诚慕未浓，幽显无感也：都是因为我的诚心还不够虔笃，阴间和阳间没有得到感应所致。
16　未衷：不诚心。

陵而还。冬至，祀圆丘，遂祀明堂，临太华殿，服通天冠[1]，绛纱袍[2]，以飨群臣。乐悬而不作。服衮冕，辞太和庙，率百官奉神主迁于新庙。

魏正官品，考牧、守。

十二月，高丽王琏卒琏寿百余岁，魏主为之制素委貌[3]，布深衣，举哀于东郊，策谥曰"康"。孙云嗣立。

魏主始迎春于东郊。

魏置乐官初，魏世祖[4]克统万及姑臧，获雅乐、器服、工人，其后乐工浸尽，音制[5]多亡。至是，始命有司访民间晓音律者，议定雅乐，当时无能知者。然金石、羽旄[6]之饰，稍壮丽于往时矣。乃诏置乐官，命中书监高闾参定。

齐律书[7]成初，晋张斐、杜预共注律[8]三十卷，自泰始以来用之，律文简约，或一章之中，两家所处，生杀顿异，吏得为奸。齐主留心法令，诏狱官详正旧注。删定郎[9]王植集定奏之，诏公卿参议。竟陵王子良总其事。众不能一者，制旨平决。是岁书成，廷尉孔稚珪以为："律文虽定，苟用失其平，则冤魂犹结。古之名流，多有法学，今之士子，莫肯为业。纵有习者，世议所轻，将恐此书永沦走吏[10]之手矣。今若置律助教，国子有欲读者，策试擢用，庶几士流劝慕。"诏从之，事竟不行。

魏以咸阳王禧为司州牧魏冀州刺史、咸阳王禧入朝，州民三千人诣阙，言禧有惠政，请世胙冀州。诏曰："利建[11]虽古，未必今宜。经野[12]由君，理非

1　通天冠：也称高山冠，皇帝戴的一种帽子，级别仅次于冕冠，其形如山，正面直竖，以铁为冠梁。
2　绛纱袍：深红色纱袍，古代常用为朝服。
3　委貌：古冠名，以黑色的丝织物制成。
4　魏世祖：即北魏道武帝拓跋珪。
5　音制：言语中声音的节奏。
6　羽旄：乐舞时所执的雉羽和旄牛尾。
7　律书：关于国家法律政令的书。
8　注律：解读法律条文。
9　删定郎：古官名，负责修改审定律令。
10　走吏：供奔走的小吏。
11　利建：封土建侯。
12　经野：治理国家。经，丈量。野，田野。

下请。”乃以禧为司州牧。

魏以宦者苻承祖为悖义将军，封佞浊子初，魏太后宠任宦者苻承祖，官至侍中，赐以不死之诏。太后殂，承祖坐赃应死，魏主原之，削职禁锢，除悖义将军，封佞浊子，月余卒。承祖方用事，亲姻[1]争趋附以求利。其从母杨氏为姚氏妇，独否，常谓承祖之母曰：“姊虽有一时之荣，不若妹有无忧之乐。”与之衣服，多不受。强与之，则曰：“我夫家世贫，美衣服使人不安。”不得已，或受而埋之。与之奴婢，则曰：“我家无食，不能饲[2]也。”常着弊衣，自执劳苦。承祖遣车迎之，不肯起。强使人抱置车上，则大哭曰：“尔欲杀我？”由是苻氏内外号为“痴姨”。及承祖败，有司执其二姨至殿庭，其一姨伏法，魏主见姚氏姨贫弊[3]，特赦之。

魏封李安祖四人为侯李惠之诛也，思皇后之昆弟皆死，惠从弟凤亦坐他事死。子安祖等四人逃匿，遇救乃出。既而魏主访舅氏存者，得安祖等，皆封侯，加将军。既而谓曰：“王者设官以待贤才，由外戚而举者，季世之法也。卿等既无异能，且可还家。自今外戚无能者视此。”时人皆以为魏主待冯氏太厚，待李氏太薄。高闾尝以为言，不听。

壬申（公元492年）

齐永明十年。魏太和十六年。

春，魏主始祀明堂魏主宗祀显祖于明堂，以配上帝，遂登灵台以观云物，降居青阳左个[4]，布政事。自是每朔行之。

魏定行次[5]为水德魏主命群臣议行次。高闾议，以为：“帝王莫不以中原

---

1 亲姻：由婚姻关系结成的亲属。
2 饲：养。
3 贫弊：贫穷破败，贫困。
4 青阳左个：青阳，明堂有五室，位于左面东方的叫青阳，为帝王祭祀、布政之所。左个，左边偏室。
5 行次：五行的位次。统治者以为王者受命于天，以五行之德为运，水、火、木、金、土各有定位，并以五行生克来附会历代王朝的兴衰。

为正统，不以世数[1]为与夺、善恶为是非。晋承魏为金，赵承晋为水，燕承赵为木，秦承燕为火。秦之既亡，魏乃称制。且魏得姓出于轩辕[2]，臣愚以为宜为土德。"李彪等以为："神元[3]与晋武往来通好，至于桓、穆，志辅晋室，是则司马祚终而拓跋受命。昔秦并天下，汉犹比之共工[4]，卒继周为火德。况刘、石、苻氏，地褊世促[5]，岂可舍晋而为土邪？"穆亮等皆附其议。乃诏为水德，祖申、腊辰[6]。

　　魏罢租课[7]。

　　魏诏疏属、异姓王公递降一等魏宗室及功臣子孙封王者众，诏："自非烈祖之胄，余王皆降为公，公降为侯，而品如旧。"唯上党王长孙观以其祖有大功，特不降。丹杨王刘昶封齐郡公，号宋王。

　　魏主初朝日于东郊自是朝日、夕月皆亲之。

　　魏修尧、舜、禹、周公、孔子之祀祀尧于平阳、舜于广宁、禹于安邑、周公于洛阳，皆令牧、守执事。其宣尼[8]之庙，祀于中书省，改谥曰文圣尼父，亲行拜祭。

　　夏，四月，魏颁新律。

　　齐大司马、太傅、豫章王嶷卒嶷性仁谨廉俭[9]，不事财贿。斋库[10]失火，烧荆州还资[11]，评直[12]三千余万，杖主局[13]数十而已。疾笃，遗令诸子曰："才有优

1　世数：世系的辈数。
2　轩辕：即传说中古代帝王黄帝，姓公孙，居于轩辕之丘，故名曰轩辕。
3　神元：即北魏始祖拓跋力微。
4　共工：古代神话人物，《淮南子·天文训》说他与颛顼争夺帝位，发怒而触撞不周山，竟使天崩地裂。
5　地褊世促：国土狭小，世代短促。
6　祖申、腊辰：年初第一个申日祭祀祖先，而年终最后一个辰日举行腊祭。
7　租课：赋税。
8　宣尼：汉平帝追谥孔子为褒成宣尼公，后因称孔子为"宣尼"。
9　仁谨廉俭：仁谨，仁厚谨慎。廉俭，清廉节俭。
10　斋库：收藏财物的仓库。
11　还资：积聚的资财。
12　评直：议定价钱。
13　主局：部门的主管官吏。

劣，位有通塞[1]，运有贫富，此自然之理，无足以相陵侮也。"及卒，第[2]库无见钱，敕月给钱百万。谥曰"文献"。

齐以竟陵王子良为扬州刺史。

秋，七月，吐谷浑遣子入朝于魏初，魏主召吐谷浑王伏连筹入朝，不至，而修洮阳、泥和[3]二戍，置兵焉。魏遣兵伐之，拔二戍。及冯后之丧，使人告哀，伏连筹拜命又不恭，群臣请讨之，魏主不许。又请还其贡物，魏主曰："贡物乃人臣之礼，今而不受，是弃绝之。彼虽欲自新，其路无由矣。"因命归洮阳、泥和之俘。于是吐谷浑遣其世子贺虏头入朝于魏。

魏遣使如齐魏散骑常侍宋弁聘于齐，及还，魏主问："江南何如？"弁曰："萧氏父子无大功于天下，既以逆取[4]，不能顺守。政令苛碎[5]，赋役繁重。朝无股肱之臣，野有愁怨之民。其得没身，幸矣，非贻厥孙谋之道也。"

八月，魏败柔然于大碛。柔然杀伏名敦可汗。

魏主养老于明堂魏司徒尉元、大鸿胪卿游明根累表请老，魏主引见，赐元玄冠、素衣[6]，明根委貌、青纱单衣而遣之。至是亲养老于明堂，以元为三老，明根为五更。帝再拜三老，亲袒割牲，执爵而馈[7]，肃拜五更，且乞言[8]焉。元、明根劝以孝友化民。又养国老、庶老[9]于阶下。禄三老以上公，五更以元卿[10]。

九月，魏主谒永固陵魏主以太后再期[11]，哭于永固陵左，终日不辍声，凡二日不食。

1　通塞：境遇之顺逆。
2　第：但是。
3　泥和：古地名，又作洪和城，故址位于今甘肃省甘南藏族自治州临潭县东新城。
4　逆取：背叛国君夺取天下。下文"顺守"指遵循常理治理国家。
5　苛碎：苛刻烦琐。
6　玄冠、素衣：黑色的冠帽，白色的衣服。
7　亲袒割牲，执爵而馈：亲自挽袖露臂，切割祭肉，举起酒杯敬酒。
8　乞言：古代帝王及其嫡长子奉养德高望重的老人，向他们求教治国之道，称乞言。
9　国老、庶老：国老，告老退职的卿、大夫。庶老，古代士之告老退休者。
10　元卿：上卿。
11　再期：服丧两年。期，一周年。旧时父母之丧为三年，但到第二个忌日即除去丧服，故称。

　　冬，**齐遣使如魏**魏主甚重齐人，亲与谈论，顾谓群臣曰："江南多好臣。"侍臣李元凯对曰："江南多好臣，岁一易主。江北无好臣，百年一易主。"魏主甚惭。

　　齐诏太子家令沈约撰《宋书》约撰宋书，疑立《袁粲传》。齐主曰："袁粲自是宋室忠臣。"约又多载宋世祖、太宗诸鄙渎[1]事。齐主曰："孝武事迹不容顿尔[2]。我昔经事[3]明帝，卿可思讳恶之义。"于是多所删除。

　　魏南阳公郑羲卒羲尝为西兖州刺史，在州贪鄙。及卒，尚书奏谥曰"宣"。诏以羲虽有文业[4]，而治阙廉清[5]，可谥"文灵"。

癸酉（公元493年）

　　齐永明十一年。魏太和十七年。

　　春，正月，齐以陈显达为江州刺史，崔慧景为豫州刺史显达自以门寒位重，每迁官，常有愧惧之色，戒其子勿以富贵陵人。而诸子多事豪侈，显达曰："麈尾蝇拂[6]，是王、谢家物，汝不须捉此。"取而烧之。初，齐主造露车三千乘，欲步道[7]取彭城，魏人知之。而刘昶亦数泣诉于魏主，乞处边戍，招集遗民，以雪私耻。魏主乃于淮泗间大积马刍[8]，齐主闻之，以慧景为豫州刺史。

　　齐太子长懋卒齐王晚年好游宴[9]，尚书曹事分送太子省之，由是威加内外。太子性奢靡，治堂、殿、园、囿过于上宫[10]，而莫敢以闻者。及卒，齐主乃见其

1　鄙渎：卑鄙荒淫。
2　不容顿尔：不能这样处理。顿，处理，安置。
3　经事：曾经侍奉。
4　文业：文事。
5　治阙廉清：为政时不够廉洁清白。
6　麈尾蝇拂：麈尾，魏晋清谈家经常用来拂秽清暑、显示身份的一种道具。蝇拂，驱蝇除尘的用具，也称拂尘，多以马尾制成。
7　步道：只可步行、不能通车的小路。
8　马刍：喂马的草。
9　游宴：游乐宴饮。
10　上宫：皇上居住的宫殿。

服玩，大怒，敕皆毁除。太子素恶西昌侯鸾，尝曰："我殊不喜此人，不解其故，当由其福薄故也。"及鸾得政，太子子孙无遗焉。

二月，魏主始耕籍田。

齐雍州刺史王奂有罪，伏诛 奂恶宁蛮长史刘兴祖，诬其构扇山蛮[1]，杀之。齐主大怒，遣中书舍人吕文显、曹道刚收奂，敕镇西司马曹虎会之。奂子彪素凶险[2]，奂不能制。辄发州兵，闭门拒守。奂门生郑羽叩头启奂，乞迎台使。奂曰："我不作贼，欲先遣启自申[3]。正恐曹、吕辈小人相陵藉，故且闭门自守耳。"彪遂出，与虎战，兵败走归。司马黄瑶起、宁蛮长史裴叔业起兵攻奂，斩之。执彪及弟爽、弼并诛之。彪弟肃独得脱，奔魏。

夏，四月，齐主立其孙昭业为太孙 东宫文武悉改为太孙官属。

五月，魏主亲录囚徒 魏主谓司空穆亮曰："自今朝廷政事，日中以前，卿等自先论议。日中以后，朕与卿等共决之。"

秋，七月，魏主立其子恂为太子。

魏诏大举伐齐 魏主以平城地寒，六月雨雪，风沙常起，将迁都洛阳。恐群臣不从，乃议大举伐齐，欲以胁众。命太常卿[4]王谌筮之，遇革[5]，魏主曰："'汤、武革命，顺乎天而应乎人。'吉孰大焉！"任城王澄曰："陛下弈叶重光，帝有中土[6]。今出师而得革命之象，未为全吉也。"魏主厉声曰："社稷我之社稷，任城欲沮众邪？"澄曰："社稷虽为陛下之有，臣为社稷之臣，安可知危而不言耶？"魏主还宫，召澄，屏人谓曰："平城用武之地，非可文治[7]。移风易俗，其道诚难。朕欲因此迁宅中原，卿以为何如？"澄曰："陛下欲卜

---

1 山蛮：居住在山间的南方少数民族。
2 凶险：凶狠险恶。
3 遣启自申：派人去建康向皇上申诉。
4 太常卿：古官名，即太常寺卿，宗族祭祀的长官，原名奉常，至南朝梁、陈与北魏始称太常卿。
5 革：六十四卦之一。郑玄曰：革，改也。水火相息而更用事，犹王者受命，改正朔，易服色。
6 弈叶重光，帝有中土：继承几代累积下来的大业，并使之发扬光大，拥有中原土地。
7 文治：以文教礼乐治民。

宅¹中土以经略四海，此周、汉之所以兴隆也。"魏主曰："北人习常恋故，必将惊扰，奈何？"澄曰："非常之事，故非常人之所及。陛下断自圣心，彼亦何所能为？"魏主曰："任城，吾之子房也。"于是戒严。齐主闻之，亦发扬、徐民丁，广设召募以备之。

齐主赜殂，太孙昭业立。以竟陵王子良为太傅，萧鸾为尚书令中书郎王融自恃人地²，三十内望为公辅。尝夜直³省中，抚案叹曰："为尔寂寂，邓禹笑人⁴。"行逢朱雀桁开，喧湫⁵不得进，搥⁶车壁叹曰："车前无八驺⁷，何得称丈夫？"竟陵王子良爱其文学，特亲厚之。融见齐主有北伐之志，数上书奖劝，因大习骑射。及闻有魏师，子良于东府募兵，板融宁朔将军，使典其事。融倾意招纳，得江西伧楚数百人。会齐主不豫，诏子良甲仗入侍，太孙间日参承⁸。齐主疾亟，暂绝，太孙未入。融欲矫诏立子良，诏草已立。会及太孙来，融戎服绛衫，口断⁹其仗不得进。顷之，齐主复苏，问太孙所在，召入，以朝事委仆射、西昌侯鸾而殂。融以子良兵禁诸门。鸾闻之，驰至云龙门，不得进，鸾曰："有敕召我。"排之而入，奉太孙登殿，命左右扶出子良。融知不遂，释服¹⁰还省，叹曰："公误我矣！"世祖¹¹留心政事，务总大体，严明有断，郡县久于其职，长吏犯法，封刃¹²行诛。故永明¹³之世，百姓丰乐，贼盗屏息。然颇好游宴，华靡¹⁴之事，常言恨之，未能顿遣¹⁵。鸾性俭素，居官名严能，世祖重之。遗诏子

1　卜宅：用占卜决定建都的地方。
2　人地：品学门第。
3　直：当值，轮值。
4　为尔寂寂，邓禹笑人：竟然孤寂到如此地步，连东汉名将邓禹都要耻笑我们。
5　喧湫：低湿、狭小、喧闹、尘土飞扬的地方。
6　搥：拳打。
7　八驺：古代达官显贵出行，有八卒骑马前导。
8　间日参承：间日，隔一天。参承，参见伺候。
9　口断：截住。
10　释服：脱去朝服。
11　世祖：即南朝齐武帝萧赜。
12　封刃：授予使者诛杀大权，犹如俗称"尚方宝剑"，常以黄绫封裹，故称。
13　永明：南朝齐武帝萧赜年号，存续时间为公元483至493年。
14　华靡：华丽奢靡。
15　顿遣：立即改变。

良辅政，鸾知¹尚书事。子良素仁厚，不乐世务，乃更推鸾。齐主昭业少养于子良妃袁氏，慈爱甚著。及王融有谋，遂深忌之，以子良居中书省，使郎将²潘敞领仗屯太极西阶以防之。既成服³，诸王皆出，子良乞停至山陵，不许。称遗诏，以鸾为尚书令，子良为太傅。蠲逋调⁴，省御府池田邸冶⁵，减关市征税。先是，蠲原⁶之诏，多无事实，督责如故。及是恩信两行，众皆悦之。

魏山阳公尉元卒谥曰"景桓"。

魏主发平城魏主发平城南伐，步、骑三十余万，使太尉丕与广陵王羽留守。羽曰："太尉宜专节度，臣正可为副。"魏主曰："老者之智，少者之决，汝无辞也。"

齐中书郎王融有罪，伏诛齐主昭业性辩慧，美容止，而矫情饰诈，阴怀鄙慝⁷，与左右群小共衣食，同卧起。始从竟陵王子良在西州，文惠太子每禁、节之，昭业密就富人求钱。夜开后阁，淫宴诸营署⁸。师史仁祖、侍书⁹胡天翼相谓曰："若言之二宫，则其事未易。若为异人¹⁰所殴，及犬物所伤，岂直罪止一身，亦当尽室及祸。"相继自杀，二宫不知也。所爱左右，皆逆加官爵，疏于黄纸，使囊盛带之¹¹，许南面之日依此施行。侍疾居丧，忧容号毁¹²，才还私室，即欢笑酣饮。常令女巫祷祀¹³，速求天位¹⁴。世祖有疾，与何妃书，作一

1　知：主持，管理。
2　郎将：古官名，主宿卫、车骑，即郎中令所辖三署的五官中郎将、左中郎将、右中郎将等。
3　成服：旧时丧礼大殓之后，亲属按照与死者关系的亲疏穿上不同的丧服。
4　蠲逋调：免除征调，对老百姓以前所欠的赋税也一律免除。
5　省御府池田邸冶：削减皇室各府、署和不使用的田庄、水池、宅第、冶炼铸造场。
6　蠲原：免除原来所征赋税。
7　鄙慝：卑劣邪恶。
8　夜开后阁，淫宴诸营署：夜里私自打开西州州府后门，到各个营舍官署去荒淫欢宴。
9　侍书：古官名，侍奉帝王、掌管文书的官员。
10　异人：他人，别人。
11　逆加官爵，疏于黄纸，使囊盛带之：预先封爵任官，写在黄纸上，让这些人装在口袋里，随身携带。
12　忧容号毁：面带忧愁，悲泣哀号，甚至伤害了身体。
13　祷祀：有事祈祷求鬼神而致祭。
14　天位：天子之位，帝位。

大"喜"字，而三十六小"喜"字绕之。世祖不知，以为必能负荷大业，临终，执其手曰："若忆翁，当好作[1]！"遂殂。大敛[2]始毕，悉呼世祖诸伎，备奏众乐。即位十余日，即收王融下廷尉。融求援子良，子良忧惧，不敢救，遂赐死，时年二十七。初，融欲与东海徐勉相识，勉谓人曰："王君名高望促，难可轻袭衣裾[3]。"太学生魏准为融所赏，常劝融立子良。太学生虞羲、丘国宾窃相谓曰："竟陵才弱，王中书无断[4]，败在眼中矣。"及融诛，召准诘问，惶惧而死，举体皆青，时人以为胆破，而勉由是知名。

九月，齐主追尊其父为文帝庙号世宗。

魏主至洛阳，罢兵魏主至肆州[5]，见道路民有跛眇[6]者，停驾慰劳，给衣食终身。大司马、安定王休执军士为盗者，将斩之。魏主遇，欲赦之。休曰："陛下亲御六师，将远清江表，今始行至此，而小人已为攘盗[7]，不斩之，何以禁奸？"帝曰："诚如卿言。然王者时有非常之泽[8]，可特赦之。"既而谓司徒冯诞曰："大司马执法严，诸君不可不慎。"于是军中肃然。

司马公曰：人主之于其国，譬犹一身，视远如视迩，在境如在庭。举贤才以任百官，修政事以利百姓，则封域之内，无不得其所矣。是以先王黈纩塞耳，前旒蔽明[9]，欲其废耳目之近用，推聪明于四远也。彼废疾者宜养，当命有司均之境内。今独施于所遇，则所遗者多矣。况赦罪人以桡[10]有司之法，尤非人君之体也。惜哉，孝文，魏之贤君，而犹有是乎！

1　若忆翁，当好作：如果还想念你祖父的话，就应该好好干。
2　大敛：丧礼之一，将已装裹的尸体放入棺材。
3　名高望促，难可轻袭衣裾：名望很高，但轻浮狂躁，很难和他坦诚相待。
4　无断：不能当机立断。
5　肆州：古州名，辖今山西省滹沱河、牧马河流域。
6　跛眇：足跛与眼瞎。
7　攘盗：盗窃，抢夺。
8　泽：恩惠。
9　黈纩塞耳，前旒蔽明：用丝绵堵住耳朵，用帽穗遮住眼睛。黈纩，黄绵所制的小球。
10　桡：扰动，搅乱。

至并州，刺史王袭治有声迹[1]，魏主嘉之。袭教民多立铭[2]道侧，虚称其美，魏主怒，降袭号二等。九月，至洛阳。诣故太学观石经。霖雨不止，诏诸军前发。魏主戎服，执鞭乘马而出。群臣稽颡于马前，曰："今者之举，天下所不愿，臣不知陛下独行，何之？臣等敢以死请！"魏主大怒曰："吾方经营天下，期于混一，而卿等屡疑大计，斧钺有常，卿勿复言！"策马将出，于是安定王休等并殷勤泣谏。魏主乃谕群臣曰："今者兴发[3]不小，动而无成，何以示后？苟不南伐，当迁都于此，王公以为何如？欲迁者左，不欲者右。"安定王休等相率如右。南安王桢进曰："成大功者，不谋于众。今陛下苟辍南伐之谋，迁都洛邑，此臣等之愿，苍生之幸也。"群臣皆呼万岁。时旧人虽不愿内徙，而惮于南伐，无敢言者，遂定迁都之计。李冲曰："愿陛下暂还代都，俟经营毕功，然后临之。"魏主曰："朕将巡省州郡，至邺小停，春首[4]即还，未宜归北。"乃遣任城王澄还平城谕留司[5]百官，曰："此真所谓革矣，王其勉之。"又使将军于烈还镇平城。

魏关中乱，讨平之北地民支酉聚众数千，起兵于长安北，遣使告齐梁州刺史阴智伯。智伯遣兵数千应之。秦、雍七州民皆响震[6]，众至十万，各守堡壁[7]，以待齐救。魏河南王干及穆亮与战，皆不利。酉等进向长安，卢渊、薛胤等拒击，大破之，降者数万。渊唯诛首恶，余悉不问。获酉，斩之。

冬，十月，魏营洛都[8]魏主征穆亮，使与尚书李冲、将作大匠董尔经营洛都。设坛于滑台城东，以告行庙[9]。任城王澄至平城，众始闻迁都，莫不惊骇。澄援引古今，徐以晓之，众乃开伏[10]。澄还报，魏主喜曰："向非任城，事

---

1 治有声迹：为政很有声誉和成绩。
2 铭：刻写或题写的格言。
3 兴发：征发调用物力人力。
4 春首：初春。
5 留司：留守平城。
6 响震：惊惧，骚乱。
7 堡壁：堡垒。
8 洛都：洛阳。
9 行庙：天子巡幸或大军出征时所立的庙。
10 开伏：开悟心服。

不成矣。"

魏以王肃为辅国将军王肃见魏主于邺，陈伐齐之策。魏主与之言，不觉促席[1]移晷。自是器遇[2]日隆，人莫能间。或屏左右，语至夜分，自谓相得之晚。时魏主方议兴礼乐，变华风[3]，凡威仪文物，皆肃所定。

齐益州刺史刘悛坐赃禁锢初，悛罢广、司二州，倾赀[4]以献世祖，家无留储。在益州，作金浴盆，余物称是[5]。及齐主即位，以悛所献减少，怒，欲杀之。西昌侯鸾救之，得免，犹禁锢终身。

甲戌（公元494年）

齐主昭业隆昌元年，昭文延兴元年，高宗明帝萧鸾建武元年。魏太和十八年。

春，正月，齐以随王子隆为抚军将军西昌侯鸾将谋废立，引萧衍与同谋。荆州刺史、随王子隆性温和，有文才，鸾欲征之，恐其不从。衍曰："随王虽有美名，其实庸劣[6]。既无智谋之士，爪牙唯仗司马垣历生、武陵太守卞白龙耳。二人唯利是从，若啖以显职[7]，无有不来。随王止须折简[8]耳。"鸾从之。征二人，并至，续召子隆为抚军将军。豫州刺史崔慧景，高、武[9]旧将，鸾疑之，以衍为宁朔将军，戍寿阳。慧景惧，白服[10]出迎，衍抚安之。

魏主南巡，祭比干墓魏主过比干墓，祭以太牢，自为文曰："呜呼介士，胡不我臣[11]！"

---

1 促席：坐席互相靠近。
2 器遇：器重而厚待。
3 华风：汉族或中原的风俗。
4 倾赀：变卖全部家财。
5 称是：与之相称。
6 庸劣：平庸低劣。
7 显职：显要的职位。
8 折简：折半之简，言其礼轻。古人以竹简作书。
9 高、武：南朝齐高帝萧道成、齐武帝萧赜。
10 白服：古代的便装。
11 呜呼介士，胡不我臣：呜呼如此耿直之士，为何不做我的大臣呢。介士，耿介正直的人。

齐萧鸾杀直阁将军周奉叔齐主昭业宠幸中书舍人綦母珍之、朱隆之、直阁将军曹道刚、周奉叔、宦者徐龙驹等。有司相语云："宁拒至尊敕，不可违舍人命。"龙驹常居含章殿，南面画敕[1]，左右侍直[2]，与齐主不异。齐主自山陵之后，即与左右微服游走市里，掷涂[3]赌跳，作诸鄙戏[4]。世祖聚钱及金帛不可胜计，未期岁[5]，用垂尽。西昌侯鸾数谏，不从。心忌鸾，欲除之。以卫尉萧谌、征南咨议萧坦之皆祖父旧人，甚亲信之。何后亦淫泆[6]，与左右杨珉通，齐主恣之。斋阁夜开，无复分别。鸾遣坦之入奏诛珉，何后流涕救之。坦之固请，齐主不得已而许之。鸾又启诛徐龙驹，齐主亦不能违，而心忌鸾益甚。谌、坦之见齐主狂纵日甚，恐祸及己，乃更劝鸾废立，阴为耳目，齐主不之觉也。周奉叔恃勇挟势，陵轹公卿。鸾忌之，使二人说齐主出奉叔为外援[7]，以为青州刺史。将之镇，称敕召入，殴杀[8]之。齐主为南郡王时，杜文谦为侍读。至是，尝说綦母珍之曰："天下事可知，不早为计，吾徒无类矣。"珍之曰："计将安出？"文谦曰："先帝旧人，多见摈斥，召而使之，谁不慷慨[9]？若密报奉叔，使杀萧谌，则宫内之兵，皆为我用。勒兵入尚书，斩萧令，两都伯[10]力耳。"珍之不能用。及鸾杀奉叔，并收杀之。

魏以韩显宗为中书侍郎显宗上书曰："窃闻舆驾[11]今夏不巡三齐，当幸中山。蚕麦[12]方急，何以堪命？愿早还北京[13]，以省诸州供张之苦。洛阳宫殿故基，

1　画敕：画押。
2　侍直：在宫廷内伺候听命或宿夜值班。
3　掷涂：以投掷泥土为戏。
4　鄙戏：粗鄙的游戏。
5　期岁：一年。
6　淫泆：淫荡，淫乱。
7　外援：外部的援助力量。
8　殴杀：用手或器具击打而导致对方死亡。
9　慷慨：情绪激昂。
10　都伯：行刑人，刽子手。
11　舆驾：帝、后乘坐的车驾，亦借指帝、后。
12　蚕麦：蚕与麦的收成。
13　北京：古地名，即平城，位于今山西省大同市东北。北魏自平城向南迁都洛阳，因称旧都平城为北京。

皆魏明帝所造，前世已讥其奢，宜加裁损。北都富室，竞以第舍[1]相尚。宜加
迁徙，为之制度。端广衢路，通利沟渠[2]。陛下还洛阳，轻将从骑[3]。王者于闺闼[4]
之内，犹施警跸，况涉履[5]山河而不加三思乎？至于景昃[6]而食，夜分而寝，又
非所以啬[7]神养性，保无疆之祚也。伏愿陛下垂拱司契[8]，而天下治矣。"魏主颇
纳之。显宗，麒麟之子也。显宗又言："州郡贡察[9]，徒有秀、孝之名，而无其
实。朝廷但检其门望[10]，不复弹坐[11]。如此，则可令别贡门望，何假冒秀、孝之名
哉？夫门望者，乃其父、祖之遗烈[12]，何益于时？益于时者，贤才而已。苟有其
才，虽屠钓奴虏[13]，圣主不耻以为臣。苟非其才，虽三后之胤[14]，坠于皂隶矣。议
者或云：'世无奇才，不若取以门望。'此亦失矣。岂可以世无周、邵[15]，遂废
宰相邪？但当校其寸长铢重[16]者先叙之，则贤才无遗矣。又，刑罚之要，在于
明当[17]，不在于重。今内外之官，欲邀当时之名，争以深酷[18]为无私，迭相敦厉，
遂成风俗。陛下居九重之内，视人如赤子。百司分万务之任，遇下如仇雠。是
则尧、舜止一人，而桀、纣以千百。和气不至，盖由于此。又，昔周居洛邑，
犹存宗周[19]。汉迁东都，京兆置尹。《春秋》之义，邑有宗庙曰都。况代京[20]，陵

1　第舍：宅第，住宅。
2　端广衢路，通利沟渠：都城的道路要拓宽加直，沟渠也要加以疏通。
3　轻将从骑：随从保卫的武器人员很少。
4　闺闼：宫廷，宫室。
5　涉履：行走，踩踏。
6　景昃：太阳偏西。
7　啬：爱惜。
8　司契：掌管法规。
9　贡察：举荐。
10　门望：门第，族望。
11　弹坐：弹劾并坐之以罪。
12　遗烈：前人遗留的功业。
13　屠钓奴虏：屠夫、钓叟、奴隶、俘虏。
14　三后之胤：夏、商、周三代之王的后裔。三后，夏、商、周三代之王。胤，后代，后裔。
15　周、邵：即周成王时的名臣周公、召公。
16　寸长铢重：相比之下，有一寸之长、一铢之重。
17　明当：明白得当。
18　深酷：苛刻严酷。
19　宗周：周王都所在地，如丰京、镐京，成周洛邑亦称为宗周。
20　代京：即平城。

庙所托，王业所基，而可同之郡国乎？谓宜建畿置尹¹，一如故事。古者四民异居，欲其业专志定也。太祖创基，日不暇给，然犹分别士庶，不令杂居，工伎屠沽²，各有攸³处。但不设科禁，久而混淆。今闻洛邑居民之制，专以官位相从，不分族类。夫官位无常，朝荣夕悴⁴，则是衣冠、皂隶不日同处矣。借使一里之内，或习歌舞，或讲《诗》《书》，纵群儿随其所之，则必不弃歌舞而从《诗》《书》矣。故使工伎之家，习士人风礼⁵，百年难成。士人之子效工伎容态⁶，一朝而就。此乃风俗之原，不可不察。况今迁徙之初，皆是公地，分别工伎，在于一言，有何可疑而阙盛美⁷？又，南人昔有淮北，侨置郡县。仍⁸而不改，名实难辨。宜皆厘革⁹，小者并合，大者分置。君人者以天下为家，不可有所私。比来颁赍¹⁰，动以千计。若分以赐鳏寡孤独，所济实多。今直以与亲近之臣，殆非周急不继富¹¹之谓也。”魏主善之。

三月，魏主还平城魏主至平城，使群臣更论迁都利害。燕州¹²刺史穆罴曰：“今四方未定，未宜迁都。且征伐无马，将何以克？”魏主曰：“厩牧在代¹³，何患无马？”尚书于果曰：“先帝以来，久居于北，一旦南迁，众情不乐。”平阳公丕曰：“迁都大事，当讯¹⁴之卜筮。”魏主曰：“昔周、召圣贤，乃能卜宅。今无其人，卜之何益？且‘卜以决疑，不疑何卜？’黄帝卜而龟焦¹⁵，

1　建畿置尹：在平城建立王城，置京兆尹。
2　工伎屠沽：工伎，从事各种技艺的人。屠沽，宰牲和卖酒，亦泛指职业微贱的人。
3　攸：所。
4　悴：枯萎，衰落。
5　风礼：风范礼节。
6　容态：容貌体态。
7　有何可疑而阙盛美：有何疑难而不为，以致使如此盛美之事付之阙如。
8　仍：因袭，依旧。
9　厘革：改革。
10　颁赍：颁赐。
11　周急不继富：在急需时周济人，不帮助富人使其更富。
12　燕州：古州名，辖今河北怀安、山西广灵以东，北京军都山以西，北至长城、南至拒马河。
13　厩牧在代：养马的地方在平城地区。
14　讯：询问，请教。
15　龟焦：龟甲灼焦，谓卜不成兆。

天老[1]曰：'吉。'黄帝从之。然则至人之知未然，审于龟矣。王者以四海为家，或南或北，何常之有？朕之远祖，世居北荒。平文[2]始都东木根山，昭成更营盛乐，道武迁于平城。朕幸属胜残[3]之运，何为独不得迁乎？"群臣乃不敢言。

夏，四月，魏罢西郊祭天。

齐竟陵王子良以忧卒。

司马公曰：王融乘危徼幸，谋易嗣君。故以子良之贤王，素守忠慎，而不免忧死。其所以然，由融速求富贵而已。轻躁之士，乌可近哉？

五月朔，日食。

魏遣使如齐魏遣散骑常侍王清石聘于齐。清石世仕江南，魏主谓曰："卿勿以南人自嫌。彼有知识，欲见则见，欲言则言。凡使人以和为贵，勿迭相矜夸，见于辞色，失将命之体也。"

秋，七月，**魏以宋王刘昶都督吴、越、楚诸军事，镇彭城**魏以宋王刘昶为大将军，镇彭城。以王肃为府长史。昶不能抚接义故[4]，卒无成功。

魏安定王休卒自卒至殡，魏主三临其第，葬日送之出郊，乃恸哭而返。

齐萧鸾弑其君昭业，而立新安王昭文，自为骠骑大将军、录尚书事，封宣城公鸾既诛徐龙驹、周奉叔，而尼媪[5]外入者，颇传异语。中书令何胤，以后之从叔，为齐主昭业所亲，使直殿省，与谋诛鸾。胤不敢当，依违谏说，齐主意复止。乃谋出鸾于西州，中敕用事[6]，不复关咨于鸾。时萧谌、萧坦之握兵权，仆射王晏总尚书事。鸾以废立之谋告晏及丹杨尹徐孝嗣，皆从之。骠骑录事乐豫谓孝嗣曰："外传籍籍[7]，似有伊、周之事。君蒙武帝殊常[8]之恩，

1　天老：古人名，黄帝辅臣。
2　平文：即北魏平文帝拓跋郁律。下文"昭成"为昭成帝拓跋什翼犍，"道武"为道武帝拓跋珪。
3　胜残：遏制残暴的人，使之不能作恶。
4　抚接义故：抚接，安抚接纳。义故，以恩义相结的故旧。
5　尼媪：尼姑。
6　中敕用事：朝廷中发布诏书和处理事务。
7　籍籍：形容喧哗纷乱的样子。
8　殊常：异常，不同寻常。

荷托附之重，恐不得同人此举。人笑褚公[1]，至今齿冷。"孝嗣不能从。直阁将军曹道刚疑外间有异，密有处分，谋未能发。鸾虑事变，以告坦之。坦之驰谓谌曰："废天子，古来大事。闻道刚等转已猜疑，卫尉明日若不就事[2]，无所复及。弟有百岁母，岂能坐听祸败，正应作余计[3]耳！"谌惶遽从之。鸾使谌先入，遇道刚及朱隆之，皆杀之。鸾引兵入云龙门，齐主闻变，犹为手敕呼萧谌。俄而谌引兵入阁，齐主拔剑自刺，不入，舆接而出[4]，行至西弄[5]，弑之。舆尸出，殡徐龙驹宅，葬以王礼。诸嬖幸皆伏诛。以太后令，追废昭业为郁林王，迎立新安王昭文。吏部尚书谢瀹方与客棋，闻变，竟局还卧，竟不问外事。大匠[6]虞惊窃叹曰："王、徐[7]遂缚袴废天子，天下岂有此理邪？"朝臣被召入宫。国子祭酒江敩至云龙门，托药发，吐车中而去。鸾欲引中散大夫孙谦为腹心，使兼卫尉，给甲仗百人。谦不欲与之同，辄散甲士，鸾亦不之罪也。新安王即位，年十五。以西昌侯鸾为骠骑大将军、录尚书事、扬州刺史，封宣城郡公。

齐以始安王遥光为南郡太守遥光，鸾兄子也。鸾有异志，遥光赞成之。鸾欲树置亲党，故用为南郡守而不之官[8]。

九月，魏主考绩，黜陟百官初，魏主诏："三载考绩，即行黜陟。各令当曹[9]考其优劣为三等，其上下二等仍分为三。六品以下，尚书重问[10]。五品以上，亲与公卿论之。上上者迁，下下者黜，中者守本任。"于是亲临朝堂，黜陟百官，谓："诸尚书未尝献可替否，进贤退不肖。录尚书事广陵王羽无勤恪之声，有阿党之迹，而令、仆、左右丞，不能相导，罢黜、削禄有差。任城王澄以神志骄傲，解少保。尚书于果以不勤事削禄。"余皆面数其过而行之。又

1　褚公：指南朝齐开国功臣褚渊。
2　就事：举事。
3　作余计：考虑后果。
4　舆接而出：用轿子把他抬了出去。
5　西弄：宫中小道。
6　大匠：即将作大匠。
7　王、徐：王晏、徐孝嗣。
8　之官：上任。
9　当曹：主管的官署。
10　重问：复核审查。

谓陆睿曰："天言'北俗质鲁[1]，何由知书？'然今知书者甚众，顾学与不学耳。朕修百官，兴礼乐，其志固欲移风易俗。使卿等子孙渐染美俗[2]，闻见广博耳。"

　　齐宣城公鸾杀鄱阳王锵等七人宣城公鸾权势益重，中外皆知其蓄不臣之志。鄱阳王锵每诣鸾，鸾语及家国，言泪俱发，锵以此信之。宫台[3]之内，皆属意于锵。制局监[4]谢粲说锵及随王子隆曰："二王但出天子，置朝堂，夹辅号令。粲等闭城、上仗[5]，谁敢不同？东城人正共缚送萧令耳[6]。"子隆欲定计，锵意犹豫。命驾将入，复还与母别，日暮不成行。典签告之，鸾遣兵杀锵及子隆、谢粲等。时太祖诸子，子隆最壮大，有才能，故鸾尤忌之。江州刺史、晋安王子懋闻二王死，欲起兵，谓直阁陆超之曰："事成则宗庙获安，不成犹为义鬼。"董僧慧曰："此州虽小，宋孝武尝用之。若举兵向阙[7]，以请郁林之罪[8]，谁能御之？"子懋母阮氏在建康，密遣迎之。阮氏报其同母兄于谣之为计。谣之驰告鸾，鸾遣军主裴叔业与谣之先袭寻阳。子懋部曲多雍州人，皆踊跃愿奋。叔业畏之，遣谣之说子懋曰："还都[9]正当作散官，不失富贵也。"子懋既不出兵，众情稍沮。参军于琳之说叔业取子懋，叔业遣将随之，拔白刃入斋。子懋骂曰："小人，何忍行此？"琳之以袖障面，使人杀之。王玄邈执董僧慧，将杀之。僧慧曰："晋安举义，仆实豫谋，死不恨。愿大敛毕，退就鼎镬。"玄邈义之，白鸾免死。子懋子昭基，九岁，以方二寸绢为书，参其消息[10]，僧慧视之曰："郎君书也！"悲伤而卒。于琳之劝陆超之逃亡。超之曰："人皆有死，此不足惧。吾若逃亡，非唯孤晋安之眷，亦恐田横客[11]笑人。"玄邈等欲囚

1　质鲁：质朴鲁钝。
2　美俗：淳美的风俗。
3　宫台：尚书省的别称。
4　制局监：古官名，南朝齐梁间设置，职掌内府器杖兵役。
5　上仗：带卫士支援。
6　东城人正共缚送萧令耳：东府城的人正一起捆着萧鸾送过来呢。东城，即东府城之简称，故址位于今江苏省南京市通济门附近，南临秦淮河。
7　向阙：即向朝廷进发。阙，代指朝廷。
8　郁林之罪：弑先帝萧昭业的罪过。萧昭业死后被废为郁林王。
9　还都：回到京城。
10　参其消息：打听董僧慧的情况。
11　田横客：战国时义士田横的门客。

以还都，超之端坐俟命。超之门生谓杀超之当得赏，密自后斩之，头坠而身不僵。玄邈厚加殡敛[1]。门生亦助举棺，棺坠，厌其首，折颈而死。鸾遣将军王广之袭南兖州刺史、安陆王子敬，斩之。又遣徐玄庆西上，害荆州刺史、临海王昭秀。行事何昌寓曰："仆受朝廷意寄[2]，翼辅[3]外藩。殿下未有愆失[4]，何容即以相付邪[5]？若朝廷必须殿下，当自启闻，更听后旨。"昭秀由是得还建康。鸾以孔琇之行郢州事，使杀郢州刺史、晋熙王銶。琇之辞，不许，遂不食而死。裴叔业进向湘州，欲杀南平王锐，直阁周伯玉大言于众曰："此非天子意。今斩叔业，举兵匡社稷，谁敢不从？"典签叱左右斩之。遂杀锐，又杀銶及南豫州刺史、宜都王铿。

冬，十月，齐宣城公鸾自为太傅、扬州牧，进爵为王宣城公鸾谋继大统，多引名士与参筹策。侍中谢朏心不愿，乃求出为吴兴太守。至郡，致酒数斛，遗其弟吏部尚书瀹曰："可力饮此，勿豫人事[6]！"

司马公曰：衣人之衣者怀人之忧，食人之食者死人之事。二谢兄弟，比肩贵近，安享荣禄[7]，危不预知。为臣如此，可谓忠乎？

鸾虽专政，人情未服。自以胛有赤志[8]，以示王洪范而谓之曰："人言此是日月相，卿幸勿泄。"洪范曰："公日月在躯，如何可隐？当转言之。"

齐宣城王鸾杀衡阳王钧等四人桂阳王铄与鄱阳王锵齐名。锵好文章，铄好名理[9]，时称为"鄱桂"。锵死，铄不自安，至东府见鸾。还，谓左右曰：

1　殡敛：出殡殓葬。
2　意寄：托付。
3　翼辅：辅佐。
4　愆失：过失。
5　何容即以相付邪：如何就能让我把殿下交给你呢。
6　可力饮此，勿豫人事：可以尽量饮酒，不要参与别人的事。
7　比肩贵近，安享荣禄：一起担任皇帝身边的亲近大臣，但是只知道安享荣华富贵。
8　胛有赤志：肩胛处有一个红色的痣。
9　名理：魏晋及其后清谈家辨析事物名和理的是非同异。

"向录公见接殷勤不已[1]，而面有惭色，欲杀我也。"是夕遇害。江夏王锋有才行，
鸾尝与之言："遥光才力可委。"锋曰："遥光之于殿下，犹殿下之于高皇。卫
宗庙，安社稷，实有攸寄。"鸾失色。及杀诸王，锋遗鸾书诮责之，鸾深惮之，
使兼祠官于太庙，夜，遣兵收之。锋手击数人，皆仆地，然后死。遣茹法亮杀
巴陵王子伦。子伦性英果[2]，时镇琅邪，有守兵。鸾恐不肯就死，以问典签华伯
茂。伯茂曰："今若以兵取之，恐不可即办。若委伯茂，一夫力耳。"乃自执
鸩[3]逼之，子伦正衣冠，出受诏，谓法亮曰："先朝昔灭刘氏，今日理数[4]固然。
君是身家旧人[5]，今衔[6]此使，当由事不获已[7]。此酒非劝酬[8]之爵。"因仰之而死，
时年十六。法亮及左右皆流涕。初，诸王出镇，皆置典签，主帅一方之事，悉
以委之。时入奏事，刺史美恶，专系其口，莫不折节奉之。于是威行州部[9]，大
为奸利。武陵王晔为江州，性烈直[10]，不可干。典签赵渥之谓人曰："今出都[11]易
刺史！"及见世祖，盛毁之，晔遂免还。南海王子罕戍琅邪，欲暂游东堂，典
签姜秀不许。子罕泣谓母曰："儿欲移五步亦不得，与囚何异？"永明巴东之
乱，世祖谓群臣曰："子响遂反！"戴僧静曰："诸王都自应反，岂唯巴东[12]？"
上问其故，对曰："天王[13]无罪，而一时被囚，取一杯浆，亦咨签帅[14]。签帅不
在，则竟日忍渴。诸州唯闻有签帅，不闻有刺史，何得不反？"及鸾诛诸王，

1　向录公见接殷勤不已：刚才萧鸾接见我时表现得十分殷勤周到。录公，代指录尚书事
　　萧鸾。
2　英果：英明果断。
3　鸩：毒酒。
4　理数：天理，天数。
5　身家旧人：奉事过武帝的老臣子。
6　衔：接受。
7　不获已：不得已。
8　劝酬：互相劝酒，敬酒。
9　州部：州一级的行政单位。
10　烈直：刚烈耿直。
11　出都：离开到京城去。
12　诸王都自应反，岂唯巴东：诸藩王本来都应该谋反，岂只巴东王一个。
13　天王：藩王，诸侯。
14　签帅：古官名，即典签，或称典签帅，原为州、府掌管文书的佐吏，由于南朝宋时多以
　　年幼的皇子出镇，皇帝委派亲信担任此职，协助处理政事，故品阶虽不高，实权在长史
　　之上。

皆令典签杀之，无能拒者。孔珪闻之，流涕曰："若不立签帅，故当不至于此。"鸾亦深知其弊，乃诏："自今诸州有事，密以奏闻，勿遣典签入都。"自是典签之任浸轻矣。

萧子显[1]曰：帝王之子，生长富厚，朝出闺闱，暮司方岳，防骄蔽逸，积代常典[2]。故用左右为主帅，动息皆应闻启[3]。处地虽重，行己莫由[4]。威不在身，恩未下及，一朝艰难总至[5]，望其释位[6]扶危，何可得矣？斯宋氏之余风，至齐室而尤弊矣。

魏主发平城 魏以太尉、东阳王丕为太傅、录尚书事，留守平城。魏主亲告太庙，使高阳王雍、于烈奉迁神主于洛阳，遂发平城。

齐宣城王鸾废其君昭文为海陵王而自立 齐主昭文在位，起居饮食，皆咨宣城王鸾而后行。至是，鸾以皇太后令，废昭文为海陵王，而自立。以王敬则为大司马，陈显达为太尉。尚书虞悰称疾不陪位[7]。齐主鸾欲引参佐命，使王晏谕之，悰曰："主上圣明，公卿戮力，宁假朽老以赞惟新[8]乎？不敢闻命。"因恸哭。朝议欲纠之，徐孝嗣曰："此亦古之遗直[9]。"乃止。

齐禁牧、守荐献[10] 诏："藩牧守宰，或有荐献，事非任土[11]，悉加禁断。"

魏禁蛮毋得侵掠齐境 诏曰："缘边之蛮，多掠南土，父子乖离，室家[12]分绝。朕方荡一区宇，子育万姓[13]，若苟如此，南人岂知德哉？可禁蛮民，勿有

1　萧子显：南朝梁史学家，齐高帝萧道成之孙，著有《南齐书》等。
2　朝出闺闱，暮司方岳，防骄蔽逸，积代常典：他们刚刚离开后宫，就去担任一州刺史。为了预防和消除他们骄奢淫逸，特意给他们制定一些法规，这在历代均被看作是常规的做法。
3　闻启：上奏汇报。
4　行己莫由：做什么都由不得自己。
5　总至：骤然而至。总，通"忽"。
6　释位：用为赞辅朝政之称。
7　陪位：陪席，陪同。
8　惟新：更新，自新。
9　遗直：直道而行、有古人遗风的人。
10　荐献：祭献，向鬼神进献。
11　事非任土：如果不是本地土产。
12　室家：家庭，家庭中的人。
13　子育万姓：子育，抚爱、养育如己子。万姓，万民。

侵暴。"

十一月，齐以始安王遥光为扬州刺史，闻喜公遥欣为荆州刺史。

齐立子宝卷为太子。

魏主至洛阳。

魏置牧场于河阳魏主敕将军宇文福行牧地[1]。福表石济以西，河内以东，距河凡十里。魏主自代徙杂畜[2]置其地，使福掌之。畜无耗失[3]，以为司卫监。初，世祖平统万及秦、凉，以河西水草丰美，用为牧地，畜甚蕃息，马至二百余万匹，橐驼半之，牛羊无数。及高祖置牧场于河阳，常畜戎马十万匹。每岁自河西徙牧并州，稍复南徙，欲其渐习水土，不至死伤，而河西之牧愈蕃。及正光[4]以后，皆为寇盗所掠，无孑遗矣。

齐主鸾弑海陵王鸾诈称王有疾，数遣御师[5]瞻视[6]，因而殒之。

魏赐郢州刺史韦珍谷帛珍在州有声绩[7]，魏主赐以骏马谷帛。珍集境内孤贫者，散与之，谓之曰："天子以我能抚绥卿等，故赐以谷帛，吾何敢独有之？"

十二月，**魏禁胡服**魏主欲变易旧风，诏禁民胡服，国人不悦。散骑常侍刘芳、黄门侍郎郭祚皆以文学见亲礼[8]，大臣、贵戚皆不平。帝使陆凯私谕之曰："至尊但欲询访前世法式[9]耳，终不亲彼而相疏也。"众意乃稍解。

魏主自将伐齐魏主以齐主自立，谋大举伐之。会边将言，齐雍州刺史曹虎遣使请降，乃分遣诸将出兵应接。以尚书卢渊督襄阳前锋，渊辞，不许。渊曰："恐曹虎为周鲂耳。"魏主欲自将伐齐，引公卿入议。镇南将军李冲曰：

1　行牧地：测量规划牧畜之地。
2　杂畜：各种牲畜。
3　耗失：损耗。
4　正光：北魏孝明帝元诩年号，存续时间为公元 520 至公元 525 年。
5　御师：御医。
6　瞻视：探视。
7　声绩：声誉功绩。
8　亲礼：亲信礼遇。
9　法式：制度，法度。

"臣等正以迁都草创，人思少安。为内应者未得审谛[1]，不宜轻动。"魏主曰："彼降款[2]虚实，诚未可知。若其虚也，朕巡抚淮甸[3]，访民疾苦，使彼知君德之所在，有北向之心。若其实也，今不以时应接，则失乘时之机，孤归义之诚，败朕大略矣。"任城王澄曰："虎无质任，使不再来，诈可知也。今新迁之民，扶老携幼，居无一椽[4]之室，食无甔石之储。冬月垂尽，东作[5]将起，而驱之使擐甲执兵，泣当白刃，殆非歌舞之师也[6]。且诸军已进，待平樊沔[7]，然后顺动，亦何晚之有？今率然轻举，上下疲劳，恐挫损天威，更成贼气，非策之得者也。"穆亮及诸公卿皆以为宜行。澄谓亮曰："公辈平居论议，不愿南征，何得对上即为此语？面背不同[8]，岂大臣之义乎？"冲曰："任城可谓忠于社稷。"然魏主竟不从。遂发洛阳，诏诸将所获男女皆放还南。曹虎果不降。

乙亥（公元 495 年）

齐建武二年。魏太和十九年。

春，二月，魏主攻钟离，不克。遣使临江，数齐主之罪而还齐遣将军王广之、萧坦之、沈文季督诸军以拒魏。魏徐州刺史拓跋衍攻钟离，齐徐州刺史萧惠休拒守，间出[9]，袭击，破之。魏大将军刘昶、将军王肃攻义阳，齐司州刺史萧诞拒之。肃屡破诞兵。昶性褊躁[10]，御军严暴[11]，人莫敢言。参军阳固苦

1　审谛：仔细考察。
2　降款：降服。
3　巡抚淮甸：巡抚，巡察安抚。淮甸，淮河流域。
4　椽：椽子，承托屋面用的木构件。圆的叫椽，方的叫桷。
5　东作：春耕。
6　泣当白刃，殆非歌舞之师也：哭着面向敌人的刀枪，流血冒死，这样的出征恐怕并非是当年武王伐纣、前歌后舞的正义之师。
7　樊沔：樊川沔水流域。樊川，古水名，即樊港，今湖北省鄂州市西南之长港河。
8　面背不同：当面一套，背后一套。
9　间出：不时派兵出击。
10　褊躁：器量狭小，性情急躁。
11　严暴：严酷暴虐。

谏，昶怒，欲斩之，使当攻道[1]。固志意闲雅，临敌勇决[2]，昶始奇之。二月，魏主至寿阳，众号三十万。道遇甚雨[3]，命去盖[4]。见军士病者，亲抚慰之。遣使呼城中人。齐豫州刺史、丰城公遥昌使参军崔庆远出问师故[5]，魏主曰："齐主何故废立？"庆远曰："废昏立明，古今非一，未审何疑？"魏主曰："卿主若不忘忠义，何以不立近亲，而自取之乎？"庆远曰："霍光亦舍近亲而立宣帝，唯其贤也。"魏主曰："霍光何以不自立？"庆远曰："非其类也。主上正可比宣帝耳，安得比光？且若然者，武王伐纣而不立微子，亦为贪天下乎？"魏主大笑，赐庆远酒肴、衣服而遣之。魏主循淮而东，民皆安堵，租运属路[6]。遂至钟离。齐遣将军崔慧景救之。刘昶、王肃众号二十万，堑栅[7]三重，并力攻义阳。王广之不敢进。黄门侍郎萧衍间道夜发，径上贤首山[8]，魏人不敢逼。黎明，城中望见援军，遣长史王伯瑜出攻魏栅，因风纵火，衍等自外击之，魏解围去，追击，破之。魏主欲南临江，会司徒冯诞卒，乃遣使临江，数齐主罪恶而还。魏主欲筑城、置戍于淮南，赐相州刺史高闾玺书问之。闾表对曰："昔世祖以回山倒海之威，步、骑数十万，南临瓜步，诸郡尽降，而盱眙小城，攻之不克。班师之日，兵不成一城，土不辟一廛[9]。夫岂无人？以为大镇未平，不可守小故也。夫壅水者先塞其原，伐木者先断其本。本、原尚在，而攻其末流，终无益也。寿阳、盱眙、淮阴，淮南之本原也。三镇不克其一，而留守孤城，少置兵则不足以自固，多置兵则粮运难通。大军既还，士心孤怯[10]。夏水盛涨，救援甚难。以新击旧，以劳御逸，若果如此，必为敌擒。天时向热，雨水

1　当攻道：担任攻城先锋。
2　勇决：勇敢果断。
3　甚雨：骤雨，大雨。
4　去盖：除去头上的华盖，意为和士兵一样淋雨。
5　师故：出兵的原因。
6　租运属路：租运，租赋运输。属路，相续于路。
7　堑栅：壕沟和栅栏。
8　贤首山：古山名，亦名贤隐山，位于今河南省信阳市西南。
9　廛：一亩半，古代城市平民一户人家所居的房地。
10　孤怯：孤单怯懦。

方降，愿陛下踵[1]世祖之成规，旋辕[2]洛邑，蓄力观衅，布德行化。中国既和，远人自服矣。"尚书令陆睿上表，以为："长江浩荡，彼之巨防[3]。南土郁蒸，夏多疾病，而迁鼎[4]草创，庶事甫尔[5]，兵徭[6]并举，圣王所难。驱罢弊[7]之兵，讨坚城之虏，将何以取胜乎？愿早还洛邑，使根本深固，然后命将出师，何忧不服？"魏主从之。齐人据渚邀断津路[8]。魏军主奚康生缚筏积柴，因风纵火，依烟直进，飞刀乱斫，齐兵遂溃。魏主使前将军杨播将步卒三千、骑五百为殿[9]。时春水方长，齐兵大至，战舰塞川。播结阵于南岸以御之。诸军尽济，齐兵四集围播，播为圆阵以御之，身自搏战，所杀甚众。相拒再宿[10]，军中食尽，围兵愈急。魏主在北岸，以水盛不能救。既而水减，播引精骑历齐舰，大呼曰："我今欲渡，能战者来！"遂拥众而济。播，椿之兄也。时魏使者卢昶等犹在建康，齐人饲以蒸豆[11]，昶惧，食之。谒者张思宁辞气不屈，死于馆下。及还，魏主让昶曰："人谁不死？何至自同牛马，屈身辱国，纵不远惭苏武，独不近愧思宁乎？"乃黜为民。

魏太师冯熙卒熙卒于平城。平阳公丕不乐南迁，与陆睿表请魏主还临熙葬。帝曰："开辟以来，安有天子远奔舅丧者乎？今经始洛邑，岂宜妄相诱引，陷君不义？付法官[12]贬之。"仍迎熙枢，葬洛阳。

夏，四月，魏围齐南郑，不克而还魏主之在钟离也，梁州刺史拓跋英请以州兵会击汉中，许之。齐梁州刺史萧懿遣部将尹绍祖等将兵据险，立五栅以拒之。英曰："彼帅贱，莫相统一。我选精卒并攻一营，彼必不相救。若克

1　踵：追随。
2　旋辕：回车，回师。
3　巨防：大堤，引申为巨大的屏障。
4　迁鼎：迁都。
5　甫尔：初始。尔，语末助词。
6　兵徭：兵役和徭役。
7　罢弊：疲劳困顿。
8　据渚邀断津路：占据了河中之洲，断绝了水路。
9　殿：在最后。
10　再宿：两夜，借指两天。
11　饲以蒸豆：像喂牛马一样地把豆子蒸熟让他们吃。
12　法官：执法官员。

一营，四营皆走矣。"乃急攻一营，拔之，四营俱溃。乘胜长驱，进逼南郑。
懿遣其将姜修击英，英掩击，尽获之。将还，齐军继至，将士已疲，大惧，欲
走。英故缓辔¹徐行，神色自若，登高望敌，东西指麾，状若处分，然后整列
而前。齐军疑有伏，迁延引退。英追击，破之，遂围南郑。禁将士毋得侵暴，
远近悦附²，争供租运。城中恟惧，参军庾域封题³空仓数十，指示将士曰："此
粟皆满，足支二年，但努力坚守！"众心乃安。会魏主召英还，英使老弱先
行，自将精兵为后拒，遣使与懿别。懿以为诈，英去二日，乃遣将追之。英下
马与战，懿兵不敢逼而返。英入斜谷，会天大雨，士卒截竹贮米，执炬火于马
上炊之。先是，懿遣人诱说仇池诸氐，使起兵断英运道及归路。英勒兵奋击，
且战且前，矢中英颊。卒全军还仇池，讨叛氐，平之。英，椿之子。懿，衍之
兄也。英之攻南郑也，魏主诏雍、泾、岐州⁴发兵六千人戍南郑，俟克城则遣
之。李冲谏曰："秦川险厄，地接羌、夷。西师⁵出后，氐、胡叛逆，运粮擐甲，
迄兹⁶未已。今复豫差⁷戍卒，悬拟山外⁸，脱攻不克，徒动民情，连结胡夷⁹，事
或难测。辄依旨密下刺史，待克郑城，然后差遣。然西道险厄，单径千里¹⁰，今
欲深戍绝界之外，孤据群贼之中，敌攻不可猝援，食尽不可运粮。古人有言：
'虽鞭之长，不及马腹。'南郑于国，实马腹也。今钟离、寿阳，密迩未拔，

1　缓辔：放松缰绳，骑马缓行。
2　悦附：乐于归附。
3　封题：物品封装妥善后，在封口处题签。
4　泾、岐州：泾，泾州，古州名，辖今甘肃省泾川、崇信、平凉、华亭、灵台及陕西省彬
　　县、旬邑、永寿，宁夏泾源等县市地。岐州，古州名，辖今陕西省周至、麟游、陇县、
　　宝鸡、太白等市县地。
5　西师：来自西方的军队。
6　迄兹：至今。
7　豫差：提前派遣。
8　悬拟山外：凭空设想秦岭以外的情况。悬拟，凭空设想。
9　胡夷：古代泛称西、北方的各族为胡，东方的民族为夷，胡夷并称亦泛指外族或外族人。
10　单径千里：只能一辆车行走的路就有千里之遥。

赭城[1]、新野，跬步[2]弗降。东道既未可以近力守，西藩宁可以远兵固[3]？若果欲置者，臣恐终以资敌也。"魏主从之。

魏主如鲁城[4]，祠孔子，封其后为崇圣侯魏主如鲁城，亲祠孔子，拜孔氏四人、颜氏二人官。仍选诸孔宗子一人封崇圣侯，奉孔子祀，命修其墓，更建碑铭。将如碻磝，命谒者仆射成淹具舟楫，欲自泗入河，溯流还洛。淹谏以河流悍猛，非万乘[5]所宜乘。魏主曰："我以平城无漕运之路，故京邑[6]民贫。今迁洛阳，欲通四方之运，而民犹惮河流之险，故朕有此行，所以开百姓之心也。"

魏攻齐赭阳[7]，齐击败之魏城阳王鸾等攻赭阳，围守百余日，诸将欲不战以疲之。李佐独昼夜攻击，士卒死者甚众。齐遣右卫率垣历生救之。诸将欲退，佐独逆战而败，历生追击，大破之。魏主降封鸾为定襄县王，削户五百。佐削官爵，徙瀛州[8]。

五月，魏广川王谐卒谐卒，魏主曰："古者大臣之丧，有三临[9]之礼。魏、晋以来，王公之丧，哭于东堂。自今诸王之丧，期亲[10]三临，大功再临，小功、缌麻一临，罢东堂之哭。广川王于朕，大功也。"将大敛，素服深衣往哭之。

魏主至洛阳。

魏减冗官之禄。

1　赭城：古县名，治所位于今河南省南阳市方城县东。
2　跬步：半步，形容极近的距离。
3　东道既未可以近力守，西藩宁可以远兵固：东边离得近还不能完全靠军力守得住，西边南郑隔得那么远又怎么可以派兵固守得住呢。
4　鲁城：山东省曲阜市的别称。
5　万乘：指天子。周制，天子地方千里，出兵车万乘，诸侯地方百里，出兵车千乘，故称天子为"万乘"。
6　京邑：京城。
7　赭阳：古地名，南朝齐置，位于今河南省南阳市方城县东。
8　瀛州：古州名，辖今河北省保定市、博野县以东，肃宁、泊头、沧州、盐山等县市以北，大清河以南地区。
9　临：聚众哭，为丧事而悲痛哭泣。
10　期亲：服丧一年的亲属。

　　六月，魏禁胡语，求遗书，法度量[1]魏主欲变北俗，谓群臣曰："卿等欲朕远追商、周，为[2]欲不及汉、晋邪？"咸阳王禧对曰："群臣愿陛下度越前王耳。"魏主曰："然则当变风易俗，当因循守故邪？"对曰："愿圣政日新。"魏主曰："为止于一身，为欲传之子孙邪？"对曰："愿传之百世。"魏主曰："然则必当改作，卿等不得违也。"对曰："上令下从，其谁敢违！"魏主曰："夫名不正，言不顺，则礼乐不可兴。"于是下诏："断诸北语，一从正音[3]，违者免官。"又诏求遗书，秘阁[4]所无，而有益于时用者，加以优赏[5]。又诏改用长尺大斗，其法依汉志[6]为之。

　　齐杀其领军萧谌及西阳王子明等齐主之废郁林王也，许萧谌以扬州，既而除南徐州刺史。谌恃功干政，所欲选用，辄命尚书申论[7]。齐主闻而忌之，以其弟诞、诛方将兵拒魏，隐忍不发。至是杀之，并其诸弟，及西阳王子明、南海王子罕、邵陵王子贞。

　　秋，八月，魏置羽林、虎贲凡十五万人。

　　魏立国子、太学、四门、小学[8]。

　　魏以薛聪为直阁将军魏主游华林园，观故景阳山[9]，侍郎郭祚请复修之，魏主曰："魏明帝已失之于前，朕岂可袭之于后乎？"魏主好读书，手不释卷。又善属文，诏、策皆自为之。好贤乐善，情如饥渴[10]，所与游接，常寄以布素之意[11]。如李冲、李彪、高闾、王肃之徒，皆以文雅见亲，贵显用事。制礼作

1　法度量：规定度量的标准。
2　为：或，表示选择关系。
3　正音：标准语音，此处指中原官话。
4　秘阁：古代宫中收藏珍贵图书之处。
5　优赏：优厚的赏赐。
6　汉志：《汉书》十志的简称。此处当指《食货志》。
7　申论：申述论证。
8　国子、太学、四门、小学：均为学校名，即国子学、太学、四门学、小学。
9　景阳山：古山名，三国魏明帝时修筑，位于今河南省洛阳市东北汉魏故城北部。
10　情如饥渴：求贤心切，如饥似渴。
11　布素之意：普通人的情意，意指不以帝王自居。布素，借指平民。

乐，郁然[1]可观，有太平之风焉。治书侍御史[2]薛聪，弹劾不避强御[3]，魏主或欲宽贷[4]，聪辄争之。魏主每曰："朕见聪，不能不悼，况诸人乎？"自是贵戚敛手[5]。累迁直阁将军。魏主外以德器[6]遇之，内以心膂为寄，亲卫禁兵，委聪管领，时政得失，动辄匡谏[7]，而厚重沉密，外莫窥其际。每欲进以名位，辄苦让不受，魏主亦雅相体悉[8]，谓之曰："卿天爵[9]自高，固非人爵之所能荣也。"

九月，魏六宫、文武迁于洛阳。

魏以高阳王雍为相州刺史魏主戒雍曰："作牧[10]亦易亦难，其身正，不令而行，所以易；其身不正，虽令不从，所以难。"

冬，十月，魏诏州牧考官属得失，品第以闻。

十一月，魏主祀圆丘魏主引诸儒议圆丘礼。李彪建言："鲁人将有事于上帝，必先有事于泮宫。请前一日告庙。"从之。

十二月，魏颁品令[11]，赐冠服魏主见群臣于光极堂，宣下品令。光禄勋于烈子登引例求迁官[12]。烈表曰："圣明之朝，理应廉让[13]，而登引人求进，是臣素无教训，乞行黜落[14]。"魏主曰："此乃有识之言，不谓烈能办此！"乃引见登，谓曰："以卿父有谦逊之美、直士[15]之风，进卿校尉。"魏主谓群臣曰："国家从来有一事可叹，臣下莫肯公言得失是也。夫人君患不能纳谏，人臣患不能尽

---

1 郁然：充盛貌，美好貌。
2 治书侍御史：古官名，御史中丞属官，负责监察、弹劾较高级官员，亦奉命出使，收捕犯官等。
3 强御：豪强，有权势的人。
4 宽贷：宽容，饶恕。
5 敛手：缩手，表示不敢妄为。
6 德器：有道德修养与才识度量的人。
7 匡谏：匡正劝谏。
8 雅相体悉：素来能体恤。雅，向来，素常。体悉，体恤。
9 天爵：天然的爵位。因德高受人尊敬，胜于有爵位，故称。
10 作牧：泛指担任州郡地方长官。
11 品令：选拔官吏的标准，分九个品级。
12 迁官：晋升官爵。
13 廉让：清廉逊让。
14 黜落：斥退，落职。
15 直士：正直之士。

忠。自今朕举一人，如有不可，卿等直言其失。若有才能而朕所不识，卿等亦当举之。得人有赏，不言有罪。”

齐修晋诸陵，增置守卫。

魏行太和五铢钱先是，魏人未尝用钱。魏主始命铸之。是岁，鼓铸[1]粗备，诏公私用之。

丙子（公元 496 年）

齐建武三年。魏太和二十年。

春，正月，魏改姓元氏，初定族、姓魏主下诏，以为：“北人谓土为拓，后为跋。魏之先出于黄帝，以土德王，故为拓跋氏。夫土者，黄中之色，万物之元也。宜改姓元氏。诸功臣旧族自代来者，姓或重复，皆改之。”魏主雅重门族[2]，以范阳卢敏、清河崔宗伯、荥阳郑羲、太原王琼四姓，衣冠所推，咸纳其女，以充后宫。又更为六弟聘室[3]，而以前所纳者为妾媵。又诏以：“代人穆、陆、贺、刘、楼、于、嵇、尉八姓，勋著当世，位尽王公，勿充猥官，一同四姓[4]。其旧为部落大人，而三世官在给事以上；若本非大人，而三世官在尚书以上者，皆为姓。其大人之后而官不显，若本非大人而官显者，皆为族。”时赵郡诸李，人物尤多。故世之言高华[5]者，以五姓为首。魏主与群臣论选调[6]，李冲曰：“未审张官列位[7]，为膏粱子弟[8]乎，为致治乎？”魏主曰：“欲为治耳。”冲曰：“然则今日何为专取门品[9]，不拔才能乎？”魏主曰：“君子之门，

1　鼓铸：鼓风扇火，冶炼金属、铸造钱币或器物。
2　门族：门第。
3　聘室：娶妻室。
4　位尽王公，勿充猥官，一同四姓：位至王公，不要让他们充任卑微官职，而应当同卢、崔、郑、王四姓一样对待。猥官，低级杂吏。
5　高华：高贵显要。
6　选调：候补官员等待迁调。
7　张官列位：设置官职和爵位。
8　膏粱子弟：富贵人家过惯享乐生活的子弟。膏粱，肥肉和细粮，指美味佳肴。
9　门品：家庭在社会上的地位等级。

借使无当世之用，要自德行纯笃[1]，朕故用之。"冲曰："傅说、吕望，岂可以门地得之？"魏主曰："非常之人，旷世[2]乃有一二耳。"李彪曰："鲁之三卿，孰若四科[3]？"韩显宗曰："陛下岂可以贵袭贵，以贱袭贱？"魏主曰："必有高明卓然[4]、出类拔萃者，朕亦不拘此制。"

司马公曰：选举之法，先门地而后贤才，此魏、晋之深弊，虽魏孝文之贤，而不能免斯蔽也。故夫明辨是非，而不惑于世俗者，诚鲜矣。

二月，魏诏群臣听[5]终三年丧。

三月，魏宴群臣及国老、庶老于华林园诏："国老、黄耇[6]以上，假[7]中散大夫、郡守。耆年[8]以上，假给事中、县令。庶老，直假郡县。各赐鸠杖[9]、衣裳。"诏："诸州中正各举民望，五十以上守素衡门[10]者，授以令、长。"

齐诏去乘舆金银饰齐主志慕节俭，故有是诏。太官尝进裹蒸[11]，齐主曰："我食此不尽，可四破之，余充晚食。"又尝用皂荚[12]，以余沫[13]授左右曰："此可更用。"太官元日[14]上寿，有银酒枪[15]，齐主欲坏之。王晏等咸称盛德，卫尉萧颖胄曰："朝廷盛礼，莫若三元[16]。此器旧物，不足为侈。"齐主不悦。后预曲宴[17]，银器满席。颖胄曰："陛下前欲坏酒枪，恐宜移在此器。"齐主甚惭。齐主躬

1　纯笃：纯朴笃实。
2　旷世：经历很长的时间。
3　鲁之三卿，孰若四科：鲁国的三卿季孙、孟孙、叔孙氏与孔门四科人才，哪个更出色。四科，孔门四种科目，指德行、言语、政事、文学。
4　卓然：卓越貌。
5　听：接受，听凭。
6　黄耇：长寿。黄，白而且略带黄色的头发。耇，皱纹好像鱼鳞的面部。
7　假：给予，授予。
8　耆年：老人六十岁以上。
9　鸠杖：杖头刻有鸠形的拐杖。
10　守素衡门：守素，保持一向的志愿。衡门，横木为门，指简陋的房屋。
11　裹蒸：也叫裹蒸粽，由糯米、绿豆等素料制成，内藏肥肉。
12　皂荚：也叫皂角，落叶乔木，荚果可泡水，代肥皂洗衣。
13　余沫：用过的肥皂水。
14　元日：一年的第一天。
15　酒枪：三足温酒器。
16　三元：农历正月初一。这一天是年、月、日的开始，故谓之三元。
17　曲宴：古代宫廷赐宴的一种。

亲细务，纲目[1]亦密。于是郡县及六署、九府常行职事，莫不启闻取决。文武勋旧，皆不归选部，亲近凭势，互相通进[2]。南康侍郎[3]钟嵘上书言："古者，明君揆才颁政，量能授职，三公坐而论道，九卿作而成务[4]，天子唯恭己南面而已。"齐主不怿，谓太中大夫顾暠曰："钟嵘何人，欲断朕机务[5]？"对曰："嵘虽位未名卑，而所言或有可采。且繁碎职事，各有司存[6]。今人主总而亲之，是人主愈劳，而人臣愈逸，所谓'代庖人[7]宰而为大匠斫'也。"齐主不顾而言他。

魏诏汉、魏、晋诸陵皆禁樵苏[8]。

夏，五月，魏主祭方泽[9]。

秋，七月，魏主废其后冯氏初，文明太后[10]欲其家贵重，简冯熙女入掖庭，得幸。未几有疾，还家为尼。及太后殂，魏主立熙少女为后，既而其姊疾愈，思之，复迎入宫，拜左昭仪[11]。后宠浸衰，昭仪因谮而废之。后素有德操[12]，遂居瑶光寺为练行尼[13]。

魏旱魏主以久旱，不食三日。群臣请见，魏主遣舍人辞焉，且问来故。王肃对曰："今四郊雨已沾洽[14]，独京城微少。庶民未乏一餐，而陛下撤膳三日，臣下惶惶，无复情地[15]。"魏主使应之曰："朕不食数日，犹无所感。比来中外皆言四郊有雨，朕疑其欲相宽勉[16]，未必有实。方将遣使视之，果如所言，即当

1　纲目：法度，法网。
2　通进：向上呈递。
3　南康侍郎：即南康王侍郎。
4　成务：成就事业。
5　机务：机要事务，多指机密的军国大事。
6　司存：执掌，职掌。
7　庖人：厨师。
8　樵苏：砍柴割草。
9　方泽：即方丘，古代夏至祭地祇的方坛。因为坛设于泽中，故称。
10　文明太后：即北魏孝文帝元宏嫡祖母冯氏。
11　左昭仪：古代嫔妃封号之一，妃嫔中的第一级，在宫中地位仅次于皇后。
12　德操：道德修养。
13　练行尼：修练戒行的尼姑。
14　沾洽：雨水充足。
15　情地：处境，置身之地。
16　宽勉：宽解勉励。

进膳。如其不然，朕何以生为？当以身为万民塞咎[1]耳。"是夕大雨。

八月，**魏太子恂有罪，废为庶人**恂不好学，体素肥大，苦河南地热，常思北归。魏主赐之衣冠，恂常私着胡服。中庶子高道悦数切谏，恂恶之，谋轻骑奔平城，手刃道悦于禁中。魏主大骇，引见群臣，议欲废之。太傅穆亮、少保李冲免冠谢。帝曰："大义灭亲，古人所贵。恂欲违父逃叛，跨据恒、朔[2]，天下之恶孰大焉？若不去之，乃社稷之忧也。"乃废恂为庶人，置于河阳无鼻城[3]，以兵守之。

冬，十月，**魏吐京胡[4]反，州兵讨平之**魏吐京胡反，诏元彬行汾州[5]事，讨破之。胡去居等六百余人保险[6]不服，彬请兵二万以讨之。魏主大怒曰："小寇，何有发兵之理？若不克者，先斩刺史，然后发兵。"彬大惧，身先将士，讨平之。

魏置常平仓。

魏恒州刺史穆泰、定州刺史陆睿谋反，魏主遣任城王澄讨，擒之初，魏文明太后欲废魏主，穆泰切谏而止，由是有宠。及魏主南迁，所亲任[7]者多中州儒士，宗室及代人往往不乐。泰出为定州刺史，自陈久病，土温[8]则甚，乞为恒州。魏主为之徙恒州刺史陆睿为定州，以泰代之。泰至，睿未发，遂相与谋作乱，推阳平王颐为主。颐伪许之，而密以闻。任城王澄有疾，帝召见，谓曰："穆泰谋为不轨，今迁都甫尔，北人恋旧，南北纷扰，朕洛阳不立也。此大事，非卿不能办。强为我北行，傥其微弱，直往擒之。若已强盛，可承制发并、肆兵击之。"遂授澄节。行至雁门，太守夜告："泰已引兵西就阳

1　塞咎：抵补罪过。
2　恒、朔：恒州、朔州。恒州，古州名，辖今山西北部内长城以北、河北蔚县、阳原县、内蒙古凉城、丰镇、兴和等县及察哈尔右翼前旗等地。朔州，古州名，辖今内蒙古呼和浩特、和林格尔、清水河、准格尔等市县旗地及山西偏关、河曲二县一带。
3　无鼻城：古地名，又名无辟邑、毋辟邑，位于今河南省焦作市辖孟州市东。
4　吐京胡：位于今山西省吕梁市石楼县一带的匈奴部落。
5　汾州：古州名，辖今山西省汾阳、孝义、灵石、蒲县、乡宁、岚县、五寨等县以西地。
6　保险：据守险要之处。
7　亲任：亲近信任。
8　土温：气候温暖的地方。

平。"澄遽令进发。右丞孟斌曰："事未可量，宜依敕召兵，然后徐进。"澄曰："泰既谋乱，应据坚城。而更迎阳平，度似势弱。既不相拒，发兵非宜，但速往镇之，民心自定。"乃倍道兼行。先遣御史李焕单骑入代[1]，晓谕泰党，示以祸福，皆莫为之用。泰攻焕，不克而走，追擒之。澄至，穷治党与，收陆睿系狱，民间帖然。

魏除逋亡缘坐[2]法初，魏主以有罪徙边者多逋亡，乃制一人逋亡，阖门充役[3]。光州[4]刺史崔挺谏曰："善人少，恶人多。若一人有罪，延及阖门，则司马牛[5]受桓魋之罚，柳下惠婴[6]盗跖之诛，岂不哀哉？"魏主从之。

1　代：指平城。
2　逋亡缘坐：逋亡，逃亡。缘坐，连坐，因牵连而获罪。
3　充役：充军服劳役。
4　光州：古州名，辖今山东省胶莱河以东地，因境内有光水，故名，后改为莱州。
5　司马牛：桓魋的弟弟，下文"柳下惠"是盗跖的哥哥。
6　婴：遭受，遇。

资治通鉴纲目

卷 二十九

起丁丑齐明帝建武四年、魏孝文帝太和二十一年，尽甲申[1]梁武帝天监三年、魏宣帝正始元年凡八年。

丁丑（公元 497 年）

齐建武四年。魏太和二十一年。

春，正月，魏立子恪为太子。

齐主杀其尚书令王晏，以徐孝嗣为尚书令初，晏为世祖所宠任。及齐主谋废郁林王，晏即欣然推奉。及齐主即位，晏自谓佐命新朝，事多专决，齐主恶之。始安王遥光劝齐主诛晏，齐主曰："晏于我有功，且未有罪。"遥光曰："晏尚不能为武帝，安能为陛下乎？"齐主默然。晏意望开府，数呼相工[2]自视，云当大贵。又好与宾客屏人语。齐主闻之，疑晏欲反，遂召晏于华林省[3]，诛之，并北中郎司马萧毅。毅奢豪，好弓马，故齐主因事陷之。郁林王之将废也，晏从弟思远谓晏曰："兄荷世祖厚恩，今一旦赞人如此事，彼以权计[4]相须，未知将来何以自立？若及此引决，犹可保全门户，不失后名。"晏曰："方啖粥，未暇此事。"及拜骠骑，谓子弟曰："隆昌[5]之末，阿戎[6]劝吾自裁，若从其语，岂有今日？"思远遽应曰："如阿戎所见，今犹未晚也。"思远知齐主意已疑异[7]，乘间谓曰："时事稍异，兄亦觉不？凡人多拙于自谋，而巧于谋人。"晏不应。思远退，晏方叹曰："世乃有劝人死者！"旬日而败。晏外弟阮孝绪亦知晏必败，逃匿不见。尝食酱美，问知得于晏家，吐而覆[8]之。及晏败，人为之惧，孝绪曰："亲而不党，何惧之有？"卒免于罪。

---

1 甲申：即公元 504 年。
2 相工：以相人为业的人。
3 华林省：疑为"华林园"。
4 权计：权宜之计。
5 隆昌：郁林王萧昭业年号，存续时间为公元 494 年。
6 阿戎：堂弟。
7 疑异：猜疑离心。
8 覆：盖住。

　　二月，**魏主如平城，穆泰、陆睿伏诛，新兴公丕以罪免死为民**魏主至平城，引见穆泰、陆睿之党问之，无一人称枉[1]者，时人皆服任城王澄之明。泰伏诛，睿死于狱。宥其妻子，徙辽西。初，魏主迁都，变易旧俗，新兴公丕不乐。及变衣冠，而丕独胡服于其间。太子恂将迁洛阳，丕子隆、超与穆泰等密谋留恂，因举兵断关[2]，规据陉北[3]。丕在并州，隆等以其谋告之，丕口虽折难[4]，心颇然之。至是，有司奏隆、超皆泰党，罪当族，丕应从坐。魏主以丕尝受诏许以不死，听免死为民，杀隆、超。初，丕及陆睿与仆射李冲、领军于烈俱受不死之诏。睿既诛，魏主赐冲、烈诏曰："睿之反逆，既异余犯，虽欲矜恕，如何可得？然犹听自死，免其孥戮[5]。丕连坐应死，特恕为民。朕本期始终[6]，而彼自弃绝。故此别示，想无致怪[7]。谋反之外，皎如白日[8]耳。"又以北方酋长[9]及侍子畏暑，听秋朝洛阳，春还部落，时人谓之"雁臣"。

　　司马公曰：夫爵禄废置，杀生予夺，人君所以驭臣之大柄也。先王之制，虽有亲、故、贤、能、功、贵、勤、宾，苟有其罪，不直赦[10]也。必议于槐棘之下，可赦则赦，可宥则宥，可刑则刑，可杀则杀，轻重视情，宽猛随时。故君得以施恩而不失其威，臣得以免罪而不敢自恃。及魏不然，勋贵之臣，往往豫许之以不死。使彼骄而触罪，又从而杀之。是以不信之令[11]诱之，使陷于死地也。刑政之失，无此为大焉。

　　三月，**魏主杀其故太子恂**恂既废，颇自悔过。中尉李彪表恂复与左右

1　枉：受屈，冤枉。
2　断关：关闭雁门东陉、西陉二关。
3　规据陉北：规据，计划占据。陉北，古地区名，指今山西省代县西北雁门关所在陉岭以北地区。
4　折难：诘难，争辩。
5　孥戮：诛及子孙。
6　始终：善始善终。
7　故此别示，想无致怪：所以特意告诉你们一下，想必不会令你们感到奇怪。
8　皎如白日：意谓我的心像阳光一样洁白明亮，没有私心。
9　酋长：部落的首领。
10　直赦：直接赦免。
11　不信之令：言而无信的允诺。

谋逆，魏主赐恂死。

魏宋王刘昶卒。

魏主还洛阳魏主至龙门，遣使祀夏禹。至蒲阪，祀虞舜。至长安，遣使祀周文王、武王于丰镐，遂还洛阳。

秋，七月，魏立昭仪冯氏为后后欲母养太子恪，恪母高氏暴卒[1]。

八月，魏主自将伐齐魏发河北五州兵三十万以伐齐。假[2]彭城王勰中军大将军，辞曰："昔陈思[3]求而不允，愚臣不请而得，何否泰[4]之相远也？"魏主笑曰："二曹以才名相忌，吾与汝以道德相亲。"齐主闻有魏师，遣军主胡松助戍赭阳，鲍举助戍舞阴[5]。

氐帅杨灵珍叛魏魏以氐帅杨灵珍为南梁州[6]刺史。灵珍举州降齐，袭魏武兴王杨集始。集始窘急，亦降于齐。魏遣李崇讨之。

九月，魏主攻齐南阳，不克初，魏荆州刺史薛真度攻齐南阳，太守房伯玉击败之。魏主怒，以南阳小郡，志必灭之。至是引兵攻之，众号百万。袭宛，克之。伯玉婴[7]内城拒守，魏主遣中书舍人孙延景数之曰："卿事武帝，蒙殊常之宠，不能建忠致命而尽节于其仇，罪一也；顷年薛真度来，卿伤我偏师[8]，罪二也；今鸾辂[9]亲临，不面缚麾下，罪三也。"宛城东南有桥，魏主过之。伯玉使勇士数人，衣班衣[10]，戴虎头帽，伏于窦[11]下，突出击之，魏主人马俱惊。召善射者射杀之，乃得免。

1　暴卒：得急病突然死亡。
2　假：授予。
3　陈思：即三国时魏国陈思王、魏文帝曹丕的弟弟曹植，曾自请攻打吴、蜀，魏文帝不答应。
4　否泰：世道盛衰，人世通塞或运气好坏。
5　舞阴：古县名，治所位于今河南省驻马店市泌阳县西北。
6　南梁州：古州名，辖今陕西省安康、洋县等市县。
7　婴：围绕。
8　偏师：在主力军翼侧协助作战的部队。
9　鸾辂：天子王侯所乘之车。
10　班衣：即斑衣，相传老莱子为娱乐其亲所穿的彩衣。
11　窦：孔，洞。

魏伐氐，克武兴，杨灵珍奔齐李崇槎山分道，出氐不意，表里¹袭之。群氐散归，灵珍战败，遂克武兴。灵珍奔还汉中，齐以为武都王。魏主闻之，喜曰："使朕无西顾之忧者，李崇也。"以崇为梁州刺史，安集其地。

冬，十一月，魏主围新野²，遂败齐兵于沔北魏主至新野，齐太守刘思忌拒守，攻之不克，筑长围以守之。韩显宗屯赭阳，胡松引蛮兵攻其营，显宗力战，破之，斩其裨将。显宗至新野，魏主谓曰："卿破贼斩将，殊益军势³。朕方攻坚城，何为不作露布？"对曰："顷闻王肃获贼二三人，驴马数匹，皆为露布，臣常哂之。近虽得摧丑虏，擒斩不多，尤而效之，其罪弥大。"魏主益贤之。齐主诏徐州刺史裴叔业救雍州。叔业启称："北人不乐远行，惟乐钞掠⁴。若侵虏境，则司、雍之寇自然分矣。"从之。叔业引兵攻虹城⁵，获男女四千余人。齐主复遣中庶子萧衍、尚书崔慧景救雍州。齐将军韩秀方等十五将皆降于魏。魏败齐兵于沔北。

十二月，齐侵魏太仓口⁶，魏豫州刺史王肃败之齐将军鲁康祚侵魏太仓口，魏豫州刺史王肃使长史傅永将甲士三千击之。齐、魏夹淮而军，相去十余里。永曰："南人好夜斫营，必于淮中置火以记浅处。"乃夜分兵为二部，伏于营外，又以瓢贮火⁷，密使人于深处置之，戒曰："见火起，则亦燃之。"是夜，康祚等果引兵斫永营，伏兵夹击之。康祚等走趋⁸淮水，火既竞起，不知所从，溺死及斩首数千级。裴叔业侵魏楚王戍⁹，肃复令永击之。永将心腹一人驰诣楚王戍，令填外堑，夜伏战士千人于城外。晓而叔业等至城东部分，将置长围。永伏兵击其后军，破之。叔业自将精兵数千救之。永登门楼¹⁰，望叔业南

1　表里：内外夹击。
2　新野：古郡名，南朝宋辖今河南省邓州市、新野县等地。
3　殊益军势：大涨我军气势。
4　钞掠：抢劫掠夺。
5　虹城：古地名，位于今安徽省蚌埠市五河县西。
6　太仓口：古地名，位于今河南省信阳市息县西南。
7　贮火：装易燃物。
8　走趋：奔往、前往。
9　楚王戍：古地名，位于今河南省驻马店市新蔡县东北。
10　门楼：城门上的楼，供瞭望、射敌用。

行数里，即开门击其营，大破之。叔业进退失据，遂走。左右欲追之，永曰："吾弱卒不满三千，彼精甲犹盛，非力屈而败，自堕吾计中耳。既不测我之虚实，足使丧胆，俘此足矣。"魏主遣谒者就拜永汝南太守。永有勇力，好学能文，魏主常叹曰："上马能击贼，下马作露板，惟傅修期[1]耳！"

齐以刘季连为益州刺史曲江公遥欣好武事，齐主以诸子尚幼，内仗遥欣，外倚后弟刘暄、内弟[2]江祏，故以始安王遥光为扬州，遥欣为荆州。而遥欣在江陵多招材勇，厚自封殖，齐主恶之。南郡太守刘季连密表遥欣有异迹[3]，齐主乃以季连为益州刺史，使据遥欣上流以制之。

高昌弑其君马儒是岁，高昌王马儒遣使入贡于魏，求内徙。魏主遣韩安保迎之，割伊吾之地五百里以居儒。高昌人恋土，不愿东迁，杀儒，立麴嘉为王，复臣于柔然。

戊寅（公元498年）

齐永泰元年。魏太和二十二年。

春，正月，魏拔新野。齐沔北守将皆弃城走魏攻新野，拔之，缚刘思忌，问之曰："今欲降未？"思忌曰："宁为南鬼，不为北臣！"乃杀之。于是沔北大震，湖阳、赭阳戍主及南乡太守相继南遁。舞阴戍主黄瑶起为魏所获，魏主以赐王肃，肃脔[4]而食之。

齐主杀其河东王铉等十人齐主有疾，以近亲寡弱，而高、武子孙犹有十王，欲尽除之，以问太尉陈显达，对曰："此等何足介虑[5]？"以问始安王遥光，遥光以为当以次施行。遥光每与齐主屏人久语毕，齐主索香火[6]，呜咽流

---

1 傅修期：即傅永，字修期。
2 内弟：表弟。
3 异迹：反叛的形迹。
4 脔：切肉成块。
5 介虑：介意忧虑。
6 香火：香烛，香和灯火。

涕，明日必有所诛。会齐主疾甚暴绝[1]，遥光遂杀河东王铉、南康王子琳等十人，于是太祖、世祖及世宗诸子皆尽矣。铉等已死，乃使公卿奏其罪，请诛之，下诏不许。再奏，然后许之。南康侍读[2]江泌哭子琳，泪尽，继之以血，亲视殡葬毕，乃去。

二月，魏人克宛。三月，败齐兵于邓城[3]魏人拔宛北城，房伯玉面缚出降。三月，崔慧景至襄阳，沔北五郡已没。慧景与萧衍及军主刘山阳、傅法宪等率五千余人进行[4]邓城，魏数万骑奄至，诸军登城拒守。时将士蓐食轻行[5]，皆有饥惧之色。慧景于南门拔军去，诸军不相知，相继皆遁。山阳断后死战，且战且却，魏兵夹路[6]射之，士卒赴沟死者相枕。山阳苦战，魏兵乃退。诸军皆还襄阳，魏主以十万众围樊城，曹虎闭门自守，魏主去，如悬瓠。

魏攻齐义阳，齐围魏涡阳[7]**以救之。义阳围解，齐师亦溃**魏镇南将军王肃攻义阳，齐裴叔业围涡阳以救之。魏南兖州刺史孟表守涡阳，粮尽，食草木皮叶。魏主使将军傅永、刘藻、高聪等救涡阳。叔业进击，大破之，斩首万级，俘三千余人，获器械、杂畜、财物以千万计。王肃请更遣军救涡阳，魏主曰：“少分兵则不足制敌，多分兵则禁旅[8]有缺，卿审图之。义阳当止则止，当下则下，若失涡阳，卿之过也。”肃乃解义阳之围，与统军[9]杨大眼、奚康生等救涡阳。叔业见魏兵盛，夜引兵退。明日，士众奔溃，魏人追之，杀伤不可胜数。

魏中尉李彪免，仆射李冲卒彪家世孤微[10]，初游代都，以李冲好士，倾心附之。冲亦重其材学，礼遇甚厚，公私汲引。及为中尉，弹劾不避贵戚，魏主

1　暴绝：突然断气。
2　南康侍读：即南康王侍读。
3　邓城：古县名，治所位于今湖北省襄阳市西北。
4　进行：向前行走。
5　轻行：轻装疾行。
6　夹路：列在道路两旁。
7　涡阳：古县名，治所位于今安徽省亳州市蒙城县东北。
8　禁旅：禁军。
9　统军：古官名，统兵武官，位在军主之上，别将之下，其地位相当于南朝的军主。
10　孤微：低微贫贱。

贤之，以比汲黯。彪自以结知¹人主，不复藉冲，稍稍疏之，唯公坐敛袂²而已，无复宗敬³之意，冲浸御之。及魏主南伐，彪与冲及任城王澄共掌留务。彪性刚豪⁴，多所乖异，数与冲争辩，形于声色。自以身为法官，他人莫能纠劾⁵，事多专恣。冲不胜忿，乃积其前后过恶，上表劾之，请付廷尉。魏主览表，叹怅⁶久之，曰："道固⁷可谓溢矣，而仆射亦为满也。"有司处彪大辟，魏主宥之，除名而已。冲雅性温厚，及收彪之际，瞋目大呼，投折几案，詈辱肆口⁸，遂发病荒悸⁹，言语错谬，医不能疗，或以为肝裂，旬余而卒。魏主哭之，悲不自胜。冲勤敏¹⁰强力，久处要剧¹¹，终日视事，未尝厌倦，才四十而发白。兄弟六人，少多忿竞¹²。及冲贵，禄赐皆与共之，更成敦睦。然多援引族姻¹³，私以官爵，一家岁禄万匹，人以此少¹⁴之。

魏以彭城王勰为宗师魏以勰为宗师，使督察宗室，有不率教¹⁵者以闻。

夏，四月，齐大司马王敬则反会稽，至曲阿，败死齐大司马、会稽太守王敬则自以高、武旧将，心不自安。齐主外虽礼之，而内实相疑。闻其衰老，且居内地，故得少宽。敬则世子仲雄善琴，齐主以蔡邕焦尾琴借之。仲雄作《懊侬歌》曰："常叹负情侬，郎今果行许¹⁶。"又曰："君行不净心，那

1　结知：结交并相知。
2　公坐敛袂：公坐，公众场合。敛袂，整饬衣袖，行礼拜揖的准备动作。
3　宗敬：尊敬。
4　刚豪：刚直豪爽。
5　纠劾：举发弹劾。
6　叹怅：感叹惆怅。
7　道固：即李彪，字道固。下文"仆射"即李冲，李冲任职仆射。
8　詈辱肆口：詈辱，詈骂侮辱。肆口，毫无顾忌地开口伤人。
9　荒悸：恐慌，惊慌。荒，通"慌"。
10　勤敏：勤勉机敏。
11　要剧：要职。
12　忿竞：忿怒相争。
13　族姻：家族和姻亲。
14　少：看不起。
15　率教：服从管教。
16　常叹负情侬，郎今果行许：常悲叹你会辜负我的多情，如今郎君果然要走了。

得恶人题¹！"齐主愈猜愧²。会疾病，乃以张瓌为平东将军、吴郡太守，以防敬则。敬则闻之曰："东今有谁？只是欲平我耳。东亦何易可平，吾终不受金罂！"金罂，谓鸩也。徐州行事谢朓，敬则子婿也。敬则子幼隆遣人告之，朓执其使以闻。敬则五官掾³王公林劝敬则急送启⁴赐儿死，单舟星夜还都。敬则不应，召山阴令王询问，发丁可得几人，询称县丁猝不可集。敬则怒，将出斩之。公林又谏曰："凡事皆可悔，惟此事不可悔。官讵不更思⁵？"敬则唾其面曰："我作事，何关汝小子？"遂举兵反。前中书令何胤隐居若邪山⁶，敬则欲劫以为尚书令。长史王弄璋等谏曰："何令高蹈⁷，必不从。不从，便应杀之。举大事先杀名贤，事必不济。"乃止。胤，尚之之孙也。敬则以奉南康侯子恪为名，子恪亡走，未知所在。始安王遥光遂劝齐主尽诛高、武子孙，于是悉召入宫。孩幼者与乳母俱。须三更，当尽杀之。子恪徒跣自归，二更⁸达建阳门。而齐主眠不起，中书舍人沈徽孚与左右单景隽谋少留其事。须臾，齐主觉，景隽启子恪已至。齐主惊问曰："未邪⁹？未邪？"景隽具对¹⁰。齐主抚床曰："遥光几误人事！"乃赐王侯供馔¹¹，明日，悉遣还第。敬则率实甲万人过浙江。张瓌遣兵拒之。闻鼓声，皆散走，瓌逃民间。敬则以旧将举事，百姓担篙¹²荷锸，随之者十余万。至武进陵口¹³，恸哭而过。曲阿令丘仲孚谓吏民曰："贼乘胜虽

<hr>

1　君行不净心，那得恶人题：你在外用情不专，哪能厌恶别人唠叨。
2　猜愧：猜疑同时又羞愧。
3　五官掾：古官名，州郡的属官，掌春秋祭祀，若功曹史缺，或其他各曹员缺，则代行其事。
4　启：启奏。
5　更思：再考虑一下。
6　若邪山：古山名，即今浙江省绍兴市柯桥区东南化山。
7　高蹈：超脱，亦借指隐士。
8　二更：晚上九时至十一时，亦称二鼓。
9　未邪：意指"还没杀吗"。
10　具对：详细说明。
11　供馔：宴饮时所陈设的食品。
12　担篙：扛着竹竿。
13　武进陵口：武进高帝陵园的入口。武进，古县名，治所位于今江苏省镇江市辖丹阳市东。

锐，而乌合易离。今若收船舰，凿长冈埭，泻渎水以阻其路[1]，得留数日，台军必至，如此，则大事济矣。"以是敬则军不得进。五月，齐主诏前军司马左兴盛、将军胡松等筑垒于曲阿长冈。敬则急攻之，台军不能敌，欲退，而围不开，各死战。松引骑兵突其后，敬则军大败，斩之。是时齐主疾已笃，敬则仓猝东起，朝廷震惧。太子宝卷急装欲走，敬则闻之，喜曰："檀公[2]三十六策，走为上策。计汝父子，惟有走耳。"晋陵民以附敬则，应死者甚众。太守王瞻言："愚民易动，不足穷法[3]。"许之，所全活以万数。谢朓以功迁吏部郎，三让，不许。中书疑朓官未及让[4]，祭酒沈约曰："近世小官不让，遂成恒俗[5]。谢今所让，又别有意。夫让出人情，岂关官之大小耶？"朓妻常怀刃欲刺朓，朓不敢相见。

　　秋，七月，魏省宫掖费用以给军赏魏彭城王勰表以一岁国秩、职俸、亲恤裨军国之用[6]。魏主乃诏损皇后私府之半，六宫嫔御、五服男女供恤[7]亦减半，在军者三分省一，以给军赏。

　　齐以萧衍为雍州刺史。

　　齐主鸾殂，太子宝卷立齐主性猜多虑，简于出入，竟不郊天[8]。又深信巫觋，每出先占利害。东出云西，南出云北。初有疾，甚秘之。至是殂，遗诏："以徐孝嗣为尚书令，沈文季、江祏为仆射，江祀为侍中，刘暄为卫尉。军政委陈太尉[9]，众事委孝嗣、遥光、坦之、江祏，大事与文季、祀、暄参怀。心膂之任可委刘悛、萧惠休、崔慧景。"太子宝卷即位，恶灵[10]在太极殿，欲速葬。

1　凿长冈埭，泻渎水以阻其路：把长冈埭挖开，放出埭中大水挡住他们的去路。长冈埭，破冈渎中七埭之一，位于今江苏省镇江市辖丹阳市西南。埭，水坝。渎，水渠。
2　檀公：即南朝宋名将檀道济。
3　穷法：按法律严格追究。
4　官未及让：官位还够不上照例辞让。官场惯例，小官不让。
5　恒俗：习俗。
6　以一岁国秩、职俸、亲恤裨军国之用：捐出自己一年的藩国食禄、朝职俸禄以及朝廷所给的恤亲财物，以助国家开支之用。
7　供恤：供给。
8　郊天：郊外祭天。
9　陈太尉：即太尉陈显达。
10　灵：灵柩。

徐孝嗣固争，得逾月。每当哭，辄云喉痛。太中大夫羊阐入临，无发，俯仰帻脱，宝卷辍哭大笑，谓左右曰："秃鹙[1]啼来乎？"

八月，高车叛魏。九月，魏主自齐引兵还，讨降之魏发高车兵南伐。高车惮远役，奉袁纥树者为主，相率北叛。魏主遣将军宇文福讨之，大败而还。更命江阳王继讨之。寻闻齐高宗殂，下诏称礼不伐丧，引兵还，北伐高车。会得疾甚笃，彭城王勰内侍医药，外总军国之务，远近肃然，人无异议。又密为坛于汝水之滨，告天地及显祖[2]，乞以身代。魏主疾有间[3]。十一月，至邺。江阳王继上言："高车顽昧[4]，避役逃遁，若悉追戮，恐遂扰乱。请遣使推捡[5]，斩魁首一人，余加慰抚。若悔悟从役，即令赴军。"从之。于是叛者往往自归。继先遣人慰谕树者。树者亡入柔然，寻自悔，相率出降。魏主善之，曰："江阳可大任也。"遂班师。

己卯（公元499年）

齐主萧宝卷永元元年。魏太和二十三年。

春，正月，齐遣太尉陈显达率师侵魏显达督将军崔慧景等军四万击魏，欲复雍州诸郡。魏遣将军元英拒之。

魏主还洛阳魏主谓任城王澄曰："朕离京以来，旧俗少变不？"对曰："圣化日新。"魏主曰："朕入城，见车上妇人犹戴帽，着小袄，何谓日新？"对曰："着者少，不着者多。"帝曰："任城，此何言也？必欲使满城尽着耶？"澄与留守官皆免冠谢。

魏后冯氏有罪，退处后宫魏主连年在外，冯后私[6]于宦官高菩萨。魏主

1　秃鹙：嘲笑人没有头发像秃鹙。秃鹙，水鸟名，头项无毛，状如鹤而大。
2　显祖：对祖先的美称。
3　有间：疾病稍稍减轻。
4　顽昧：愚顽昏聩。
5　推捡：整顿。
6　私：通奸。

还洛，收菩萨等按问，具伏[1]。以文明太后故，不忍废，赐后辞诀[2]。入居后宫，诸嫔御奉之犹如后礼，惟命太子不复朝谒而已。初，冯熙以太后兄尚公主，生三女，二为皇后，一为昭仪，贵宠冠群臣，赏赐累巨万。熙为太保，子诞为司徒，修为侍中，聿为黄门郎。侍郎崔光尝谓聿曰："君家富贵太盛，终必衰败。"聿曰："君无故诅[3]我，何也？"光曰："不然。物盛必衰，此天地之常理。若以古事推之，不可不慎。"后岁余，修以罪黜，诞、熙卒，幽后废，聿亦摈弃，冯氏遂衰。

魏以彭城王勰为司徒。

二月，齐师取魏马圈[4]、南乡。三月，魏主自将御之，齐师败绩齐陈显达与魏元英战，屡破之。攻马圈城四十日，城中食尽，突围走。显达入城，将士竞取城中绢，遂不穷追。又遣军进击南乡，拔之。魏主谓任城王澄曰："显达侵扰，不亲行无以制之。"遂发洛阳。崔慧景攻魏顺阳[5]，魏主遣将军慕容平城救之。时魏主久疾，彭城王勰常居中侍医药，昼夜不离左右，饮食必先尝而后进，蓬首垢面，衣不解带。魏主以勰为都督中外诸军事，勰辞曰："臣侍疾无暇，安能治军？愿更请一王，使总军要[6]，臣得专心医药。"魏主曰："吾病如此，深虑不济，安六军、保社稷者，皆凭于汝，何容更请人乎？"命广阳王嘉断均口，邀齐兵归路。齐兵大败，以乌布幔[7]盛显达，数人担之，间道南走。魏收军资亿计，颁赐将士，追奔至汉水而还。士卒死者三万余人。显达之北伐也，军入沔均口[8]。冯道根曰："沔均迅急，易进难退。魏若守隘[9]，则首尾俱急。不如悉弃船于鄀城，陆道步进，列营相次[10]，鼓行而前，破之必矣。"不从。道

1　具伏：完全认罪。
2　辞诀：诀别，不复相见。
3　诅：诅咒。
4　马圈：古地名，位于今河南省南阳市镇平县南。
5　顺阳：古县名，治所位于今河南省南阳市淅川县南，因位于顺水之阳，故名。
6　军要：军中要务。
7　幔：为遮挡而悬挂起来的布、绸子、丝绒等。
8　沔均口：古地名，即均口，位于今湖北省丹江口市西北丹江入汉水处。
9　守隘：把守关隘。
10　相次：相继。

根以私属[1]从军，及显达夜走，道根每及险要，辄停马指示之，众赖以全。显达素有威名，至是大损。御史奏免显达官，不许，更以为江州刺史。崔慧景亦弃顺阳走还。

夏，四月，魏主宏殂于谷塘原[2]，冯氏伏诛，太子恪立魏主疾甚，北还，至谷塘原，谓司徒勰曰："吾病殆[3]，必不起。天下未平，嗣子幼弱，社稷所倚，唯在于汝。霍子孟、诸葛孔明以异姓犹受顾托，况汝亲贤，可不勉之？"勰泣曰："臣以至亲久参机要，宠灵辉赫[4]，海内莫及。今复任以元宰[5]，总握机政。震主之声，取罪必矣。陛下爱臣，更为未尽始终之美[6]。"魏主默然久之，乃手诏太子曰："汝叔父勰，清规懋德[7]，松竹为心，吾百年后，其听勰辞蝉冕，遂其冲挹[8]之性。"又谓勰曰："后宫[9]久乖阴德，吾死后，可赐自尽，葬以后礼。"遂以北海王详为司空，王肃为尚书令，广阳王嘉为左仆射，宋弁为吏部尚书，与太尉禧、仆射澄六人辅政。四月，殂于谷塘原。高祖友爱诸弟，始终无间。尝从容谓咸阳王禧等曰："我后子孙邂逅[10]不肖，汝等观望，可辅则辅之，不可辅则取之，勿为他人有也。"亲任贤能，从善如流，精勤[11]庶务，朝夕不倦。常曰："人主患不能处心公平，推诚于物。能是二者，则胡、越之人皆可使如兄弟矣。"用法严，于大臣无所容贷，然人有小过，常多阔略。郊庙之祭，未尝不亲其礼。每出巡游，有司奏修道路，辄曰："粗修桥梁，通车马而已，勿去草，铲令平也。"在淮南行兵，如在境内，禁士卒无得践伤粟稻[12]。

1　私属：私人的家奴、亲信。
2　谷塘原：古地名，位于今河南省邓州市东南。
3　殆：危险。
4　宠灵辉赫：宠灵，恩宠光耀，使得到恩宠福泽。辉赫，辉煌盛大。
5　元宰：丞相。
6　更为未尽始终之美：却不能做到有始有终。
7　清规懋德：清规，供人遵循的规范。懋德，盛德。
8　冲挹：谦抑，谦退。
9　后宫：即冯后。
10　邂逅：意外，万一。
11　精勤：专心勤勉。
12　践伤粟稻：践伤，踩伤。粟稻，泛指谷物。

或伐民树，皆留绢偿之。宫室非不得已不修，衣冠浣濯[1]而服之，鞍勒铁木[2]而已。幼多力善射，及年十五，遂不复畋猎。常谓史官曰："时事不可以不直书。人君威福在己，无能制之者。若史策复不书其恶，将何所畏忌耶？"彭城王勰与任城王澄谋，以陈显达去尚未远，秘不发丧，徙御卧舆[3]，勰出入神色无异。遣使奉诏征太子，密以凶问告留守[4]于烈。烈处分行台，举止无变。太子至鲁阳，遇梓宫，乃发丧，即位。以遗诏赐冯后死。东宫官属多疑勰有异志，密防之。而勰推诚尽礼，卒无间隙。咸阳王禧至，谓勰曰："汝此行不唯勤劳，亦实危险。"勰曰："兄年长识高，故知有夷险[5]。彦和[6]握蛇骑虎，不觉艰难。"禧等闻冯后死，相谓曰："设无遗诏，亦当去之，岂可令失行妇人宰制天下，杀我辈也？"

魏以彭城王勰为骠骑大将军，都督冀、定七州军事魏主恪欲以彭王勰为相，勰屡陈遗旨，请遂素怀[7]，魏主对之悲恸。勰恳请不已，乃以为定州刺史。犹固辞，不许，乃之官。

魏仆射、任城王澄免澄以王肃羁旅，而位加己上，诬以谋叛，按验不实，坐免。

魏主追尊其母高氏为后魏主追尊皇妣[8]高氏为文昭皇后，配飨[9]高祖。封后兄肇为平原公，显为澄城公。数日之间，富贵赫奕[10]。

秋，八月，齐主杀其仆射江祏、侍中江祀。始安王遥光起兵东城，右将军萧坦之讨平之齐主自在东宫，不好学，唯嬉戏无度。及即位，不与朝

---

1 浣濯：洗涤。
2 鞍勒铁木：鞍勒，鞍子和套在马头上带嚼口的笼头。铁木，铁和木头制成，意为不用贵金属。
3 徙御卧舆：把孝文帝的尸身置于他平时用的卧车之中。
4 留守：皇帝离开京城，命大臣驻守，称为"留守"。
5 夷险：艰险。
6 彦和：即元勰，元勰字彦和。
7 素怀：平素的心愿。
8 皇妣：对亡母的敬称。
9 配飨：合祭，祔祀。
10 赫奕：显耀盛大的样子。

士相接，专亲信宦官及左右御刀、应敕[1]等。是时，扬州刺史始安王遥光、尚书令徐孝嗣、右仆射江祏、右将军萧坦之、侍中江祀、卫尉刘暄更直[2]内省，分日帖敕[3]。雍州刺史萧衍闻之，谓从舅[4]张弘策曰："六贵同朝，势必相图，乱将作矣。"乃密修武备，招聚骁勇以万数，多伐材竹，沉之檀溪[5]，积茅如冈阜[6]。时衍兄懿罢益州还，行郢州事。衍使弘策说懿曰："六贵比肩，争权相图。主上媟近[7]左右，慓轻忍虐[8]，嫌忌积久，必大行诛戮。始安欲为赵王伦，形迹已见。然性猜量狭，徒为祸阶。萧坦之忌克陵人，徐孝嗣听人穿鼻[9]，江祏无断，刘暄暗弱。一朝祸发，中外土崩。郢州控带[10]荆、湘，雍州士马精强，世治则竭诚本朝，世乱则足以匡济[11]。若不早图，后悔无及。"弘策又自说懿曰："以卿兄弟英武，天下无敌。据郢、雍二州，为百姓请命，废昏立明，易于反掌，此桓、文之业也。勿为竖子所欺，取笑身后。"懿不从。齐主稍欲行意，而江祏执制坚确[12]，左右茹法珍等亦每为所裁折[13]，无不切齿。祏以齐主失德浸彰，议废之，而立江夏王宝玄。刘暄尝为宝玄郢州行事，执事过刻[14]。宝玄恚曰："舅殊无渭阳情。"暄由是忌宝玄，不同祏议。谋于始安王遥光。遥光自以年长，意欲自取，以微旨[15]动祏。祀亦以少主难保，劝祏立遥光。祏意回惑[16]，以问萧坦

1　御刀、应敕：御刀，仪仗中所用之刀，因借指仪仗队员。应敕，在帝王左右侍候并传达旨意的人。
2　更直：轮流值班。
3　帖敕：由主政大臣在奏章上签署意见，作为敕命发布。
4　从舅：母亲的叔伯兄弟。
5　檀溪：古水名，位于今湖北省襄阳市西南，因汉末时刘备骑的卢马跃渡脱险而闻名。
6　冈阜：山丘。
7　媟近：狎昵，亲近。
8　慓轻忍虐：慓轻，慓悍轻捷。忍虐，残忍暴虐。
9　听人穿鼻：比喻听凭别人摆布。听，任凭。穿鼻，用绳索或环贯穿鼻中隔。
10　控带：环绕。
11　匡济：匡时济世的略语，即挽救艰难时势，救助当今人世。
12　执制坚确：坚决限制，不许其自作主张。
13　裁折：抑止，摧折。
14　刻：苛刻，刻薄。
15　微旨：不是明说，而是含蓄表达出来的意思。
16　回惑：迷惑，犹豫。

之。坦之时居丧起复[1]，谓祏曰："明帝立，已非次，天下至今不服。若复为此，恐四方瓦解也。"遂还宅行丧。遥光遣所亲刘沨致意于谢朓，欲引以为党，朓不答。顷之，遥光以朓兼卫尉。朓惧，即以其谋告左兴盛。又说刘暄曰："始安一旦南面，则刘沨、刘晏居卿今地，但以卿为反复人耳。"暄驰告遥光及祏，收朓付廷尉，死狱中。暄又以遥光若立，则己失元舅之尊，不肯同祏议。故祏迟疑久不决。遥光大怒，遣左右刺暄，暄觉之，遂发祏谋。齐主收祏、祀杀之，自是无所忌惮，益自恣，日夜与近习于后堂鼓叫[2]戏马。常以五更[3]就寝，日晡[4]乃起。台阁奏案，月、数十日乃报，或不知所在。五省黄案[5]，皆为宦者裹鱼肉还家。遥光素有异志，与其弟荆州刺史遥欣密谋举兵，将发，而遥欣卒。江祏诛，遥光惧，佯狂称疾，不复入台。谋举兵以讨刘暄为名，夜遣数百人破东冶[6]，出囚[7]，于尚方取仗。将军垣历生说遥光夜攻台，烧城门，遥光狐疑不敢出。向晓[8]，有诏召徐孝嗣屯卫宫城，萧坦之率台军讨遥光。遥光遣历生出战，台军屡败。遥光咨议萧畅潜出，诣台自归，众情大沮。垣历生出战，因弃槊降。至夜，城溃，遥光扶匐[9]床下。军人牵出，斩之。以孝嗣为司空，文季、坦之为仆射。

魏南徐州刺史沈陵奔齐 魏徐州刺史京兆王愉年少，军府事皆决于长史卢渊。渊知南徐刺史沈陵将叛，敕诸城潜为之备。屡以闻于魏朝，不听。陵遂杀将佐，率宿豫之众奔齐，滨淮诸戍以有备得全。郡县捕送陵党，渊抚而赦之，众心乃安。

闰月，齐主杀其仆射萧坦之、领军刘暄 江祏等既败，齐主左右提刀、

1　起复：古代官吏遭父母丧，守制未满期而应召任职。
2　鼓叫：擂鼓叫喊。
3　五更：天将明，寅正四刻（凌晨四时四十八分左右）。
4　日晡：申时，即下午三点至五点。
5　五省黄案：五省，尚书省、中书省、门下省、秘书省、集书省并称。黄案，案卷，文书。
6　东冶：古地名，即东冶亭，位于今江苏省南京市东，故半山寺后。
7　出囚：放出狱中的囚徒。
8　向晓：拂晓。
9　扶匐：同"扶服"，趴伏于地。

应敕之徒皆恣横用事，时人谓之"刀敕"。萧坦之刚狠[1]而专，嬖幸畏而憎之。至是，齐主遣兵围其宅而杀之。茹法珍等谮刘暄有异志，齐主曰："暄是我舅，岂应有此？"直阁徐世檦曰："明帝犹灭武帝之后，舅焉可信耶？"遂亦杀之。初，高宗临殂，以隆昌事戒齐主曰："作事不可在人后。"故齐主数与近习谋诛大臣，皆发于仓卒，决意不疑。于是大臣人人莫敢自保。

九月，**魏主谒长陵**欲引白衣[2]吴人茹皓同车。皓奋衣将登，给事黄门侍郎元匡进谏，魏主推之使下，皓失色而退。

冬，十月，**齐主杀其司空徐孝嗣、将军沈文季**孝嗣以文士不显同异，故名位虽重，犹得久存。中郎将许准为孝嗣陈说事机[3]，劝行废立。孝嗣迟疑，须齐主出游，闭城门，召百僚集议废之。沈文季自托老疾，不预朝权。侍中沈昭略谓之曰："叔父行年六十，为员外仆射，欲求自免，岂可得乎？"文季笑而不应。至是，齐主召孝嗣、文季、昭略入华林省，使茹法珍赐以药酒。昭略怒骂孝嗣曰："废昏立明，古今令典。宰相无才，致有今日！"

十二月，**齐太尉陈显达举兵袭建康，败死**显达自以高、武旧将，当高宗之世，内怀危惧，深自贬损。常乘朽弊[4]车，道从[5]卤簿，止用赢小[6]者十数人。及齐主立，显达弥不乐在建康，得江州，甚喜。有疾不治，既而自愈。闻齐主屡诛大臣，传云当遣兵袭江州，乃举兵，令长史庚弘远等与朝贵书，数齐主罪恶，云："欲奉建安王为主。"齐主以崔慧景为平南将军，督众军击显达。将军胡松据梁山，左兴盛屯杜姥宅[7]。十二月，显达发寻阳，败胡松于采石，建康震恐。兴盛率诸军拒之。显达潜军夜渡袭宫城，不克，退走，台军追斩之。庚弘远被执，临刑索帽着之曰："子路结缨[8]，吾不可以不冠而死。"谓观

1　刚狠：刚愎。
2　白衣：未曾获得功名的人。
3　事机：情势，行事的时机。
4　朽弊：朽坏，朽败。
5　道从：前导后卫。
6　赢小：弱小。
7　杜姥宅：古地名，在六朝台城南掖门外，故址位于今江苏省南京市乾河沿南。
8　子路结缨：子路把冠缨系好之后才死去。

者曰："吾非贼，乃是义兵，为诸君请命耳。陈公太轻事，若用吾言，天下将免涂炭。"其子子曜抱父乞代，并杀之。齐主既诛显达，益自骄恣，渐出游走，又不欲人见之。每出，先驱斥[1]所过人家，唯置空宅，犯者应手格杀。一月凡二十余出，出辄不言定所。常以三四更中，鼓声四出，火光照天，幡戟[2]横路。士民震惊，啼号塞道，四民废业，樵苏路断，吉凶失时，乳妇寄产[3]，或舆病弃尸[4]，不得殡葬。尝至沈公城，有一妇人临产，不能去，因剖腹视其男女。又好担幢[5]，侍卫满侧，逞诸变态，曾无愧色。常着织成裤褶，金薄帽，执七宝槊，急装缚裤[6]，乘马驰驱，略不暇息[7]。

魏以郭祚为吏部尚书王肃为魏制官品百司，皆如江南之制。凡九品，品各有二。侍中郭祚兼吏部尚书，清谨[8]，重惜[9]官位。每有铨授[10]，虽得其人，必徘徊久之，然后下笔，曰："此人便已贵矣。"人以是多怨之。然所用者，无不称职。

庚辰（公元 500 年）

齐永元二年。魏世宗宣武帝恪景明元年。

春，正月，齐豫州刺史裴叔业以寿阳叛，降于魏。魏遣司徒、彭城王勰镇之叔业闻齐主数诛大臣，心不自安，遣人至襄阳问萧衍曰："天下大势可知，恐无复自存之理。不若回面向北，不失作河南公。"衍报曰："群小用事，岂能及远？唯应送家还都以安慰之。若意外相逼，当勒马、步直出横

1　驱斥：驱赶斥逐。
2　幡戟：旌旗和棨戟，也泛指前驱仪仗。
3　乳妇寄产：孕妇不能把孩子生在自己家里。
4　舆病弃尸：抱病躲逃，结果死在路上。
5　担幢：古代的一种杂技，表演者须有大臂力。
6　常着织成裤褶，金薄帽，执七宝槊，急装缚裤：经常穿着编织的衣裤，头戴薄金制的帽子，手执七宝槊，戎装束裤。
7　暇息：闲暇歇息。
8　清谨：廉洁谨慎。
9　重惜：十分珍惜。
10　铨授：选拔任命。

江，以断其后，则天下之事，一举可定。若欲北向，彼必遣人相代。以河北一州相处，河南公宁可复得耶？"叔业沈疑[1]未决，乃遣其子芬之入建康为质，亦遣信诣魏豫州刺史薛真度，问以入魏可不之宜。真度劝其早降，叔业遂遣使奉表降魏。魏遣骠骑大将军彭城王勰、将军王肃率步、骑十万赴之。复以彭城王勰为司徒，领扬州刺史，镇寿阳。叔业寻卒。

三月，齐巴西乱，讨平之。

魏败齐师于寿阳，遂取合肥、建安[2]齐豫州刺史萧懿遣司马陈伯之等溯淮而上，以逼寿阳。魏彭城王勰、王肃击，大破之，进攻合肥，擒齐将李叔献。统军宇文福言于勰曰："建安，淮南重镇，彼此要冲，得之则义阳易图，不得则寿阳难保。"勰然之，使福攻建安，建安降。

夏，四月，齐遣将军崔慧景将兵讨寿阳。慧景还兵，奉江夏王宝玄逼建康，兵败，皆死齐主遣平西将军崔慧景将水军讨寿阳，自出送之。召慧景单骑而进，才交数言，拜辞而去。既出，喜甚。过广陵数十里，会诸军主曰："吾荷三帝厚恩，当顾托之重。幼主昏狂[3]，朝廷坏乱，危而不扶，责在今日。欲与诸君共建大功，以安社稷，何如？"众皆响应。于是还军向广陵，司马崔恭祖纳之。齐主遣左兴盛督诸军以讨之。慧景济江，遣使奉江夏王宝玄为主。宝玄斩其使，而密与相应，分部军众，随慧景向建康。攻竹里，拔之。万副儿说慧景曰："今平路皆为台军所断，不可议进。惟宜从蒋山龙尾[4]上，出其不意耳。"慧景从之，分遣千余人，鱼贯缘山自西岩夜下，鼓叫临城，台军惊散。宫门闭，慧景引众围之。左兴盛走逃淮渚[5]，慧景擒杀之。时豫州刺史萧懿将兵在小岘[6]，齐主遣密使告之。懿方食，投箸而起，自采石济江。恭祖先劝慧景遣二千人断西岸兵，令不得渡。不从。至是请击懿军，又不许。独遣崔觉将

1　沈疑：迟疑。
2　建安：古地名，即建安戍，位于今河南省信阳市固始县东。
3　昏狂：昏乱狂悖。
4　龙尾：盘旋而上的甬道。自上望下，宛如龙尾下垂，故称。
5　淮渚：秦淮河畔。
6　小岘：古地名，即小岘戍，位于今安徽省淮南市寿县东南。

数千人渡南岸，战败。恭祖掠得东宫女伎[1]，觉逼夺之。恭祖积怨恨，诣城降，众心离坏。慧景将腹心数人潜去，从者于是稍散，为人所杀。宝玄逃亡，数日乃出，齐主杀之。初，慧景欲交处士何点，点不顾[2]。及围建康，逼召点，点往赴之，日谈佛义，不及军事。慧景败，齐主欲杀点，萧畅曰："点若不诱贼共讲，未易可量。以此言之，乃应得封。"齐主乃止。点，胤之兄也。

齐以萧懿为尚书令。

齐曲赦[3]建康、徐、兖先是，崔慧景既平，诏赦其党。而嬖幸用事，诬富家为贼党，杀而籍其赀。或谓中书舍人王咺之曰："赦书无信，人情大恶。"咺之曰："正当复有赦耳。"由是再赦。而嬖幸贪虐[4]如初。是时齐主所宠左右凡三十二人，黄门十人。直阁徐世標素被委任，其党茹法珍、梅虫儿等与之争权，谮杀之。自是二人用事，并为外监，口称诏敕。王咺之专掌文翰[5]，与相唇齿。齐主呼所幸潘贵妃父宝庆及法珍为阿丈，虫儿及营兵[6]俞灵韵为阿兄。数往诸刀敕家游宴。宝庆恃势作奸，富人悉诬以罪，延及亲邻，皆尽杀其男口。奄人[7]王宝孙年十三四，号"伥子"，最有宠，参预朝政，咺之、虫儿之徒亦下之。控制大臣，移易诏敕，乃至骑马入殿，诋诃[8]天子，公卿见之，莫不慑息[9]焉。

秋，八月，齐攻魏寿阳，魏人击败之，遂取淮南地初，齐将军陈伯之再攻寿阳，魏彭城王勰拒之。汝阴太守傅永将郡兵救寿阳。伯之防淮口甚固，永去淮口二十余里，牵船上汝水南岸，直南趋淮，夜进入城。勰喜甚，曰："吾北望已久，恐洛阳难可复见，不意卿能至也。"令永引兵入城，永曰："永

1　女伎：女乐，歌妓。
2　不顾：不理会。
3　曲赦：特赦。
4　贪虐：贪婪暴虐。
5　文翰：公文信札。
6　营兵：士兵。
7　奄人：古代称被阉割的男人，也特指宦官。
8　诋诃：诋毁呵斥。
9　慑息：抑制呼吸。

来欲以却敌，若如教旨[1]，乃是与殿下同受攻围，岂救援之意？"遂军于城外。至是飔与永并势，击伯之于肥口[2]，大破之。伯之遁还，淮南遂入于魏。魏主召飔还，以王肃为扬州刺史。

齐后宫火齐后宫火。时嬖幸之徒，皆号为"鬼"。有赵鬼者，能读《西京赋》，言于齐主曰："柏梁既灾，建章是营[3]。"齐主乃大起芳乐、玉寿等诸殿，以麝涂壁[4]，刻画装饰，穷极绮丽[5]。役者自夜达晓，犹不副速[6]。后宫服御，极选珍奇，凿金为莲华[7]以帖地，令潘妃行其上，曰："此步步生莲华也。"嬖幸因缘为奸利，课一输十[8]，百姓困尽，号泣道路。

冬，十月，齐主杀其尚书令萧懿萧懿之入援也，萧衍使所亲驰说懿曰："诛贼之后，则有不赏之功。当明君贤主，尚或难立，况于乱朝，何以自免？若贼灭之后，勒兵入宫，行伊、霍故事，此万世一时也。如其不尔，便托外拒[9]，遂还历阳。若但放兵，受其厚爵，高而无民[10]，必生后悔。"长史徐曜甫亦苦劝之，懿并不从。崔慧景死，懿为尚书令，弟畅为卫尉，掌管钥。时齐主出入无度，或劝懿因其出门，举兵废之。懿不听。嬖臣茹法珍等惮懿，说齐主曰："懿将行隆昌故事。"齐主然之。曜甫知之，密具舟江渚，劝懿奔襄阳。懿曰："自古皆有死，岂有叛走尚书令耶？"至是，齐主赐懿药于省中，懿且死，曰："家弟在雍，深为朝廷忧之。"懿弟、侄皆亡匿于里巷，无人发之者，惟融捕得，被诛。

魏以彭城王飔为司徒、录尚书事飔雅好恬素[11]，不乐势利。高祖重其事

1　教旨：上对下的告谕。
2　肥口：古地名，肥水流入淮河的入口处，位于今安徽省淮南市寿县东北。
3　柏梁既灾，建章是营：柏梁台既然被烧毁了，那么就造建章宫。
4　以麝涂壁：用麝香涂在墙壁上。
5　绮丽：鲜艳美丽。
6　副速：达不到皇上要求的速度。
7　莲华：莲花。
8　课一输十：要求按应该缴纳数目的十倍缴纳。
9　外拒：抵御外敌。
10　高而无民：官爵虽高，但手中没有军队和民众。
11　恬素：恬淡朴素。

干[1]，故委以权任，虽有遗诏，复为魏主所留。固辞，不免。常凄然叹息。繢为人美风仪，好文史，小心谨慎，未尝有过。虽闲居独处，亦无惰容。爱敬儒雅[2]，倾心礼待。清正俭素，门无私谒。

　　十一月，齐雍州刺史萧衍起兵襄阳，行荆州事萧颖胄亦以南康王宝融起兵江陵初，齐主疑衍有异志，使直后[3]郑植往刺之。衍知之，置酒于其弟宁蛮长史绍叔家，谓曰："朝廷遣卿见图，今日乃可取，良会[4]也。"及闻懿死，夜召张弘策等入宅定议。明日，集僚佐谓曰："昏主暴虐，当与卿等共除之！"是日，建牙集众，得甲士万余人，马千余匹，船三千艘。出檀溪竹木装舰，葺[5]之以茅，事皆立办。时南康王宝融为荆州刺史，长史萧颖胄行府州事，齐主遣将军刘山阳就颖胄兵袭襄阳。衍知其谋，遣参军王天虎诣江陵，遍与州府书，声云："山阳西上，并袭荆、雍。"颖胄疑，未决。山阳至巴陵，衍复令天虎赍书与颖胄及其弟颖达，谓张弘策曰："用兵之道，攻心为上。近天虎往，人皆有书。今段乘驿[6]，止有两函与行事兄弟，云'天虎口具'，彼间人问天虎而无所说，必谓行事与天虎共隐其事，则行事进退无以自明，必入吾谋内。是驰两空函定一州矣。"山阳果迟回不上，颖胄大惧，夜呼参军席阐文、柳忱，闭斋定议。阐文曰："萧雍州蓄养士马，非复一日，必不可制。就能制之，岁寒复不为朝廷所容。今若杀山阳，与雍州举事，立天子以令诸侯，则霸业成矣。山阳既不信我，今斩送天虎，则彼疑可释。至而图之，罔[7]不济矣。"忱曰："朝廷狂悖日滋，雍州之事，且藉以相毙[8]耳。独不见萧令君[9]乎？前事之不忘，后事之师也。"颖达亦劝颖胄从阐文等计。诘旦，颖胄谓天虎曰："卿与刘辅

1　事干：办事的才干。
2　爱敬儒雅：爱敬，喜爱敬重。儒雅，博学的儒士或文人雅士。
3　直后：古官名，皇帝左右的侍卫武官，有时以给事中、宣威将军等领之。
4　良会：好机会。
5　葺：整治。
6　乘驿：借助驿使四出传信。
7　罔：无，没有。
8　相毙：同"相敝"，共同消亡。
9　萧令君：即萧懿。

国相识，今不得不借卿头！"乃斩天虎送山阳，山阳大喜，单车诣颖胄。颖胄伏兵斩之。乃以南康王宝融教纂严，以萧衍都督前锋，颖胄都督行留[1]诸军事。颖胄有器局，既举大事，虚心委己[2]，众情归之。送刘山阳首于萧衍，且言年月未利，当须明年二月进兵。衍曰："举事之初，所藉者一时骁锐之心。事事相接，犹恐疑怠[3]。若顿兵十旬，粮用自竭。若童子立异[4]，则大事不成。况处分已定，安可中息[5]哉？昔武王伐纣，行逆太岁[6]，岂复待年月乎？"遂表劝宝融称尊号，不许。十二月，颖胄及司马夏侯详移檄建康州郡，数齐主及梅虫儿、茹法珍罪恶。遣将军杨公则向湘州，参军邓元起向夏口。夏侯详之子亶为殿中主帅，自建康亡归，称奉宣德太后令："南康王纂承皇祚，方俟清宫[7]，未即大号[8]。可封十郡为宣城王、相国、荆州牧，选百官。"太后，海陵王[9]之母也，废居宣德宫，故亶假而称之。竟陵太守曹景宗遣人说衍迎宝融，正尊号，然后进军。衍不从。王茂谓张弘策曰："今以南康置人手中，彼挟天子以令诸侯，节下前进为人所使，此岂他日之长计乎？"弘策以告，衍曰："若前途大事不捷，故自兰艾同焚[10]。若其克捷，则威振四海，谁敢不从，岂碌碌[11]受人处分者耶？"初，陈显达、崔慧景之乱，上庸太守韦睿曰："陈虽旧将，非命世才。崔颇更事，懦而不武，其赤族[12]宜矣。定天下者，殆必在吾州将[13]乎？"乃遣二子自结于萧衍。及衍起兵，睿率郡兵二千倍道赴之。冯道根居母丧，亦率乡人子弟来

---

1 行留：军队的调遣和留驻。
2 委己：委屈自己。
3 疑怠：怀疑懈怠。
4 立异：提出不同意见。
5 中息：中间停歇，中止。
6 太岁：太岁之神。古代数术家认为太岁亦有岁神，凡太岁神所在之方位及与之相反的方位，均不可兴造、移徙和嫁娶、远行，犯者必凶。
7 清宫：清理宫室。
8 大号：国号，帝号。
9 海陵王：齐武帝萧赜之孙，文惠太子萧长懋次子，郁林王萧昭业异母弟。
10 兰艾同焚：兰花和艾草一起烧掉，比喻好的坏的同归于尽。
11 碌碌：平庸，没有特殊能力。
12 赤族：诛灭全族。
13 吾州将：即雍州刺史萧衍。

赴。齐主闻刘山阳死，诏将军薛元嗣等将兵运粮百四十余船，送郢州刺史张冲，使拒西师。又使将军房僧寄守鲁山。

辛巳（公元 501 年）

齐和帝宝融中兴元年。魏景明二年。

春，正月，齐南康王宝融称相国，萧衍发襄阳齐南康王称相国，以萧颖胄为左长史，萧衍为征东将军。萧衍发襄阳，留弟伟总府州事，憺守垒城[1]。

魏彭城王勰归第。以咸阳王禧为太保，北海王详为大将军、录尚书事，于烈为领军魏太尉、咸阳王禧不亲政务，骄奢贪淫，魏主恶之。禧遣奴就领军于烈求羽林、虎贲，烈以无诏拒之。禧复遣谓曰："我天子叔父，身为元辅[2]，有所求须[3]，与诏何异？"烈厉色曰："烈非不知王之贵也，奈何使私奴索天子羽林？烈头可得，羽林不可得！"禧怒，以烈为恒州刺史。烈遂称疾不出。北海王详密以禧过恶白帝，且言彭城王勰大得人情，不宜久辅政。帝然之。诏勰以王归第，禧进位太保，详为大将军、录尚书事。复以于烈为领军，军国大事皆得参焉。魏主时年十六，不能亲决庶务，委之左右。于是幸臣茹皓、赵修及外戚高肇等始用事，魏政浸衰。修尤亲幸，旬月间，累迁至光禄卿。每迁官，魏主亲至其宅设宴，王公皆从。

二月，齐萧衍围郢城齐萧衍至竟陵，命王茂、曹景宗为前军。至汉口，诸将议并兵围郢，分兵袭西阳、武昌。衍曰："汉口不阔一里[4]，箭道[5]交至，房僧寄以重兵固守，与郢城为掎角。若悉众前进，僧寄必绝我军后。不若遣王、曹诸军济江，与荆州军合，以逼郢城。吾自围鲁山，以通沔、汉，使郧城[6]、竟

1　垒城：古地名，位于今湖北省襄阳市南。
2　元辅：重臣，也专指宰相。
3　求须：需索，需求。
4　不阔一里：河道宽不到一里。
5　箭道：河两岸可供射箭的道路。
6　郧城：古地名，即今湖北省孝感市辖安陆市。

陵之粟方舟而下，江陵、湘中[1]之兵相继而至，兵多食足，何忧两城之不拔？天下之事，可以卧取之耳。"乃使茂等济江，张冲遣兵迎战，茂等击破之，冲婴城自守。景宗遂据石桥浦[2]，连军相续，下至加湖[3]。衍筑汉口城以守鲁山，杨公则举湘州之众会于夏口。萧颖胄命荆州诸军皆受公则节度，以刘坦行湘州事。坦先尝在湘州，多旧恩，迎者属路。下车，选吏诣十郡[4]，发民运租米三十余万斛以助荆、雍之军，由是资粮不乏。三月，张冲病卒，将军薛元嗣与冲子孜、内史程茂等共守郢城。

三月，齐相国、南康王宝融废其君宝卷为涪陵王而自立齐南康王宝融即位于江陵，改元。以萧颖胄为尚书令，荆州刺史萧衍为左仆射、征东大将军，都督征讨诸军，假黄钺，夏侯详为中领军。封庶人[5]宝卷为涪陵王。宝卷以陈伯之为江州刺史，西击荆、雍。四月，萧衍出沔，命王茂等逼郢城。薛元嗣不敢出，诸将欲攻之，衍不许。

夏，五月，魏咸阳王禧谋反，伏诛魏主既亲政事，嬖幸擅权。禧意不自安，与妃兄李伯尚、氐王杨集始等谋反。会魏主出猎北邙[6]，禧欲发兵，众情不一，至晡遂散。集始既出，即驰至北邙告之。魏主仓猝不知所为，左中郎将于忠曰："臣父留守，必无所虑。"魏主遣忠驰观之，于烈已分兵严备，使忠还奏曰："此属猖狂，不足为虑，愿陛下清跸[7]徐还，以安物望[8]。"魏主遂还。烈遣直阁叔孙侯擒之，赐死于第。以其家财分赐高肇、赵修之家及中外百官。魏主以禧无故而反，由是益疏忌宗室。

齐巴东、巴西郡遣兵击荆州巴西太守鲁休烈、巴东太守萧惠训不从萧

1　湘中：古地区名，今湖南省中部偏东地区的通称。
2　石桥浦：古地名，位于今湖北省武汉市汉口东。
3　加湖：古湖名，又作茄湖，位于今湖北省武汉市黄陂区东南。
4　选吏诣十郡：选派能干的吏员分赴十郡。
5　庶人：百姓。
6　北邙：古山名，亦作北山、郏山、芒山，位于今河南省洛阳市北。
7　清跸：帝王出行，清除道路，禁止行人。也借指帝王的车辇。
8　物望：人望，众望。

颖胄之命，惠训遣子瑒将兵击颖胄，颖胄遣刘孝庆屯峡口拒之。

　　齐涪陵王遣军救郢州，屯加湖齐涪陵王宝卷遣军主吴子阳、陈虎牙等救郢州，屯巴口[1]。六月，西台[2]遣席阐文劳萧衍军，赍萧颖胄等议谓衍曰："今顿兵两岸，不并军围郢，定西阳、武昌，取江州，此机已失。莫若请救于魏。"衍曰："汉口路通荆、雍，控引秦、梁，粮运资储，仰此气息。所以兵压汉口，连结数州。今若并军围郢，又分兵前进，鲁山必阻沔路[3]，搤吾咽喉。粮运不通，自然离散，何以持久？邓元起欲以三千兵往取寻阳，彼若知机，一说士[4]足矣。脱距[5]王师，固非三千兵所能下也。进退无据，未见其可。西阳、武昌，取之即得。然既得之后，即应镇守，不减万人，粮储称是，卒无所出。脱东军有上者，以万人攻一城，两城势不得相救。若我分军应援，则首尾俱弱。如其不遣，孤城必陷，一城既没，相次土崩，大事去矣。若郢州既拔，席卷沿流，西阳、武昌自然风靡[6]。丈夫举事，欲清天步[7]，拥数州之兵以诛群小，悬河注火[8]，奚有不灭？岂容北面请救戎狄，以示弱于天下？卿为我辈白镇军[9]，前途[10]攻取，但以见付，但借镇军靖镇之耳[11]。"子阳等进军加湖，去郢三十里，筑垒自固。房僧寄病卒，众推军主孙乐祖代守鲁山。

　　秋，七月，齐雍州刺史张欣泰谋立建安王宝寅，不克而死齐涪陵王宝卷作芳乐苑，山石皆涂以五彩。望民家有好树美竹，则毁墙撤屋而徙之。于

1　巴口：古地名，位于今湖北省黄冈市黄州区东巴水入江处。
2　西台：南康王宝融方面的朝廷。因与建康政权分立，并位于西部，因此称"西台"。
3　沔路：沔水水路。
4　说士：说客。
5　距：通"拒"，抵抗。
6　风靡：归顺，降服。
7　天步：天之行步，亦指时运、国运等。
8　悬河注火：以河水倾泻于火，比喻以强大力量消灭敌方。
9　镇军：即萧颖胄，封镇军将军。
10　前途：将行经的前方路途。
11　靖镇之：稳定军心。

苑中立市[1]，使宫人、宦者共为裨贩[2]，以潘贵妃为市令[3]，自为录事，小有得失，妃则与杖[4]。又好巫觋，左右诈云见先帝大嗔[5]，不许数出。宝卷大怒，拔刀寻之，既不见，乃缚菰[6]为高宗形，北向斩之，悬首苑门。雍州刺史张欣泰与弟欣时密谋结胡松及王灵秀、鸿选等诛诸奸幸[7]，废宝卷。会宝卷遣中书舍人冯元嗣救郢，茹法珍、梅虫儿、李居士、杨明泰送之于中兴堂。欣泰等使人于坐杀元嗣，伤明泰、虫儿、居士、法珍等散走。灵秀诣石头迎建康王宝寅向台城，百姓数千人皆空手随之。欣泰闻事作，驰入宫。会法珍得返，闭门上仗[8]，鸿选亦不敢发。宝寅至杜姥宅，日已暝[9]，人皆溃去。宝寅亦逃，三日乃出，宝卷复其爵位。欣泰与胡松皆被诛。

齐萧衍克加湖，鲁山、郢城降齐萧衍使王茂、曹仲宗等乘水涨袭加湖。加湖溃，于是郢、鲁二城相视夺气[10]。鲁山乏粮，将奔夏口，萧衍断其走路，孙乐祖以城降。程茂、薛光嗣亦以郢城降。郢城之初围也，士民男女近十万口。闭门二百余日，疾疫流肿[11]，死者什七八。茂、元嗣议降，使张孜为书与衍。张冲故吏房长瑜曰："前使君[12]忠贯昊天，郎君但当坐守画一以荷析薪[13]。若天运不与，当幅巾待命，下从使君。今从诸人之计，非惟郢州士女失高山之望[14]，亦恐彼所不取也。"孜不能用。萧衍以韦睿行郢府事，收瘗死者而抚其生者，郢人

1　市：市场。
2　裨贩：小贩。
3　市令：古官名，掌管市场交易。
4　与杖：交给卫士杖责。
5　大嗔：大怒，生气。
6　菰：即茭白。
7　奸幸：奸邪得宠的人。
8　上仗：架起武器。
9　暝：日落，天黑。
10　夺气：挫伤锐气，丧失勇气。
11　流肿：脚气病，谓毒气下流，足为之肿。
12　前使君：即张冲。张孜为张冲之子。
13　坐守画一以荷析薪：和令尊保持一致，坐镇坚守，继承令尊的事业。坐守，固守，死守。画一，一致。以荷析薪，比喻继承父业。语出《左传·昭公七年》："古人有言曰：'其父析薪，其子弗克负荷。'"
14　高山之望：景仰之情。高山，高峻的山，亦比喻崇高的德行。

遂安。诸将欲顿军夏口，衍以为宜乘胜直指建康，张弘策、庾域亦以为然。衍命众军即日上道。缘江至建康，凡矶浦[1]村落，军行宿次、立顿处所[2]，弘策逆为图画[3]，如在目中。

　　魏扬州刺史、安国侯王肃卒初，肃以父死非命，四年不除丧。高祖曰："三年之丧，贤者不敢过。"命肃以祥禫[4]之礼除丧。然肃犹素服，不听乐终身。至是卒于寿阳，谥曰"宣简"。

　　齐杀其宁朔将军崔偃崔慧景之死也，其少子偃逃潜[5]得免。及西台建，以偃为宁朔将军。偃上书曰："臣惟高宗之孝子忠臣，而昏王之贼臣乱子者，江夏王与陛下、先臣与镇军[6]是也。虽成败异术，而所由同方。陛下初登至尊，与天合符[7]。天下纤介之屈，尚望陛下申之。况先帝之子、陛下之兄，所行之道，即陛下所由哉？此尚不恤[8]，其余何冀？岂可幸小民之无识而罔之，若使晓然[9]知其情节[10]，相率而逃，陛下将何以应之哉？"事寝不报。偃又上疏曰："近冒陈[11]江夏之冤，非敢以父子之亲而伤至公之义，诚不晓圣朝所以然之意。若以狂主虽狂，而实是天子；江夏虽贤，而实是人臣。先臣奉臣逆君[12]为不可，未审今之严兵劲卒方指象魏者，其故何哉？臣谨案[13]，镇军将军臣颖胄、中领军臣详，皆社稷之臣也。同知先臣股肱[14]江夏，匡济王室，天命未遂，主亡与亡，

1　矶浦：矶，江边的岩石，或江中的石滩。浦，水滨。
2　军行宿次、立顿处所：军队行走途中可以住宿、停留的地方。
3　逆为图画：早已绘成地图。逆，事先。
4　祥禫：丧祭名。语出《礼记·杂记下》："期之丧，十一月而练，十三月而祥，十五月而禫。"晋初用王肃议，祥、禫共月，故二十五月而除。
5　逃潜：潜逃。
6　江夏王与陛下、先臣与镇军：江夏王萧宝玄与陛下您、先父崔慧景与镇军将军萧颖胄。
7　合符：相符合。
8　不恤：不顾及。
9　晓然：明白貌。
10　情节：错误和罪行的具体情况。
11　冒陈：贸然上书陈说。
12　先臣奉臣逆君：先父拥奉作为臣子的江夏王萧宝玄背叛了作为天子的涪陵王萧宝卷。
13　谨案：谨慎查考，引用论据、史实开端的常用语。
14　股肱：辅佐，捍卫。

而不为陛下瞥然一言[1]。知而不言，不忠；不知而不言，不智。臣言毕矣，乞就汤镬。然先臣之忠，有识所知，南、董[2]之笔，千载可期，亦何待陛下屈申[3]而为褒贬？顾小臣惓惓之愚，为陛下计耳。"齐主优诏报之，寻收下狱，杀之。

八月，齐萧衍克寻阳初，齐涪陵王宝卷遣陈伯之镇江州，以为吴子阳等声援。子阳等既败，萧衍曰："用兵未必须实力，所听威声[4]耳。今陈虎牙狼狈奔归，寻阳人情理当恟惧，可传檄而定也。"乃命搜囚俘[5]，得伯之幢主[6]苏隆之，厚加赐与，使说伯之，许即用为江州。隆之返命，虽许归附，而云大军未须遽下。衍曰："伯之意首鼠，及[7]其犹豫，急往逼之，势不得不降。"乃引兵下至寻阳，伯之束甲请罪。初，巴东之乱，司马席恭祖不从，见杀。至是，其子谦为新蔡[8]太守，从伯之镇寻阳，闻衍东下，曰："我家世忠贞，有陨不二[9]。"伯之杀之。衍以伯之为江州刺史，虎牙为徐州刺史。

齐巴东、西军至上明齐鲁休烈、萧璝破峡口，进至上明，江陵大震。萧颖胄恐，驰告萧衍，令遣杨公则还援根本。衍曰："公则溯流上江陵，何能及事？休烈等乌合之众，寻自退散，正须少时持重耳[10]。良[11]须兵力，两弟在雍，指遣往征[12]，不为难至。"颖胄乃遣蔡道恭拒璝。

九月，齐萧衍引兵东下齐主宝融诏萧衍若定京邑，得以便宜从事。衍留郑绍叔守寻阳，引兵东下，谓曰："卿，吾之萧何、寇恂也。"比[13]克建康，绍

1　不为陛下瞥然一言：没有就这件事赶紧向陛下您进言。瞥然，忽然，迅速地。
2　南、董：南史氏、董狐。南史氏，春秋时齐国的史官。董狐，春秋时晋国的史官。
3　屈申：进退。
4　威声：威名。
5　囚俘：俘虏。
6　幢主：古官名，为幢的主将，所领人与数与队主相近，主要用于仪卫，在必要时也参加作战。
7　及：趁。
8　新蔡：古郡名，辖今河南省新蔡、安徽省临泉二县及河南省淮滨县北部地。
9　有陨不二：宁死不事二主。
10　正须少时持重耳：所需要的正是暂时稳定自己，不可慌乱。
11　良：确实，果然。
12　指遣往征：指派人去征召他们。
13　比：及，等到。

叔督江、湘粮运，未尝乏绝。

魏筑洛阳诸坊魏司州牧、广阳王嘉请筑洛阳三百二十三坊，各方三百步，曰："虽有暂劳，奸盗永息。"诏发畿内夫五万人筑之，四旬而罢。

魏立后于氏烈弟劲之女也。

冬，十月，齐萧衍围建康衍既克江、郢，涪陵王宝卷游骋[1]如故。闻至近道，乃聚兵为固守之计。衍遣曹景宗等进顿江宁。李居士自新亭选精骑薄之，景宗奋击，破之。因乘胜而前，新亭城主江道林引兵出战，被擒。衍至新林，遣吕僧珍据白板桥[2]。李居士率锐卒万人直来薄垒，僧珍曰："吾众少，不可逆战。可勿遥射[3]，须至堑里，当并力破之。"俄而皆越堑拔栅，僧珍分人上城，矢石俱发，自率马、步三百人出其后，城上人复逾城而下，内外奋击，居士败走。衍诸弟皆自建康自拔赴军。十月，宝卷遣将军王珍国、胡虎牙将精兵十万陈于朱雀航南，王宝孙持白虎幡督战，开航背水，以绝归路。衍军小却，王茂下马，单刀直前，其甥韦欣庆执铁缠槊[4]以翼之，冲击东军，应时而陷。曹景宗纵兵乘之，吕僧珍纵火焚营，将士皆殊死战，鼓噪震天地。珍国等不能抗，宝孙切骂诸将，将军席豪发愤，突阵而死。军遂大溃，衍军长驱至宣阳门，诸将移营稍前。宝卷将军徐元瑜以东府城降，李居士以新亭降。衍镇石头，宝卷闭门自守，衍命诸军筑长围守之。遣弟秀镇京口，恢镇破墩[5]，从弟景镇广陵。

十一月，魏以北海王详为司徒初，详欲夺彭城王勰司徒，故谮而黜之。又以司空长史于忠鲠直，忿之。忠曰："人生自有定分，若应死于王手，避亦不免。若其不尔，王不能杀。"忠以讨咸阳王禧功封魏郡公，迁武卫将军。详因忠表让[6]，劝魏主诏停其封，优进太府卿[7]。

1　游骋：游览驰骋。
2　白板桥：古地名，即今江苏省南京市西南板桥。
3　遥射：远远地射箭。
4　铁缠槊：用铁丝缠柄的长矛。
5　破墩：古地名，即破冈渎，故址位于今江苏省镇江市句容县东南。
6　表让：上表辞让。
7　优进太府卿：特晋升他为太府卿。太府卿，古官名，掌金帛财帛。

　　齐尚书令、巴东公萧颖胄卒颖胄以萧璝与蔡道恭相持不决，忧愤而卒。夏侯详秘之，征兵雍州，萧憺将兵赴之。璝等亦闻建康已危，众惧而溃，及鲁休烈皆降。详乃发颖胄丧，赠丞相，谥"献武"。于是众望尽归于衍。详请与憺共参军国，诏以详为仆射、荆州刺史，憺行府州事。

　　魏以任城王澄都督淮南军事魏镇南将军元英上书曰："萧宝卷骄纵日甚，虐害无辜。其雍州刺史萧衍扫土[1]兴兵，顺流东下，唯有孤城，更无重卫[2]，乃皇天授我之日，旷载[3]一逢之秋。此而不乘，将欲何待？臣乞躬率步、骑三万，直指沔阴[4]，据襄阳之城，断黑水之路。长驱南出，进拔江陵，则三楚可收，岷、蜀断绝。又命扬、徐声言俱举，建业穷蹙，文轨[5]可齐。一爽[6]此期，则并吞无日矣。"不报。车骑大将军源怀亦言："广陵、淮阴观望得失，宜东西齐举，以成席卷之势。若使萧衍克济，上下同心，岂惟后图之难，亦恐扬州危逼。何则？寿春之去建康才七百里，彼若内外无虞，君臣分定，乘舟藉水，倏忽[7]而至，未易当也。"魏主乃以任城王澄为都督淮南诸军事、扬州刺史，使为经略。既而不果。怀，贺之子也。

　　魏东豫州[8]刺史田益宗侵齐，战于赤亭[9]，齐人败绩魏东豫州刺史田益宗上表曰："萧氏君臣交争，无暇外维[10]州镇。请使两荆之众西拟[11]随、雍，扬州之卒顿于建安，二豫之军直据南关[12]，不过十旬，克之必矣。"元英又奏："义阳孤绝，密迩王土。若失此不取，恐为深患。"魏主从之。益宗遂侵齐，齐建

1　扫土：举境，全境。
2　重卫：重兵守卫。
3　旷载：长年，多年。
4　沔阴：古地名，又称沔阴戍，位于今湖北省随州市西南。
5　文轨：文字和车轨。古代以同文、轨为国家统一的标志。
6　爽：错过。
7　倏忽：顷刻，极短的时间。
8　东豫州：古州名，辖今河南省息县、淮滨二县及潢川、正阳二县一部地。
9　赤亭：古地名，位于今湖北省麻城市西南。
10　外维：向外维护。
11　拟：假装攻打。
12　南关：古关隘名，即阴山关，位于今河南省信阳市新县东北。

宁[1]太守黄天赐与战，败绩。

十二月，齐人弑涪陵王宝卷。萧衍入建康，以太后令，追废宝卷为东昏侯，自为大司马，承制齐崔慧景之逼建康也，涪陵王宝卷拜蒋子文神为钟山王。及衍至，又尊为灵帝，迎入后堂，使巫祷祀。悉以军事委王珍国。时城中实甲犹七万人，宝卷常于殿中骑马出入，以金银为铠胄[2]，饰以孔翠[3]。昼眠夜起，一如平常。及长围既立，屡战不胜，尤惜金钱，不肯赏赐。雕镂杂物，倍急于常。众情怨怠[4]，皆思早亡，莫敢先发。法珍、虫儿说宝卷曰："大臣不留意，使围不解，宜悉诛之。"珍国及其副张稷惧祸，谋弑宝卷。使后阁舍人[5]钱强夜开云龙门，珍国、稷引兵入殿，御刀丰勇之为内应。宝卷方在含德殿作笙歌[6]，兵入，斩之。稷召仆射王亮等令百僚署笺[7]，以黄油裹宝卷首，遣博士范云等送诣石头。右卫将军王志叹曰："冠虽弊，何可加足[8]？"取庭中树叶按服之，伪闷[9]，不署名。衍览笺无志名，心嘉之。志，僧虔之子也。衍与云有旧，即留参帏幄[10]。亮在朝以依违取容。衍至新林，百僚皆间道送款，亮独不遣。城中出者，多被劫剥。杨公则独率麾下亲卫送之，衍使张弘策先入清宫，封府库图籍。时城内珍宝委积，弘策禁勒[11]部曲，秋毫无犯。收潘妃及法珍、虫儿、咺之等四十一人，皆以属吏。以宣德太后令，追废宝卷为东昏侯。以衍为大司马、录尚书事，依晋武陵王遵承制故事，百僚致敬[12]。以王亮为长史。衍入屯

1　建宁：古郡名，南朝宋初侨置，治所位于今湖北省麻城市西南。
2　铠胄：铠甲和头盔。
3　孔翠：孔雀、翠鸟的羽毛。
4　怨怠：怨恨懈怠。
5　后阁舍人：古官名，中书省属官，掌皇帝诏诰，由宦官担任。后阁，指禁中后阁。
6　笙歌：吹笙唱歌，亦泛指奏乐唱歌。
7　署笺：署名于奏章。
8　冠虽弊，何可加足：头顶的冠虽然破了，但怎能再用足踩呢。
9　取庭中树叶按服之，伪闷：到庭中摘取树叶，用手搓成团吞下去，假装气上不来闷过去了。
10　帏幄：内庭，内室。
11　禁勒：严加管束。
12　致敬：向人施礼。

阅武堂，下令大赦。凡昏制谬赋、淫刑滥役，悉皆除荡[1]。潘妃有国色，衍欲留之，以问领军王茂。茂曰："亡齐者此物，留之恐贻外议。"乃并法珍等诛之。以宫女二千分赉将士。

齐大司马衍执豫州刺史马仙琕、吴兴太守袁昂，既而释之齐萧衍之东下也，豫州刺史马仙琕拥兵不附，衍使其故人姚仲宾说之。仙琕先为设酒，乃斩于军门以徇。衍围宫城，州郡皆请降，吴兴太守袁昂独拒境，不受命。昂，觊之子也。衍使江革为书与昂曰："竭力昏主，未足为忠。家门屠灭，非所谓孝。岂若翻然改图，自招多福？"昂复书曰："一餐微施，尚复投陨[2]。况食人之禄，而顿忘一旦，非惟物议[3]不可，亦恐明公鄙之。所以踟蹰，未遑荐璧[4]。"武康[5]令傅暎谓昂曰："昔太尉遭元嘉之祸，开辟未有，故杀身以明节。司徒当寄托[6]之重，理无苟全，故不顾夷险，以徇名义[7]。今嗣主昏虐不悛，荆、雍协举，天人之意，亦可知矣。愿明府深虑，无取后悔。"及建康平，衍使豫州刺史李元履巡抚东土，敕曰："袁昂道素[8]之门，世有忠节，天下须容之，勿以兵威陵辱。"元履至，宣衍旨。昂亦不请降，开门撤备而已。仙琕闻台城不守，号泣谓将士曰："我受人任寄[9]，义不容降，君等皆有父母，我为忠臣，君为孝子，不亦可乎？"乃悉遣兵出降，余壮士数十，闭门独守。俄而兵入，仙琕令士皆持满，兵不敢近。日暮，仙琕乃投弓曰："诸君但来见取，我义不降。"乃槛送石头。衍释之，使待袁昂至俱入，曰："今天下见二义士。"皆厚遇之。

齐大司马衍入镇殿中。

齐始兴内史王僧粲袭湘州，不克僧粲自称湘州刺史，引兵袭长沙，去

1　除荡：清除。
2　一餐微施，尚复投陨：受他人一餐的微薄施舍，尚且需要投命殒身相报。
3　物议：众人的议论。
4　荐璧：进献璧玉，借指投降。
5　武康：古县名，治所位于今浙江省湖州市德清县西，以县有武康山而得名。
6　寄托：托付。
7　以徇名义：遵循道义名节。
8　道素：纯朴的德行。
9　任寄：委任，付托。

城百余里。长沙人皆欲走，行事刘坦悉聚其舟焚之，遣军拒僧粲。数战不利，前镇军钟玄绍刻日翻城应僧粲。坦闻其谋，佯为不知，因理讼[1]至夜，而城门遂不闭以疑之。玄绍未发，明旦，诣坦问其故。坦久留与语，密遣亲兵收其家书，具得本末。于坐斩之，焚其文书，余党无所问，州郡遂安。建康平，杨公则还州，僧粲等散走。公则克己廉慎[2]，轻刑薄赋，顷之，湘州户口几复其旧。

壬午（公元 502 年）

齐中兴二年，梁高祖武帝萧衍天监元年。魏景明三年。○是岁，齐亡梁代。

春，正月，齐大司马衍迎宣德太后入宫称制。二月，衍自为相国，封梁公，加九锡初，衍与范云、沈约、任昉同在竟陵王西邸，至是，引云为咨议，约为司马，昉为记室，参谋议。谢朓、何胤先弃官居家，衍奏征为军咨祭酒，朓、胤皆不至。衍内有受禅之志，沈约进曰：“齐祚已终，明公当承其运，虽欲谦光，不可得已。”衍曰：“吾方思之。”约曰：“公初建牙樊沔，此时应思。今王业已成，何所复思？若天子还都，公卿在位，则君臣分定，无复异心，岂复有人方更同公作贼？”衍然之，召云等告之。云对略同约旨，衍曰：“卿明早将休文更来[3]。”云出，语约，约曰：“卿必待我！”云许诺，而约应期[4]入。衍命草具其事，约乃出怀中诏书并诸选置[5]。云至殿门，不得入，约出，问曰：“何以见处[6]？”约举手向左，云笑曰：“不乖所望[7]。”有顷，大司马召云入，曰：“我起兵三年矣，诸将不为无功，然成帝业者，卿二人也。”乃诏进衍位相国、扬州牧，封十郡，为梁公，备九锡，置百司。

梁公衍杀齐湘东王宝晊宝晊颇好文学，衍忌之，称其谋反，并其弟宝

1　理讼：审理诉讼。
2　廉慎：清廉谨慎。
3　将休文更来：带着沈约再来这里。休文，沈约的字。
4　应期：如期。
5　选置：选择处置官吏的文稿。
6　何以见处：对我怎么安排。
7　不乖所望：没有辜负我的期望。

览、宝宏皆杀之。

　　梁以沈约为仆射，范云为侍中梁公衍纳东昏[1]余妃，颇妨政事。范云以为言，未从。云与将军王茂同入见，云曰："昔沛公入关，妇女无所幸，此范增所以畏其志大也。今明公始定建康，海内想望风声[2]，奈何袭乱亡之迹，以女德[3]为累乎？"茂起拜曰："云言是也。公必以天下为念，不宜留此。"梁公默然。云即请以余氏赉茂，梁公许之，赐云、茂钱各百万。

　　梁公衍进爵为王。

　　三月，梁王衍杀齐邵陵王宝攸等三人，鄱阳王宝寅出奔魏衍杀齐邵陵王宝攸、晋熙王宝嵩、桂阳王宝贞。鄱阳王宝寅穿墙夜出，遁匿[4]山涧，昼伏宵行，抵寿阳之东城。魏戍主杜元伦驰告任城王澄，澄以车马、侍御迎之，待以客礼。宝寅请丧君斩衰之服，澄以丧兄齐衰之服给之。仍率官僚赴吊，宝寅居处有礼，澄深器重之。

　　齐主发江陵，以萧憺都督荆、湘六州军事齐主东归，以萧憺为荆州刺史。荆州军旅之后，公私空乏[5]，憺厉精[6]为治，广屯田，省力役，存问兵死之家，供其乏困。自以少年居重任，谓佐吏曰："政之不臧[7]，士君子所宜共惜。吾今开怀[8]，卿其无隐！"于是人人得尽意，民有讼者皆立前待符教[9]，决于俄顷，曹无留事。荆人大悦。

　　夏，四月，梁王衍称皇帝，废齐主为巴陵王，迁太后于别宫，封拜其功臣有差齐主至姑孰，下诏禅位于梁。四月，宣德太后遣尚书令亮等奉玺绶诣梁宫。梁王即位于南郊，赠兄懿为丞相，封长沙王，谥曰"宣武"。奉和

1　东昏：即梁废帝萧宝卷，后贬为东昏侯。
2　想望风声：对您的名声非常仰慕。想望，仰慕。
3　女德：女色。
4　遁匿：隐藏。
5　空乏：穷困。
6　厉精：振奋精神。
7　不臧：不善，不良。
8　开怀：推诚相待，虚心听取意见。
9　符教：书面的教令，批示。

帝为巴陵王，宫于姑孰。奉宣德太后为齐文帝妃，封文武功臣、车骑将军夏侯详等十五人为公侯。以王亮为尚书令，王莹为中书监，沈约为仆射，范云为吏部尚书。

梁主衍弑巴陵王于姑孰，齐御史中丞颜见远死之梁主欲以南海郡为巴陵国，徙王居之。沈约曰："不可慕虚名而受实祸。"梁主颔之，乃使所亲郑伯禽诣姑孰，以生金[1]进王。王曰："我死不须金，醇酒足矣。"乃饮沉醉，伯禽就折杀[2]之。王之镇荆州也，琅邪颜见远为录事参军。及即位，为御史中丞。既禅位，见远不食，数日而卒。梁主闻之曰："我自应天从人，何预天下士大夫事？而颜见远乃至于此！"

梁立赎刑条格[3]。

梁以萧宝义为巴陵王宝义幼有废疾[4]，不能言，故独得全。使奉齐祀。齐南康侯子恪及弟祁阳侯子范尝因事入见，梁主从容谓曰："天下公器，非可力取，苟无期运，终必败亡。宋孝武性猜忌，兄弟粗有令名者皆酖之，朝臣以疑似枉死者相继。然或疑而不能去，或不疑而卒为患。我初平建康，人皆劝我除卿辈以一物心[5]，于时行之，谁谓不可？正以江左以来，代谢[6]之际，必相屠灭，感伤[7]和气，所以国祚不长。又，我与卿宗属未远，情同一家，岂可遽如路人？且建武[8]涂炭卿门，我起义兵，非惟自雪门耻，亦为卿兄弟报仇。自取天下于明帝家，非取之于卿家也。曹志，魏武之孙，为晋忠臣。况卿今日犹是宗室，我方坦然相期[9]，卿无复怀自外[10]之意？"子恪兄弟凡十六人，皆仕梁清

1　生金：金矿石的一种。《本草纲目·金石一·金》："毒金即生金，出交广山石内，赤而有大毒，杀人。"
2　折杀：杀死。折，夭折，死亡。
3　赎刑条格：赎刑，用钱、物赎罪。条格，条例，法规。
4　废疾：有残疾而不能做事。
5　物心：人心。
6　代谢：改朝换代。
7　感伤：触犯，损伤。
8　建武：南朝齐明帝萧鸾的年号，存续时间为公元494至498年。
9　相期：期待，相约。
10　自外：自视为外人，自行疏远。

显，竟以寿终。

梁征谢朏、何胤、何点，不至梁征谢朏、何胤为光禄大夫，何点为侍中，胤、点终不就。

梁置谤木、肺石函[1]梁主诏："公车府[2]谤木、肺石旁各置一函，若肉食[3]莫言，欲有横议，投谤木函。若有功劳、才器、冤沉莫达者，投肺石函。"梁主身服浣濯之衣，常膳唯以菜蔬。每简长吏，务选廉平，皆召见于前，勖[4]以政道。小县令有能，迁大县；大县有能，迁二千石。由是廉能[5]莫不知劝。

魏灭鲁阳蛮鲁阳蛮围魏湖阳，将军李崇击破之。徙万余户于幽、并六镇，寻叛，南走。所在追讨，比及河，杀之皆尽。

五月，盗入梁宫，捕得，伏诛齐东昏侯嬖臣孙文明等夜率其徒作乱，烧神虎门、总章观，杀卫尉张弘策。军司马吕僧珍以宿卫兵拒之，不能却。将军王茂、张惠绍引兵赴救，讨捕[6]，悉诛之。

梁江州刺史陈伯之反，兵败奔魏伯之目不识书，与夺决于主者。邓缮有旧恩于伯之，伯之以为别驾。河南褚缉居建康，素薄行，仕宦[7]不得志，频造尚书范云，云不之礼。缉怒，投伯之，大见亲狎[8]。伯之又以朱龙符为参军，并乘伯之愚暗，恣为奸利。梁主遣人代缮，伯之不受命。缮于是日夜说伯之反，缉等共赞成之。伯之乃集府州僚佐谓曰："奉齐建安王教，率江北义勇十万，已次六合[9]。我荷明帝厚恩，誓死以报。"即命纂严，使缉诈为萧宝寅书以示僚佐。召临川内史王观为长史，观不应命。豫章太守郑伯伦起兵拒守。诏以王茂

1　谤木、肺石函：谤木，相传尧、舜时于交通要道竖立木柱，让人在上面写谏言，称"谤木"。肺石函，南朝梁所设，用于让普通平民提请诉讼。肺石，赤色石，其色红如肺而得名。
2　公车府：古官署名，掌管宫殿司马门的警卫，天下上事及征召等事宜经由此处受理。
3　肉食：高官厚禄，亦泛指做官的人。
4　勖：勉励。
5　廉能：清廉能干。
6　讨捕：搜捕。
7　仕宦：做官。
8　亲狎：亲近而不庄重，亲近狎昵。
9　六合：古县名，治所即今江苏省南京市六合区，以六合山为名。

为江州刺史，率众讨之。伯之谓缙等曰："今先平像章，然后席卷北向，以扑饥疲之众，不忧不济。"六月，引兵趋豫章，攻，不能下。王茂军至，伯之表里受敌，遂败走，间道渡江，与虎牙及缙等俱奔魏。

六月，**梁益州刺史刘季连反**梁主以邓元起为益州刺史，遣左右送刘季连子弟三人入蜀谕旨。季连受命，饬还装[1]，元起始得之官。初，季连为南郡，不礼于元起。都录[2]朱道琛有罪，季连欲杀之，逃匿得免。至是，道琛为元起典签，请先使检校资粮，缘路奉迎。元起许之。道琛既至，言语不恭，见人器物辄夺之，有不获者，语曰："会当属人，何须苦惜[3]？"于是军府[4]大惧，谓元起至，必诛季连，祸及党与。季连亦惧，乃召兵算之，有精甲十万，叹曰："据天险之地，握此强兵，进可以匡社稷，退不失作刘备，舍此安之？"遂召佐史，矫称齐宣德太后令，聚兵复反，收道琛杀之。元起至，巴西太守朱士略纳之。蜀民投附[5]，新故三万余人。粮食乏，或说之曰："蜀土政慢，民多诈疾[6]。若检巴西一郡籍注[7]，因而罚之，所获必厚。"元起然之，涪令李膺谏曰："使君前有严敌[8]，后无继援，山民始附，于我观德[9]。若纠以刻薄，民必不堪，众心一离，虽悔无及。膺请出图之，不患资粮不足也。"元起曰："善。"膺退，率富民上军资米，得三万斛。

秋，八月，**梁定正[10]雅乐**梁主素善钟律，欲厘正雅乐，乃自制四器，名之为"通"。每通施三弦，黄钟[11]弦用二百七十丝，长九尺，应钟弦用一百四十二丝，长四尺七寸四分差强，中间十律，以是为差。因以通声转推月

1　饬还装：饬，整治。还装，归途上需要的行李。
2　都录：古官名，都录事的简称，在南朝梁时为府郡官属，总掌文簿。
3　会当属人，何须苦惜：反正这东西迟早是别人的，何必苦苦珍惜呢。
4　军府：将帅的府署。
5　投附：投奔归附。
6　蜀土政慢，民多诈疾：蜀地的政令不严，老百姓大多装病以逃避征役。
7　籍注：将服官役者的姓名、年限载入用黄纸书写的户籍总册。
8　严敌：强敌。
9　观德：观察执政者的德行。
10　定正：改正。
11　黄钟：乐律十二律中的第一律，下文"应钟"为十二律中的最后一律。

气[1]，悉无差违[2]，而还得相中[3]。又制十二笛，黄钟笛长三尺八寸，应钟笛长二尺三寸，中间十律，以是为差。以写通声，饮古钟玉律[4]，并皆不差。于是被以八音，施以七声[5]，莫不和韵。先是，宫悬[6]止有四镈钟[7]，杂以编钟、编磬、衡钟凡十六虡[8]。至是，始设十二镈钟，各有编钟、编磬，凡三十六虡，而去衡钟，四隅[9]植建鼓[10]。

冬，十一月，梁立子统为太子统生五岁，能遍诵五经。

梁大旱，饥是岁，江东大旱，米斗五千[11]，民多饿死。

癸未（公元 503 年）

梁天监二年。魏景明四年。

春，正月，梁以沈约、范云为左、右仆射，尚书令王亮废为庶人。

刘季连降梁成都城中食尽，人相食。刘季连计无所出，梁主遣主书宣诏，受季连降，季连肉袒请罪。邓元起迁季连于城外，俄而造焉，待之以礼。季连谢曰："早知如此，岂有前日之事？"元起送季连诣建康，入东掖门，数步一稽颡。梁主笑曰："卿欲慕刘备，而曾不及公孙述，岂无卧龙之臣耶？"赦为庶人。

夏，四月，魏以萧宝寅为齐王宝寅伏于魏阙[12]之下，请兵伐梁，虽暴风

1　月气：对阴历每月二气的统称。古代历法以太阳历二十四气配阴历十二月，每月配有二气，前者叫节气，后者叫中气。
2　差违：差异，不同。
3　还得相中：反过来推算，也能相合。
4　以写通声，饮古钟玉律：以十二笛之声对校于通声，用古钟玉律测量。
5　被以八音，施以七声：加以金、石、丝、竹、匏、土、革、木八音，施以宫、商、角、徵、羽、变宫、变徵七声。
6　宫悬：皇帝用乐制度的级别，即宫廷悬挂钟磬的数量与方法。
7　镈钟：古代大型单体打击乐器，青铜制，特点是环钮、平口、椭圆形或合瓦形器身。
8　虡：古代悬挂钟或磬的架子两旁的柱子。
9　隅：角落。
10　建鼓：鼓名，亦称植鼓，鼓身长而圆，用一木柱直贯鼓身，以为支柱。
11　米斗五千：一斗米卖到五千钱。
12　魏阙：魏国朝堂。

大雨，终不暂移。会陈伯之降魏，亦请兵自效。魏以宝寅为扬州刺史、丹阳公、齐王，礼赐甚厚，配兵一万，令屯东城。以伯之为江州刺史，屯阳石[1]，俟秋冬大举。宝寅明当拜命，恸哭至晨。过期犹绝酒肉，悴色[2]粗衣，未尝嬉笑。

梁颁新律初，梁主命删定郎蔡法度损益旧律。至是书成，诏颁行之。

五月，梁仆射范云卒，以左丞徐勉、将军周舍同参国政云尽心事上，知无不为，临繁处剧，精力过人。及卒，众谓沈约宜当枢管[3]。上以约轻易，不如尚书左丞徐勉，乃以勉及右卫将军周舍同参国政。舍雅量[4]不及勉，而清简过之，两人俱称贤相。勉每有表奏，辄焚其稿。舍豫机密二十余年，国史、诏诰、仪体[5]、法律、军旅、谋谟皆掌之，与人言谑[6]终日，而竟不泄机事，众尤服之。

梁断郡县献奉[7]断诸郡县献奉二宫，唯诸州及会稽许贡任土[8]，若非地产[9]，亦不得贡。

六月，魏发兵伐梁魏任城王澄表称："萧衍频断东关，欲令濄湖泛溢[10]，以灌淮南诸戍。寿阳去江五百余里，众庶惶惶，并惧水害。请豫勒[11]诸州，纂集[12]士马，首秋[13]大集，应机经略。虽混一不能必果，江西自是无虞矣。"魏发六州二万人，仲秋毕会，并寿阳先兵三万，委澄经略。

梁以谢朓为司徒朓逃窜逾年，一旦轻舟自出诣阙，以为司徒、尚书令。

1　阳石：古地名，即羊石城，位于今安徽省六安市霍邱县东南。
2　悴色：神色憔悴。
3　枢管：中央政务。
4　雅量：宽宏的气度。
5　仪体：礼仪的程序法式。
6　言谑：谈笑戏谑。
7　献奉：献祭供奉。
8　许贡任土：准许根据本地的具体情况制定贡奉物品种类。
9　地产：本地土产。
10　濄湖泛溢：濄湖，古湖名，即今巢湖，位于今安徽省中部，合肥、肥东、肥西、庐江、巢湖等市县间。泛溢，泛滥。
11　勒：要求。
12　纂集：编纂汇集。
13　首秋：农历七月。

胐辞脚疾，不堪拜谒，角巾自舆[1]诣云龙门谢。诏乘小车就席。明日，梁主幸其宅，宴语[2]尽欢。胐固陈本志，不许。胐素惮烦[3]，不省职事，众颇失望。

秋，七月，**魏复盐池[4]之禁**魏既罢盐池之禁，而其利皆为富强[5]所专，乃复收之。

魏以彭城王勰为太师魏主以勰为太师，勰固辞。魏主赐诏敦谕[6]，又为家人书，祈请恳至。勰不得已，受命。

冬，十月，魏都督元英攻梁义阳，拔数城。攻阜陵，不克梁司州刺史蔡道恭闻魏军将至，遣将军杨由率城外居民保贤首山，为三栅。英勒军围之，栅民斩由降魏。任城王澄命统军党法宗分兵击东关，拔关要、颍川、大岘[7]三城，白塔、牵城、清溪皆溃。法宗等进拔焦城[8]，破淮陵。先是，梁遣冯道根戍阜陵。初到，修城隍，远斥候，如敌将至，众颇笑之。道根曰："怯防勇战，此之谓也。"城未毕，法宗等奄至，众皆失色。道根命大开门，缓服[9]登城，选精锐出战，破之。魏人见其意思闲缓[10]，战又不利，遂引去。梁乃以道根为豫州刺史。

魏以仆射源怀为行台，巡北边魏既迁洛阳，北边荒远，因以饥馑，百姓困弊。乃加仆射源怀行台，使持节巡行北边，赈贫乏，考殿最，事之得失，先决后闻。怀通济[11]有无，饥民赖之。沃野镇将于祚，后之世父，与怀通婚。时于劲方用事，势倾朝野，祚颇有受纳[12]。怀将入镇，祚郊迎道左，怀不与语，

1　角巾自舆：角巾，方巾，有棱角的头巾，为古代隐士冠饰。自舆，自己驾车。
2　宴语：闲谈。
3　惮烦：怕麻烦。
4　盐池：古地名，即古河东盐池，产盐胜地，又名盐湖、银湖，位于今山西省运城市南。
5　富强：有钱有势的人。
6　敦谕：劝勉晓谕。
7　大岘：古地名，即大岘山，位于今安徽省马鞍山市含山县东北，又名赤焰山。
8　焦城：古地名，位于今安徽省滁州市辖明光市东北。
9　缓服：宽大舒适的官服，与戎装等紧身衣服相对而言。
10　闲缓：懒散迟缓。
11　通济：融通调济。
12　受纳：接受贿赂。

即劾奏[1]免官。怀朔[2]镇将元尼须与怀旧交，贪秽狼藉[3]，置酒谓怀曰："命之长短，系卿之口。"怀曰："今日源怀与故人饮酒之坐，非鞫狱[4]之所也。明日，公庭始为使者，检镇将罪状之处耳。"竟按抵罪。怀又奏："边镇事少而置官猥多[5]，沃野一镇自将以下八百余人，请一切五分损二。"魏主从之。

梁吉翂请代父死，梁主赦之冯翊吉翂父为原乡[6]令，为奸吏所诬，逮诣廷尉，罪当死。翂年十五，挝登闻鼓，乞代父命。梁主以其幼，疑人教之，使廷尉卿[7]蔡法度讯之。翂曰："囚虽愚幼[8]，岂不知死之可惮？顾不忍见父极刑，故求代之。此非细故，奈何受人教耶？"法度乃更和颜诱之，终无异辞。法度以闻，上乃宥其父罪。丹杨尹王志欲以岁首举充纯孝[9]，翂曰："异哉王尹，何量翂之薄乎！父辱子死，道固当然。若翂当此举，乃是因父取名，何辱如之？"固拒而止。

魏散骑常侍赵修有罪，伏诛修恃宠骄恣，为众所嫉。高肇从而构之，中尉甄琛、黄门郎李凭、廷尉王显素谄附[10]修，惧连及，助肇攻之。魏主命尚书元绍检讯[11]，下诏暴其奸恶，免死，鞭一百，徙敦煌为兵。甄琛、王显监罚，欲令必死，密加鞭至三百，即召驿马，缚置鞍中，急驱之行八十里，乃死。魏主闻之，责元绍不重闻[12]。绍曰："修之佞幸，为国深蠹[13]，臣不因衅除之，恐陛下受万世之谤。"魏主以其言正，不罪也。明日，甄琛、李凭坐修党免官。散骑常侍高聪与修尤亲狎，以谄事高肇，独得免。

---

1 劾奏：向皇帝检举官吏的过失或罪行。
2 怀朔：古军镇名，北魏六镇之一，位于今内蒙古包头市固阳县东北。
3 贪秽狼藉：贪秽，贪污。狼藉，喻行为不检，名声不好。
4 鞫狱：审理案件。
5 猥多：众多，繁多。
6 原乡：古县名，治所位于今浙江省湖州市长兴县南，以县在山中高原而名。
7 廷尉卿：古官名，即廷尉的尊称，掌刑狱。
8 愚幼：愚钝幼稚。
9 以岁首举充纯孝：在下一个年初举荐吉翂为纯孝之士。
10 谄附：逢迎趋附。
11 检讯：复核讯问。
12 重闻：二次汇报。
13 深蠹：隐藏很深的蠹虫。

甲申（公元 504 年）

　　梁天监三年。魏正始元年。

　　春，正月，梁袭魏寿阳，不克梁将军姜庆真乘魏任城王在外，袭寿阳，据其外郭。任城太妃孟氏勒兵登陴，激励文武，安慰新旧，劝以赏罚，将士咸有奋志。太妃亲巡城守，不避矢石。萧宝寅引兵至，合击之，庆真败走。

　　魏攻梁钟离，梁遣兵救之，大败魏任城王澄攻梁钟离，梁主遣将军张惠绍等将兵送粮。澄遣将军刘思祖邀之，战于邵阳[1]，大败梁兵，俘惠绍等十将，杀、虏士卒殆尽。尚书论思祖功，应封千户侯。侍中元晖求二婢于思祖，不得，事遂寝。诏澄："以四月淮水将涨，南军得时，勿昧利[2]以取后悔。"会大雨，淮水暴涨，澄引还寿阳。军还狼狈，失、亡四千余人。军司贾思伯为殿[3]，澄曰："仁者必有勇，于军司见之矣。"思伯托以失道，不伐其功。

　　夏，五月，魏司徒、北海王详有罪，幽死详骄奢好声色，贪冒无厌，请托公行，中外嗟怨。将军茹皓以巧思有宠于魏主，弄权纳贿，详亦附焉。高肇本出高丽，时望轻之。魏主专委以事，肇以详位居其上，欲去之，乃谮之云："详、皓谋逆。"四月，魏主召中尉崔亮，使弹详、皓。诏赐皓死，宥详，免为庶人。徙太府寺[4]，围禁[5]之，详遂暴卒。先是，有献鸡雏[6]，四翼四足者。诏以问侍中崔光。光上表曰："汉元帝时，有雌鸡伏子[7]，渐化为雄，冠距鸣将[8]。又有雄鸡生角，刘向以为小臣执政之象，石显伏诛之效也。灵帝时，南宫寺雌鸡欲化为雄，但头、冠未变。蔡邕以为鸡身已变，未至于头，而上知之，将有其事而不遂成之象也。若应之不精，政无所改，头、冠或成，为患滋大。是后黄巾破坏四方，天下遂大乱。今之鸡状虽与汉不同，而其应颇相类，诚可畏

1　邵阳：古地名，即邵阳洲，位于今安徽省滁州市凤阳县东北淮河中。
2　昧利：贪利。
3　殿：最后。
4　太府寺：古官署名，负责供应皇室用度，专管库储、出纳。
5　围禁：看管。
6　鸡雏：幼小的鸡。
7　伏子：孵小鸡。
8　冠距鸣将：鸡冠子又红又大，爪子后面长出尖骨，开始打鸣，成了群中之帅。

也。翼足众多，亦群下相扇助[1]之象。雏而未大，足、羽差小，其势尚微，易制御也。臣闻灾异之见，所以示吉凶，明君睹之而惧，乃能致福，暗主睹之而慢，所以致祸。或者今亦有自贱而贵，关预[2]政事，如前世石显之比者邪？愿陛下进贤黜佞，则妖弭庆集[3]矣。"后数日，皓等伏诛，魏主由此愈重光。高肇说魏主，使羽林、虎贲守诸王第，殆同幽禁。彭城王勰切谏，不听。勰志尚高迈[4]，避事家居，而出无山水之适，处无知己之游，独对妻子，常郁郁不乐。

梁司州刺史蔡道恭卒魏人围梁义阳，城中兵不满五千人，食才支半岁。魏军攻之，昼夜不息，道恭随方抗御，应手摧却[5]，相持百余日，斩、获不可胜计。魏军惮之，将退。会道恭疾笃，呼从弟灵恩、兄子僧勰及诸将佐，谓曰："汝等当以死固节[6]，无令吾没有遗恨[7]！"众皆流涕。道恭卒，灵恩摄行州事，代之城守。

魏大旱魏大旱，邢峦奏："昔者明王重粟帛，轻金玉，何则？粟帛养民而安国，金玉无用而败德故也。先帝深鉴[8]奢泰，务崇节俭，至以纸绢为帐庪[9]，铜铁为辔勒[10]，府藏之金，裁给[11]而已。逮景明[12]初，贡篚[13]相继，商估[14]交入，金玉常有余，国用常不足。苟非为之分限，但恐岁计不充[15]，自今请非要须[16]者，一切不受。"魏主纳之。

---

1 扇助：煽动勾结。
2 关预：参与，过问。
3 妖弭庆集：妖祸消失，吉庆降临。
4 志尚高迈：志尚，志向，理想。高迈，高超非凡。
5 摧却：战胜。
6 固节：捍卫自己的名节。
7 没有遗恨：含恨而死。没，死。
8 深鉴：细加体察。
9 帐庪：军营帐幕。
10 辔勒：驾驭牲口用的缰绳和带嚼子的笼头。
11 裁给：刚刚能满足需要。裁，通"才"。
12 景明：北魏宣武帝元恪第一个年号，存续时间为公元500年至504年。
13 贡篚：贡，进献，也指进献的贡品。篚，古时盛东西的一种竹器。
14 商估：商贾，商人。
15 苟非为之分限，但恐岁计不充：假如不作出一定的限制，只恐怕年度预算不足。
16 要须：必须，需要。

秋，七月，梁甬城降魏。

八月，梁义阳降魏。魏立元英为中山王魏人闻蔡道恭卒，攻义阳益急。梁遣将军马仙琕救之，转战而前，兵势甚锐。元英结垒士雅山[1]，分命诸将伏于四山，示之以弱。仙琕乘胜直掩英营，英伪北[2]以诱之，至平地，纵兵击之。统军傅永擐甲执矟，突阵横过。梁兵射永，洞其左股，永拔箭复入。仙琕败走，永复与诸军追之，尽夜而返，时年七十余矣，军中莫之壮之。仙琕尽锐决战，一日三交，皆大败而返。蔡灵恩势穷，遂降于魏。三关[3]戍将亦弃城走。英使司马陆希道为露板，嫌其不精，命傅永改之。永不增文采，直为之陈列军事处置形要[4]而已，英深赏之曰："观此经算[5]，虽有金城汤池，不能守矣。"魏立英为中山王。梁卫尉郑绍叔忠于事上，所知无隐，善则推功于上，不善则引咎归己，梁主以是亲之。诏于南义阳[6]置司州，移镇关南，以绍叔为刺史。绍叔立城隍，缮器械，广田积谷，招集流散，百姓安之。魏置郢州于义阳，以司马悦为刺史。

九月，魏筑九城于北边柔然侵魏。魏诏车骑大将军源怀行北边，指授规略[7]，以便宜从事。怀至云中，柔然遁去。怀以为用夏制夷，莫如城郭。还至恒、代，按视[8]要害之地，欲东西为九城，及储粮积仗之宜，犬牙相救之势，凡五十八条，表上之，曰："今定鼎成周[9]，去北遥远，代表[10]诸国颇或外叛，仍遭

1　士雅山：古山名，即大木山，位于今河南省信阳市南。
2　伪北：假装败北。
3　三关：古关隘名，又称义阳三关，南北朝时黄岘（位于今河南省信阳市罗山县西南）、武阳（位于今河南省信阳市罗山县南）、平靖（位于今河南省信阳市西南）的总称，为南北双方争夺要地。
4　形要：形势险要。
5　经算：筹划谋算。
6　南义阳：古郡名，辖今湖北省孝感、孝昌、大悟等市县。
7　规略：规划谋略。
8　按视：察看。
9　定鼎成周：迁都洛阳。定鼎，禹铸九鼎，以象九州，历商至周，作为传国重器，置于国都，因称定立国都为定鼎。成周，古地名，位于今河南省洛阳市东郊。
10　代表：故都平城以北。

旱、饥，戎马甲兵十分缺八。宜准旧镇[1]，东西相望，令形势相接，筑城置戍，分兵要害，劝农积粟，警急之日，随便[2]剿讨。彼游骑之寇，终不敢攻城，亦不敢越城南出。如此，北方无忧矣。"魏主从之。

魏诏群臣议乐高祖诏高间、公孙崇考定雅乐，久之，未就。会高祖殂，高间卒。景明中，崇上所调金石[3]及书。至是，魏主始命八座以下议之。

冬，十一月，魏营国学时魏学业[4]大盛，燕、齐、赵、魏间，教授者不可胜数，弟子著录[5]多者千余人，州举茂异[6]，郡贡孝廉，每年逾众。

梁除赎刑法。

十二月，魏更定律令诏殿中郎[7]等议定律令，彭城王勰等监之。

1　准旧镇：按照旧镇的标准。
2　随便：随其所宜。
3　金石：钟、磬之类的乐器。
4　学业：学问。
5　著录：记载，记录。
6　茂异：才德出众，亦指才德出众的人。
7　殿中郎：古官名，殿中曹尚书郎的简称，也称尚书殿中郎，掌宿卫殿廷。